普通高等院校工商管理类信息化系列教材

企 业 文 化

主　编　曹书民　张丽花　田　华
副主编　王　芳　王恒玉

北京理工大学出版社
BEIJING INSTITUTE OF TECHNOLOGY PRESS

内容简介

本书立足于企业文化理论与实践前沿，吸收国内外相关研究成果，并结合编者长期的教学实践经验，通过大量的相关案例，深入浅出地阐明了企业文化的内涵、功能、结构，论述了企业文化的诊断、策划、实施、建设评价以及变革过程中的管理原理与方法，最后分析了跨文化管理的相关知识。全书共八章，分别为企业文化概述、企业文化的结构、企业文化策划、企业文化实施、企业文化建设评价、企业文化变革、跨文化管理、企业文化管理。

本书作为山东省高等学校课程思政研究中心资助项目，可供高等学校经济管理类专业教学使用，可作为企业在职人员的培训教材或者相关从业者的自学用书。

版权专有　侵权必究

图书在版编目（CIP）数据

企业文化 / 曹书民，张丽花，田华主编. —北京：北京理工大学出版社，2021.5（2021.6 重印）

ISBN 978-7-5682-9797-4

Ⅰ. ①企⋯　Ⅱ. ①曹⋯　②张⋯　③田⋯　Ⅲ. ①企业文化-高等学校-教材　Ⅳ. ①F272-05

中国版本图书馆 CIP 数据核字（2021）第 079963 号

出版发行 /	北京理工大学出版社有限责任公司
社　　址 /	北京市海淀区中关村南大街 5 号
邮　　编 /	100081
电　　话 /	（010）68914775（总编室）
	（010）82562903（教材售后服务热线）
	（010）68948351（其他图书服务热线）
网　　址 /	http：//www.bitpress.com.cn
经　　销 /	全国各地新华书店
印　　刷 /	河北盛世彩捷印刷有限公司
开　　本 /	787 毫米×1092 毫米　1/16
印　　张 /	19.5
字　　数 /	498 千字
版　　次 /	2021 年 5 月第 1 版　2021 年 6 月第 2 次印刷
定　　价 /	56.00 元

责任编辑 /	时京京
文案编辑 /	时京京
责任校对 /	刘亚男
责任印制 /	李志强

图书出现印装质量问题，请拨打售后服务热线，本社负责调换

前言

"道生一,一生二,二生三,三生万物。"万物本源是"道",而"道"是看不见的、无形的。企业的文化就是企业的"道",是无形的,却是最重要的。正如德国哲学家尼采所说:"当婴儿第一次站起来的时候,你会发现使他站起来的不是他的肢体,而是他的头脑。"一家企业要站起来,也必须依靠它的"脑体"——企业文化。随着经济社会的发展,现代企业管理经历了经验管理、科学管理、文化管理三个阶段。文化管理是企业管理的总体趋势,也越来越在实践中证明了它对企业发展的重要性。

企业文化虽然不能产生直接的经济效益,却是企业健康发展的关键因素。"国家富强靠经济,经济繁荣靠企业,企业兴旺靠管理,管理关键在文化。"企业文化是管理理论的重要组成部分,兼有文化学和管理学的内容。自20世纪末传入中国以来,企业文化越来越受到重视,它适应了新经济时代和文化时代的要求,把现代管理的形式主义管理上升到了整合管理,外在管理深化到了灵魂管理。以文化为企业管理的根本手段,建构了企业文化系统的管理思想、管理制度和管理方法,为企业提供了新的管理哲学和方法论。

管理大师克雷格·希克曼说过:"21世纪是文化管理的世纪,是文化制胜的世纪,每一位追求卓越的企业管理者,都必须学习文化管理。"企业文化是一门综合运用管理学、社会学、文化学、人类学、心理学、传播学等多学科理论与方法,将企业硬性管理与软性管理、理性控制与非理性控制相结合的学科。

本教材共八章,由烟台南山学院曹书民、张丽花共同编写。希望这本教材既能满足当前应用型人才培养的教学需要,又能反映当前企业文化的研究水平,同时还能对企业管理工作者的理论学习和实际工作有所裨益。本教材的特点可以概括为以下几点。

(1)完整性。每章开篇有明确的学习目标,每章章末有案例分析、本章小结和思考题,力求给读者勾画出一个全面完整的企业文化理论体系。本教材基本涵盖了这门学科的整体框架,对其各个部分的基本概念、理念和技术均予以论述,帮助读者夯实理论基础,形成对企业文化全面科学的认识。

（2）应用性。本教材以理论为基础，以实践为导向，介绍了一系列具有可借鉴性的企业文化诊断、策划、实施、评价、变革等方法，力求使企业文化管理不流于理论空谈而具有更实用的技术性和操作性，可指导实践工作者更加高效专业地解决现实问题，提高操作技能。

（3）注重案例研究。为加深读者对企业文化理论和实践指导的领会，每一章开篇都有一个先导案例，引出这一章的相应内容，每一章最后也配有一个案例分析，帮助读者通过对案例的讨论与分析，加强对企业文化理论和方法的理解与运用。同时，在各章节的具体内容中，也精选了很多国内外优秀企业的典型案例。

在教学过程中，建议按以下要求进行具体的教与学。

首先，教师在教学过程中应注重基本概念、原则方法和基本思想的讲解。

其次，学生在学习过程中应重点了解和掌握本课程的基本理论、方法和思路。

再次，教师注重采用灵活多样的启发式和互动式教学方式，调动学生学习的积极性。

最后，教师在教学过程将理论与实践进行有机结合，采用案例教学，使学生活学活用。启发学生将所学的理论与实践相结合，更好地理解和掌握理论知识，同时提高他们分析问题和解决问题的能力。

在编写过程中，编者学习、借鉴和参考了国内外大量相关文献资料和最新的研究成果，在此向各位专家、同行致以诚挚的感谢。由于编者水平有限，书中难免存在片面和不妥之处，敬请广大读者批评指正。

曹书民
2020 年 12 月

目 录

第一章 企业文化概述 ··· (3)
    基础性知识 ··· (4)
        第一节 企业文化的内涵 ·· (4)
    提高性知识 ··· (10)
        第二节 企业文化的形成与发展 ··· (10)
        第三节 企业文化的特征与功能 ··· (21)
    扩充性知识 ··· (28)
        第四节 企业文化的类型 ·· (28)
        第五节 企业文化在中国的发展 ··· (39)
    本章小结 ·· (42)

第二章 企业文化的结构 ·· (47)
    基础性知识 ··· (50)
        第一节 文化的内部层次 ·· (50)
    提高性知识 ··· (53)
        第二节 企业理念文化 ··· (53)
        第三节 企业制度文化 ··· (72)
        第四节 企业行为文化 ··· (79)
    扩充性知识 ··· (84)
        第五节 企业物质文化 ··· (84)
    本章小结 ·· (89)

第三章 企业文化策划 ··· (95)
    基础性知识 ··· (100)

第一节　企业文化策划的原则 …………………………………… （100）
  提高性知识 …………………………………………………………… （102）
   第二节　企业文化诊断 …………………………………………… （102）
   第三节　企业文化策划的内容 …………………………………… （115）
   第四节　企业文化的个性化设计 ………………………………… （150）
  扩充性知识 …………………………………………………………… （153）
   第五节　优秀企业文化的共性探讨 ……………………………… （153）
   第六节　我国传统文化对现代企业文化的影响 ………………… （157）
  本章小结 ……………………………………………………………… （160）

第四章　企业文化实施 ………………………………………………… （167）
  基础性知识 …………………………………………………………… （170）
   第一节　企业文化建设规划 ……………………………………… （170）
  提高性知识 …………………………………………………………… （172）
   第二节　企业文化实施的内容 …………………………………… （172）
   第三节　企业文化实施的保障 …………………………………… （176）
   第四节　企业文化实施的方法 …………………………………… （179）
   第五节　企业文化建设的心理机制 ……………………………… （188）
  扩充性知识 …………………………………………………………… （190）
   第六节　绿色企业文化建设 ……………………………………… （190）
   第七节　"三入"助推企业文化落地 ……………………………… （194）
  本章小结 ……………………………………………………………… （198）

第五章　企业文化建设评价 …………………………………………… （203）
  基础性知识 …………………………………………………………… （207）
   第一节　企业文化建设评价的意义与目的 ……………………… （207）
  提高性知识 …………………………………………………………… （208）
   第二节　企业文化建设评价的内容 ……………………………… （208）
  扩充性知识 …………………………………………………………… （211）
   第三节　企业文化建设评价体系 ………………………………… （211）
  本章小结 ……………………………………………………………… （216）

第六章　企业文化变革 ………………………………………………… （219）
  基础性知识 …………………………………………………………… （222）
   第一节　企业文化变革探究 ……………………………………… （222）
  提高性知识 …………………………………………………………… （226）
   第二节　企业文化变革的过程 …………………………………… （226）
   第三节　企业文化变革的方向 …………………………………… （229）

第四节　企业文化变革的推进 …………………………………………………… (232)

　扩充性知识 ……………………………………………………………………………… (236)

　　　第五节　互联网对企业文化的挑战 …………………………………………………… (236)

　本章小结 ………………………………………………………………………………… (240)

第七章　跨文化管理 …………………………………………………………………… (245)

　基础性知识 ……………………………………………………………………………… (248)

　　　第一节　文化差异与冲突 …………………………………………………………… (248)

　提高性知识 ……………………………………………………………………………… (256)

　　　第二节　跨文化整合 ………………………………………………………………… (256)

　扩充性知识 ……………………………………………………………………………… (262)

　　　第三节　跨文化管理的模式 ………………………………………………………… (262)

　　　第四节　跨文化管理的策略 ………………………………………………………… (265)

　本章小结 ………………………………………………………………………………… (268)

第八章　企业文化管理 …………………………………………………………………… (273)

　基础性知识 ……………………………………………………………………………… (276)

　　　第一节　企业文化管理概述 ………………………………………………………… (276)

　提高性知识 ……………………………………………………………………………… (284)

　　　第二节　领导者与企业文化 ………………………………………………………… (284)

　　　第三节　企业文化创新 ……………………………………………………………… (287)

　扩充性知识 ……………………………………………………………………………… (293)

　　　第四节　企业文化战略 ……………………………………………………………… (293)

　本章小结 ………………………………………………………………………………… (300)

参考文献 ……………………………………………………………………………………… (301)

真传一句话，假传万卷书

Enterprise is a fundamental strategy, strategy is the essence of culture. Health up company culture is an enterprise invincible dynamic.

——Jack Welch, Former chairman and CEO of GE

企业的根本是战略，战略的本质是文化。健康向上的企业文化是一个企业战无不胜的动力之源。

——杰克·韦尔奇，通用电气公司前董事长兼首席执行官

> 杰克·韦尔奇（1935.11.19—2020.3.2），1960年毕业于伊利诺伊大学，获得化学博士学位，毕业后加入通用电气公司塑胶事业部；1981年4月，成为通用电气公司历史上最年轻的董事长和CEO。在此后的20年间，这位商界传奇使通用电气公司的市场价值增长了30多倍，达到4 500亿美元，排名从世界第十提升为世界第一。他所推行的"六西格玛"标准、全球化和电子商务，几乎定义了现代企业。他被誉为"全球第一CEO""世界上最成功、最伟大的企业家"。

第一章　企业文化概述

学习目标

1. 重点理解企业文化的概念。
2. 了解企业文化形成与发展的背景。
3. 了解企业文化形成的影响因素。
4. 了解企业文化的不同分类方法。
5. 把握企业文化的特征。
6. 理解企业文化的功能。
7. 了解企业文化在中国的发展历程。

先导案例

日本本田汽车公司美国分公司企业文化的精髓

日本本田汽车公司美国分公司（简称"本田美国分公司"），只有高层管理者来自日本，其余职工（包括中级管理人员与普通工人）都是美国人，这些美国人原本是在美国三家较大的汽车制造企业中工作的。本田美国分公司的生产率和产品质量都超过了美国的同行，其成功的秘诀在哪里呢？美国《华尔街杂志》于1983年对该公司的经验进行了报道："本田美国分公司突出的做法是缩小工人和管理人员在地位上的差别，把工人当作群体的一分子。每个人，不论是工人还是管理人员，都在本田的餐厅就餐，公司也没有为高级职员专设的停车场。职工被称作合伙人。"这就是说，本田美国分公司的成功，应归功于高层管理者"重视人、尊重人、团结和依靠广大职工群众"的管理思想和管理实践。而这一点，恰恰是优秀的企业文化的精髓，本田美国分公司就是靠优秀的企业文化制胜的。

企业文化

人是社会化的存在，要受多种因素影响。每一个人的生存方式、社会活动、思想意识，也就是从衣食住行、视听观感、社会职责、人生归属、价值追求、宗教信仰，到世界观、人生观、审美观、思维方式、语言文字，乃至个性、气质、情操、风格等，均受文化的制约、影响与塑造。从历史长河的角度看，每一代人总是在前人文化创造的基础上，发挥聪明才智，顺应环境，从而创造出新的生存方式，也就是新的文化。人类文明发展到今天，已经积累了广博深厚、辉煌灿烂的文化。学习、研究、继承、发扬前人创造的优秀文化，取其精华，去其糟粕，扬弃继承，转化创新，从而为新时代的新文化建设服务，是历史对当代人的要求。

基础性知识

第一节　企业文化的内涵

企业文化学说形成于 20 世纪 80 年代，对现代企业管理产生了深远的影响。理解企业文化的内涵，应该首先了解文化的概念，再来具体分析企业文化的含义。

企业文化的内涵

一、什么是文化

在《说文解字》中，"文"既指文字、文章、文采，又指礼乐制度、法律条文、风俗习惯等，"化"则指教化、变化、改变。

《辞海》对文化的解释是："从广义来说，文化指人类社会历史实践过程中所创造的物质财富和精神财富的综合；从狭义来说，文化指社会的意识形态以及与之相适应的制度和组织结构。"

"文化"是中国语言系统中古已有之的词汇。"文"的本义，是指各色交错的纹理。"化"的本义为改易、生成、造化，指事物形态或性质的改变，后又引申为教行迁善之义。"文化"一词，从语源意义看，来自《易经》中"贲卦"的象辞云："观乎天文，以察时变；观乎人文，以化成天下。""人文化成"已含孕了"文化"的基本含义。西汉以后，"文"与"化"方合成一个整词。在中国古代，"文化"一词最早出现在西汉时期刘向的《说苑·指武》中："圣人之治天下也，先文德而后武力。凡武之兴，为不服也，文化不改，然后加诛。"这里，"文化"被理解为文治教化。《文选·补之诗》中有："文化内辑，武功外悠。"在汉语系统中，"文化"的本义就是"以文教化"，它表示对人性情的陶冶、品德的教养，本属精神领域之范畴。以前，文化更多地被当成一个动词，意指以"文"的手段对人们和社会所做的种种改变，包括"文而化之"和"化而文之"两个过程。现在，文化通常被视为名词，有多种含义。随着时间的流逝和空间的差异，"文化"逐渐成为一个内涵丰富、外延宽广的多维概念，成为众多学科探究、阐发、争鸣的对象。

西方 culture 一词来源于拉丁文动词 colo，意为"耕作"或"耕耘"，有培养、教育、发展、尊重的意思，引申为耕作、培养、教育而发展出来的事物。其突出之点是指人类创造过程所成之事物，与自然存在的事物相对。中国人用"文化"二字来翻译 culture，十分准确传神。

随着近世文化研究诸学科的兴起，对于"什么是文化"的回答越来越纷繁，争论很多。1952 年出版的美国人类学家阿尔弗雷德·克罗伯和克莱德·克拉克洪的《文化：概念和定义的批判性回顾》一书中，研究了 1871—1951 年间出现的 164 种文化定义。1970 年，联合国教科文组织在威尼斯举行的第一次世界文化政策大会上，鉴于"界定文化的棘手问题"，决定在会上不讨论文化定义，以免引起"任何形式的激烈的语义辩论"。虽然如此，为了学术研究的开展，大致的界定仍然是必要的。考较迄今为止的数百种"文化"概念，大致可划分为三种类型。将这三种类型的文化定义综合起来看，可以体会到文化的切实内涵。

第一类定义，从列举成分来说明文化。

这类定义最早由英国学者爱德华·伯内特·泰勒于 1871 年在其所著的《文化的起源》中提出，此后成为经典："文化或文明，就其广义的人种学来说，是一个复杂的综合体，它包括知识、信仰、艺术、道德、法律、习俗和人作为社会的一个成员所获得的能力与习惯的复杂整体。"泰勒的列举中，缺少"实物"内容，其后不断有人补充修改。亨根斯、维莱等人对泰勒的描述进行了修正："文化是复杂体，包括实物、知识、信仰、艺术、道德、法律、风俗以及其余社会上习得的能力与习惯。"克罗伯和克拉克洪对文化的定义为："文化是外显的和内隐的行为模式和价值观念及其在人工制品中的体现，它通过象征来获取和传递，并构成各人类群体的独特成就。文化的本质内核是由传统的（即历史衍生的和选择的）观点，尤其是其所附带的价值观构成的。"克罗伯和克拉克洪在《文化：概念和定义的批判性回顾》中又提出这样的表述："一般说来，文化作为描述性的概念是指人类创造并积累起来的宝库：书籍、绘画、建筑物等，调整以适应我们的环境（人的环境或物的环境）的方法的知识；经过几个时代已经建立起来的语言、习俗、礼仪、伦理、宗教和道德体系。"[①]

我国学术界在中华人民共和国成立以后，受苏联文化学观念影响，普遍这样定义文化："从广义来说，指人类社会历史实践过程中所创造的物质财富和精神财富的总和。从狭义来说，指社会的意识形态，以及与之相适应的制度和组织机构。"[②]

20 世纪 50 年代，苏联学界讨论中，有人提出文化应包括"创造过程"及"在财富中体现"等，但大要仍然是列举成分，属于上述定义的引申扩展。

---

① 谢弗. 文化引导未来 [M]. 许春山，朱邦俊，译. 北京：社会科学文献出版社，2008.
② 辞书编辑委员会. 辞海 [M]. 上海：上海辞书出版社，1980.

> 企业文化

第二类定义，从功能与来源的角度来说明文化。

加拿大文化学者保罗·谢弗在《文化引导未来》中提出，文化是"与人们看待和解释世界、把自己组织起来、处理自身的事务、提高和丰富生活以及与在世界中定位自身等有关的有机的和动态的整体"。① 此类定义从功效与结果相连的角度来定义文化，实质上是把文化看成各民族生存斗争经验的总结。康德早就说文化是"有理性的实体为了一定的目的而进行的能力之创造"（《判断力批判》）。我国学者蔡元培说"文化是人生发展的状况"（《何谓文化》），梁漱溟说"文化是人类生活的样法"（《东西文化及其哲学》），胡适说"文明是一个民族应付他们的环境的总成绩"（《我们对于西洋近代文明的态度》）。这些说法，与汤因比所说的每种文明都是"对它生存环境压力挑战的应对"实质相通。

第三类定义，是从哲学的角度，动态地、整体地来界说文化。

许苏民在《文化哲学》一书中提出："文化是一个标志着人类在真善美诸方面的发展水平的哲学范畴，是人处理其与客观世界的多重现实的对象性关系和解决人类心灵深处永恒矛盾的方式。这种方式表现为、对象化为千态万状的文化现象，具体地说，是'人化的自然''自然的人化'和对象化活动中介的有机统一体。它包括三个互相联系的领域：作为主体的内在性的人的主观心态的领域、作为过程的对象化活动的领域、作为结果的对象化活动之产物的领域。人的主观心态包括心理的表层结构（风尚层）、中层结构（观念层）和深层结构（集体无意识层）；人的对象化活动的产物包括物质文化、制度文化、观念形态的文化和一切具有物质载体的文化事物。而人的对象化活动，则体现着内在价值系统和外在行为模式的统一，使个体认同群体，使社会得以维系和发展。文化具有民族性和时代性，文化进步所达到的水平是与社会发展的时代性相适应的。"②

这个定义从文化产生、发展、结果的"流程"来看文化。人的存在产生各种需要，这些需要与其现实环境发生对象性关系和矛盾，人处理这些关系和解决这些矛盾的方式就呈现为千姿百态的文化现象。这些现象存在于相互关联的领域，即人的主观心态领域、对象化活动过程的领域和作为活动结果的产物的领域。这个"流程"体现了文化的本质是人通过实践把自己从自然界、狭义动物界中提升出来的过程，也显示了文化的永恒进步的发展趋势。很显然，这个定义潜在地容纳了上面两类定义所涉及的范围。文化是人所创造的一切，又制约和影响着人类社会生活的一切，因而又是人类继续创造一切的基础。融通这三类定义来思考，我们对文化的内涵或许会有相对完备而切实的体会。

虽然对于文化，不同的人有不同的理解。但是它们之间还是有一些共性的：文化是后天习得，是学而知之的；文化是有结构的，它可分为各个方面，其中最为重要的是价值观念和行为模式；文化是动态的、可变的，虽然这一变化过程比较缓慢，甚至不可见；文化是群体在适应内外环境的过程中所形成的一种生活方式，具有很强的历史继承性。

可见，文化是一个内涵深邃、外延宽广的概念，既有广义与狭义之分，也有宏观与微

---

① 谢弗. 文化引导未来 [M]. 许春山，朱邦俊，译. 北京：社会科学文献出版社，2008.
② 许苏民. 文化哲学 [M]. 上海：上海人民出版社，1990.

观之别。从广义去理解，人类有史以来，凡是与人的思想、行为及人工制品相联系的都是文化；从狭义去理解，文化特指精神产品及行为方式。从宏观上看，文化的范畴包括民族文化、宗教文化、社会文化；从微观上看，它又可以指社会中的某一特定群体所共享的文化，如社区文化、家庭文化、班级文化、企业文化。

二、什么是企业文化

"企业文化"（Corporate Culture）和"组织文化"（Organizational Culture）这两个名词均来源于西方管理学界，西方学者倾向于使用"组织文化"，传到中国后，国内的学者则更青睐"企业文化"。事实上，"组织文化"和"企业文化"基本上是可以混用的概念，因为多数组织文化研究的对象是企业。本书主要使用"企业文化"的概念，但有时为了保证引文的准确性也同时使用"组织文化"的概念。"组织文化"这一概念正式面世是20世纪七八十年代的事情，于1970年由美国波士顿大学组织行为学教授S. M. 戴维斯在其《比较管理——组织文化展望》一书中率先提出。

（一）国外学者的理解

美国学者阿伦·肯尼迪和特伦斯·迪尔在合著《企业文化——企业生存的习俗和礼仪》中认为，企业文化包括五要素：企业环境、价值观、英雄人物、礼仪和庆典、文化网络。企业环境是形成某种文化时影响最大的一个因素。价值观是基石，是成功哲学的精髓。英雄人物是价值观的人格化和组织力量的集中体现者。礼仪和庆典是传播和强化公司文化的重要形式。文化网络是公司价值观和英雄轶事的"载体"，是通道。

美国麻省理工学院教授埃德加·沙因认为，企业文化是企业（群体）在解决外在适应性与内部整合性问题时习得的一组共享假定。企业文化是在企业成员相互作用的过程中形成的，为大多数成员所认同的，并用来教育新成员的一套价值体系，包括共同意识、价值观念、职业道德、行为规范和准则等。

美国加利福尼亚大学美籍日裔教授威廉·大内认为，一个企业的文化由其传统和风气构成，还有价值观，如进取、守势、灵活性。企业文化表明企业的风格，如激进、保守、迅速等，这些风格是企业中行为、言论、活动的固定模式。管理人员以自己为榜样把这个固定模式传输给一代又一代的企业员工。

约翰·科特和詹姆斯·赫斯克特在《企业文化与经营业绩》一书中指出，企业文化通常代表一系列相互依存的价值观念和行为方式的总和。这些价值观念、行为方式往往为一个企业全体员工所共有，往往是通过较长的时间积淀、存留下来的。

（二）我国学者代表观点

胡正荣认为，企业文化作为一种亚文化，属于组织文化的一个子概念，它是在一定的社会历史条件下，在企业生产经营和管理活动中所创造的具有本企业特色的精神财富和物质形态。

刘光明认为，企业文化是一种在从事经济活动的组织中形成的组织文化，它所包含的价值观念、行为准则等意识形态和物质形态均为该组织成员所共同认可。

罗长海认为，企业文化是企业在各种活动及其结果中努力贯彻并实际体现出来的以文明取胜的群体竞争意识，并且表现为企业的总体风采和独特的风格模式。

曹世潮认为，文化是特定人群当下普遍自觉的观念和方式系统。

张德认为，企业文化是指企业在长期的生存和发展过程中所形成的，为企业多数成员所共同遵循的最高目标、基本信念、价值标准和行为规范。它是理念形态文化、行为制度形态文化和物质形态文化的复合体。

（三）正确理解企业文化

综合国内外学者的观点，我们采用企业文化的如下定义。

企业文化是指在一定的社会大文化环境影响下，经过企业领导者的长期倡导和全体员工的共同认可、实践与创新所形成的具有本企业特色的整体价值观念、道德规范、行为准则、经营哲学、企业制度、管理风格以及历史传统的综合。

正解理解企业文化需要注意以下四个方面。

第一，企业文化具有时段性。人在生存和成长过程中会存在很多不一样的环境，学会适应和接受新的环境是人必须做到的。当接受一个事物到一定程度的时候就会变成熟悉，熟悉到一定程度的时候就会变成领悟，而当人可以领悟一个环境或者一个阶段的时候，就会有自己的想法，或者是改变，或者是离开，或者是妥协，然后会根据自己的需要做一些改变，也就是调整一下自己。所谓的阶段性，是因为人生从时间上看是一个整体，但是从经历和认知上看，是阶段性的（童年、少年、青年、成年、中年和老年），每回望前一个阶段，都会有些许遗憾，因为我们在成长。企业也是一样。企业文化具有时段性指的是现阶段的文化，不是指企业的历史文化，也不是指企业将来可能形成的新文化。

第二，企业文化具有共识性。只有达成共识的要素才能称为文化。企业新提出的东西，如果没有达成共识，就不能称为文化，只能说是将来有可能成为文化的文化种子。企业文化代表企业共同的价值判断和价值取向，即多数员工的共识。当然，共识通常是相对的。在现实生活中，很难想象一个企业的所有员工都只有一种思想、一个判断。由于人的素质参差不齐，人的追求呈现多元化，人的观念更是复杂多样，企业文化通常只能是相对的共识，即多数人的共识。

第三，企业文化具有内化性。内化（Internalization）是在思想观点上与他人的思想观点一致，自己所认同的新思想和自己原有的观点、信念结合在一起，构成一个统一的态度体系。这种态度是持久的，并且成为自己人格的一部分。人是一个能动的主体，在不断地与客观世界相互作用的过程中，积累了一定的知识经验和能力，并在头脑中以观念的方式形成一个相对稳定的认知结构。人的认知结构是一个能动的系统，它是发展变化的，有着自我调节、自我完善的能力，可以不断地接触新事物、接纳新事物、解决新问题、适应新环境。心理学家皮亚杰认为，任何外部影响（刺激）都是通过同化和顺应两种机能而被接受到主体认知结构中来的。同化是指主体认知结构对外部刺激进行过滤或改变而把它接纳到认知结构中来；而认知结构在同化外部刺激的过程中，自身结构也发生相应的改变，即顺应。同化和顺应实质上是同一心理过程的两个方面。企业所倡导的理念和行为方式一旦得到普遍的认同，就必将得到广大员工的自觉遵循。先内化于心，才能外化于行。

第四，企业文化具有范围性。文化总是相对于一定范围而言的，我们所指的企业文化通常是企业员工所普遍认同的部分。如果只是企业领导层认同，那么它只能称为领导文化；如果只是企业中某个部门的员工普遍认同，那么它只能称为该部门的文化。依据认定的范围不同，企业中的文化可以分为领导文化、中层管理者文化、基层管理者文化，或部门文化、分公司文化、子公司文化等。

海尔的销售文化

（1）市场唯一不变的法则就是永远在变。
（2）只有淡季的思想，没有淡季的市场。
（3）卖信誉而不是卖产品。
（4）否定自我，创造市场。
（5）名牌战略：要么不干，要干就要争第一。
（6）国门之内无名牌。

借鉴广州中略企业管理咨询有限公司专家的观点，可以进一步从以下五个角度来理解企业文化。

从形式上看，企业文化是属于思想范畴的概念。 企业文化属于人的思想范畴，是人的价值理念，这种价值理念和社会道德属于同一种范畴。依法治国，人们要遵守法律，但是再完善的法律也有失效的时候。法律失效时，靠什么约束呢？靠社会道德，所以需要依法治国和以德治国相结合。管理企业也是一样，首先依靠企业制度，但制度再完善也会有失效的时候，企业制度失效了靠什么约束？靠文化约束。企业文化和社会道德都是一种内在价值理念，是一种内在约束，即人们在思想理念上的自我约束，因而都是对外在约束的一种补充。社会道德对社会有作用，而企业文化对企业有作用，只是发生作用的领域不同。

从内容上看，企业文化是反映企业行为的价值理念。 企业所有的相关活动，都会反映到人的价值理念上，从而形成企业文化。从内容上讲，企业文化是与企业的活动有关的价值理念，是反映了企业现实运行过程的全部活动的价值理念，是企业制度安排和战略选择在人的价值理念上的反映。例如，一家企业如果在制度安排上要拉开收入差距，那么这家企业在企业文化上就应该有等级差别的理念；一家企业要在经营战略上扩大经营，那么这家企业就要在企业文化上有诚信的理念，等等。

从性质上看，企业文化是属于付诸实践的价值理念。 价值理念可分为两类：一类是信奉和倡导的价值理念，一类是必须付诸实践的价值理念。企业文化既属于企业信奉和倡导的价值理念，又属于必须付诸实践的价值理念。能真正约束员工行为的企业文化，是真正在企业运行过程中起作用的价值理念。企业文化如果没有付诸实践就失去了它应有的作用,就是一纸空文。

从属性上看,企业文化是属于企业性质的价值理念。文化是与物质相对应的范畴,因而文化的内容是极其丰富的。对于价值理念来说,从其拥有的主体上划分,可分为自然人的价值理念、民族的价值理念、国家的价值理念、法人的价值理念和企业的价值理念,而企业文化则属于企业的价值理念,是企业的灵魂。

从作用上看,企业文化是属于规范企业行为的价值理念。企业文化作为企业的价值观念,对企业和员工的行为有很好的调节作用。例如,企业文化中责任、权力、利益对等等管理理念规范了员工的责任与权力关系。

提高性知识

第二节　企业文化的形成与发展

一、文化的发生和发展

人类的文化是从哪里来的?历史上曾有各种各样的说法。东西方都有"神创说"(神的启示、赋予)、"圣创说"(圣人创造)、"模仿自然说"(向自然界各种生物学习)、"人类自身匮乏说"(人力不济,故假物以为用),以及"人类本质说"(亚里士多德:人天生是政治的动物。富兰克林:人天生是制造工具的动物)等说法。人类的文化既然是人的创造,自然同人的出现、人的特质有关。什么是人的特质呢?马克思在《1844年经济学哲学手稿》中说:生命活动的性质包含着一个物种的全部特性,即它的类特性,而自由自觉的活动恰恰就是人的类特性。

对马克思所说的人的自由自觉活动的类特性,可以进行两方面的理解。一是人能自由自觉地运用符号工具与自然进行物质活动,产生对世界的认知和掌握,即"自然的人化"。二是在与自然进行物质活动的同时,能够运用符号系统进行精神活动,从而产生意识,即"内在自然的人化"。这两方面的结果,都是文化的发生。遵循这一思路,我们从三个要点来理解文化产生的过程。第一个要点:劳动创造了人。劳动改变人的肢体,使猿掌变成人手。劳动的协同交往产生了语言,使人能用词来概括各种感觉材料,进行思维活动。劳动和语言促使人脑的变化,使复杂严密的人脑结构有别于猿脑。这样,就促成了人的自由自觉活动的类特性的出现。第二个要点:文化的发生与劳动创造人是相伴而行的。语言符号的产生是人的自由自觉类特性形成的标志,是人类文化发生的契机。语言符号是"意识的货币",可自由储存、转接、交流以进行复杂的思维活动。动物的条件反射只能建立和保持0~1级，而人的第二信号系统能建立更多级的条件联系。第三个要点：人在从猿到人的过程中，通过与客观外界的相互作用，发生了主客观的双重建构（如在实践中发现有锋芒的石刀更利于刮削，这时主体建构了对事物的认识，客体被赋予了价值和意义），人类超越现存生存条件的要求，促使这种建构不断地积累、巩固、扩展，这就是文化的开始。

人的类特性的形成和随之而来的文化创造，受到人类活动的各种历史条件的制约和影响，其中，地理环境的影响贯穿从人类产生到各个特定文化类型形成的过程。第一，从猿到人的进化过程中，人类适应自己所处的自然环境，形成了不同的种族。第二，地理环境制约着人类与自然进行物质交换的特殊方式和物质文化的类型。有的由渔猎到游牧，有的由渔猎到农耕，都与地理环境有关。第三，自然环境的优劣对文化创造起着提前或滞后的作用。安于优势者，创造意愿不强，而地理条件较差者则往往激发生存危机感而推动创造。《国语·鲁语下》云："沃土之民不材，逸也；瘠土之民莫不向义，劳也。"这是有深刻道理的。古希腊商业文化的发展，既得益于海岸区域的特点，又受到国小山多、土地贫瘠的影响。第四，地理环境赋予特定文化类型以地域或民族的特色。从物质文化看，农耕民族的生产生活与土地、河流相联系，游牧民族与大草原相联系，商业民族与城市和大海相联系。自然环境的多样性，导致早期物质文化的多样性。从制度文化看，大河流域的灌溉工程决定了中央集权政府的统一干预，游牧民族的迁徙生活使其形成生产、行政、军事相融合的制度文化。从精神文化看，无论是艺术、宗教还是民族心理，都必然带着自然环境的印记。

全人类的所有文化有没有共性？思考世界上所有文化现象，应该承认，这是客观存在的事实。文化是人的创造，是人在其生活环境中的创造。人类自身与生活环境的相通性、一致性，从根本上决定了文化创造有其内在共性。其一，人类的生态具有一致性。地球生物进化所赋予人类的肢体结构、身心功能及基本欲求、生存方式是一致的。其二，人在与客观世界的对象性关系中，都面临着同样的生存实践活动。其三，人既作为个体又作为类的存在物的一致性。人的类特性，决定了人类的生产和生活实践面临着共同的问题。其四，古今中外人类生活的共性，决定了人类心灵深处有着共同祈向。人无不追求与自然的和谐，无不追求情感与理性的和谐，无不追求个体与类的和谐，无不追求历史与伦理的一致，亦无不追求真善美的统一。人类在上述四方面的一致性，内在地决定了文化创造具有共性。在人类早期的活动中，这些共性体现得最为鲜明突出。全世界的考古中发现的早期人类使用的刀、剑、船桨等，不仅形式有限，而且大体相同。因为人类的天性及所生存的世界，物质的物理、化学性质，猎物的体质与行为特点，都为人类做出成功的反应规定了条件。人类学界称这种共性为"有限可能性原则"。往后发展的许多文化，其共性当然不再这样直露明白，但不同民族的经济制度还是或显或隐地表现出大体经过了类似的发展阶段。看似差异极大的宗教学说，其核心精神都是在为人求索精神出路。相隔遥远的各民族的文学艺术，同样可以震撼彼此的心灵。这一切都说明，人类文化是有着相通的共性的。

文化的个性是指不同地域（文化圈）、不同民族由于历史条件的种种差异而形成的不同文化类型。在不同类型文化环境中成长的人，对于人与自然、神与人、个人与社会、人民与政府、父母与子女、丈夫与妻子的关系，看法都不同，而且对于权利与义务、自由与权威、平等与尊卑观念的轻重之分也都不一样。一个人生理上可以是法国人与阿拉伯人的混血儿，但在宗教上不可能成为天主教与伊斯兰教各半的信徒。文化类型的形成与各民族特殊的历史变迁相连。不同文化类型，各有各的特殊个性。

二、企业文化形成的时代背景

（一）全球经济与文化互动的发展趋势

1. 经济全球化进程加速

伴随着市场经济的蓬勃发展，世界各国公司经营均出现国际化趋势，资源配置冲破国别限制，生产的产品纷纷销往国外市场，资本也在国际市场上寻找更好的机会。

由于生产和资本日益国际化，同时也由于现代交通运输工具和通信设备的出现，主要西方国家的跨国公司在第二次世界大战后规模迅速扩大，并在世界经济中起举足轻重的作用。在各国经济越来越相互依存、相互渗透、相互影响的条件下，越来越多的具有不同国籍、不同信仰、不同文化背景的人为同一家公司工作，这就要求人们跨越文化冲突和障碍，学会合作。

2. 世界各国文化出现趋同现象

随着科学技术的飞速发展，经济全球化进程的加速，产品、资本、技术的流动以及传播媒介的发展，世界各国、各民族之间相对缩短了地理上的距离，文化得以迅速而广泛地传播与交流，尤其是发达国家的强势文化对较落后国家的文化冲击越来越大，人们的价值观、道德观、风俗习惯出现了趋同现象，人们的视野更加开阔、思想更加开放，在不断追求新颖、时尚、高品质生活方式的同时，工作的自主性和独立性也越来越强，民主意识日渐高涨。

3. 经济和文化的结合日益紧密

经济和文化二者相互推动、相互渗透，出现了一体化发展趋势。经济全球化，文化趋同化，尤其是经济和文化在全球范围内紧密结合，不仅为企业文化学说的产生和传播准备了肥沃的土壤，也是企业文化学说得以迅速发展的重要原因。

在全球化背景下，文化与经济、政治相互交融，与科技的结合日益密切，在综合国力竞争中的地位日益突出，越来越成为国家综合国力和核心竞争力的重要标志之一。文化的作用日益明显，科技、教育、体育等都成为推动经济发展和企业进步的巨大而不可替代的推动力。经济与文化的一体化发展，对企业的技术创新能力及劳动者的文化素质提出了越来越高的要求，促使企业更加重视研发投入和教育投入，重视企业精神文化财富，尤其是无形资产价值的创造与积累。

（二）企业管理思想的演进与实践的新变化

1938年，美国著名管理学家切斯特·巴纳德在《管理工作的职责》中提出，办好企业的关键是价值观问题。1957年，美国著名管理学家菲尼普·塞尔茨克在《领导与行政管理》中表示，机构的领导人主要是促进和保护价值的专家。1970年，美国波士顿大学组织行为学教授S. M. 戴维斯比较系统地提出了民族文化、社会文化、组织文化之间的关系。随后，美国著名管理学家彼得·德鲁克在《管理学》一书中把管理与文化直接联系起来，指出管理是一种社会职能，隐藏在价值、习俗、信念的传统里，以及政府的政治制度中，管理受文化制约。德鲁克直接将管理与文化联系起来，指出了企业文化的重要性，但是并没有引起当时管理学界的重视。

第二次世界大战后，世界各国流行的以人为本的管理，改变了以物、事、任务为中心的传统管理模式，重视把人的要求、发展欲望和价值实现放在第一位；改变了单纯依靠严格规章制度和严密监督体系进行强制性管理的方法，重视对员工心理、行为的深入研究，通过培养人的自主性，实现自主管理和自我控制；改变了金字塔式的科层组织体系和独裁式的管理方式，通过建立大森林式的扁平组织结构和分权式管理方式，鼓励员工参与管理、参与决策；传统的权力纽带和资本纽带作用递减，而文化纽带却在日益发挥巨大的凝聚作用和导向作用。同时，企业也逐渐摆脱"一切以利润为中心"的传统经济伦理的束缚，坚持顾客利益至上，谋求企业利益与社会利益的融合，谋求企业与社会的同步发展。

三、企业文化的产生

企业文化的提出和成功实践，是20世纪下半叶一次重大的企业管理革命，涉及全球，影响深远。它改变着企业的信念、价值准则、管理模式、行为方式和个性特征，推动着企业向人本化和市场化和谐互动的方向发展。只有了解了企业文化产生的背景，才能正确理解企业文化的真谛。

（一）日本经济奇迹的启示

日本是第二次世界大战的战败国，但在第二次世界大战以后，日本经济却在短短30年左右的时间里迅速崛起，一跃成为世界第二大经济强国。日本在汽车方面胜过了美国和德国，在摩托车方面令英国黯然失色，在手表、照相机和光学仪器方面超过了传统强国德国和瑞士，在钢铁生产、造船、电子产品方面结束了美国的统治地位。日本经济崛起的秘密何在？

从宏观的角度看，日本经济的成功无疑与日本政府强有力的工业政策、重视技术引进和产品出口、重视教育投入有直接关系。但从微观角度分析，日本经济增长源于企业的活力和竞争力，这种活力和竞争力依赖于独特的管理模式。美国一些经济学家和管理学家在深入考察后发现，在日本企业获得成功的多种因素中，排在第一位的既不是企业的规章制度、组织形式，更不是资金、设备和科学技术，而是独特的"组织风土"，即企业文化。

日本企业的成功表明，企业管理层应着眼于人的管理，着眼于人的情感的协调，着眼于人与人之间的微妙关系。这种灵性主义的管理避免了理性主义管理带来的普遍划一的僵滞和情感的损伤，有着理性主义管理所无法产生的凝聚效应，为企业管理和企业发展展现了一个新的天地。可以说，日本经济的成功和企业管理的成功，为企业文化学说的诞生提供了最直接的实践依据。

（二）美国经验的总结和实践的发展

20世纪70年代后的美国，虽然仍是世界三大经济中心之一，但相对实力下降。特别是在企业管理方面，不少美国企业过分拘泥于以理性主义为基石的科学管理思想，过分依赖解析的、定量的方法，只相信复杂的结构、明确的分工、周密的计划、严格的规章制度和自上而下的控制手段，相信大规模生产和理性的、科学的手段能够带来生产率，忽视了人的因素，尤其是忽视了团队精神的培养等非理性手段的作用。这种管理压抑人性，抑制企业的活力，致使美国在与欧洲、日本和新兴的工业化国家和地区的竞争中，逐渐丧失了优势。

与日本经济奇迹相适应的是，美国受到来自日本成功的启示，对自身的管理模式进行了反省与经验总结。美国管理学家一方面反省管理思想的历史，反省美国企业的不足；另一方面也在大量实证研究的基础上，总结出若干优秀公司的管理经验，发现人是最根本的力量，文化和价值观比管理组织制度、管理技术与方法更起作用。美国学者对企业文化研究的热潮，大体经历了以下三个阶段。

第一阶段的代表作是哈佛大学沃格尔教授的《日本名列第一》，影响很大。1980年7月，美国国家广播公司播出电视节目《日本能，为什么我们不能》，在美国引起强烈反响。这一阶段起到了动员和准备作用。

第二阶段是两国管理模式的比较研究，发表的论著较多，具有代表性的有1981年2月出版的斯坦福大学教授理查德·帕斯卡尔和哈佛大学教授安东尼·阿索斯的合著《战略家的头脑——日本企业的管理艺术》，以及1981年4月出版的美国加利福尼亚大学美籍日裔教授威廉·大内的著作《Z理论——美国企业界如何迎接日本的挑战》。《战略家的头脑——日本企业的管理艺术》一书提出了"7S"模式，即战略（Strategy）、结构（Structure）、制度（System）、人员（Staff）、风格（Style）、技能（Skills）、共同的价值观（Shared Values）。在7个"S"中，战略、结构、制度是硬性因素，其余4个是软性因素，7个"S"构成一个有骨骼、有血肉的有机系统，如图1.1所示。日本企业对一些软性因素，如人员、作风、崇高目标相当重视，这是日本组织文化的独到之处。作者强调，必须把硬性因素和软性因素结合起来，把硬性因素置于软性因素的控制之下。《Z理论——美国企业界如何迎接日本的挑战》一书提出，必须把企业建设成一种"Z型组织"，同时造就一种"Z型文化"。作者认为"Z型文化"就是"信任、微妙性和人与人之间的亲密性"。"这种组织文化的发展，可能部分地代替分布命令和对工人严密监督的官僚方法，从而既能提高劳动生产率，又能发展工作中的支持关系。"

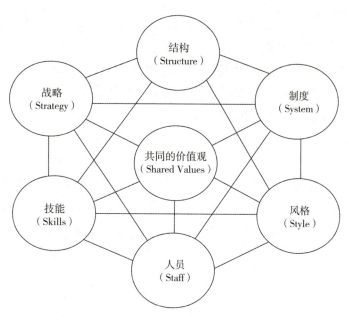

图1.1 "7S"模式

第三阶段，可以说是深入改革的研究，主要目标是重建与美国文化相匹配的经营哲学和工作组织，以恢复美国的经济活力和对日本企业的竞争力。这一阶段的主要代表作有1982年7月由哈佛大学教授迪尔和麦肯锡咨询公司顾问肯尼迪合著的《企业文化——企业生存的习俗和礼仪》，以及1982年10月由麦肯锡咨询公司顾问彼得斯和沃特曼合著的《寻求优势——美国最成功的公司的经验》。在《企业文化——企业生存的习俗和礼仪》一书中，作者把公司文化的构成归纳为五大要素，即企业环境、价值观、英雄人物、礼仪和庆典、文化网络，其中，价值观是核心要素。该书认为，正是这些非技术性、非经济的因素，对企业成功起主要作用。《寻求优势——美国最成功的公司的经验》的作者认为，纯粹以理性主义为指南，会使企业变得片面狭隘、僵化呆滞，无法适应市场竞争需要。该书通过对美国40多家公司的研究，概括了美国优秀公司的八大特点：①行动迅速，决策果断；②接近顾客，以优秀的产品和服务维持优势；③锐意革新，全力支持敢闯敢做的改革者；④珍视企业至为宝贵的资源——人，通过人潜能的发挥来提高生产率；⑤以价值准则为轴心，把公司每部的各种力量凝聚到企业目标上来；⑥扬长避短，展开多角化经营，增强应变能力；⑦组织结构简单，层次减少；⑧宽严相济，张弛有节，注重管理艺术。他们研究的美国许多家优秀创新型企业彻底实施了上述原则，因而取得了惊人的成就。

上述第二阶段和第三阶段出版的四本畅销著作，被称为企业文化的"新潮四重奏"。这四本著作的出版，标志着企业文化理论的诞生。

美国通过对日本管理经验的研究，得出了以下三条重要的结论。

第一，美国的生产率和经济发展缓慢，其重要的原因在于美国的管理不重视人的作用，企业文化没有搞好。

第二，企业价值观是企业文化的核心内容之一。

第三，企业文化建设的经验具有普遍意义，日本的管理方法虽然不能照搬照抄，但却可以移植于美国，值得美国学习。

由此，总结美国优秀公司经验的学者与推崇日本企业管理模式的学者，在研究上殊途同归，在相互争论中揭示了企业管理的共同规律：人是管理的主体，必须靠文化凝聚力量，实现管理软性要素与硬性要素的结合。

四、企业文化形成的影响因素

本章第一节对企业文化进行了静态分析，为了给企业文化的建设和创新提供准确的线索，还要对企业文化的形成和演变进行动态的系统分析，寻求影响企业文化的主要因素。概括而言，企业文化是在企业外部环境和内部环境的交互作用下形成的。

实例探析：
秘鲁人怎么了

（一）外部影响因素

1. 民族文化

现代企业管理的核心是对人的管理。作为企业文化主体的企业成员，同时也作为社会成员而存在。他们长期受民族文化的熏陶，并在这种文化氛围中成长。进入企业以后，广大成员不仅会把自身所受的民族文化影响带到企业中来，而且由于其作为社会人的性质并未改变，他们将继续受民族文化传统的影响。因此，要把企业管理好，绝不能忽视民族文化对企业文化的影响。建设具有本民族特色的企业文化，不仅是个理论问题，更是企业管理所面临的实际问题。

处于亚文化地位的企业文化植根于民族文化土壤中，这使得企业的价值观念、行为准则、道德规范等无不深深地打上了民族文化的烙印。民族文化传统是构成企业生存发展的宏观环境的重要因素，民族文化对企业的价值观念、管理理念、发展战略及策略等理念要素也会产生深刻的影响。不仅如此，企业为了今后的进一步发展，还要努力去适应民族文化环境，去迎合在一定民族文化环境中所形成的社会心理状态，否则企业将难以生存，甚至会陷入困境和危机。需要注意的是，企业文化对民族文化养分的汲取，必须抱着科学的态度，批判地加以吸收。

从另一方面来看，企业文化作为民族文化的微观组成部分，在企业发展的过程也在不断地发展变化，并对民族文化产生反作用。优良的企业文化必然会对民族先进文化的发展产生积极的推动作用。

2. 制度文化

企业文化的另一个重要影响因素是制度文化，包括政治制度和经济制度。企业文化的核心问题是要形成具有强大内聚力的群体意识和群体行为规范。由于社会制度不同，不同国家的企业所形成的企业文化也有所差异。

我国实行的是社会主义制度，改革开放以来，建立了社会主义市场经济体制。高举中国特色社会主义伟大旗帜，坚定不移地走中国特色社会主义道路，要求我们建设中国特色社会主义先进文化，建设符合我国实际的企业文化。同时，我国的社会制度也为各类企业建设先进的企业文化提供了广阔的空间。

我国和日本同属东方民族，都有以儒家文化为特色的民族文化传统，但由于社会制度的差别，两国企业文化有许多不同特点。日本的资本主义制度决定了企业的经理人员和广大员工既对立又统一的关系。虽然日本的"家族主义"优于美国的个人主义，但在被视为大家庭的企业内部，老板与员工并非平等的关系。因此，尽管日本实行企业工会制度，但春天日本工人阶级经常坚持"春季斗争"，向资方争取自己的合法权益。我国实行社会主义制度，尊重工人阶级的主体地位，各种所有制企业都应该贯彻以人为本的科学发展观，努力构建和谐的劳动关系，不断激发广大员工的主人翁意识和积极性、主动性、创造性。坚持以人为本，正日益成为我国企业文化必不可少的主要内容。

深入研究和准确把握我国当前的政治和经济体制，充分发挥社会主义制度优势，建立中国特色的先进企业文化，是所有社会企业都应该重视的问题。

3. 外来文化

严格地说，从其他国家、其他民族、其他地区、其他行业、其他企业引进的文化，对于特定企业而言都是外来文化，都会对该企业自身的文化产生一定的影响。

随着世界市场的融合和全球经济化的发展，各个国家和地区之间的经济关系日益密切，文化上的交流和渗透广泛深入。第二次世界大战之后的日本，不仅从美国引进了先进的技术和设备，也从美国接受了现代的经营管理思想、价值标准、市场意识、竞争观念、时间观念等，特别是美国的个人主义观念对日本的年轻一代产生了非常大的影响，连日本企业长期以来行之有效的"年功序列工资制"也受到了严峻的挑战。可以认为，日本的企业文化中既有以儒家思想为中心的根，又有受美国文化影响的叶。

中国改革开放40年来，从西方发达国家引进了大量的技术和设备，在引进、消化、吸收外国先进技术的同时，也引进了国外的文化。来自国外的文化形态可以分为民族文化、企业文化和个人文化三个层次，它们都对我国社会文化和企业文化产生了不同程度的影响。过去，我国在引进中较多地注意技术、管理、人才等因素，而比较忽视文化因素对我国社会的影响和作用。这既因为文化渗透是通过某种技术或设备"中介"间接进行的，又因为文化的影响和作用具有滞后性和复杂性，比较难以全面准确地把握。应该看到，这么多年来我国在引进先进科技和设备的同时，也从国外引入了许多先进的管理思想，增强了企业的创新精神、竞争意识、客户意识、服务观念、效率观念、质量观念、效益观念、民主观念、环保意识等，为我国企业文化注入了新鲜血液；当然，我国社会及企业也受到拜金主义、享乐主义、个人主义、唯利是图等腐朽落后思想的冲击。西方资本主义文化中的糟粕对我国企业文化建设有负面影响，应当引起警惕。

在国内不同民族、地区、行业或企业间进行资本、技术、市场、产品、服务转移的过程中，异质文化也会对企业文化产生影响。例如，军工企业在转向民品生产的技术转移过程中，军工企业的严格、严密、高质量、团结、自强、艰苦创业等优良的企业文化因素，必然对普通企业的企业文化建设产生十分积极的影响；而普通企业对市场的敏感和快速反应，以及敢于变革、勇于创新的精神，也会对军工企业的企业文化产生积极影响。又如，新兴的信息技术产业有重视技术、重视创新、重视人才等许多积极观念，已对社会各行业的企业文化产生了深刻影响。当然，即使处于同一行业，企业与企业之间由于地区、环境及其他原因也会有相当大的差距。因此，地区之间、行业之间、企业之间的先进技术和管理经验转移是非常必要的，在这种转移中自然会伴随企业文化的渗透和融合。

总之，企业必须从自身的实际出发，有选择地吸收、消化、融合外来文化中有利的文化因素，警惕、拒绝或抵制不利因素。

4. 行业文化

不同行业对组织提出的要求是不同的，因此，组织文化具有相应的行业特点。在卫生行业，治病救人是最主要的特点，从中国古代医家倡导的"医者父母心"到英国19世纪形成的"南丁格尔精神"，都是医疗机构的组织文化中最核心的内容。无论是国外还是国内的政府机构，为辖区的人民（公民）服务都是其主要职责，服务意识、服务精神几乎是所有政府机构的行政文化中不可或缺的内容。一个行业内，企业文化长期相互影响，逐步形成了一些鲜明的共性特征。

同样，对从事经济活动的企业来说，不同行业的企业文化也有各自的特点。从大的方面来说，可以分为第一、第二、第三产业。每个产业又包括很多大的行业，例如，第二产业可分为采矿业、制造业、电力与能源业、建筑业等行业，还可再进一步细分，例如制造业包括农副食品加工业、纺织业、家具制造业、医药制造业、橡胶制品业、金属制品业、通信及电子设备制造业等30多个具体的行业。由于各个行业在技术特点、生产方式、管理模式和要求上存在很大不同，所以企业文化也必然有差异。

举例来说，身为服务业的麦当劳，从1954年开设第一家快餐店之后，到目前已经在世界上120多个国家和地区拥有了3万多家连锁店。麦当劳成功的主要原因是其独具一格的企业文化，使它在世界各地的食品和服务完全一致。麦当劳把员工作为第一财富，崇尚"Q+S+C+V"，即品质上乘、服务周到、环境清洁、超值享受，宗旨是"提供更有价值的高品质食品给顾客"。麦当劳独特的企业文化，既带有企业特色，又反映出了行业特点。又如，1865年创立于芬兰的诺基亚公司提出"以人为本"的管理模式，把创新作为公司发展的关键和企业文化的核心，具有典型的高技术行业的特点。这也充分说明，不同行业的巨大差异是企业文化建设不可回避的问题。

5. 地域文化

地域性差异是客观存在的，无论是不同国家还是同一国家的不同地区，都存在很大差异。不同地域有着不同的地理、历史、政治、经济和人文环境，必然会产生一定的文化差异。例如，德国的东部与西部由于经济和历史原因，价值取向有所不同；在法国，不同地域的人都保留着自己的特点，包括语言、生活习惯和思维方式；美国的纽约和加利福尼亚，也具有不同的文化特点。此外，文化差异在城市和郊区之间也会有所体现。丰田汽车把总部从大城市移出来，把自己培养成具有乡土气息的样子，因为它热衷于英国和美国的乡村俱乐部式的风格。世界上最大的轮胎制造商米其林（Michelin）公司把总部设在乡下而不是巴黎，因为公司领导要摒弃巴黎"浮于表面和趋于时尚"的文化，他们更喜欢以谦逊、简朴和实用著称的郊区瓦房地区。

正是这种由地域差异产生的文化差异，使企业家在设厂和管理时不得不考虑地域因素。日本企业在进军美国时，尼桑等大公司纷纷入驻田纳西州，因为这里有强烈的工作道德、和睦相处的氛围，这些对于日本企业至关重要。同时，田纳西州与东京同在一个纬度上，与东京气候相似，在这里还可以看到樱花，这可能是入驻的又一个重要原因。

同样，中国地域广阔，同行业、同所有制、同样规模的企业，在东北地区和在广东地区会有很大的文化差异；在东部沿海地区和西部高原地区也会感受到十分不同的文化。在企业文化建设中，必须恰当考虑这些因素。

（二）内部影响因素

1. 企业传统

应该说，企业文化的形成过程也就是企业传统的发育过程，企业文化的建设过程在很大程度上就是企业传统去粗取精、扬善抑恶的过程。因此，企业传统对企业文化的建设与发展具有深远的影响。

企业传统主要表现在宏观和微观两个层面上。从宏观来看，中国现代企业虽然仅有一百多年的发展史，但却创造和凝练了宝贵而丰富的文化传统。这些优良传统主要有以下四个方面。

（1）旧中国民族资本企业的以实业救国、勤劳节俭、诚信经营为特色的企业精神。

（2）新中国成立以前的艰苦奋斗、勤俭节约、无私奉献、顽强拼搏的企业精神和传统。

（3）新中国成立以后建立的社会主义企业的文化特色和传统，例如爱厂如家、艰苦创业的"孟泰精神"，拼搏奉献的"铁人精神"等。

（4）改革开放以来，新兴的高新技术企业、民营企业的企业文化创新发展，正逐步积淀成新的文化传统，例如以人为本、诚信经营，重视技术和人才、重视效益、重视管理以及市场观念、竞争意识、服务意识等。

上述企业文化的优良传统和经验，不仅对形成我国当前的企业文化产生了非常深刻的影响，而且对于在新的历史起点上建设和发展具有中国特色的企业文化有十分重要的意义。

从微观来看，每个企业都应当根据自身的外部环境和内部条件，从本企业所追求的愿景目标、发展战略及经营策略中总结自己的优良历史传统，从而形成自身的经营哲学、价值观念，创造出本企业独具特色的企业文化风格。重视企业传统，不割断历史，对历史传统进行科学分析，注意发掘和继承优良文化传统，是建设具有个性的企业文化的必由之路。

2. 企业发展阶段

美国管理学家伊查克·爱迪思曾用 20 多年的时间研究企业如何发展、老化和衰亡。他写了《企业生命周期》一书，把企业生命周期分为十个阶段，即：孕育期、婴儿期、学步期、青春期、壮年期、稳定期、贵族期、官僚化早期、官僚期、死亡。爱迪思准确生动地概括了企业在不同阶段的特征，并提出了相应的对策，揭示了企业生命周期的基本规律，提示了企业生存过程中基本发展与制约的关系。

企业生命周期理论是指企业发展与成长的动态轨迹，包括发展、成长、成熟、衰退几个阶段。企业生命周期理论的研究目的在于，试图为企业找到能够与其特点相适应的阶段，使企业找到一个相对较优的模式来保持企业的发展能力。企业处于生命周期中不同的发展阶段，决定了企业管理不同的特点，进而影响到企业文化。企业从导入期、成长期发展到成熟期，再到衰退期，便完成了一个循环过程。在这个过程中，企业会积累一些优秀的文化传统，也会不断滋生一些不良风气。

处于导入期的企业往往只关注企业生存和市场，而不顾及内部规范管理，可能产生一切以挣钱为导向的文化氛围，这时企业家要特别注意对短期行为的及时纠正。中国有句古话叫"以义取利"，这是关系企业生死存亡的大事。进入成长期的企业，随着规模的逐步扩大和各项工作的逐步开展，企业文化渐渐成形，这时是企业文化建设的关键时期，企业家要抓住这一时机，考虑长远发展，塑造可以永久传承的优秀文化。企业一旦进入成熟期，文化就基本稳定了，这时的企业家都要特别小心企业惰性的产生，警惕企业文化老化和异化的危险。在这个阶段，许多企业家采取了变革文化的办法，不断激发企业文化的活力，用企业文化这只"无形的手"阻止企业走上衰退之路。准确把握企业发展的阶段性特征，有助于制定正确的企业文化建设思路和方案，收到事半功倍的理想效果。

3. 企业发展战略

发展战略就是一定时期内对企业发展方向、发展速度与质量、发展点及发展能力的重大选择、规划及策略。企业战略可以帮助企业找到长远发展方向，明确发展目标，指明发展点，并确定企业需要的发展能力。战略的真正目的就是要解决企业的发展问题，实现企业快速、健康、持续发展。随着外部环境的改变，企业战略常常需要做相应的调整或变革，因为不断创新以适应环境变化是企业旺盛生命力的源泉。当战略的变革与企业文化相冲突时，由于企业文化变革的速度有限，观念的更新和行为的改变需要经历一定的时间跨度，企业文化的某些内容就会成为战略实施的阻力。这时，企业往往需要对企业文化重新进行调整、修正、补充，更替原有的企业文化要素，使企业文化与变革的战略能够匹配、协调。企业发展战略是企业的长期发展计划，企业文化作为企业的灵魂，对战略的发展会起到促进作用，为战略的发展保驾护航；反过来，企业发展战略的实践，将使企业文化得到升华。

4. 个人文化

个人文化因素，指的是企业领导者和企业成员的思想素质、文化素质和技术素质对企业文化的影响。由于企业文化是全体企业成员认知和行为的结晶，因此企业成员的思想素质、文化素质和技术素质直接影响和制约着该企业文化的层次和水平。一个村办企业的企业文化与一家高新技术公司的企业文化差异之大是显而易见的，因为前者多为中小学文化程度的农民，其主导需要停留在生存和安全的层次上，所以其企业文化更多地集中在安全第一、艰苦奋斗的实干精神上；而后者大部分员工为大学以上文化程度的科技工作者，他们的主导需要基本上处在自尊和自我实现的层次上。例如，由清华大学校办企业成长起来的紫光股份公司，1991 年曾提出"大事业的追求，大舞台的胸怀，大舰队的体制，大家庭的感受"的"四大"文化，中关村四通公司曾将"高效率、高效益、高境界；先做人，后做事"作为企业精神，这些均反映了科技企业对高层次企业文化的追求。

员工中的模范人物是员工群体的杰出代表，也是企业文化人格化的突出体现。王进喜对大庆精神、张秉贵对北京王府井百货公司的"一团火精神"、李双良对太钢精神都发挥了这种作用。向模范人物学习的过程，就是企业文化的培育过程。目前，许多企业重视培养内部的模范、标兵、先进工作者，使企业文化通过他们实现人格化，众多员工向他们学习的过程，就是企业文化建设的过程。

在个人文化因素中，领导者的人生观、世界观、价值观和文化修养、政策水平、思维方式、管理理念、工作经验、工作作风乃至人格特征等，都会对企业文化产生举足轻重的影响。这是因为企业的愿景和宗旨、核心价值观、企业道德、企业作风在某种意义上说都是企业领导者价值观的反映。国外有时甚至把企业文化称为"企业家精神"。主要领导者更换，往往也会对企业文化的发展产生一定的影响。因此，要建设优秀的企业文化，培育一个好的领导者集体是至关重要的。

第三节　企业文化的特征与功能

一、企业文化的特征

关于企业文化的特征，有许多不同的概括和描述，这反映了人们对企业文化本质的认识和揭示处于一个不断深化的过程中。其中，以下特征是较为重要的。

（一）客观性

企业文化的特征

每个企业都会有企业文化，不论先进与否，企业文化总是存在的。企业文化是企业的基因，是广大员工共同的价值取向、思想方法和行为方式，其存在的必然性不因企业经营的好坏和管理水平的高低有差异，此即为企业文化的客观性（又称普遍性）。企业文化是在一个企业建立和发展的过程中形成的，与企业相伴而生、如影随形。无论人们承认与

> 企业文化

否、喜欢与否，也无论被人们感知到多少、认识到什么程度，企业文化都会对每一名企业成员的行为产生一定影响，从而影响企业的发展变化。特别是企业理念要素，尽管人们看不见、摸不着，但往往会潜移默化地影响企业成员的思考、判断和言行。企业文化是客观存在的这种特征，被称为企业文化的客观性。

企业文化的客观性，并不是说人们在企业文化面前束手无策，只能被动地接受。客观性正表明企业文化与其他客观事物一样，有其客观的内在发展规律。人们不但可以去了解和评价企业文化，而且可以通过认识、掌握和遵循企业文化的内在规律来主动进行企业文化的建设与变革，培育和形成优秀的企业文化，使自发的企业文化成为自觉的企业文化，从而增强企业的文化竞争力。

（二）稳定性

企业文化的形成是一个长期的过程，企业文化一旦形成又具有相对稳定性，不容易轻易改变。这种稳定性是因为在企业的内外环境发生变化时，企业成员的认知和行为往往会滞后，有时甚至在相当长的时间内不能同步发生变化。企业文化改变时，通常最容易也最先改变的往往是外在的符号层要素，然后是中间层次的制度行为层要素，最后才是内在的理念层要素。改变企业成员根深蒂固的思想观念和长期养成的某些行为习惯，有时需要数年甚至更长时间。特别是企业成员的群体性理念和行为，就更加难以改变。稳定性表明企业文化的改变不是一朝一夕之功，需要时间的积淀。企业领导者在进行企业文化变革、更新和建设时，一定不能急功近利、急于求成，而要持之以恒、百折不挠地加以推动。

文化的生成呈现长期性，文化的作用具有延绵性。一种积极的企业文化，尤其是居核心地位的价值观念的形成往往需要很长时间，需要先进人物的示范作用，需要一些引发事件，需要领导者的耐心倡导和培育等。企业文化一旦形成，就会变成企业发展的灵魂，不会朝令夕改，不会因为企业产品的更新、组织机构的调整和领导人的更换而发生迅速的变化。一般来说，它会长期在企业中发挥作用。

当然，企业文化的稳定性也是相对的。随着企业内外经济条件和社会文化的发展变化，企业文化也会不断地得到调整、完善和升华。尤其是当整个社会处于大变革和大发展、企业制度和内部经营管理发生剧烈变动的时期，企业文化也通常会经过新旧观念的冲突而发生大的变革，从而适应新的环境、条件和组织目标。"适者生存，优胜劣汰"，企业文化是在不断适应新的环境中得以进步并充满生机和活力的。

（三）独特性

世界上没有完全相同的两片树叶，也没有个性完全相同的两个人。同样，任何两个企业也不会有完全相同的企业文化。企业文化的独特性，是由企业的特殊性，即不同企业的使命和社会职责不完全相同、建立和发展的过程不完全相同、企业规模和企业成员不同等决定的。企业文化的独特性，反映了它对企业本身的路径依赖性。每个企业都有自己的历史、类型、性质、规模、心理背景、人员素质等，必然会形成具有本企业特色的价值观、经营准则、经营作风、道德规范及发展目标等。

<u>企业文化的独特性，是企业文化的生命力所在。</u>企业文化具有鲜明的个性和特色，具有相对独立性，每个企业都有其独特的文化淀积，这是由企业的生产经营管理特色、企业传统、企业目标、企业员工素质以及内外环境决定的。独特性决定了企业文化建设要从企业自身的历史和现实出发，并紧密结合企业未来发展目标，在遵循企业文化发展普遍规律的基础上，注重发现和突出文化个性，体现个性特色，绝不能照抄照搬其他民族、其他行业或其他企业的文化。每个企业的企业文化都是独一无二的，企业文化只属于本企业，甲企业的文化不一定适应乙企业的需要。因此，在某种程度上可以说，企业经营管理经验是可以学习的，但是企业文化是不能照搬的，必须在本企业内部不断聚焦、传播和培育，直至内化于心，最终成形。

例如，同属高科技行业，美国英特尔公司的文化就很有特色。英特尔公司创立于1968年，是计算机微处理器的设计者和制造商。英特尔公司独树一帜地强调纪律和平等。英特尔的员工必须准时上班，每天上班时间从早上8点整开始，8点零5分以后才报到的同事就要签名在"英雄榜"上，背负迟到的罪名。一个高科技公司，为什么如此强调纪律呢？葛洛夫认为："公司就像一部大机器，各部门必须同步作业，无论制造、工程、营销或财务部门，都必须遵守相同的纪律，才能让机器运转最顺畅，产能也最高。"英特尔人认为：任何一家高科技企业，各种决策必须由经理与技术精英共同制定。经理有管理经验，了解趋势，但脱离研究工作，而技术精英经常是实际在做研究的人，拥有最新的技术，因此两者要经常沟通。如果强调等级差别，突出职位象征，那对促进意见交流显然是有百害而无一利的，因此强调平等的管理才真正符合高科技公司的需求。英特尔文化的另一个特点是鼓励尝试风险。英特尔的创始人摩尔提出，计算机的性能每18个月翻一番，只有不断创新，才能赢得高额利润并将获得的资金再投入到下一轮的技术开发中去。对于风险较大的创新工作，英特尔公司的领导人总是鼓励员工去大胆尝试。英特尔人认为，尝试风险有利于成长，因为有限度地承担风险，可能会带来两种结果：成功或失败。如果你获得成功，显然这是一种成长。就算你失败了，你也可以很快知道哪里出错了、不应该做些什么，这也是一种成长。

（四）无形性

无形性也称隐藏性，主要是指企业文化的核心：理念文化体系。特定的企业文化，特别是它的理念层，看不见，摸不着，但是会对企业成员的行为产生潜移默化的作用。企业中的个体和群体，会自觉或不自觉地受企业文化的影响。企业文化的内核中包含着各种价值因素、信念因素、道德因素、心理因素等，是作为一种精神氛围存在于特定人群之中的，因此，它具有无形性，是看不见、摸不着的。然而，任何无形的事物都是寓于有形事物之中的，企业文化也不例外。无形的价值因素、信念因素、道德因素、心理因素等通过各种有形的载体，如人的行为方式、企业的各种规章制度、经营政策体现出来。人们往往是通过有形的事物去观察、分析、研究和培植企业内在文化的。无形性是针对内容而言的，有形性则是针对形式和载体而言的。因此，企业文化是内容与形式、载体的统一。在

> 企业文化

企业稳定运转的情况下，有时人们很难感受到自己所处的文化环境，往往只有当企业的内外环境发生较大改变，或者企业成员到了另外一个企业时，才能比较明显地感受到原来企业的文化特点。这就像我们天天呼吸的空气一样，平时感觉不到它的存在，只有到了某个缺氧的环境时，才会体会到空气的存在和影响。企业文化对人的影响是无形的、隐性的，往往只有在对比和变化中才能感受到它的内涵和价值。

企业文化渗透在企业整体之中，是企业的灵魂所在。也就是说，知识、利润、人际关系、俱乐部活动、奖杯、新闻、工作环境、经营管理活动等外在形态，并不就是企业文化本身，企业文化是这一切背后的态度、心理、哲学、动机、方式、观念、感情等。前者是形，后者是神。企业文化主要指价值观、核心理念、企业精神等内核性内容，如同盐溶于水，如同精神对于人的作用，如同人性之于人生，可意会而难言传，点点滴滴，渗透在整个企业经营管理过程中。一言一行、一举一动、一个制度、一项规定、一种机制、一种氛围，无不包容于企业文化之中，且被企业文化渗透。企业文化如同空气中的氧气、盐水中的盐分，完全渗透在企业经营管理的所有过程中。渗透，是企业文化发挥作用的一种基本途径。企业文化正是通过渗透才产生力量的。企业文化的渗透是全方位、全过程的。生产经营中的任何一道环节，不可能没有企业文化的影子。企业文化就是躲在整个企业经营管理活动中的一种神秘力量。企业文化的渗透，可能沿着行政线路上下激荡，也可能沿着民间舆论左右伸展；可能在精神的鼓励下奋然前行，也可能和利益、责任、权力结伴而行……

（五）系统性

系统性又称整体性。企业文化是一个系统，是由相互联系、相互依赖、相互作用的部分和层次构成的有机整体。企业文化有意识形态、制度形态、物质形态等不同的层次和内容，它们各有特点且相对独立，但又紧密结合成一个整体。企业文化与社会文化也是一个有机的整体，社会文化时时处处在渗透、影响和制约着企业文化的发展，而企业文化也通过其辐射功能推动着社会文化的进步，使其成为社会文化新的生长点。可见，企业文化不是企业诸因素的简单叠加，而是相互影响、相互渗透的一个有机系统，综合对企业管理和企业发展产生作用。

整体性，就是把研究对象看作由各个构成要素形成的有机整体，从整体与部分相互依赖、相互制约的关系中揭示对象的特征和运动规律，研究对象整体性质。[①] 整体性不等于形成它的各要素性质的机械之和，对象的整体性是由形成它的各要素（或子系统）的相互作用决定的。因此，它不要求人们事先把对象分成许多简单部分，分别进行考察，然后再把它们机械地叠加起来，而要求把对象作为整体，从整体与要素的相互依赖、相互联系、相互制约的关系中揭示系统的整体性质。

（六）开放性

优秀的企业文化具有全方位开放的特征，绝不排斥先进管理思想及有效经营模式的影响

---

① 张同钦. 秘书学概论 [M]. 北京：中国人民大学出版社，2011.

和冲击。企业文化的开放性，将促进企业文化的发展，通过引进、改造、吸收其他企业的文化，促使自身发育成长，不断完善。企业文化的开放性，必然导致外来企业文化与本土企业文化、现代企业文化与传统企业文化的交融与整合，这也正是建设具有自身特色企业文化的契机。开放式企业文化不仅要求对外开放，对内也要开放，企业员工提出的合理化建议，只要对企业的发展有好处，都要引起重视。这需要信息的反馈通畅，打破封闭的状态。

（七）非强制性

企业文化不是强制人们遵守各种硬性的规章制度和纪律，而是强调文化上的认同，强调人的自主意识和主动性，也就是通过启发人的自觉意识达到自控和自律的境界。对多数人来讲，由于认同了某种文化，这种文化就是非强制性的。当然，非强制之中也包含某种"强制"，即软性约束。对于少数人来讲，一种主流文化一旦发挥作用，即使他们当时并未认同这种文化，也同样会受这种主流文化氛围、风俗、习惯等非正式规则的约束，违背这种主流文化的言行是要受到舆论谴责或制度惩罚的。所以，有企业文化专家认为，文化可以部分地代替发布命令和对员工进行严密监督，从而既能提高劳动生产率，又能发展工作中的支持关系。非强制性是针对认同企业文化的人员而言的，强制性是针对还未认同企业文化的人员而言的。可见，企业文化与传统管理对人的调节方式不同，传统管理主要是外在的、硬性的制度调节，企业文化主要是注重内在的文化自律与软性的文化引导。

小知识

企业文化的特点——水

企业文化"柔情似水"。

企业文化"水滴石穿"。

企业文化"如鱼得水"。

企业文化"水到渠成"。

企业文化"水能载舟亦能覆舟"。

二、企业文化的功能

哈佛商学院知名教授约翰·科特曾指出："真正影响企业发展与走向的不是技术，也不是资金，而是文化。"科特教授与其研究小组用了11年时间，对企业文化对企业经营业绩的影响力进行研究，结果证明，凡是重视企业文化的公司，其经营业绩都远远胜于那些不重视企业文化建设的公司。企业文化对经营业绩的影响如表1.1所示。企业文化决定企业命运，未来企业的竞争是文化的竞争。企业的百年基业与创新，表面上看起来是经济形态，归根结底都是文化形态，企业文化贯穿企业发展的全过程。著名经济学家于光远先生站在战略高度精辟指出："国家富强在于经济，经济繁荣在于企业，企业兴旺在于管理，管理优劣

企业文化的功能

> 企业文化

在于文化。"

表 1.1　企业文化对经营业绩的影响

比较项目	重视企业文化的公司/%	不重视企业文化的公司/%
总收入平均增长率	682	166
员工增长率	282	36
公司股票价格增长率	901	74
公司净收入增长率	756	1

资料来源：科特，赫斯克特. 企业文化与经营绩效［M］. 曾中，李晓涛，译. 北京：华夏出版社，1997：15-16.

优秀的企业文化通常具有以下功能。

（一）导向功能

企业文化的导向功能是指它对企业行为方向所起的显示、诱导和坚定作用。

企业文化能显示企业发展方向。 企业文化以概括、精粹、富有哲理性的语言明示着企业发展的目标和方向，这些语言经过长期的教育、潜移默化，已经铭刻在广大员工心中，成为其精神世界的一部分。美国 IBM 公司的宗旨是"为顾客提供世界上最优良的服务"。经过长期实践，"优良服务"几乎成了公司的象征，它不仅向客户提供各种机器租赁服务，还提供各种机械服务；不仅提供设备本身，还提供技术培训和"随叫随到"的咨询服务。IBM 公司能保证做到"在 24 小时以内对任何一个顾客的意见和要求做出满意的答复"。

企业文化能诱导企业行为方向。 企业文化建立的价值目标是企业员工的共同目标，它对员工有巨大的吸引力，是员工共同行为的巨大诱因，使员工自觉地把行为统一到企业所期望的方向上去。正如彼得斯和沃特曼所说，在优秀的公司里，因为有鲜明的指导性价值观念，基层的人在大多数情况下都知道自己该做些什么。

企业文化能坚定企业行为方向。 企业在遇到困难和危机时，强大的企业文化可以促使员工把困难当作动力，把挑战当作机会，更加坚定而执着地为既定的目标奋斗。青岛双星集团的总裁汪海曾自豪地说："我们不怕困难，不怕挑战，我们经常讲危机，经常讲缺点，因为我们相信'双星'精神会激励我们战胜危机，克服困难。"

（二）员工士气的激励功能

共同的价值观念使每个职工都感到自己的存在和行为的价值，自我价值的实现是人的最高精神需求的满足，这种满足必将形成强大的激励。在以人为本的企业文化氛围中，领导与职工、职工与职工之间互相关心，互相支持。特别是领导对职工的关心，会让职工感到受人尊重，自然会振奋精神，努力工作，从而形成幸福企业。另外，企业精神和企业形象对企业职工有着极大的鼓舞作用，特别是企业文化建设取得成功，在社会上产生影响时，企业职工会产生强烈的荣誉感和自豪感，他们会加倍努力，用自己的实际行动去维护企业的荣誉和形象。企业文化对强化员工工作动机，激发员工的工作主动性、积极性和创造性有巨大作用。

企业文化使员工获得充分发挥自己聪明才智、不断实现自我的优越条件。鼓励创新、支持变革，是一切优秀企业文化的鲜明特点。员工自我发挥、自我实现和自我完善的需要，只有在强大的企业文化环境中才能获得满足。

企业文化的重要特点是重视人的价值。正确认识员工在企业中的地位和作用，激发员工的主体意识，从根本上调动员工的积极性和创造性。例如，美国波音公司把"我们每一个人都代表公司"作为企业精神来激发员工的主体意识。

积极向上的思想观念及行为准则，可以形成强烈的使命感和持久的驱动力。心理学研究表明，人们越能认识行为的意义，行为的社会意义越明显，越能产生行为的推动力。倡导企业理念的过程，正是帮助员工认识工作意义、建立工作动机，从而调动员工积极性的过程。

（三）企业主体的凝聚功能

企业文化赋予人们以共同的目标、理想、志向和期望，使人们心往一处想、劲往一处使，成为具有共识、同感的人群结合体。企业文化给人们提供了一套价值评价和判断的标准，使人们知道怎样做是正确的、怎样做是错误的，不仅能避免大量矛盾的发生，而且即使出现某些矛盾和冲突，也会积极、主动地设法解决。企业文化提供给员工多方面心理满足的条件，使企业对员工有很强的吸引力，员工对企业有很大的向心力。

企业文化以人为本，尊重人的感情，从而在企业中形成团结友爱、相互信任的和睦气氛，强化了团体意识，使企业职工之间形成强大的凝聚力和向心力。共同的价值观念形成了共同的目标和理想，职工把企业看成一个命运共同体，把本职工作看成实现共同目标的重要组成部分，整个企业步调一致，形成统一的整体。这时，"厂兴我荣，厂衰我耻"成为职工发自内心的真挚感情，"爱厂如家"就会变成他们的实际行动。企业组织的高凝聚力主要表现在三个方面：一是组织与团体、团体与团体之间的关系是亲密的、和谐合作的；二是组织对团体、团体对个人具有很强的吸引力；三是个人对团体和组织有很强的认同感、依恋感和向心力。

（四）思想行为的约束功能

企业文化的内容不仅包括企业的规章制度，而且包括企业的思想作风、伦理道德、价值观念、行为方式等方面，这就使企业文化具有两个方面的约束功能：一种是硬性的约束，即企业成文的规章制度对员工的约束力；另一种是软性的约束，即一种无形的约束。**企业文化的约束功能主要是从价值观念、道德规范上对员工进行软性的约束，它通过企业共同价值观、道德观向员工个人价值观、道德观的内化，使员工在观念上确立一种内在的自我约束的行为标准**。一旦员工的某项行为违背了企业的信念，其本人心理上会感到内疚，并受到共同意识的压力和公共舆论的谴责，促使其自动纠正错误行为。例如，北京王府井百货大楼的广大员工在张秉贵"一团火精神"的带动下，人人都以热情服务、微笑待客为荣，以不负责任、冷淡粗暴为耻。

> 企业文化

企业文化的约束功能主要通过完善管理制度和道德规范来实现。企业制度是企业文化的内容之一。企业制度是企业内部的法规，企业的领导者和企业职工必须遵守和执行，从而形成约束力。道德规范是从伦理关系的角度来约束企业领导者和职工行为的。如果人们违背了道德规范的要求，就会受到舆论的谴责，心理上会感到内疚。同仁堂药店"济世养生、精益求精、童叟无欺、一视同仁"的道德规范，促使全体员工严格按工艺规程操作、严格质量管理、严格执行纪律。

（五）社会影响的辐射功能

企业文化关系到企业的公众形象、公众态度、公众舆论和品牌美誉度。企业文化不仅在企业内部发挥作用，对企业员工产生影响，也能通过传播媒体、公共关系活动等渠道对社会产生影响，向社会辐射。企业文化的传播对树立企业在公众中的形象有很大帮助，优秀的企业文化对社会文化的发展有很大的影响。企业文化不仅对本企业产生作用，还会不断地向周围传播和辐射。这种辐射的途径是企业的对外横向联系及人员交往，它的作用机制则是依靠企业文化交往实现的。例如，鞍钢公司"两参一改三结合"的作风等，就曾对我国整个社会文化的发展和进步起到重要作用。

扩充性知识

第四节 企业文化的类型

由于民族、制度、地域、行业、发展阶段，以及外来文化、个人因素、企业传统因素等的综合影响，企业文化呈现出百花齐放、万紫千红的局面。为了深入地研究企业文化，对其恰当分类是必要的。

一、迪尔与肯尼迪的四种类型划分

根据企业经营活动的风险程度、企业及其雇员工作绩效的反馈速度，美国学者迪尔与肯尼迪把企业文化分为以下四类。

（一）强悍型文化

强悍型文化的特征是投资风险很高而且反馈很快，注重冒险精神。企业可能会迅速功成名就，也可能会一败涂地。建筑、化妆品、管理咨询、风险投资、广告、电影、出版、体育运动等行业大都属于这种类型。这是所有企业文化中极度紧张的一种。这种企业恪守的信条是要么一举成功，要么一无所获。因此，员工们敢于冒险，都想成就大事业。而且，对于所采取的行动是正确的还是错误的，能迅速获得反馈。

（二）工作娱乐并重型文化

工作娱乐并重型文化奉行拼命地干、痛快地玩的信念。职工很少承担风险，所有行动均可迅速获得反馈。这种文化通常植根于那些生机勃勃、运转活跃的组织，包括房地产公司、计算机公司、汽车销售商、上门推销的销售公司等。在这些公司中，员工生存的风险很低，同时又有快速而密集的反馈信息。在这个领域中，行动意味着一切，员工们只要不断努力，就一定会达到目标。

这种文化的主要价值观集中在顾客及其需要方面，提供优质的顾客服务这一思想渗透在大多数这种组织中。"IBM 就是服务"可以说是这种价值观的一个标志性口号。日本铃木公司的一条发动机装配线上，员工全是女工，班组休息室里面摆着各种各样的洋娃娃。这是一种有意的设计，充分考虑了女性的心理特点，使她们在工间休息时得到充分放松、尽情娱乐，在工作时能全身心地投入，体现了该公司以人文本、稳步前进的企业文化。

（三）赌注型文化

赌注型文化适用于风险高、反馈慢的环境，企业所做决策承担的风险很大，却要在几年之后才能得到结果。其信念是注重未来、崇尚试验，相信好的构想一定要给予机会去尝试、发展。

（四）按部就班型文化

按部就班型文化常存在于风险低、资金回收慢的组织中，由于职工很难衡量他们所作所为的价值，因此，人们关心的只是"怎样做"，人人都在追求技术上的完美、工作上的有条不紊，易产生官僚主义。这一类型的企业大多是银行、保险公司、金融服务组织、大型政府部门、公共事业机构以及有着严格规范的行业企业。

二、科特的三种类型划分

（一）强力型文化

在强力型文化中，企业员工对企业核心价值观的认同程度较高，几乎每一位经理都具有一系列基本一致的共同价值观念和经营方法，新员工进入这个组织后也会很快接受这个公司的价值观念和行为准则。在这种文化氛围中，新任高级经理如果偏离公司的价值观念，强力型企业文化会很快将其偏差纠正到企业的共同价值观上来，这样做的人不仅有他的上司，也有他的下级。所以，这样的企业的凝聚力和忠诚度较高，企业员工的离职率也较低。

强力型文化具有以下三点优势。

第一，目标一致。在具有强力型文化的企业中，员工们方向明确，步调一致。在目前专业化程度很高、分工复杂的世界中，这一点非同小可。一位 CEO 曾说："经营一家企业，没有企业文化或企业文化很脆弱是难以想象的，下面的人办事总不那么齐心。"

第二，企业营造激发员工积极性的氛围。企业成员中共同的价值观念和行为方式使他们愿意为企业出力,这种自愿工作或献身企业的心态使企业员工工作积极努力。

第三,提供必要的企业组织机构和管理机制,从而避免了企业对那些常见的、降低企业活力和抑制改革思想的官僚的依赖。

但是,随着众多企业经营业绩不断提高,这种强力型文化会出现不良风气,员工内部产生矛盾,官僚作风日渐盛行。这样的结果会对企业的经营产生负面影响。尤其是现代化的市场竞争不断加剧、技术变革日新月异,市场瞬息万变,这种强力型文化会制约企业高级管理人员的进步,使他们无视企业创新与变革,从而在一定程度上大大阻碍企业的进步。

(二)策略合理型文化

企业中不存在抽象的、好的企业文化内涵,也不存在放之四海而皆准、适合所有企业"克敌制胜"的企业文化。只有当企业文化适应企业环境时,这种文化才是好的、有效的。

科特认为,企业文化与环境和企业经营策略相适应、具有一致性时,才会有较好的企业经营业绩。企业文化适应性越强,企业经营业绩越大;反之,业绩越小。如果要想企业文化对企业经营业绩产生正面影响,就要团结员工,调动企业员工的积极性。

虽然策略合理型文化更充分地阐释了企业文化与企业经营业绩之间的联系,但它仍然无法解释不同企业为了与市场环境相适应,对企业文化进行改革,却获得完全不同的成功的原因,也不能解释企业长期经营业绩中存在差异的原因。

(三)灵活适应型文化

只有那些能够使企业适应市场经营环境变化,并在这一适应过程中领先于其他企业的企业文化才会在较长时期内与企业经营业绩相联系,市场适应性强、协调性好的企业文化必须有一些与众不同的特质。这种观点支持企业进行变革创新,崇尚员工冒险、挑战困难的精神。

这种观点的支持者通常着重考察那些对市场环境适应度不高的企业文化的发展状况,了解它们是如何转化为适应程度较高的企业文化的。他们特别指出,那些适应度不高的企业文化都带着某些官僚作风,公司员工对改革持否定态度,缺乏冒险精神,企业没有创造力,信息不灵,显得耳塞眼滞,企业特别强调规范化管理,打击了员工的积极性和发展企业生产的热情。

3M公司就是典型的具有灵活适应型文化的企业。作为世界500强之一,3M公司曾被评为全球最佳表现50强之一、全球最具创新精神的20家公司之一、《福布斯》全球最受尊敬公司之一。

三、卡梅隆和奎因的四种类型划分

美国学者卡梅隆和奎因提出了对立价值构架理论(竞争性文化价值模型),该模型设立了"组织弹性-稳定性""外部导向-内部导向"两个维度,用于测量企业文化。在此基础上可以派生出四个象限:等级型文化、市场型文化、宗族型文化和创新型文化。

（一）等级型文化

等级型文化具有规范的、结构化的工作场所以及程序式的工作方式，企业领导在其中扮演协调者、控制者的角色，重视企业的和谐运转。人们更关心企业长期的稳定，尽量避免未来的不确定性，习惯于遵守企业中的各种制度和规范。例如，麦当劳、福特汽车。拥有等级型文化的企业往往具有传统的架构，专注于内部结构的完善，命令链条清晰完整，领导者与员工之间隔着多个管理层级。除了这种严格的架构之外，企业对员工往往还有明确的着装要求等相关规定。等级型文化有一整套明确的行事规则，让企业得以表现稳健、远离风险。等级型文化的企业最集中地分布在两个领域，一是老牌公司，二是消费服务行业，比如快餐店等。建立等级型文化，要明确和完善工作流程，如果命令链条存在裂隙，就要立即改进；要保证每一支团队、每一个部门都有明确的长期目标和短期目标。

（二）市场型文化

所谓市场型文化，并非以企业与市场的衔接紧密来判定，而是指企业的运作方式和市场一致。这类企业的核心价值观在于强调竞争力和生产率，更加关注外部环境的变化，例如供应商、顾客、合作方等。例如，长虹集团。在该文化背景下，人们以警醒的眼光看待外部环境，认为市场中充满敌意，顾客比较挑剔，企业要在市场中生存，只有不断提升自己的竞争优势。因此，市场型文化中往往有一个明确的发展目标和主动进攻的战略姿态。市场型文化一般将盈利能力置为首位，利润是评估一切的主要标准。公司里的每一个岗位设置都需服从于更大的目标，只是不同的员工和部门有着各自不同的切入点。这类企业大都是结果导向型，专注于外部的成功，而不一定是内部的满意度。市场型文化强调完成定额、达到目标，以及获取业绩。

（三）宗族型文化

宗族型文化有着共同的价值观和目标，讲究和谐、参与和个性自由。宗族型文化的一个基本观点是外部环境能够通过团队的力量来控制，而顾客则是最好的工作伙伴。这类企业更像是家庭组织的延伸，日本的很多企业属于这一类型，它们认为企业存在的重要目的在于提供一个人文的工作环境，而管理的主要内容则只是激发员工的热情、为员工提供民主参与的机会。一般而言，这类企业的员工忠诚度较高。比如，丰田公司企业文化就是典型的宗族型文化。

宗族型文化又称团队型文化。要在公司内部建起团队型文化，领导者的第一步就是对员工张开臂膀。对于成功的团队型文化而言，沟通至关重要，须让团队知道你乐于倾听反馈，须找出每个人的价值所在，了解他们对变革的态度，征求他们关于帮助公司进步的想法。第二步，是要认真对待他们的意见，将其转化为公司的实际行动。

（四）创新型文化

创新型文化是知识经济时代下的产物，它在具有高度不确定性、快节奏的外部环境中应运而生。创新型文化的基本观点是，创新与尝试引领成功。为了明天的竞争，优势企业要不断地创造出新思维、新方法和新产品，而管理的主要内容就是推动创新。在这类企业中，项目团队是主要的工作方式，组织结构随着项目的变化而变化。此文化主要存在于软件开发、咨询、航空、影视等行业企业。微软、谷歌、Facebook、苹果等公司属于典型的创新型企业。它们高度外向，敢于冒险；它们身体里似乎总是涌动着创造的激情，总是能做到前人未曾做到的事。归根结底，科技行业天生就是一个不断创造新产品，同时自身常变常新的行业。

四、梅泽正和上野征洋的四种类型划分

日本的学者梅泽正和上野征洋根据企业对环境的态度、行动基本方向把企业文化分为自我革新型、重视分析型、重视同感型、重视管理型，如图 1.2 所示。

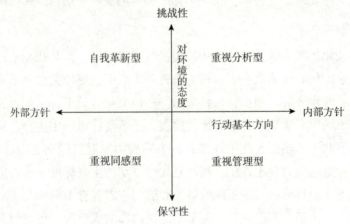

图 1.2　梅泽正和上野征洋的企业文化类型划分

1. 自我革新型

适应市场变化，重视竞争与挑战，不断自我变革。

2. 重视分析型

重视企业发展的各种因素，生产效率、管理效率被视为最重要的发展因素。

3. 重视同感型

重视市场地位的稳定和客户满意度，回避风险、重视安稳。

4. 重视管理型

注重企业内部规范，以及与竞争对手之间的关系协调，重视风险回避和安稳地位。

五、其他分类方法

（一）主文化和亚文化

从企业文化的地位和层次来看，企业文化可以分为主文化和亚文化。主文化是指组织成员共同拥有的一套比较一致的价值观，是在企业中占主导地位的文化，构成企业文化的

主流、主脉，决定着企业的面貌和发展状况。亚文化是指同一企业内部非主流、非主导的文化，即在主文化之外或之下并且与主文化价值取向不同的文化。

从文化体层次阶段来看，企业亚文化是企业主文化的次级文化。这是由于组织分层设立各种机构，各层次机构均具有其特定的业务、职责、权限，各层次机构人员的组成情况也不同，故会出现有其特定文化内涵与表现形式的次级文化，但在总体保持与企业主文化一致的前提下，次级文化并不妨碍企业文化的贯彻与落实。部门文化、子系统文化、车间班组文化等等，都属于次级文化。**从文化体的组织性质来看，企业亚文化又可以称作企业主文化的非正式组织文化**。所谓的非正式组织文化，就是非制度性群体文化。就一个社会而言，所谓非制度性群体，指的是一种不符合社会规范文化的群体。这种小群体一般不是按照社会合法文化规范组织起来的，它的形成主要是为了追求一种思想感情的满足。

主文化与亚文化之间有时会产生冲突，根据冲突的性质及类型可细分为以下几种。

1. 健康的企业亚文化与病态的企业主文化发生冲突

由于企业文化的奠基者或企业的主要领导对自己的信念和做法过分地自信和固执己见，绝不允许企业出现任何其他与自己主张不同的意见或想法。在这种情况下，企业主文化逐渐发展成一种病态文化，而且必然会与企业自发出现和存在的代表健全的、常态的甚至有可能是优良的企业亚文化发生冲突。企业主文化拼命地压制企业亚文化，阻碍其正常的发展以及封杀其对企业主文化可能的替代。这种企业文化冲突将导致两个完全不同的结果：要么弱势的亚文化被强势的主文化残酷扼杀，得不到正常的发展；要么在企业陷入某种危机或受到来自外界的强大压力后，发生自上而下的变革，优秀的亚文化逐渐取代病态的主文化，成为企业主文化。

2. 健康的企业亚文化与健康的企业主文化发生冲突

虽然企业主文化是一种健全的、优秀的、高度成熟的企业文化，但由于双方文化的存在形式及意识形态不同，不可避免地就会与企业健康成长的亚文化发生冲突。

如果企业的主文化远比亚文化强大，两者并没有根本性的利益上的冲突和矛盾，企业的领导者完全可以通过一些不太剧烈的方式处理好两者的关系。例如，通过观念的矫正、心灵的沟通、各种形式的对话和劝说等方式，和平地同化企业亚文化，使其能服从于企业主文化的领导地位。这种有选择地对丰富、健康的亚文化资源的吸收和利用，将有利于企业主文化的良性发展，从而使整个企业文化保持开明、先进的状态。如果企业的主文化比亚文化弱小，企业的主文化在经过了企业文化成长的几个阶段后，慢慢失去了它在文化上的优势。而与此同时，有可能代表企业未来价值观、未来文化模式的企业亚文化却在适宜的文化环境中一步步地壮大起来。由于双方文化的基础都是积极向上的，因此可以通过一些不太剧烈的方式来完成企业主、亚文化的转换。例如，决策层的一系列英明的改革措施或领导层的和平调整等方式，使相对落后的主文化和平让位给代表先进意识的企业亚文化，从而使企业文化共同体经过一场大胆的改革后，在本质上得到一次大的飞跃。

3. 病态的企业亚文化与健康的企业主文化发生冲突

并非所有的企业亚文化都是积极健康的，那些带有宗派色彩的派别文化、拆台文化、内耗文化，围绕着高级领导而形成的吹捧文化、谗言文化、迎合文化，以及那种纯粹为了表现自己的个人英雄主义等文化，都是消极的企业亚文化。这就必然会导致病态的企业亚文化与企业正确行为规范的企业主文化发生碰撞和冲突，并会有以下两种完全不同的结果。

（1）当企业的主文化处于优势时，可以通过一些强而有力的措施把那些处于劣势的病态的企业亚文化直接扼杀于萌芽阶段；或者通过那些已经在企业内部形成共识的正确的行为准则，及时分辨并剔除（至少是有效地限制）那些已经有一定程度发展的不良的企业亚文化；或者通过严惩几个突出的害群之马，来突显企业对这些不良的亚文化的排斥和与之"宣战"的决心。只有通过不断地清除这些文化垃圾，治理这些文化污染，健康的企业文化才能得到健康的发展。

（2）当企业的亚文化处于优势时，由于企业中当权的领导层提倡或鼓励（至少是放任）这些病态的企业亚文化的发展，整个企业都弥漫着不良风气，违背了企业道德、企业管理宗旨等正常的企业价值取向，导致了整个企业文化共同体的衰败和解体，企业正常的经营活动无法得到执行，整个企业将逐渐解体直至最后完全崩溃。

4. 病态的企业亚文化与病态的企业主文化发生冲突

企业的主文化在经过当权者的不断滥用和腐化后，逐渐演变成陈旧、衰败的败业文化。在企业陷入深深的危机的情况下，企业已经无法压制各种不良亚文化。当两种病态的文化体系产生冲突时，由于各种敏感的利益关系的存在，处于弱势的亚文化将有条件地服从当权的企业主文化，甚至与其同流合污，发生文化上的短暂的利益融合。这种文化上的冲突和融合往往直接通过企业的低效、衰败的加速进行而表现出来，最终企业的生命将随着企业文化的完全解体而结束。

（二）强文化和弱文化

从影响力强度来看，企业文化可以分为强文化（Strong Cultures）和弱文化（Weak Culture）。强文化是指组织的核心价值观被强烈坚持和广泛认同，并且成为指导企业各项组织活动的指导原则。弱文化是指一个企业没有典型的可以指导员工各项行为的核心理念，企业的文化现象大多来自社会文化。

1. 强文化

强文化是指组织的关键价值观被强烈坚持和广泛认同，会制约一个管理者涉及管理职能的所有决策选择。它决定了企业员工应当做什么，不应当做什么。组织文化越强，对员工行为产生的影响就会越大，因为高度的共享和强度在组织内部创造了一种很强的行为控制氛围。

强文化对于员工行为的影响更大，与降低员工的流动率有更直接的关系。在强文化中，组织的核心价值观得到强烈的认可和广泛的认同。接受这种核心价值观的组织成员越多，对这种价值观的信仰越坚定，组织文化就越强。强文化的一个特定效果是降低流动率。在强文化中，组织成员对组织的立场有高度一致的看法。这种目标的一致性形成了内聚力、忠诚感和组织承诺。而这些特征反过来又使员工离开组织的倾向降低。彼得斯和沃特曼的观点是，强文化是强绩效优异企业具有的重要特征。他们认为，强文化通常能促进战略文化的良好匹配，这种匹配非常有利于组织战略的执行；强文化可能会导致员工对组织目标的认同，即组织成员追求同样的目标；强文化能够激励员工，使他们献身于组织的发展与成功。

当然，任何事物都具有两面性，强文化也有负面作用。

一是创新和变革的障碍。 在不断发展、变化的环境中，组织内部也必然会产生一种变革和创新的客观要求，当组织文化及核心价值观与这种创新要求不相符并产生矛盾时，组织文化固有的稳定性和惯性就变成了组织创新的障碍。对于许多具有强文化的组织来说，过去导致成功的措施如果与环境变化的要求不一致，就可能导致失败。

二是多样化的障碍。 强文化给新成员施加了较大的压力，使其服从组织文化。它们限定了组织可以接受的价值观与生活方式的范围。这就导致了两难问题，组织雇用各具特色的个体，是因为他们能给组织带来多种选择上的优势；但当成员在强文化的作用下试图去适应文化的要求时，这种行为与优势的多样化就丧失了。因此，如果强文化大大削弱了不同背景的个体带到组织中的独特优势，它就成了组织的一个束缚。

三是兼并和收购的障碍。 组织文化具有排异倾向，任何人要进入某组织并被组织认可和接受，就必须顺应和接受这个组织的固有文化，否则就会被视为"异类"，就要承受来自其他成员的巨大压力，直到融入或退出为止。

2. 弱文化

弱文化是指企业没有典型的可指导全体员工行为的核心管理理念，企业所拥有的文化因素多来自社会。企业文化特点不鲜明，主题价值不突出，社会多元文化被成员广泛认同，导致社会文化的影响力超过企业自身文化的影响力。在弱文化状态下，企业文化缺乏核心价值观，企业难以形成较高的文化凝聚力和战斗力。

（1）弱文化的形成及影响。

虽然所有的组织都有文化，但并非所有的文化对雇员都有同等程度的影响。强文化比弱文化对员工的影响更大。 企业文化的最初来源是创始人的价值倾向性和管理假设，以及第一批成员的经验与领悟。企业始创阶段较多关注生存价值和物质获取，而较少关注更广阔的社会福祉。在部分企业的发展初期，领导人沉醉在物质无限进步的线性发展过程中，不受道德束缚地聚敛财富。而且，传统企业的管理方式最初是以人治为主，更多地体现企业领导人的智慧和意志，其员工则主要关心生存需要，更容易受社会大众文化的影响，难以形成集体意识。随后，企业管理向法治转化，公司治理以法治为基石。法治型企业以主导的制度文化为导向，有助于促进企业发展，但主导的制度文化存在定型倾向和时间刚

企业文化

性，使员工易于形成按部就班的行事方式和不思变革的心理定式，难以适时变革和创新企业文化。对于中国民营企业而言，文化建设多处于始创阶段，与强势的社会文化相比，显得非常薄弱和无助。这一阶段，民营企业的淘汰率极高，企业生存成为第一要务，会不可避免地忽略或轻视文化因素。很多民营企业家"一夜暴富"，一些企业家凭着胆识、机遇，甚至靠着不正当的手段完成资本积累，还没有企业文化的概念。而且，民营企业的家族化管理对健康的企业文化形成制约，对企业文化的理解也有误差。

企业文化作为企业成员共同的价值观体系，使企业独具特色，区别于其他企业，在很大程度上决定了全体成员的看法及对企业发展的反应。当企业遇到问题时，企业强文化能坚信自己的战略远景，并通过提供正确的途径来规范企业的行为。划分强文化与弱文化的根本原因在于，企业文化的强弱与企业绩效高低具有很大相关性。强文化对企业员工的行为影响大，但弱文化的负面作用与企业绩效、员工的流动率，以及企业发展远景有更直接的联系。在弱文化的企业集团中，因为没办法形成一股强有力的文化力量来引导每一个员工团结奋斗，导致企业之中产生很多不好的风气，如懒散、怠工、贪污腐败、溜须拍马等，最后不可避免地要走上万劫不复的道路。所以说，企业文化是否能得到很好的延续和灌输，往往也是一个企业是否可能成功的关键。企业文化的强弱也直接影响内部管理的水平和对外部环境的适应能力。管理者以亚文化为行为指南，以及大多数职员的失语状态，就是弱文化造成的发展危机。

另外，个体归属感的匮乏以及所导致的认同困境，是企业现代化过程中突出的弱文化现象。认同，就员工个体指向而言，指相信自己是什么样的人或信任什么样的人，以及希望自己成为什么样的人；就企业共同体指向来说，指若干个体对不同企业和文化传统的归属感。自我认同往往是把自己认作属于哪个群体或持有哪种文化价值观的人，而企业文化认同则通过不同人的集体认同行为显现。在传统社会里，个体世界被局限在既定的生活群落和阶层的范围之内。处于稳定秩序中的个体，通过其在秩序中所处的身份而获得自己的归属感。但是，随着现代化进程的深入，无论是感性的欲望、情感、同情心和自利心，还是纯粹的理性，社会成员不稳定的市场化联系容易引发个体归属感的匮乏。面对共同"善"的消失、个体权利的无限伸张，经济个体之间被冷漠的契约关系代替。在文化上处于弱势的个体，虽然需要融入新的企业群体，但是面对新的认同对象、多样化的选择、交往空间的拓展，弱文化企业的成员出现身份的多重化和不断转换，从而导致员工身份的不确定性和归属感的匮乏。

(2) 弱文化的规避和强化。

企业规避和强化弱文化不仅要立足于当前的生存目标，也要着眼于未来的共同愿景，应科学规划和描述企业的未来发展方向，建设学习型企业。根据彼得·圣吉的看法，学习型企业具有很强的自我更新能力和环境适应能力，能够摒弃自身的偏见和陈旧观念，面向未来吐故纳新。因此，构筑企业共同愿景，建设学习型企业，有助于企业化解弱文化风险，增强企业的抗风险能力和文化适应能力。塑造共同愿景，建设学习型企业，需要企业做到以下几点。

一是企业领导者身体力行，提炼、信守核心价值观。精神领袖是企业的支柱和灵魂，是企业永续发展的重要保障。企业家只有把本企业的企业价值观、企业精神、企业目标和企业伦理等转化为全体员工的共同认识和行动，优秀的企业文化才能逐渐形成。当然，企业家对于卓越的企业价值观不能只是说说而已，而应当是卓越价值观的实践楷模。领导者应该通过自己的实际行动向全体成员灌输企业的核心价值观念，在每一项工作中体现这种价值观，不断追求卓越；应加强管理层与普通成员的感情沟通，重视情感的凝聚力量，以平等、真诚、友好的态度对待下属；不仅要关注企业文化建设的内部需要，还应考虑企业的外部环境约束。

二是加强文化培训，建立激励机制，巩固企业文化。由巴甫洛夫的条件反射理论推断，价值观的形成是一种个性心理的累积过程。不仅需要很长的时间，而且需要给予不断的强化。人们的合理行为只有经过强化得以肯定，这种行为才能再现，进而形成习惯稳定下来。企业培训是促使文化塑造与强化的重要策略，在文化变革的实施计划安排就绪后，就要督促员工参与培训、学习，让全体员工接受培训。通过专门培训，建立激励机制，利用各种舆论工具，如广播、闭路电视、标语、板报等大力宣传企业的价值观，使员工时刻处于充满企业价值观的氛围之中，从而使企业的核心价值观念为全体员工所接受。

三是弘扬社会主流文化，促进企业文化良性发展。知识经济的浪潮和知识经济引发的社会革命，不仅波及科技和经济，而且将引发人们思想观念、价值取向和文化思潮的全方位迁移。在社会强势文化的压迫下，企业文化可能呈现出多面性和边缘化，企业员工的文化认同就更具有多重的不稳定性。优秀社会文化的形成有利于企业设计、培育企业精神和价值观，有利于建设进取、互助、忠诚、创新的企业文化系统。首先，需要营造良好的社会文化氛围，为企业文化建设提供精神动力。其次，需要构建企业文化的理论体系，加强企业文化的传播。企业文化塑造必须确立共享的企业价值体系，通过以企业价值观为核心的文化观念，说服、感染、约束企业成员，从根本上发掘员工的积极性和创造性，以提高企业的核心竞争力。同时，通过企业文化的塑造和传播，促进社会文化观念的变革，以提高文化的凝聚力。实践证明，企业举办升旗、宣誓、奖励仪式，以及联欢会、文体竞赛等文化活动，可以起到使员工心情舒畅、增强团队精神、凝聚企业活力的作用；企业创办简报、杂志，可以起到表扬好人好事、批评不良言行和提升员工文化品位的作用；企业还应通过新闻媒体将企业文化活动展现给社会各界，最大范围地争取公众的了解、信赖和支持，在社会公众中成功地树立企业的良好形象。

四是坚守企业核心文化特性，寻找归属感。应该提升企业文化上的软实力，吸收各企业的优秀文化成果，丰富、优化自己的多重文化构成，同时坚持自己的核心文化特性，保持自己文化生成的自主能力和创造活力，形成更有吸引力、感召力、凝聚力和影响力的文化认同。企业文化认同的目的是寻求全体成员生存理念的同一性，但其过程却是在发现差异时开始的。实际上，文化认同问题的凸显与企业现代性的发展紧密相关，现代性需要企业未来的扩张，需要在流动的生存过程中坚守自身的核心文化特性，寻找归属感，突出认同意识。文化认同不是中性的现象，而是带有价值观选择和好恶倾向的活动。在多重文化认同中，核心文化认同是最稳固、最持久的。因此，需要在文化"和而不同"的多元共存、发展中,坚守自身的核心文化。文化认同是民族特性和个体需要的拼接,而不是单一文化的同质化过程。企业员工的相互接触增多,不同特征的文化相互碰撞,构成企业弱文化的多重构造和变形,这就需要在不断的文化对话和糅合中认识、吸取、补充自身的文化特殊性。借助于彼此之间的交流和对话,企业成员的自我与他者可以相互塑形,有助于解决归属感的削弱以及所导致的文化认同问题。

五是积极引导群体亚文化,促进非正式组织健康成长。不同类型的人以及由此形成的群体亚文化都会影响企业弱文化的形成,尤其是文化话语权居于弱势的群体直接影响企业的价值观能否为成员所顺利接受。因此,企业在弘扬和巩固核心价值观时,应认真分析、研究不同群体的亚文化。西方管理学者发现,人们有互相结合的需要,倘若不能从正式企业或组织措施上获得需要的满足,则非正式的结合就会增多。非正式组织关注的是人及其关系,在维护其成员的共同利益的过程中会形成自己的核心人物,以及共同遵循的观念、价值标准、行为准则和道德规范。经验表明,在强文化企业中,非正式组织传播、修饰和加强着企业的价值观;在弱文化企业中,非正式组织可能传递消极文化,影响企业价值观的形成。在非正式组织里,共同的情感是维系群体的纽带,人们的情感较密切,互相依赖、信任。由于自愿结合的情感基础,其成员对某些问题的看法基本是一致的。行为比较协调,归属感较强,内部信息传播迅速,成员对信息反应往往具有很大的相似性。因此,在弱文化企业中,必须积极引导群体亚文化,增强员工的归属感和认同感,创造稳定的工作团队,增强企业凝聚力,推动企业强文化。

(三)病态涣散型企业文化、被动防卫型企业文化和主动建设型企业文化

从企业成员的工作状态来看,企业文化可分为病态涣散型企业文化、被动防卫型企业文化和主动建设型企业文化,三者的特征分析如表 1.2 所示。

表 1.2 病态涣散型企业文化、被动防卫型企业文化和主动建设型企业文化特征分析

类型	特征分析
病态涣散型企业文化	(1) 共同的企业价值观缺失; (2) 员工不关心企业成长; (3) 开拓进取精神受到压抑; (4) 领导形象没有感染力; (5) 企业部门之间、成员之间无法沟通
被动防卫型企业文化	(1) 按常规行事、步调比较齐一; (2) 缺乏创新意识; (3) 满足于现有成绩; (4) 员工对企业的依赖性较强; (5) 应变能力较弱; (6) 各部门间推脱责任

续表

类型	特征分析
主动建设型企业文化	（1）拥有明确的、富有创新性的价值观； （2）员工自我实现意识较强； （3）企业领导善于开拓进取； （4）企业内部、外部关系通畅； （5）有强烈的危机感和风险意识； （6）充满生气，鼓励个人见解

第五节　企业文化在中国的发展

一、中国企业文化理论的引进与发展

第一阶段是引入介绍期（20世纪80年代初期—20世纪90年代初期）。这一阶段以引进、传播与评价为主，大量介绍西方企业文化的研究成果，介绍国外企业文化成功的经验。美国提出的企业文化理论传到中国，并很快得到中国企业界和管理学界的认同和响应，掀起了第一次企业文化热潮。有没有优良的企业文化当时被作为企业达标升级的条件之一。

第二阶段是初步探索期（20世纪90年代初期—21世纪初期）。这一阶段以比较、特色研究为主，形成一大批中国自己的研究成果。我国已逐步告别短缺经济，市场竞争日趋激烈，产品同质化现象十分普遍，企业开始寻求差异化策略。一时间，许多企业纷纷模仿外资企业文化的形式，如热衷于搞文艺活动、喊口号、统一服装、统一标志，大多数企业还直接请广告公司等做形象设计，积极导入CIS（Corporate Identity System，企业识别系统）等。

第三阶段是蓬勃发展期（21世纪以后）。这一阶段以理论推广、特色案例研究为主，企业文化教材、案例成果大量出现。市场经济的深入发展和经济全球化背景下竞争格局的变化，使加强企业文化建设受到我国越来越多企业的重视。一大批企业开始自觉进行文化建设，纷纷成立企业文化领导机构，并建立了企业文化职能部门，开始致力于构建企业文化体系，全面系统地推行企业文化建设。

二、中国企业文化实践上的成功探索

对中国来讲，企业文化问题在实践上并不是一个全新的课题。但是，我们没有自觉地结合企业管理日趋现代化的实际探讨它的规律性，使之上升为系统的理论和管理方式。只

企业文化

是改革开放以后，国外关于企业文化的研究信息和论著大量传入中国，才引起我们的特别关注和研究。所以，在理论上，企业文化问题对中国来讲是一个新的课题。在中国，最先尝试进行企业文化建设的是民营企业、三资企业和管理意识比较超前的国有企业，其中以高科技企业最为积极。一方面，企业文化的创建与完善为本企业的发展提供了巨大的精神动力，起到了很好的引导、激励作用；另一方面，这些优秀企业文化对其他企业产生了积极的示范作用，从而带动其他企业投入企业文化建设中来。

1984年到1988年间，中国企业经历了第一次企业文化建设热潮。1984年，海尔公司的张瑞敏在企业亏损147万元的情况下，首先提出文化先行、企业理念先行，为中国企业界进行企业文化建设注入了强心针。进入20世纪90年代中期，以企业形象建设为重点，涌现出一批形成了先进企业文化模式的企业，如海尔、联想、首钢、小天鹅、西安杨森、长安汽车、华为、白云山制药、同仁堂、全聚德等。

2001年以来，面对经济全球化和知识经济的挑战，特别是中国加入WTO（世界贸易组织）的严峻考验，第二次企业文化建设热潮已经悄然来到。越来越多的企业管理者学习企业文化的理论，越来越多的企业把企业文化策划和企业文化更新列上议事日程，越来越多的学术团体和政府部门召开了丰富多彩的企业文化研讨会。2004年7月，国务院国有资产监督管理委员会在大庆召开了首次中央企业企业文化建设研讨交流会。2005年，国务院国有资产监督管理委员会下发了《关于加强中央企业企业文化建设的指导意见》，要求国有企业加大企业文化的建设力度。

四十多年来，中国企业文化建设取得了一系列可喜的成绩，主要表现在以下方面。

第一，企业文化建设的广度显著增大。越来越多的企业开始认识到企业文化是企业持续发展的重要力量源泉之一，众多的企业家开始重视企业文化建设，各地区、各行业、不同所有制、不同规模的企业纷纷着手加强企业文化建设，制定企业文化战略，实施企业文化工程。

第二，企业文化建设开始由表及里深入发展。许多企业开始从战略高度认识到转变企业经营理念的重要性，把企业文化建设与企业改革和加强管理相结合，努力改变计划经济体制下形成的思维模式和经营方式，逐步树立与市场经济体制相适应的价值观，提炼和培育具有时代气息和自身特色的价值理念。

第三，涌现出一大批先进的企业文化示范企业。各企业在自身发展的过程中逐步培育和积淀了各具特色的企业文化，而先进企业的企业文化具有很好的辐射作用，有效带动了其他企业的文化建设。

同仁堂文化

北京同仁堂是全国中药行业著名的老字号,创建于1669年(清康熙八年),自1723年(清雍正元年)开始供奉御药。从最初的同仁堂药室、同仁堂药店到现在的北京同仁堂集团,经历了清王朝由强盛到衰弱、几次外敌入侵、军阀混战到新民主主义革命的历史,其所有制形式、企业性质、管理方式也都发生了根本性的变化。但同仁堂经历数代而不衰,在海内外信誉卓著,树起了一块金字招牌,真可谓药业史上的一个奇迹。"同仁堂"的金字招牌为何可以300多年不倒?

德:养生济世的经营宗旨

在北京,在中国,在海外华人中,鲜有人不知道同仁堂这个百年老店。在市场经济的大潮中依然豪气不减当年,同仁堂这三个字,不但没有随着岁月风尘的洗刷而黯淡,反而日渐辉煌。人们一看到同仁堂三个字,便会有一种信赖和亲切感。同仁堂这个商号名称,已成为企业德、诚、信的化身。

同仁堂的创业者尊崇"可以养生、可以济世者,唯医药为最"。在北京大栅栏同仁堂药店的店堂里也有这样一副对联:同气同声福民济世,仁心仁术医国医人。同仁堂的历代继业者始终以"养生""济世"为己任,对求医购药的八方来客,无论是达官贵人还是平民百姓,一律以诚相待,对症用药,一视同仁。300多年间,社会发生了翻天覆地的变化,然而同仁堂养生济世的宗旨却雷打不动。今天,在继承古老创业宗旨的同时,又汇入了全心全意为人民服务的精神,提出"想病家患者所想,做病家患者所需"和"患者第一"的经营思想。职工们在日常生产和服务中,自觉地实践着企业的经营宗旨和道德规范。有一段时间,北京出现"抓药难"的问题,在别处抓不到药的人纷纷涌到同仁堂药店,有时队伍排到大栅栏街口。同仁堂药店的职工不推不怨,从经理到职工齐上柜台抓药,并准备充足的药源,常常从清晨忙到深夜,直至送走最后一个购药者。

诚:精益求精的敬业精神

在同仁堂药厂、药店的醒目位置,人们都可以看到这样一副对联:炮制虽繁必不敢省人工,品味虽贵必不敢减物力。这是创立大栅栏同仁堂药店的乐家第一代传人乐凤鸣为同仁堂留下的训词,同仁堂人已把这句训词铭记在心。

同仁堂的处方来源很广,有民间验方、家传秘方、宫廷太医良方,也有现代名医的新方。千方易得,一效难求。为求一个"效"字,同仁堂根据中医辨证论治的理论、处方的配伍原则,药料选用十分讲究。如白芍用杭白芍,郁金用黄郁金,肉桂用甲级企边桂,陈皮用新会的,蜂蜜用河北兴隆的,十六头人参不能用三十二头小参顶替,僵蚕不能用僵蛹代替,"产非其地,采非其时"的药材坚决不用。有些特殊的药料不能用收购的办法保证质量,同仁堂就想尽办法自己培育。如制作乌鸡白凤丸需用纯种乌鸡，公司在北京市北郊无污染的龙山专门饲养，对纯种乌鸡喂以营养丰富的饲料，饮以清澈洁净的泉水，发现羽毛骨肉稍有变种即予淘汰。中药许多品种价格昂贵，天然牛黄等比黄金价格还高，但他们绝不偷工减料。

信：童叟无欺的职业道德

同仁堂的金字招牌之所以300多年不倒，不仅因为它有养生济世的经营宗旨和精益求精的敬业精神，还因为它有童叟无欺、一视同仁的职业道德。到同仁堂药店抓药，极少出现差错。

同仁堂经营不少高档药，同时，廉价药品种也十分丰富。一元钱一张的狗皮膏、几角钱一支的眼药水应有尽有。同仁堂人做大生产，也不拒绝小买卖。

同仁堂的金字招牌越来越辉煌，想借同仁堂的招牌发财的也不乏其人，但同仁堂职工从不动心。他们说，我们不但不卖假冒伪劣药品，就连不是优质名牌的药品也不经销。同仁堂人可以拍胸脯夸海口："我们这儿从没有假药。"他们说社会上越是打假，同仁堂的生意就越红火，因为老百姓知道同仁堂从来不卖假药。

在商业经营中，许多商店搞柜台出租。有人找上门来，同仁堂都断然拒绝："'同仁堂'永远自家卖药，而且永远卖好药，决不会为眼前利益丢弃养生济世的经营宗旨。"

同仁堂在海外的影响也非常大，来这里买药的海外游客很多，而且往往是大客户。尽管同仁堂药店所在的大栅栏地区交通不便，但慕名而来的游客仍络绎不绝。

"德、诚、信"，使同仁堂美名远播、有口皆碑，许多顾客对它已形成一种难解的"同仁堂情结"。

讨论分析：

1. 如何正确理解同仁堂文化的内涵？
2. 企业文化对同仁堂的发展有何作用？
3. 同仁堂的发展给中国企业的发展有何启示？

本章小结

1. 企业文化是指在一定的社会大文化环境影响下，经过企业领导者的长期倡导和全体员工的共同认可、实践与创新所形成的具有本企业特色的整体价值观念、道德规范、行为准则、经营哲学、企业制度、管理风格以及历史传统的综合。正解理解企业文化的内涵需要注意企业文化具有时段性、共识性、内化性和范围性。

2. 企业文化的兴起是当代学术思潮发展的必然结果，是美日经济竞争引起的管理模式比较的产物，更是对现代企业管理实践新动向的反映。

3. 企业文化的形成和演变需要一个长期的过程，主要受以下因素的影响：民族文化、制度文化、外来文化、行业文化、地域文化、企业传统、企业发展阶段、企业发展战略、个人文化。其中，前五项属于是外部环境因素，后四项是内部环境因素。

4. 企业文化具有客观性、稳定性、独特性、无形性、系统性、开放性、非强制性等特征。

5. 优秀的企业文化具有导向功能、激励功能、凝聚功能、约束功能、辐射功能。企业文化决定企业命运，未来企业的竞争是文化的竞争。企业的百年基业与创新，表面上看起来是经济形态，归根结底都是文化形态，企业文化贯穿了企业发展的全过程。

6. 迪尔与肯尼迪将企业文化划分为四种类型：强悍型文化、工作娱乐并重型文化、赌注型文化、按部就班型文化。科特将企业文化划分为三种类型：强力型文化、策略合理型文化、灵活适应型文化。卡梅隆和奎因将企业文化划分为四种类型：等级型文化、市场型文化、宗族型文化、创新型文化。梅泽正和上野征洋将企业文化分为四种类型：自我革新型、重视分析型、重视同感型、重视管理型。另外，从企业文化的地位和层次来看，企业文化可以分为主文化和亚文化。从企业文化影响力强度来看，企业文化可以分为强文化和弱文化。从企业成员的工作状态来看，企业文化可分为病态涣散型企业文化、被动防卫型企业文化和主动建设型企业文化。

思考题

1. 请谈谈你对企业文化概念的理解，并举例说明。
2. 企业文化的功能有哪些？
3. 企业文化具有哪些主要特征？
4. 分析影响企业文化的主要因素。你认为影响你所在单位文化的主要因素是什么？
5. 你认为你所在单位的文化属于哪种类型？

真传一句话，假传万卷书

If you are successful, you must have corporate culture, no matter whether you want it or not.
　　　　　　　　　　　　　　——John Kotter, American management scientist

只要你是成功者，你就会有一种企业文化，不管你是否想要。
　　　　　　　　　　　　　　　　　　——约翰·科特，美国管理学家

> 约翰·科特（1947年至今），一位举世闻名的领导力专家，世界企业领导与变革领域最有权威的代言人，核心思想是领导与变革。他早年先后就读于麻省理工学院和哈佛大学，1972年开始任教于哈佛商学院，1980年成为哈佛商学院的终身教授，他和"竞争战略之父"迈克尔·波特是哈佛历史上此项殊荣最年轻的得主。教学、写作和演讲是其事业发展路上的"三驾马车"。他发表于《哈佛商业评论》上的《领导者应该做什么》一文，被评选为"管理史上的奠基之作"中的八篇之首。

第二章 企业文化的结构

学习目标

1. 重点掌握企业文化的四层结构的内涵。
2. 理解企业文化各层次之间的关系。
3. 熟悉物质层、制度层、行为层和理念层的基本概念。
4. 掌握物质层、制度层、行为层和理念层的基本范畴。

先导案例

独具特色的裕隆文化体系①

山东裕隆矿业集团有限公司（简称"裕隆"）是一家以煤矿为龙头，集煤炭、医药、商贸、物流、房地产开发、生态农业、精密机械制造和旅游服务业于一体，跨地域、跨行业经营的现代化大型企业集团，下辖单家村煤矿、唐阳煤矿、准格尔旗山贵煤炭、贵州安康煤矿等，以及山东裕隆实业公司、山东孔府制药公司等十五家企业。裕隆集团作为孔子故里的一家现代化企业，深受儒家文化的浸润和熏陶，无处不彰显裕隆独有的历史，体现企业独有的存在方式和发展方式，是一种独创文化，具有鲜明的裕隆特色。

科学完整、结构合理的企业文化体系，是统领职工意志、规范职工行为、激发员工创造力、增强企业凝聚力的一种价值体系。它决定了一个企业文化的深度和广度，也决定着一个企业文化建设所能达到的高度和水平。裕隆特色企业文化体系主要包括三个方面，下文节选一部分。

一、裕隆精神理念文化体系

裕隆精神理念文化体系主要包括裕隆的核心价值观、企业精神、企业作风、管理

---

① 根据山东裕隆矿业集团有限公司官方网站（http://www.sdyljt.com/contents/37/153.html）资料整理。

理念等，这是企业文化的核心。裕隆精神文化理念体系主要包括以下几个方面。

（一）"开拓奉献、追求卓越"的企业精神

这是裕隆人一致的信念追求和共同的价值目标。其中，"开拓"体现了裕隆人不断发展创新、团结奋进、永远进取的精神状态和竞争意识；"奉献"体现了职工奉献企业、企业奉献国家的崇高思想境界和坦荡胸怀，也体现了裕隆人以优质的产品、周到的服务，为用户、为社会奉献真诚的坦荡胸怀，这既是实践社会主义道德的要求，也是在社会主义市场经济条件下企业和员工应具备的品质；"追求卓越"体现了裕隆育一流队伍、办一流企业、创一流效益，追求更高、更好、更强的崇高目标。

（二）"反、堵、降、增"的管理理念

"反、堵、降、增"，即反浪费、堵漏洞、降成本、增效益。这是裕隆人的经营管理哲学，是一项苦练内功、全面增强企业整体素质的综合性工作，它不是一个阶段性的工作，而是一项长期性的工作，高度概括了在市场经济条件下企业工作的主攻方向，体现了企业管理的应有之义，体现了以经济效益为中心的指导思想。

（三）"深、严、细、实、恒"的工作作风

这是裕隆人的行为准则，是衡量干部作风是否扎实、内部管理是否到位、工作质量是否提高的标尺。"深"，指深入基层，深入一线，即深入调查研究，做好现场指导，把握职工思想动态。"深"是企业管理的前提。"严"，指严格管理，严格要求，即工作中要有严格的要求、严格的管理、严密的组织、严肃的态度、严明的纪律。干工作、处理问题要严肃认真。"严"是企业管理的关键。"细"，指一丝不苟，精益求精。"细"是企业管理的保证。"实"，指实事求是，务求实效，即说实话，办实事，出实招，求实效，脚踏实地，扎扎实实。"实"是企业管理的根本。"恒"，指坚持不懈，持之以恒。工作重在落实，落实贵在坚持，坚持就是胜利。坚持就是"恒"。"恒"是企业管理的生命。

（四）"聚、保、盘、审"的理财思想

这是裕隆人的聚财之道。"聚"，就是聚集资金，实行公司资金集中管理；"保"，就是集中资金保证重点项目投入，保证安全和生产的需要；"盘"，就是对闲置资产、不良资产予以盘活；"审"，就是加强内部审计监督，重点抓好各企业应缴纳的管理费用审计，公司内部贷款执行情况的审计，煤矿"三违"罚款和安全费用的审计，各企业招待费和其他非生产性开支的审计，企业盈亏情况的审计，法人离任审计等。

（五）由管理理念拓展、延伸、形成的发展理念、安全理念、质量理念、用人理念、经营理念等

发展理念：发展煤炭、医药两大产业，打造裕隆、孔府两大品牌。安全理念：安全为天，安全第一，抓好安全就是最大的效益。质量理念：工程质量是企业的命根子，产品质量是员工的饭碗子。用人理念：不唯学历重能力，不唯文凭重水平，不唯全才凭专才。经营理念：企业的中心工作是生产经营，生产经营的关键是以人为本。

（六）加强干部思想作风建设"十观"（略）

（七）加强职工思想政治工作"十观"（略）

（八）加强职工思想政治"双十"工作法（略）

（九）加强职工思想政治工作"六必谈、六必访"工作法

"六必谈"：职工思想苦闷、情绪波动时必谈，干部职工工作遇到困难或出现失误时必谈，对分配工作有意见时必谈，职工之间闹别扭时必谈，对领导有意见时必谈，受到领导批评时必谈。

"六必访"：婚丧嫁娶必访，家庭发生矛盾必访，生病住院必访，家庭有困难必访，缺勤旷工必访，本人和家庭发生重大变故必访。

（十）裕隆特色企业文化"十个三"新理念

（1）指导思想"三点"：以科学发展为重点，以改革创新为着力点，以和谐惠民为落脚点。

（2）发展要素"三力"：文化力、领导力、创新力。

（3）安全要求"三个一切"：一切工作必须有利于安全，一切工作必须服从于安全，一切工作必须服务于安全。

（4）政治工作"三贴近"：贴近生产，贴近员工，贴近生活。

（5）行为理念"三要求"：求好，求快，求新。

（6）思维方式"三思三想"：敢思敢想，爱思爱想，多思多想。

（7）道德规范"三爱"：爱自己，爱集体，爱国家。

（8）执行原则"三个一"：认真第一，速度第一，结果第一。

（9）职业要求"三精"：精心是态度，精细是质量，精品是结果。

（10）系统模式"三大"：大人才观，大廉政观，大团结观。

这些精神、理念、观点共同构成了裕隆精神文化理念体系，是裕隆人的灵魂，是裕隆企业文化的精髓，为裕隆集团战胜困难、不断发展提供了强大的精神动力和理论支持。

二、裕隆制度行为文化体系

裕隆制度行为文化体系包括企业的各项规章制度和员工行为规范，这是加强企业文化建设的保证。

一是建立了符合现代企业制度的公司制治理结构，规范了企业的决策程序、议事规则和监督机制。

二是建立健全了涉及安全、生产、技术、机电、质量、经营、销售、行政、后勤、党务、政工等各个方面、各个环节的管理制度、工作标准等，实现了管理的规范化、标准化。

三是建立了体现职业道德、社会公德、家庭美德的一系列员工行为规范和企业文明礼仪，促进了企业行为文化的形成。

三、裕隆物质形象文化体系

裕隆物质形象文化体系包括企业标识、企业环境、企业宣传、企业形象等，这是企业文化的外在表现形式。

> 企业文化

一是裕隆企业标识。由"裕隆"两字拼音首写字母"Y、L"组合而成的裕隆标识，被广泛使用在各种宣传广告用品、办公用品、会议室、学习室及公共活动场所，已成为裕隆的视觉识别符号，获得了员工的认同和公众的认可。

二是裕隆文化阵地。从公司到各个企业，都建立了许多教育阵地、宣传阵地、活动阵地，有党校、职工培训中心，有图书室、阅览室、学习室，有文化宫、俱乐部，有宣传栏、黑板报，有广播、简报、网站等，尤其是集团公司大型发展成就展室，还被命名为"济宁市关心下一代教育基地"。

三是裕隆文艺队伍。组建了高跷队、秧歌队、舞龙队、舞狮队和职工艺术团等职工文艺表演队伍，坚持每三年举办一届职工文化艺术节、每两年举办一届职工运动会、每年举办一届元宵灯会，文化活动丰富多彩。

四是企业形象宣传。近年来，编辑出版了两个文明建设经验集锦《裕隆之路》和《裕隆之光》，拍摄了电视专题片，开通了裕隆网站，有力地宣传了裕隆文化，树立了良好企业形象。

五是企业环境建设。长期坚持开展"打造文明企业，建设温馨家园"活动，不断加强环境综合治理，无论是煤炭企业还是非煤企业，无论是新建企业还是老企业，无论是工矿区还是生活区，都做到了三季有花、四季常青、清洁如新、亮点纷呈，处处给人以优美舒适的感觉，塑造了整洁、亮丽的企业形象。

精神理念文化、制度行为文化、物质形象文化，构成了独具特色的裕隆企业文化体系。这一文化体系，是裕隆二十多年来工作实践的积淀与凝结，也是董事长、党委书记秦裕彦同志管理经验和人生智慧的提炼与升华。正是在这些精神理念的统领下，无论是在企业发展顺利时，还是企业发展困难时，裕隆始终精神不倒、人心不散、企业不衰，从而保证了企业不断从困难走向胜利、由成功步入辉煌。

基础性知识

第一节 文化的内部层次

文化是由人类所创造的不同形态的特质所构成的复合体。根据层面大小，文化可以有多种分类。如我国20世纪30年代出版的两套《中国文化史丛书》，就将文化分为数十类。较宏观的审视，是将文化按其最大特质层面进行划分并说明其相互关系，即文化结构的研究。有的采用五分法，将文化分为物质文化、人本文化、制度文化、精神文化、环境文化。有的采用四分法，将文化分为物质文化、制度文化、行为文化、心态文化。这里采用三分法，从物质文化、制度文化、精神文化三个层面进行论述。

物质文化的产生，源于人与自然进行物质交换的各种特殊形式。这种方式体现为一定的生产力水平，由此决定了一定社会的全部物质生活面貌，并呈现为各种物质文化，如服饰文化、饮食文化、居住文化、园林文化、建筑文化、交通文化、日用器物文化、劳动工具文化、工艺技术文化等。它贯穿在人的全部物质生活中，因而与科学技术的发展和经济活动的水平密不可分。从文化内部的关系看，物质文化中大量凝聚、积淀着制度文化的因素，如古代之所谓"衣分三色，食分五等"，同时也凝聚、积淀着精神文化的因素，如不同建筑风格体现不同文化精神。物质文化具有三种作用：其一，满足人的实际需要；其二，具有标示作用；其三，具有寓托作用，如酒文化、茶文化中寓托的深远意味。从物质文化所处的时空关系看，它具有鲜明的时代性，总是随着经济的转换而改变原貌，如交通上有人力车文化与摩托车文化；也具有民族性，例如，平原上农耕民族与草原上游牧民族物质文化面貌迥异。

制度文化是人类处理个体与他人、个体与社会之间关系的产物，如经济制度、婚姻制度、家族制度、政治法律制度、教育制度。人类的生产、生活都不是个人的，而是联结在一定的社会网络中的，任何社会为了保证其生产、生活的正常运转，都必然存在于一定的结构中，这种结构被提升到规范、规则的层面，就成为制度。例如，中国历史上长期存在的家国同构、封建专制的政治制度，就是从现实的等级结构中提升出"君君臣臣，父父子子"的纲常名教而形成的。制度文化的建立和作用有三个特点。其一，制度文化总是按照一定的社会理论建立起来的。政治法律制度是统治阶级为维护占统治地位的经济关系而自觉建立的，必然以体现统治阶级利益的理论观念为指导。其二，制度文化中总是凝聚、积淀着观念形态的文化。如中国古代礼制对人们衣食住行的种种规定，就淋漓尽致地体现着等级社会的差别观念。其三，制度文化一经建立，又反过来影响物质文化和人们的精神。如中国历史上的"贱商"制度压抑了工商和科学技术的发展等。

精神文化是指人类创造的一切文化在人的精神领域的反映和汇聚，是文化在人的知、情、意中的投射、表现和凝结。根据存在方式的不同，精神文化可以大概分为显和隐两部分。显的部分是指心理、观念对象化为一定的意识形态，即所谓物化的观念形态文化，也就是通常说的社会意识形态。它包括政治思想、法律思想、道德伦理学说、艺术、宗教、哲学等。隐的部分指人的文化心理结构，包括三个层面。其一，表层结构，指情感、意志、风俗习惯、道德风尚、审美情趣等。其二，中层结构，又称观念积淀层，指人的心理所含的关于经济、政治、道德、艺术、宗教、哲学等各方面的观念因素。其三，深层结构，指心理最深、最原始的精神实质。由于人的大脑是一个系统、有机制约的整体，所以人的心理结构也呈现出极为复杂的相互制约、相互影响的关系。文化心理结构三个层面之间是相互制约、相互渗透的关系，同时它们与物化的观念形态文化之间也存在密切的交互影响，而社会意识形态内部各体系，如政治思想、法律思想、道德伦理学说、艺术、宗教、哲学之间又是相互联系、相互作用、相互渗透、相互影响的。各种社会意识形态都直接反映当时的社会文化心理的普遍状况，因此，精神文化具有时代性。各民族的精神文化，因其地理、历史、经济等环境的制约而具有不同的民族性。一定时代的精神文化，特别是社会意识形态，是为一定时代的制度文化所制约的，特别是国家制度，更是强有力地决定着主导的观念形态文化，使之集中反映统治阶级的意志，为巩固政权服务。精神文化归根到底是由物质文化的发展水平所决定和制约的。马克思在《政治经济学批判》的序言中指出："物质生活的生产方式制约着整个社会生活、政治生活和精神生活的过程。不是人们的意识决定人们的存在，相反，是人们的社会存在决定人们的意识。"这是考察任何精神文化时都应该特别注意的。

总之，根据种种文化各自的特质及其相对独立性，把它们划为物质文化、制度文化、精神文化三类。它们是一个系统的、有机联系的整体结构。物质文化中渗透着制度文化和精神文化，制度文化为物质文化所决定，但其建立又以一定的精神文化观念为前提，而其中又凝结、沉淀着精神文化，而它一经建立又反过来给予物质文化和精神文化以重大影响。精神文化最终为物质文化发展水平所决定，但又要受到制度文化的制约，并且也反作用于制度文化和物质文化，三者构成一个相互依存、相互作用、相互渗透的有机网络，是一个与自然相区别的包含无限意义与价值的文化世界。

为了对企业文化进行深入的分析和研究，很多学者纷纷提出了企业文化的结构模型或理论。例如，荷兰心理学家霍夫斯泰德提出了四层次模型，认为企业文化由内向外依次是价值观、礼仪活动、英雄人物、符号系统；美国麻省理工学院教授沙因认为企业文化包括可观察到的人造物、公开认同的价值观、潜在的基本假设三个层次。也有不少人将企业文化分为两个层次，例如有形文化和无形文化、外显文化和内隐文化、物质形式和观念形式等。这些不同的结构划分都有其合理性。

综合国内外理论研究和企业实践，为科学准确地描述企业文化的结构，本书把企业文化划分为理念层、制度层、行为层、物质层四个层次，分别对应理念文化、制度文化、行为文化、物质文化，如图2.1所示。理念层决定行为层、制度层和物质层；制度层是理念层、物质层和行为层的中介；物质层、行为层和制度层都是理念层的体现。企业文化的物质层、制度层、行为层和理念层密不可分，相互影响、相互作用，共同构成企业文化的完整体系。

企业文化的结构

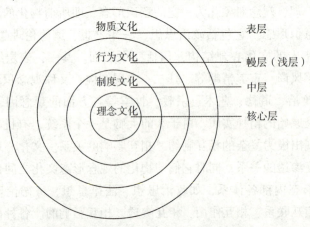

图2.1　企业文化结构

第二节 企业理念文化

企业理念文化是指企业在生产经营中形成的具有本企业特征的意识形态和文化观念，它包括企业价值观、企业宗旨、企业愿景、企业精神和企业伦理等。相对于物质文化和行为文化来说，理念文化是一种更深层次的文化现象。在整个企业文化系统中，它处于核心的地位，是决定制度文化、行为文化和物质文化的前提和关键，是物质文化、行为文化的升华，是企业的上层建筑。有无清晰的理念文化，是衡量一个组织是否形成了自身文化的标准。

美国国际商用机器公司（IBM）的理念文化体系

一、企业价值观

价值观是价值主体在长期的工作和生活中形成的对于价值客体的总的、根本性的看法，是一个长期形成的价值观念体系，具有鲜明的评判特征。企业价值观是企业全体（或多数）员工赞同的关于"企业的价值在于什么及哪些对象对于企业来说有价值"的看法。企业的价值在于什么？什么对于企业来说有价值？这两者一般来说是统一的。例如，企业的价值在于培育人才，而人才对于企业来说也是很有价值的；企业的价值在于提供优质产品，而优质产品对企业来说也很有价值。从哲学上说，价值观是关于对象对主体有用性的一种观念，而企业价值观是企业全体或多数员工一致赞同的关于企业意义的终极判断。简而言之，企业的价值观就是企业决策者对企业性质、目标、经营方式的取向所做出的选择，是为员工所接受的共同观念，是企业及其员工的价值取向，是企业在追求经营成功过程中所推崇的基本信念和奉行的目标。

对于任何一个企业而言，只有当企业内绝大部分员工的个人价值观趋同时，整个企业的价值观才可能形成。与个人价值观主导人的行为一样，企业所信奉与推崇的价值观是企业的日常经营与管理行为的内在依据。企业价值观是企业员工用来判断事物好坏、对错的标准，决定和影响着企业存在的意义和目的，为企业的生存和发展提供基本方向和行动指南。价值观是树根，决定树的生命力的强与弱，不仅决定着企业当前的生存，更决定着企业未来的发展。可以说，价值观包含四个方面的内容：它是判断善恶的标准；核心价值观是这个群体对事业和目标的认同，尤其是认同企业的追求和愿景；在这种认同的基础上形成对目标的追求；形成一种共同的境界。

三家著名公司的价值观

（一）企业价值观的地位

价值观是企业文化的核心与灵魂。 菲利普·塞尔兹尼克说："一个组织的建立，是靠决策者对价值观念的执着，也就是决策者在决定企业的性质、特殊目标、经营方式和角色时所做的选择。通常这些价值观并没有形成文字，也可能不是有意形成的。不论如何，组织中的领导者，必须善于推动、保护这些价值，若是只注意守成，那是会失败的。总之，组织的生存，其实就是价值观的维系，以及大家对价值观的认同。"

企业文化以价值观为核心。价值观是把所有员工联系到一起的精神纽带，是企业生存、发展的内在动力，是企业行为规范的基础。企业价值观是企业精神的灵魂，保证员工朝同一目标前进。企业价值观的发展与完善是永无止境的，企业的各级管理人员要认真考虑企业最实际、最有效的价值观，然后不断地检讨和讨论，使这些价值观永葆活力。事实上，这样做有助于大家统一思想，步调一致，促进发展。无数例子证明，企业价值观建设的成败，决定着企业的生死存亡。因而，成功的企业都很注重企业价值观的建设，并要求员工自觉推崇与传播本企业的价值观。为了让企业员工了解企业的价值观，价值观应该用具体的语言表示出来，而不应该用抽象难懂、过于一般化的语言来表示。

企业价值观为企业的生存与发展确立了精神支柱。 企业价值观是企业领导者与员工据以判断事物的标准，一经确立并成为全体成员的共识，就会产生长期的稳定性，甚至成为几代人共同信奉的信念，对企业具有持久的精神支撑力。当个体的价值观与企业价值观一致时，员工就会把为企业工作看作是为自己的理想奋斗。企业在发展过程中总要遭遇顺境和坎坷，如果能使其价值观为全体员工接受，并为之自豪，那么企业就具有了克服各种困难的强大的精神支柱。

企业价值观决定了企业的基本特性。 在不同的社会条件下或不同时期，会存在一种被人们视为最根本、最重要的价值，并以此作为价值判断的基础，其他价值可以通过一定的标准和方法"折算"成这种价值。这种价值被称为本位价值。企业作为独立的经济实体和文化共同体，在其内部必然会形成具有本企业特点的本位价值观。这种本位价值观决定着企业的个性，规定着企业的发展方向。例如，一个把利润作为本位价值观的企业，当利润和创新、信誉发生矛盾和冲突时，会很自然地选择前者，使创新和信誉服从利润。

（二）企业价值观是企业判断是非的唯一标准

价值观是价值主体在长期的工作和生活中形成的对于价值客体的总的、根本性的看法，是一个长期形成的价值观念体系，具有鲜明的评判特征。价值观一旦形成，就成为人们立身处世的抉择依据。美国管理学家彼得斯和沃特曼在对国际知名的成功企业进行深入考察后指出，所有优秀公司都很清楚它们主张什么，并认真地建立和形成了公司的价值准则。事实上，如果一个公司缺乏明确的价值准则或价值观念不正确，很难确定它是否有可能获得经营上的成功。迪尔和肯尼迪也指出，对拥有共同价值观的那些公司来说，共同价值观决定了公司的基本特征，使其与众不同。更重要的是，价值观不仅在高级管理者的心目中，而且在公司绝大多数人的心目中成为一种实实在在的东西。它是整个企业文化系统,乃至整个企业经营运作、调节、控制与实施日常操作的文化内核,是企业生存的基础,也是企业追求成功的精神动力。

价值观作用的最集中体现便是当企业或者个人在企业运营过程中面临矛盾,处于两难选择时,决定如何做。这样做可以,那样做也可以,但必须作出决定,支持这个决定的便是价值观。提倡什么?反对什么?弘扬什么?抑制什么?基本商业伦理和企业精神是什么?企业信仰必须遵循产业社会的一般道德准则,并且有效地处理与人类社会及个人价值准则之间的一系列重要关系,由此来约束与激励全体员工的决策行为,尊重相关者地位或满足相关者利益。

企业价值观是企业领导者与企业员工判断失误的标准,一经建立,并成为全体员工的共识,就会成为长期遵奉的信念,对企业具有持久的精神支撑力。美国著名的心理学家马斯洛指出:人的需求是有层次的,不仅有生理、安全等基本需求,而且有情感、自尊和自我实现等高层次精神需求。高层次精神需求一般通过以价值观为基础的理想、信念、伦理道德等形式表现出来。许多著名企业家认为,一个企业要长久生存,最重要的条件不是企业的资本或管理技能,而是正确的企业价值观。企业的命运最终由价值观决定。

(三)企业价值观的历史发展

在西方企业的发展过程中,企业价值观经历了多种形态的演变,其中,最大利润价值观、经营管理价值观和社会互利价值观是比较典型的企业价值观,分别代表了三个不同历史时期西方企业的基本信念和价值取向。

最大利润价值观,是指企业全部管理决策和行动都围绕如何获取最大利润这一标准来进行,并以利润来评价企业经营的好坏。

经营管理价值观,是指企业在规模扩大、组织复杂、投资巨额而投资者分散的条件下,管理者受投资者的委托,从事经营管理而形成的价值观。一般来说,除尽可能地为投资者获利以外,还非常注重企业人员自身价值的实现。

社会互利价值观,是 20 世纪 70 年代兴起的一种企业价值观,它要求在确定企业利润水平的时候,把员工、企业、社会的利益统筹起来,不能失之偏颇。

当代企业的价值观最突出的特征就是以人为中心,以关心人、爱护人的人本主义思想为导向。过去,企业文化也把人才培养作为重要的内容,但只限于把人才培养作为手段。西方的一些企业非常强调在职工技术训练和技能训练上投资,以此作为企业提高效率、获得更多利润的途径。这种做法,实际上是把人作为工具来看待,所谓的培养人才,不过是改进工具的性能、提高使用效率罢了。当代企业已经开始把人的发展视为目的,而不是单纯的手段,这是企业价值观的根本性变化。企业能否给员工提供一个适合人发展的良好环境,能否给人的发展创造一切可能的条件,是衡量一个当代企业或优或劣、或先进或落后的根本标志。

德国思想家康德曾经指出,在经历种种冲突、牺牲、辛勤斗争和曲折复杂的漫长路程之后,历史将指向一个充分发挥人的全部才智的美好社会。随着现代科学技术的发展,现代和 21 世纪文明的真正财富，将越来越表现为人通过主体力量的发挥而实现对客观世界的支配。这就要求充分注意人的全面发展问题。研究人的全面发展，无论对于企业中的人还是对全社会，都有着极其重要的意义。

（四）企业价值观体系

企业价值观包括两个方面，一是核心价值观，二是附属价值观，两者共同构成企业价值观体系。企业的核心价值观是指企业长期坚持的基本信念和价值取向，是统率企业理念和指导企业行为的基本原则。很多企业会围绕核心价值观建立一套自己的价值观体系，从各方面决定企业对内外各种关系和自身行为的思考、判断和决策。随着企业内外环境的变化，企业价值观体系中的许多内容可能需要相应改变，但是只有核心价值观会持久不变，长期地、深刻地影响企业的生存和发展。例如，同仁堂秉持"同修仁德，济世养生"的核心价值观，保证了 350 多年金字招牌屹立不倒。

海尔的价值观体系

二、企业宗旨

企业宗旨是关于企业存在的目的或对社会发展的某一方面应做出的贡献的陈述，有时也称为企业使命。企业宗旨是企业管理者确定的企业生产经营的总目标、总方向、总特征和总的指导思想。它反映了企业管理者为组织将要经营的业务规定的价值观、信念和指导原则，描述了企业力图为自己树立的形象，揭示了本企业与同行其他企业在目标上的差异，界定了企业的主要产品和服务范围，以及企业试图满足的顾客基本需求。企业宗旨足以影响一个企业的发展。彼得·德鲁克基金会主席、著名领导力大师弗朗西斯女士认为：一个强有力的组织必须要靠使命驱动。企业的使命不仅回答"企业是做什么的"的问题，更重要的是回答"为什么做"的问题，是企业终极意义的目标。崇高、明确、富有感召力的使命不仅为企业指明了方向，而且使企业的每一位成员明确了工作的真正意义，激发出内心深处的动机。

企业宗旨/企业使命

企业宗旨回答的是"我为什么存在"这一根本问题。惠普公司创始人戴维·普卡德曾表示："我首先谈一下公司为什么存在。也就是说，为什么要办公司呢？我想许多人错误地认为，办公司就是为了赚钱。虽然赚钱是公司的重要成果之一，但是进行更深一步的研究，我们必然会得出如下结论，即一批人走到一起来，并以我们所说的公司的形式存在，以便能够集体地成就一番单靠个人力量不能成就的事业，即为社会做出贡献。这句话听起来一点也不新鲜，但却是至关重要的。留意一下周围的企业界，你仍会发现一些人只对金钱感兴趣，对其他事情漠不关心，但是对大多数人来说，潜藏在追逐利润背后的实际动力是要做一点事情的欲望，如生产一种产品或提供一种服务，总而言之是要做一点有价值的事情的欲望。因此，让我们在牢记这一点的基础上讨论一下惠普公司存在的原因。我们存在的真正目的是向公众提供某种独特的、有用的东西，从而为社会做出贡献。"

（一）企业宗旨包含的内容

企业宗旨不仅要陈述企业未来的任务，而且须阐明要完成这个任务的原因以及完成任务的行为规范。也就是说，尽管企业的宗旨陈述千差万别，但它要回答两个基本问题：我们这个企业是干什么的，按什么原则干？我们这个企业应该树立什么样的社会形象以区别于其他同类企业？因此，企业的宗旨陈述应该包括以下基本内容。

企业宗旨是企业存在的原因或者理由。这一点也常被表达为企业的经营主线或经营目的，但是万变不离其宗，这个基本点所要解决的基本问题就是企业服务对象的需求是什么。具体而言，即企业的创新之处是什么，具备何种优势，并可以将这样的优势转化为竞争优势；企业的服务对象有哪些，企业服务对象的需求是什么；在行业内如何使企业所提供的产品和服务更好地满足受众。这种原因或者理由可以是提供某种产品或者服务，或者满足某种需要或者承担某个不可或缺的责任。如果一个企业找不到合理的存在原因，或者存在的原因连自己都不明确，或者存在的原因连自己都不能有效说服，企业的经营就会有问题，也许可以说这个企业已经没有存在的必要了。20 世纪 80 年代，比尔·盖茨提出"让美国的每个家庭和每间办公室桌上都有一台 PC"，到今天，微软基本实现了它的目标。

企业宗旨是企业生产经营的形象定位，为企业确立了经营的基本指导思想、原则、方向等。企业宗旨反映了企业试图为自己树立的形象，诸如"我们是一个愿意承担责任的企业""我们是一个健康成长的企业""我们是一个在技术上卓有成就的企业"等。在明确的形象定位指导下，企业的经营活动就会始终向公众昭示这一点，而不会"朝三暮四"。任何一个企业都不是独立于社会存在的，因此在追求企业发展的同时，兼顾社会效益、承担社会责任、树立良好的公共形象对于企业的长远发展，尤其是增加受众群体的认知是非常重要的。例如，积极投身慈善事业、重视诚信、不妄图小利、踏实办企等，都可以体现企业的社会责任感，并使企业在社会中赢得公众利益。企业宗旨是企业在经营活动中的基本行为规则和原则，阐明了企业的经营思想，往往反映在企业的经营方针中。

企业宗旨是企业存在的社会价值及其对社会的承诺，体现了企业所承担的主要社会责任。企业宗旨实际上是企业的核心价值观在企业与社会关系上的集中体现。例如，美国波音飞机公司长期坚持"以服务顾客为经营目标"的宗旨，赢得了飞机制造业的龙头地位。杨森这家著名的欧洲药企，以其"忠实于科学，献身于健康"的经营宗旨，赢得了广泛的支持和美誉。

（二）企业宗旨的意义

由于组织性质不同，企业宗旨的表达也不尽相同。以企业为代表的营利性组织的宗旨，其意义主要表现为五个方面。

1. 为企业发展指明方向

企业宗旨的确定，将引起企业方向、道路的改变，使企业发生战略性的转变。其为企业界定业务主题、明确企业发展方向、确定企业战略目标、实现资源优化配置、设计企业组织和管理机构、制定和选择战略方案提供了基础和前提，可以为企业战略管理者确定企业战略目标、选择战略、制定政策、有效利用资源提供方向性指导。企业宗旨中关于企业经营范围或经营领域及企业发展方向的陈述，为企业选择实现目标的手段（即战略方案）提供了依据。也就是说，企业宗旨为企业确定战略目标，以及为了实现战略目标应进行哪些经营活动（生产哪些产品，进入哪些市场）和以什么方式（制定什么政策，如何配置资源）进行这些活动指明了方向、提供了依据。

2. 建立用户导向思想

一个好的企业宗旨体现了对用户的正确预期。企业的经营宗旨应当是确认用户的需求，并提供产品或服务以满足这一需求，而不是首先生产产品，然后再为它寻找市场。理想的企业宗旨应认定本企业产品对用户的功效。美国电话电报公司的企业宗旨不是电话而是通信，埃克森公司的企业宗旨突出能源而不是石油和天然气，太平洋联合公司强调运输而不是铁路，环球电影制片公司强调娱乐而不是电影，其道理均在于此。

3. 树立区别于其他企业的形象

企业宗旨中关于企业经营思想的行为准则的陈述，有利于企业树立一个特别的、个性的、不同于其他竞争对手的企业形象。因为，它反映了企业处理自身和社会关系的重点和态度，反映了企业处理与各种相关利害团体和个人关系的观点和态度。良好的社会形象是企业宝贵的无形财产。

4. 提出企业的价值标准

提出企业的价值标准（价值观），确保企业内部对企业的目的、合适项目的主要行动达成共识。企业宗旨中关于企业存在的根本目的的陈述，为全体员工树立了一个共同奋斗的价值标准。企业的价值标准是企业及全体员工选择自身行为的总规范和总指导。个人的行为和目标、部门的行为和目标乃至整个企业的行为和目标是否符合企业发展的方向，其最终的判断标准就是企业的价值标准。同时，以企业存在的根本目的所表达的企业价值标准还起着激励员工的作用。

5. 平衡利益相关者之间的关系

这主要表现在化解企业内外部各种矛盾纠纷以及增强企业凝聚力、巩固企业文化等方面。换言之，企业宗旨的作用在于其作为企业核心价值载体，在企业共同愿景的背景下，充分协调相关利益主体之间，譬如股东所关注的投资回报与员工所关注的薪资待遇等的矛盾和冲突，从而使企业保持和谐稳定的发展。让企业宗旨能为股东、员工、顾客、社会等利益相关者所理解与接受，使各主体形成共享的价值观与协同的行动。

换句话说，企业宗旨的作用就是帮助企业与股东、员工、顾客、社会四大利益群体实现有效沟通，进而在"四方满意"的企业管理原则上实现盈利。

首先是顾客满意。在自由竞争的市场经济中，市场决定企业的生存与发展，而顾客的选择直接作用于市场。通常来说，顾客在满足其某种需要时，拥有众多的选择机会。企业通过广告、促销等手段吸引顾客只是企业经营的一方面，关键是如何使顾客满意并忠诚于企业。成功的企业知道维系顾客的重要性，明白信任并理解企业的顾客对企业而言更有意义，因此使顾客满意并产生忠诚行为是企业应该努力追求的目标。

其次是股东满意。股东投资企业的首要因素以及关注的焦点自然是企业能否让投入保持长期保值与增长。因此，让股东满意的另一种表达就是企业作为典型的营利性组织，实现经济利益的最大化。反之，如果股东不能从企业中获得令人满意的回报，必然会将资本收回，投资于其他可为其获得更高收益的领域。

再次是员工满意。一个不能使人信服的公司，一个无法给员工带来期望的企业，是不可能成功运作的。员工代表着公司产品、服务和形象，他们可以为企业赢得顾客的忠诚，也可以使顾客掉头就走。如果企业不能使员工满意，也就不能使顾客、股东及其他利益相关者满意。尤其是当前处于知识经济时代，存在于员工头脑中的知识与技能往往是企业资产的一部分，如果员工不满意，这一部分资产就不能转化为企业的生产力。当然，使员工满意的核心是使最佳的员工满意。对于那些本来素质差、能力不够、价值观上不重视顾客关系且通过多次培训不能纠正上述缺点的员工，应促使其流动。企业可以把员工分几类，对不同类型的员工采取不同的管理策略。所以，企业使员工满意的关键是使目标员工群体（即能为企业与顾客创造价值的员工）满意，促使其关注企业使命的实现。

最后是社会满意。满足了相关利益者对企业恰当行为期望的企业，能在社会公众中树立良好的企业形象。这种使社会满意的无形资产能够对外增加吸收力（如吸引顾客、投资者与优秀人才），对内增加凝聚力（如留住人才），还有利于得到政府与公众的支持。

在当前环境恶化、资源短缺、人口急剧增加、全球经济紧缩的状况下，各相关利益方对企业的社会预期正在发生变化。在这种情况下，如果过于关注企业利润就会忽略企业盈利与社会责任之间的潜在冲突。综合平衡企业利润、顾客期望值与社会利益之间的关系，在企业制定战略和界定使命时变得至关重要。需要注意的是，当今社会，政府、新闻媒介对企业的发展起很大的作用，企业必须特别关注。在某些行业，能得到政府的拨款、免税等优惠政策，会在一段时间内为企业赢得巨大的竞争优势。至于媒体，往往能对企业的兴衰起到推波助澜的作用。

三、企业愿景

所谓愿景，是指由组织内部的成员制定，借由团队讨论获得组织一致的共识，形成大家愿意全力以赴的未来方向。愿景形成后，组织负责人应对内部成员进行简单、扼要且明确的陈述，以激发内部士气，并应落实为组织目标和行动方案，具体推动。

（一）什么是企业愿景

企业愿景（Shared Vision）是企业全体成员对组织未来发展的共同期待和愿望，反映了企业领导者和全体成员的追求层次和理想抱负，是共同价值观的集中体现，也是企业文化建设的出发点和归宿。企业愿景就是企业全体人员内心真正向往的关于企业未来的蓝图，是激励每个成员努力追求和奋斗的企业目标。企业愿景体现企业家的立场和信仰，是企业最高管理者头脑中的一种概念,是这些最高管理者对企业未来的设想。企业愿景是对"我们希望成为怎样的企业"的持久性回答和承诺,不断地激励着企业奋勇向前、拼搏向上。企业愿景回答的是"我要去哪儿"这一根本问题。

一般而言,企业愿景大都具有前瞻性的计划或开创性的目标,作为企业发展的指引方针。在西方的管理论著中,许多杰出的企业大多具有一个特点,就是强调企业愿景的重要性,因为唯有借助愿景,才能有效地培育与鼓舞组织内部所有人,激发个人潜能,激励员工竭尽所能增加组织生产力,达到顾客满意度的目标。企业的愿景不只专属于企业负责人所有,企业内部每位成员都应参与构思制定与沟通共识,通过制定愿景的过程,使愿景更有价值,企业更有竞争力。

人类因梦想而伟大。回顾几百年前的中国古人,"飞翔在天"是一种不可实现的梦想,但当杨利伟坐着"神舟五号"进入太空的时候,你却会不得不感叹如果没有持之以恒的梦想,今日世界又会怎样?愿景就是这样的企业梦想。当亨利·福特在一百年前说他的愿景是"使每一个人都拥有一辆汽车"时,你会认为他说大话,但在美国社会,他的梦想已经实现。这种梦想通常会使人感到不可思议,但又会不自觉地被它的力量所感染。

企业愿景是企业战略家对企业前景和发展方向的高度概括,是企业领导用以统一全体员工思想和行动的有力武器。每个企业都应该有愿景,没有愿景的企业是无法凝聚人心的,更无法带动企业走上可持续发展之路,实现企业的长远目标。凡是优秀的企业,无一不是把对国家、对民族、对社会乃至对人类的责任放在企业目标的首位,对外树立企业的良好形象,对内凝聚企业的全体员工。长远目标和共同愿景的设置是防止短期行为、促使企业健康发展的有效保证。世界上最贫穷的并非身无分文的人,而是没有远见的人。只有看到别人看不见的事物,才能做到别人做不到的事情。愿景就是看清自己的远大目标,并为之奋斗。

> **小知识**
>
> **企业愿景**
>
> 微软:让世界上每一台电脑都因为微软而转动。
>
> 波音:领导航空工业,永为航空工业的先驱。
>
> 海尔:创中国的世界名牌,为民族争光。
>
> 腾讯:成为最受尊敬的互联网企业。
>
> 宝洁:成为并被公认为提供世界一流消费品和服务的公司。
>
> 阿里巴巴:分享数据的第一平台,幸福指数最高的企业,活102年。
>
> 华为:丰富人们的沟通和生活。

(二) 企业愿景的效用分析

詹姆斯·柯林斯和杰里·波拉斯在《基业长青——企业永续经营的准则》(*Built to Last*: *Successful Habits of Visionary Companies*) 一书中将企业分为两种类型:一种是有明确

的企业愿景，并成功地将它扎根于员工之中的企业，这些企业大多是排在世界前列的广受尊敬的企业；另一种类型的企业认为只要增加销售额便万事大吉，而没有明确的企业愿景，或企业愿景没有扩散到整个企业，这些企业绝不可能位居世界前列。只有具备全体员工共同拥有的企业愿景，这个企业才有成长为优秀企业的基础。在当今的企业活动中，企业愿景的效用主要体现在以下六个方面。

1. 提升企业的存在价值

企业愿景的终极目标就是将企业的存在价值提升到极限，企业的存在价值是企业本质的存在理由和信念。传统观念认为，企业的存在价值在于它是实现人类社会幸福的手段与工具，是在促进全社会幸福和寻找新的财富来源的过程中创造出来的。由于企业价值观经历全球化和信息时代的变革，企业愿景的概念范围也随之扩大。在以往那些企业活动的基础上增加了与全球自然环境共生和对国际社会的责任与贡献等内容，使企业存在价值这一概念更加完整。

企业愿景涵盖的意义分为三个不同层次：企业对社会的价值处在愿景的最高层，中层是企业的经营领域和目标，下层是员工的行动准则或实务指南。企业对社会的价值是企业存在的根本理由，也是其奋斗的方向，具有最高的效力；企业的经营领域和目标是低一层次的概念，指出企业实现价值的途径和方式；行为准则或实务指南是在这个过程中应该遵循的经济和道德准则。愿景所处的层次越高，效力越大，延续时间越长。

2. 协调利益相关者

对于一个特定的组织来说，利益相关者通常是指那些与组织有利益关系的个人或者群体。弗里曼认为，利害关系者就是指"能够影响组织任务的完成或者受组织任务的实现影响的群体或者个人"。如果组织忽略了某个或者某些能够对组织产生影响的群体或者个人，就有可能导致经营失败。

正像利益相关者会受到企业决策、行动的影响一样，这些利益相关者也会影响该企业的决策与行动，两者之间存在双向的影响和作用。实际上，企业与利益相关者之间是一种互动的共生关系。企业在制定企业愿景时，必须界定利益相关者的类型、他们的利益诉求以及相应的策略。识别各种各样的利益相关者，并通过企业愿景加以反映和协调，是企业高层管理人员的重要任务。如果利益相关者的利益不能在愿景中得到尊重和体现，就无法使他们对企业的主张和做法产生认同感，企业也无法找到能对他们施加有效影响的方式。比如说，一家化工企业如果只是以盈利为目标而没有将环保责任融入愿景，必将遭到环保组织、当地社区甚至消费者的抵制。

3. 整合个人愿景

现代社会的员工特别是知识型员工非常注重个人的职业生涯规划，都有描述自己未来的个人愿景。要使企业员工自觉、积极地投入企业活动，就需要有企业愿景来整合员工的个人愿景。一般而言，与西方的先进企业相比，中国企业较少用明确的企业愿景或行动指南指导员工并贯彻到实践当中。这是因为有的中国企业把企业愿景理解为企业宗旨、企业

> 企业文化

文化、企业精神、信条等抽象的概念或形态，并不明确企业的使命、存在意义、经营方针、事业领域、行动指南，并且过于看重"人和""诚实"等过于含蓄的非规定性的潜意识力量。而国外企业极其重视企业愿景的具体化、明确化，强调对个人愿景的引导和融合作用。因为它们要融合不同民族、文化等异质要素去完成共同的目标。

在现代社会，企业不能仅仅从经济代价或交换的角度去理解个人和企业的关系。相对于经济利益，员工往往更加重视自我价值的实现和个人能力的提升。企业在制定愿景的时候，应当激发员工的自觉参与意识，理解和尊重员工的个人愿景并将它们恰当地融入企业共同愿景。通过这种方式产生的企业愿景能够获得员工的认同和响应，因为他们在充分发挥个人能力达成企业共同愿景的同时能够实现自我价值。

企业愿景还能收到软约束的效果。众多企业由于管理制度的缺陷，无法对其经理人形成有效的制约，经理人经常利用制度的缺陷牟取个人私利。但如果企业愿景融合了经理人的个人愿景，个人利益和企业利益之间就能形成长期意义上的一致性，企业变成了帮助他们实现自我价值的平台，企业愿景就能对经理人发挥无形的制约作用。

4. 应对企业危机

在动态竞争条件下，环境的关键要素复杂多变且具有很大的随机性。企业的生存时刻面临极大挑战，处理不慎就可能演变为致命危机。企业应对危机、摆脱困境迫切需要愿景，明确的企业愿景是动态竞争条件下企业应对危机的必要条件和准则。一方面，企业不能停留于简单的刺激—反应模式，光顾着埋头救火而忘记了抽出时间进行长远规划。如果以未来的不可预测性或情况紧急为托词而不去明确企业愿景，只是在危机到来时被动应付，那么即使能勉强渡过难关，最终也会因迷失方向而无所适从。另一方面，已经拥有愿景的企业在制订危机处理方案时，必须努力遵循源于经济理论、社会道德的企业愿景，必须从企业愿景出发，考虑所采取的行动是不是与企业一贯的方针和自身承担的使命和社会责任一致。以愿景为危机处理的基准，才能保证企业的长远利益和社会认同。

企业愿景还有可能将危机转化为机遇。本质上，机遇是指同企业环境建立良好的、建设性的互动关系；而危机常以某种方式出现，迫使企业必须处理好环境的问题，否则就会在财务、公众形象或者社会地位方面受到损害。但是危机如果处理得当，就可能转变为企业的机遇。世界上成功的企业在面对危机时，往往为了保证愿景的贯彻而不惜牺牲巨大的当前利益，这些负责任的举动为它们赢得了广泛的尊重，无形中提升了企业形象，提高了在消费者心目中的地位，为以后的市场开拓提供了便利。

5. 累积企业的努力

企业的现状是日积月累的努力的最终结果，而企业愿景就是有选择地、高效地累积这些努力的关键手段。愿景是企业有能力实现的梦想，也是全体员工共同的梦想。愿景能描绘企业将来的形态，引导企业资源投入的方向。企业有了愿景，就可以一直朝相同的方向前进，在追求短期目标的同时，也可以为中长期目标的实现奠定基础。共同愿景还能让每一个人的努力产生累积的效果。

企业没有愿景,就会分散力量,也会导致经营上的问题,即使短期内有不错的业绩,也会因为和长期目标不够一致,各种力量互相抵消。旧事业和新事业都是为了达成企业愿景,反过来说,企业有了愿景,才有新事业诞生。在动态竞争中,环境要素复杂多变,拥有愿景的企业可以在别人还未看见、尚无感觉的时候,开始对未来的规划和准备。经过长时间努力,当市场机会出现时,企业已经备妥所有的竞争要素,从而占据竞争的主动权,赢得先动者优势。相反,企业如果没有愿景,只是看着别人的做法亦步亦趋,终究会因为累积的时滞而被淘汰。

6. 增强知识竞争力

当前企业愿景受重视的另一个理由是组织知识、应变能力等知识竞争力作为企业竞争力要素开始受到广泛关注。这些要素的作用发挥取决于企业愿景这种基于知识资源的管理体系的建立。传统观念的企业竞争力是由产品或服务的生产能力、销售能力,资本的调配和运营能力等与企业利润直接相关的要素决定的。但随着企业活动领域的改变,企业开始重新审视竞争力的来源,组织知识和应变能力受到广泛关注。而企业愿景有助于知识和能力的获取及其作用的发挥。

许多学者把企业组织看作知识主体,而把它的知识创造力看作企业应当追求的竞争力要素。组织知识是企业多年以来周而复始地开发、应用、总结而形成的,是以往采取众多战略的结果,存在一种路径依赖性。路径依赖性越高,越不易被对手模仿,企业的竞争优势就能更长久。企业如能制定明确的、长期的愿景,保持战略的稳定性和连续性,并保证一切战略战术行动均围绕愿景展开,就可使组织知识拥有长期的战略积淀和深厚的文化底蕴,提高其路径依赖性,增加对手模仿的难度。

在动态竞争条件下,如果不能创造性地、灵活地应对环境变化,企业本身的生存发展就会出现问题。一般认为,组织取决于战略,战略的张力和柔性决定着组织的灵活程度和应变能力。而企业愿景是战略规划的最终目的和根本依据,其长期性和预见性提供了规避风险的线索。科学明确的愿景决定企业战略的选择范围,在保证战略方向正确性的同时留有回旋的余地,提升企业的应变能力。

(三)企业愿景与企业宗旨的区别与联系

1. 企业愿景与企业宗旨的区别

企业宗旨主要体现企业的社会责任,不涉及企业的追求和长期目标。企业宗旨与企业愿景的区别,用简单直接的两句话来说就是:企业宗旨表述了企业存在的理由,企业愿景表述了企业发展的目标。

2. 企业愿景与企业宗旨的联系

企业宗旨和企业愿景都包含了企业对未来发展方向和目标的构想和设想,也都是对未来的展望、憧憬。正是因为它们是未来愿景的共同基础,很容易被理解为是同一个意思或概念,因此在许多企业,企业宗旨和企业愿景往往是通用或混用的。

从企业愿景和企业宗旨等理论概念的关系来讲，企业宗旨也可以理解为企业愿景的一个方面。换句话说，企业愿景包括企业宗旨，企业宗旨是在企业愿景中规定企业的经济活动和行为的理念。企业若要分开表述企业愿景和企业宗旨，就不应在企业愿景中表达其经济行为的领域和目标，以避免重复或矛盾。

企业宗旨和企业愿景之间存在逻辑关系，企业愿景是希望未来对世界作出的某种改变；企业宗旨是企业应该做什么来实现企业给世界带来的改变。简单地分析一下，企业愿景是企业想要达到的目标，企业宗旨是企业应该做什么，以及如何做才能实现这个目标。可以说，企业愿景的内涵更加丰富，企业宗旨包含在企业愿景中，企业宗旨是企业在经济活动中展现出来的概念和行为。

企业宗旨和企业愿景之间既相互区别又相互联系，但两者都对企业的发展至关重要，都能给企业带来责任感和使命感。企业宗旨可以团结团队的工作目标，激发员工的斗志；企业愿景使团队朝着明确的目标前进，为改变世界贡献力量。

企业愿景、企业宗旨、企业价值观分别回答了企业三个关键性问题，即企业"追寻什么""为何追寻""如何追寻"，或者说，分别回答了"我要去哪儿""我为什么存在""我应该怎么走"这几个根本问题。

追寻什么？追寻愿景，也就是追寻一个大家希望共同创造的未来景象。

为何追寻？为了追求企业的使命。企业的根本目的或使命，是组织存在的根源和基础。有使命感的组织通常有高于满足股东与员工需求的目的，希望对世界、国家和社会作出贡献。

如何追寻？遵循企业所倡导和信奉的价值观。在达成愿景的过程中，核心价值观是一切行动、任务的最高依据和准则。这些价值观反映出企业在向愿景迈进时，期望全体成员在日常工作和生活中遵循的行事准则。价值观对于协助人们进行日常性的决策是非常必要的。

四、企业精神

美国著名的管理学者托马斯·彼得曾说："一个伟大的组织能够长期地生存下来，最主要的条件并非结构、形式和管理技能，而是我们称之为信念的那种精神力量以及信念对组织全体成员所具有的感召力。"

（一）企业精神的内涵

企业精神（Enterprise Spirit）是企业在整体价值观体系的支配和滋养下，在长期经营管理中经精心培养而逐渐形成的全体成员共同意志、彼此共鸣的内心态度、意志状况、思想境界和理想追求。企业精神作为企业内部员工群体心理定式的主导意识，是企业经营宗旨、价值准则、管理信条的集中体现，构成企业文化的基石。

企业精神

企业精神是企业有意识地在员工中提倡、培养的优良精神风貌，是对企业现有的观念意识、传统习惯、行为方式中的积极因素进行总结、提炼及倡导的结果。企业文化是企业精神的源泉，企业精神则是企业文化发展到一定阶段的产物。例如，日本佳能公司"自发、自治、自觉"的"三自精神"，中国大庆的"铁人精神"，北京王府井百货的"一团火精神"，韩国三星"事业报国，人才第一，合理追求"的精神，都被广泛传播和推崇。企业精神以价值观念为基础，以价值目标为动力，对企业经营哲学、管理制度、道德风尚、团体意识和企业形象等具有决定性作用。

企业精神源于企业生产经营的实践。随着这种实践的发展，企业逐渐提炼出带有经典意义的指导企业运作的哲学思想，成为企业家倡导并以决策和组织实施等手段强化的主导意识。企业精神集中反映了企业家的事业追求、主攻方向以及调动员工积极性的基本指导思想，常常以各种形式在企业组织过程中得到全方位强有力的贯彻。于是，企业精神又常常成为调节系统功能的精神动力。

（二）企业精神的意义

价值观强调人们认知活动理性的一面，而企业精神强调人们基于一定认知，在实践行动中表现出来的情绪、心态、意志等精神状况。企业价值观的作用，主要是指导选择，解决某件事值不值得做、在许多件值得做的事中应选择哪一件先做的问题。企业精神的作用，主要是激发主观能动性，鼓舞士气，造成值得做者必做成、最值得做者必先成的精神氛围。但两者的作用又不可分割。一个精神境界和理想追求很高的企业，其作出的选择也必然是高水平的，能够众志成城地去实现所选择的价值；相反，一个精神萎靡不振的企业，不可能有高水准的价值选择，选择了的价值也往往难以实现，这说明企业精神对企业价值观的作用有制约性。

企业的发展需要全体员工具有强烈的向心力，将企业各方面的力量集中到企业的经营目标上去。企业精神恰好能发挥这方面的作用。人是生产力中最活跃的因素，也是企业经营管理中最难把握的因素。现代管理学特别强调人的因素和人本管理，其最终目标是试图寻找一种先进的、具有代表性的共同理想，将全体员工团结在企业精神的旗帜下，最大限度地发挥人的主观能动性。企业精神渗透于企业生产经营活动的各个方面和各个环节，给人以理想、信念、鼓励、荣誉，也给人以约束。

企业精神一旦形成群体心理定式，既可通过明确的意识支配行为，也可通过潜意识产生行为。其信念化的结果，会大大提高员工主动承担责任和修正个人行为的自觉性，从而主动关注企业的前途，维护企业的声誉，为企业贡献自己的全部力量。

塑造良好的企业形象，最根本的就在于培育企业精神。企业精神是企业之魂是企业在长期的生产经营实践中自觉形成的。颇具个性的企业精神形同凝聚全体员工的黏合剂，是塑造良好企业形象的恒定的、持久的动力源。培养和弘扬企业精神最积极的意义，就是使之与众不同、独具个性、全员认同。

（三）企业精神的特征

从企业运行过程中可以发现，企业精神具有以下基本特征。

| 企业文化

第一，企业精神是企业现实状况的客观反映。企业生产力状况是企业精神产生和存在的依据，企业的生产力水平及由此带来的员工、企业家素质对企业精神的内容有根本的影响。很难想象在生产力低下的条件下，企业会产生表现高度发达的商品经济观念的企业精神。同样，也只有正确反映现实的企业精神，才能起到指导企业实践活动的作用。企业精神是企业现实状况、现存生产经营方式、员工生活方式的反映，这是它最根本的特征，离开了这一点，企业精神就不会具有生命力，也发挥不了它应有的作用。

第二，企业精神是全体员工共同拥有、普遍掌握的理念。只有当一种精神成为企业内部的一种群体意识时，才可认作是企业精神。企业的绩效不仅取决于它自身是否有一种独特的、具有生命力的企业精神，还取决于这种企业精神在企业内部的普及程度，以及是否具有群体性。

第三，企业精神是稳定性和动态性的统一。企业精神一旦确立，就相对稳定，但这种稳定并不意味着它一成不变，它还是要随着企业的发展而不断发展。企业精神是员工中存在的现代生产意识、竞争意识、文明意识、道德意识以及企业理想、目标、思想等方面的体现，具有相对稳定性。但同时，形势又不允许企业以一个固定的标准为目标，竞争的激化、时空的变迁、技术的飞跃、观念的更新、企业的重组，都要求企业做出与之相适应的反应，这就反映出企业精神的动态性。稳定性和动态性的统一，使企业精神不断趋于完善。

第四，企业精神具有独创性和创新性。每个企业的企业精神都应有自己的特色和创造精神，这样才能使企业的经营管理和生产活动具有针对性，让企业精神充分发挥它的统帅作用。企业财富的源泉蕴藏在企业员工的创新精神中，企业家的创新体现在其战略决策上，中层管理人员的创新体现在他怎样调动下属的劳动热情上，员工的创新体现在他对工作流程的改进、自我管理的自觉性上。任何企业的成功，都是其创新精神的结果。

第五，企业精神要求务实和求精精神。企业精神的确立，旨在为企业员工指出方向和目标。所谓务实，就是应当从实际出发，遵循客观规律，注意实际意义，切忌凭空设想和照搬照抄。求精精神就是要求企业在经营上高标准、严要求，不断致力于企业产品质量、服务质量的提高。

第六，企业精神具有时代性。企业精神是时代精神的体现，是企业个性和时代精神相结合的具体化。优秀的企业精神应当能够让人从中把握时代的脉搏，感受到时代赋予企业的勃勃生机。在发展市场经济的今天，企业精神应当渗透现代企业经营管理理念，确立消费者第一的观念、灵活经营的观念、市场竞争的观念、经济效益的观念等。充分体现时代精神应成为每个企业培育自身企业精神的重要内容。

第七，企业精神的特殊内涵决定了它具有个性和共性特征。企业精神的个体特征是指每一个企业都有自己独特的企业精神。由于企业哲学、价值观念、行为准则、道德规范的不同，企业精神也必然各有特点。企业精神的共性特征是指企业精神是对企业全体职工信念和追求的高度概括，同时又使这种共同信念和追求根植于每个职工的心中，从而产生共同的思想和行为。个性和共性特征是企业精神最本质的特征，是对企业精神认识的起点。企业精的形成受不同企业特殊的经营内容、经营方式的制约,是企业精神个性特征和共性特征形成的基础。企业有不同的经营内容和经营方式,导致企业形成不同的竞争观念、质量观念、劳动观念等意识,从而制约企业精神的形成。因此,企业精神反映了企业独特经营的特殊本质,也正是对这种特殊本质的反映,才能形成每一个企业自己的企业精神。

五、企业伦理

"伦"是指人、群体、社会、自然之间的利益关系,包括人与他人、群体、社会、自然的关系,群体与群体、社会、自然之间的关系,社会与社会、自然的关系等;"理"即道理、规则和原则。二者结合就是处理人、社会、群体、自然之间的利益关系的行为规范。"道"与"德"这两个概念早在中国古代就有了,"道"指道路,引申为支配自然和人类社会生活的规范、准则及运行规律。从伦理学意义上说,"道"是指处世为人的根本原则。"德"通"得",指人们对所谓最高原则有所得,在伦理学意义上指人们在坚持行为准则的"道"的基础上所形成的稳定的和一贯的品质、行为或境界。"道"是"德"的前提,"德"是"道"的归宿,认识了"道",内"得"于心,才能外施于人,其途径与方法就是评价、教育、修养。"伦理"与"道德"经常可以交换使用,特别是作为"规范"讲时,"道德规范"与"伦理规范"是等同的。但是二者还是有些许差异。前者更具客观、客体、社会的意思;后者多用于人,更含主观、主体、个人的意思。遗憾的是,伦理问题并没有引起部分企业的重视,伦理道德的约束、调控仍然在不少企业的决策管理以及生产经营活动的范围之外。在本书中,企业伦理与企业道德是等同的。

不少企业经营者把伦理、道德看作游离于经济建设之外的、可有可无的东西,甚至理解为这是外部强加的一种精神文明建设的需要,导致对企业伦理的漠视。其实,企业伦理是企业一种极为宝贵的无形资产,会对人的经济行为产生作用,从而促进企业经济目标的实现。因此,在现代企业制度建设中,必须加强伦理建设。

(一)企业伦理的内涵

企业伦理(Business Ethics)又称企业道德,是蕴涵在企业生产、经营、管理等各种活动中的伦理关系、伦理意识、伦理准则与伦理活动的总和,主要包括三方面内容:企业的社会责任与义务、经营管理的道德规范、调节人际关系的行为准则。企业伦理是人类社会依据对自然、社会和个人的认识,以是非、善恶为标准,调整人与社会关系的行为规范和准则。伦理道德与制度虽然都是行为准则和规范,但制度具有强制性,而伦理道德却是非强制性的。一般来讲,制度解决是否合法的问题,伦理道德解决是否合理的问题。从内容构成来看,企业道德主要是涉及调整企业各成员之间、成员与企业之间、企业与社会之间关系三方面的行为准则和规范。企业伦理文化是企业在生产经营过程中注意与员工、供应商、消费者、投资者、社会、环境等一系列利益相关者之间保持一种和谐互动的共生关系所遵循的道德规范和伦理责任价值观,包括生产伦理文化、营销伦理文化、竞争伦理文化和管理伦理文化。对企业伦理文化

实例探析:
企业伦理道德

> 企业文化

在不同时代、不同国家有不同的理解，综合来看，企业伦理文化是指企业在经营管理活动过程中，基于内外部因素影响，逐渐形成并贯彻执行于企业整体及其内部各构成要素之中的价值标准、行为方式和道德规范的总和，并通过提供善恶价值尺度，给企业行为以正确的价值导向。

企业伦理具有历史性和具体性，具有认识、调节、激励、导向、评价等功能。不同时期、不同民族、不同的生产力发展水平、不同的社会政治条件，会有不同的伦理道德水平和具体的道德标准。就我国企业的伦理道德内容而言，根源于不够发达的生产力水平，但同时受我国以儒家思想为主的民族文化、先进的社会主义精神文明和现代市场经济伦理的多重影响。作为规范企业员工行为的要求和准则，企业伦理文化是由经济基础决定的，受民族文化和社会文化影响，并贯穿企业经营活动的始终，对企业文化的其他因素以及整个企业活动都有着深刻的影响①。例如，法国阿科尔旅馆集团公司就曾以"发展、利润、质量、教育、分权、参与、沟通"作为企业的共同道德，促进了公司快速发展。IBM公司的商业道德"不批评竞争对手的产品，不破坏竞争对手已签订的订单，不许贿赂"，不仅获得了广泛的赞誉，而且为它树立了良好的道德形象。

1994年，美国、日本和欧洲的企业界领袖在瑞士通过的《康克斯（CAUX）圆桌会议商务原则》，为企业经营提供了商业伦理的基本准则。康克斯（CAUX）圆桌会议认为，企业的经营活动应基于以"共生"和"人的尊严"二者为基点的伦理观念，这种基本的伦理观念应该得到所有企业的普遍尊重和严格遵守。"共生"是指为全人类的利益和幸福而共同生活，共同劳作，使相互合作、共存共荣与正当、公平的竞争两者并存；"人的尊严"则是指把个人的神圣不可侵犯性和真正价值作为终极目标，而不是简单地作为达到他人的目的或获得过半票数的手段，即实现真正的"人性化"。

（二）企业伦理的范围

企业伦理的内容依据主题可以分为对内和对外两部分，对内包括劳资伦理、工作伦理、经营伦理，对外包括客户伦理、社会伦理、社会公益等。下文介绍重要的几个伦理。

1. 企业与员工间的劳资伦理

企业与员工间的劳资伦理包括劳资双方如何互信、劳资双方如何拥有和谐关系、伦理领导与管理、职业训练（员工素质的提升，包括职前训练与在职训练）。企业对员工的责任属于内部利益相关者问题，企业必须以相当大的注意力来考虑雇员的地位、待遇和满足感。在全球化背景下，劳动者的权利问题得到了世界各国政府及各社会团体的普遍重视。

2. 企业与客户间的客户伦理

企业与客户间的客户伦理最主要是服务伦理，服务的特质包括无形性、不可分割性、异质性与易逝性。客户伦理的核心精神为：满足顾客的需求才是企业生存的基础。顾客是

---

① 林军，杨齐. 企业公民理论与我国企业管理变革 [M]. 兰州：甘肃民族出版社，2009.

企业经营的主角，是企业存在的重要价值。企业与消费者是一对矛盾统一体。企业利润的最大化最终要借助消费者的购买行为来实现。作为通过为消费者提供产品和服务来获取利润的组织，提供物美价廉、安全、舒适、耐用的商品和服务，满足消费者的物质和精神需求，是企业的天职，也是企业对消费者的社会责任。企业对消费者的社会责任要求企业对提供的产品质量和服务质量承担责任，履行对消费者在产品质量和服务质量方面的承诺，不得欺诈消费者和牟取暴利，在产品质量和服务质量方面自觉接受政府和公众的监督。

3. 企业与同业间的竞争伦理

企业与同业间的竞争伦理包括不削价竞争（恶性竞争）、不散播不实谣言（黑函、恶意中伤）、不恶性挖角、不窃取商业机密等。例如，美国 IBM 公司的商业道德规范为：IBM 的推销人员在任何情形下都不可批评竞争对手的产品；如果对手已获得顾客订单，切勿游说顾客改变主意；推销人员绝对不可为了获得订单而进行贿赂。

4. 企业与股东间的股东伦理

企业最根本的责任是追求利润，因此企业必须积极经营、谋求更多的利润，借以为股东创造更多的权益。清楚严格地划分企业的经营权和所有权，让专业经理人充分发挥，确保企业的营运自由。现代社会，股东队伍越来越庞大，遍及社会生活的各个领域，企业与股东的关系逐渐具有企业与社会的关系的性质，企业对股东的责任也具有了社会性。首先，企业应严格遵守有关法律规定，对股东的资金安全和收益负责，力争给股东以丰厚的投资回报。其次，企业有责任向股东提供真实、可靠的经营和投资方面的信息，不得欺骗投资者。

5. 企业与社会间的社会责任

企业与社会息息相关，无法脱离社会而独立运作，而是取之于社会、用之于社会。因此，企业要重视社会公益，提升企业形象，谋求企业发展与环境保护之间的平衡。实践证明，工业文明在给人类社会带来前所未有的繁荣的同时，也给我们赖以生存的自然环境造成了灾害性的影响，企业对自然环境的污染和消耗起了主要的作用。虽然相关的政治和社会问题超出了任何一个企业的管辖和能力范围，但是，作为集资源、技术、全球影响及可持续发展动机于一身的组织，企业应当承担起建立可持续发展的全球经济这个重任，进而利用这个历史性转型实现自身的发展。

实例探析：
格力地产特殊
儿童公益之路

6. 企业与政府间的政商伦理

政府的政策需要企业界的配合与支持，金融是国家经济发展的重要产业之一，金融政策更是政府施政的重点，企业不但要遵守政府相关的法规，更要响应与配合政府的金融政策。在现代社会，政府越来越演变为社会的服务机构，扮演着为公民和各类社会组织服务和维护社会公正的角色。在这种制度框架下，要求企业扮演好社会公民的角色，自觉按照政府有关法律、法规的规定，合法经营、照章纳税，承担政府规定的其他责任和义务，并接受政府的监督和依法干预。

(三) 企业道德的效能

企业道德是伴随企业的产生和发展而自然形成的一种深刻影响企业的管理力量,而且它比纯粹的经济手段、行政手段乃至法律手段的作用更广泛、更深刻和持久。历史和现实告诉我们,以纯经济的眼光来组织、管理企业的经营活动,很难达到理想的经济目标,即使达到了,也是暂时的。因此,在政策的制定和方案的实施中,都必须体现某种价值观念和道德原则。这不仅表明企业职业道德是企业生存、发展的内在需求,也证明它发挥着其他手段不可替代的管理效能,这种效能具体表现在五个方面。

第一,企业道德能唤起和激励全体员工的职业热情,达到提高经济效益的目的。追求经济效益是企业生产经营活动的重要目标,只有取得最佳经济效益,才能切实保障企业的生存和发展。企业道德不仅仅反映而且发挥着自身的各种功能,积极辅佐企业的经营发展,因为企业经济效益的提高无疑会增加社会财富,促进社会发展,而这正是职业道德的最高目标之一。企业必须通过协调各种利益关系,强化企业道德自身的教育功能,使热爱本职、忠于职守、遵纪守法、诚实劳动、公平竞争、通力协作、敢于创新等价值观念变成全体职工的信念和自觉行为,从而激发职工强烈的集体荣誉感和对企业的责任心,以满腔的热忱积极地投入企业活动中,创造更多更好的产品。在这里,企业道德释放出来的是凝聚力和推动力,借以把全体员工与企业目标紧紧连接起来,形成巨大的动力。

第二,企业道德能够阻止和抑制企业的负面效应,保证企业的正确发展方向。企业道德通过对企业行为的一些重大关系方面来提供正确的价值导向,这就能较好地防止企业行为的负向投射,把企业纳入持续发展的健康轨道。比如,在经济效益与社会效益的关系上,企业道德在重视经济效益的同时,还强调必须对人的生命价值、社会活动、消费者利益、社会精神面貌及自然生态平衡负有高度的责任。在竞争与协作的关系上,社会主义企业道德主张通过提高技术水平、改善经营管理、提高产品质量、降低商品成本等手段来加强竞争能力,反对采取不正当手法去损害他人利益。在企业与国家、个人利益关系上,企业道德强调兼顾三者利益,保证国家利益的权威性,保证企业职工的个人利益及企业的再生产需求。只有按照道德法则去行事,才能保证企业的正确方向和持久发展。

第三,企业道德有利于提高企业层次。企业道德蕴涵着企业是各种权利和义务的道德实体。企业的行为必须是负责任的,即企业的行为要顾及消费者和其他社会成员的权利。随着消费水平和消费观念的变化,人们对企业的要求越来越高,不仅仅满足于提供优良的产品和服务,而且希望企业能承担一定的社会责任,如保护环境,对员工、竞争对手、所在社区负责等。这些都要求企业加强道德建设,提高自身层次。也只有这样,企业才能适应环境变化,把握市场竞争的主动权。在世界500强企业中,除了拥有先进的技术、严格的管理、旺盛的创新意识、崭新的人才观念外,都拥有企业自身的道德行为规范,而且都对企业道德建设和实施非常重视。例如,索尼公司提出:"以提高索尼集团的企业价值为经营的根本,把自觉性和自律性的道德标准作为企业的重要组成部分。"这些成功的企业都说明道德建设是企业发展的重要组成部分。加强道德建设不仅是企业环境变化的要求,也是现代企业制度的内在要求。

第四，企业道德有利于提高企业控制的有效性。企业作为市场主体和社会经济实体，必须以生产经营为中心任务，即要追求经济和利润的最大化。为了实现企业目标，需要对员工在生产经营活动中的行为进行约束。企业制度以其强制性、严格性对人的心理产生震慑作用，影响员工的行为。但如果仅以制度进行约束，势必造成生产经营和资源配置的扭曲、僵化，使企业走上畸形的发展道路。而企业道德具有柔性，能在企业制度触及不到的地方发挥作用，调节不同成员在企业活动中的非正式关系，影响员工的行为。所以，道德建设能弥补制度控制的不足，提高控制的有效性。事实上，道德建设也是一种事前控制的手段。由于环境的变化，企业的层级之间、工作团队之间的关系要发生相应的变化，企业不可能对每个工作单元在每一时刻进行全面控制。在这种情况下，员工的行为在一定程度上取决于个人的道德素质，加强道德建设有利于提高员工的个人道德素质，可以起到事前控制的作用。

第五，企业道德有利于提高企业的竞争力。对于企业竞争力，我们经常提到的是企业核心技术、内部管理、营销能力、企业文化等，这些都是企业的外在竞争力。支撑这些外在竞争力的是企业的道德。企业规模越发展，道德对外在竞争力的影响越大。一个没有道德的企业，它的外在竞争力也不会持久。因为，一方面，企业竞争最终是对消费者的竞争。消费者不仅对产品质量、适用性很注重，而且更愿意购买那些诚实经营、有社会责任感的企业生产的产品和服务，加强道德建设可以为企业赢得更多的消费者。另一方面，企业员工在充满信任、责任感和抱负的环境中能够取得最富创造性的成果，而这样的环境只有在诚实、信赖、公平、尊重价值观的基础上才能建成，加强道德建设有利于开发企业的潜能，增强企业对社会的供给能力。所以，从某种程度上说，企业的竞争就是道德的竞争。

加强企业道德建设，是全面建设社会主义精神文明不可忽视的途径。这不仅因为企业在国民经济发展中是最基本的经济单元，而且因为在企业中集聚了千百万职工，他们是我国的社会中坚力量。企业作为"小社会"，其道德状况会深刻影响整个社会面貌。

（四）企业社会责任

企业社会责任（Corporate Social Responsibility，CSR）是20世纪以来凸现于西方诸多学科领域的一个重要概念，这个词汇在法学界、经济学界、伦理学界、政界及管理学界出现的频率都极其高，备受各学科领域的关注，90年代开始传入中国和其他发展中国家。如同企业界所认识到的，企业社会责任意味着一个企业要为自己影响人们、社会和环境的任何行为承担责任。它意味着对人们和社会有害的行为应该被认识到，并尽可能加以纠正。

实例探析：南山集团的社会责任

国际上普遍认同的企业社会责任理念是：企业在创造利润、对股东利益负责的同时，还要承担对员工、社会和环境的责任，包括遵守商业道德、生产安全、职业健康、保护劳动者合法权益及资源等。企业要明确自己作为社会的一个细胞，并不是纯粹的经济组织，必须在履行经济责任的同时，履行相应的社会责任，把履行两种责任有机统一起来，既实现企业自身的发展，又实现社会的和谐发展。20世纪90年代中期，美国约60%、欧洲约一半的大公司设有专门的伦理机构和伦理主管，负责处理各种利益相关者对企业发生的不正当经营行为所提出的质疑。而现在，西方企业的社会责任已远超慈善阶段，有正式的社会责任履行计划、系统的项目设计、科学的决策机制和完善的执行程序与控制系统。

纵观企业社会责任建设工作在中国的发展，大致经历了三个阶段。第一个阶段是20世纪90年代中期到21世纪初，在国际厂商、品牌商的推动下，逐步重视社会责任问题，建立了在国际采购中实施社会责任方面的准则、标准或体系。中国企业开始接受跨国公司实施的社会责任方面的工厂审核。第二个阶段是从21世纪初到2006年，企业社会责任开始得到广泛关注。中国的学术机构、非政府组织以及在华国际组织开始对社会责任进行系统的介绍和广泛的研究、讨论。政府部门也开始关注企业社会责任建设工作，商务部等相关机构调查中国企业社会责任建设情况。第三个阶段是2006年至今，企业落实社会责任，实现企业经济责任、社会责任和环境责任的动态平衡，提升企业的竞争力与社会责任，为企业树立良好的声誉和形象，从而提升公司的品牌形象，增强投资者信心，更加容易吸引到企业所需要的优秀人才，并且留住人才。

《中华人民共和国公司法》（简称《公司法》）第五条规定："公司从事经营活动，必须遵守法律、行政法规，遵守社会公德、商业道德，诚实守信，接受政府和社会公众的监督，承担社会责任。公司的合法权益受法律保护，不受侵犯。"

第三节　企业制度文化

文化是一种社会交流及社会传递，通过特定的途径，被社会成员共同获得。这种获得共同文化的特定途径，其实就是文化得以交流和传递的制度文化。文化的存在只有被认同和学习时才是有意义的。而被认同和学习的实现，必须依靠一套相关的制度规则。在此，制度文化就将文化与制度统一起来了。当制度体现为规则时，它必然反映文化的价值、文化的精神、文化的理念。而当文化体现为规则时，它必然采取或风俗、或习惯、或制度的形式。从某种意义上可以说，没有文化价值的制度是不存在的，没有制度形式的文化也是不存在的。人类的行为受思想、观念、精神因素的支配，然而人类行为实际上又是一种群体的、社会的共同行为。所以文化的精神因素必然会反映、萌生和形成习俗、规则、法律、制度等制度因素。当制度诸因素产生和形成之后，就会使人的精神因素通过制度因素转化为物质成果，也就是人类行为或人类活动的收获。

由此可见，制度文化作为文化整体的一个组成部分，既是精神文化的产物，又是物质文化的工具。作为物质文化和精神文化的中介，制度文化在协调个人与群体、群体与社会的关系，以及保证社会的凝聚力方面起着不可或缺的作用，深刻地影响着人们的物质生活和精神生活。

一、企业制度文化的内涵

制度一般指要求大家共同遵守的办事规程或行动准则,也指在一定历史条件下形成的法令、礼俗等规范或一定的规格。

企业制度文化是具有本企业文化特色的各种规章制度、道德规范和职工行为准则的总称,是企业为实现自身目标对员工的行为给予一定限制的文化,它具有共性和强有力的行为规范。企业制度文化的规范性是一种来自员工自身以外的、带有强制性的约束,规范着企业的每一个人。企业工艺操作规程、厂规厂纪、经济责任制、考核奖惩制等都是企业制度文化的内容。企业制度文化作为企业文化中人与物、人与企业运营制度的中介和结合,是一种约束企业和员工行为的规范性文化。它使企业在复杂多变、竞争激烈的经济环境中处于良好的状态,从而保证企业目标的实现。

二、企业制度文化的性质与作用

第一,企业制度文化是企业文化的重要组成部分,是一定理念文化的产物,它必须适应理念文化的要求。人们总是在一定的价值观指导下去完善和改革企业各项制度的,企业的组织结构如果不与企业目标的要求相适应,企业目标就无法实现。卓越的企业总是经常用适应企业目标的企业组织结构去迎接未来,从而在竞争中获胜。

实例探析:
制度的力量

第二,制度文化是塑造理念文化的主要机制,是塑造企业理念文化的根本保证。企业精神所倡导的一系列行为准则,必须依靠制度的保证去实现,通过制度建设规范企业成员的行为,并使企业精神转化为企业成员的自觉行动。正是由于制度文化的这种中介的固定、传递功能,它对企业文化的建设才具有重要作用。

第三,制度文化是理念文化的基础和载体,并对企业理念文化起反作用。企业的制度与企业的理念有着相互影响、相互促进的作用。合理的制度必然会促进正确的企业经营观念和员工价值观念的形成,而正确的经营观念和价值观念又会促进制度的正确贯彻,使员工形成良好的行为习惯。一定的企业制度的建立,又影响人们选择新的价值观念,成为新的理念文化的基础。企业文化总是沿着精神文化—制度文化—新的精神文化的轨迹不断发展、丰富和提高的。作为企业文化中人与物、人与企业运营制度的中介和结合,作为一种约束企业和员工行为的规范性文化,企业制度文化能够使企业在复杂多变、竞争激烈的环境中处于良好的运转状态,从而保证企业目标的实现。

第四,企业制度文化也是企业行为文化得以贯彻的保证。与企业员工生产、学习、娱乐、生活等方面直接发生联系的行为文化建设得如何,企业经营作风是否具有活力、是否严谨,精神风貌是否高昂,人际关系是否和谐,员工文明程度是否得到提高等,无不与制度文化的保障作用有关。

第五,物质文化是制度文化的存在前提,一定的物质文化只能产生与之相适应的制度文化。企业的组织结构是提高管理有效性的最重要方法之一。如果企业组织结构不先进,

> 企业文化

那么无论怎样试图调整，管理活动都不能得到预期的效果。相反，有科学根据的组织结构，在减少与管理有关的消耗的同时，能为提高管理的有效性、可靠性和应变能力，创造十分有利的条件。因此，这些组织结构的质量及各部分的相互作用在很大程度上决定着能否及时地履行管理职能。正确处理企业制度文化和企业其他层次文化的关系，对于提高企业管理的质量也具有重要意义。

第六，现代化的生产设备要求形成一套现代化的管理制度，制度文化还要随着物质文化的变化而变化。企业劳动环境和生产的产品发生了变化，企业的组织结构就必须相应地变化，否则就不能发挥其应有的效能。制度文化是物质文化建设的保证，没有严格的岗位责任制和科学的操作规程等一系列制度的约束，任何企业都不可能生产出优质产品。

对于现阶段处于由人治向法治转换过程中的大多数国内公司而言，健康的制度将削弱甚至取代个人影响力在企业中的过分存在，为企业的平稳发展创造条件。即使企业换了新的领导人，强力型企业文化也不会随之改变，因为它已逐渐扎根于企业之中。

三、企业制度文化的范围

企业制度文化主要包括企业领导体制、企业组织机构和企业管理制度三个方面。企业领导体制的产生、发展、变化，是企业生产发展的必然结果，也是文化进步的产物。企业组织结构，是企业文化的载体，包括正式组织结构和非正式组织结构。企业管理制度是企业在进行生产经营管理时所制定的、起规范保证作用的各项规定或条例。

（一）企业领导体制

领导体制（Leadership System）指用独立的或相对独立的组织系统进行决策、指挥、监督等领导活动的具体制度或体系，它用严格的制度保证领导活动的完整性、一致性、稳定性和连贯性。领导体制是领导者与被领导者之间建立关系、发生作用的桥梁与纽带，对于一个集体的发展具有重要意义。

企业领导体制是企业领导方式、领导结构、领导制度的总称，其中主要是领导制度。企业的领导制度受生产力和文化的双重制约，随着生产力水平的提高和文化的进步，会产生与之相适应的领导体制。不同历史时期的企业领导体制，反映着不同的企业文化。在企业制度文化中，领导体制影响着企业组织结构的设置，制约着企业管理的各个方面。所以，企业领导体制是企业制度文化的核心内容。卓越的企业家就应当善于建立统一、协调的企业制度文化，特别是统一、协调、通畅的企业领导体制。领导体制的核心内容是用制度化的形式规定组织系统内的领导权限、领导机构、领导关系及领导活动方式，任何组织系统内的领导活动都不是个人随意进行、杂乱无章的活动，而是一种遵循明确的管理层次、等级序列、指挥链条、沟通渠道等进行的规范化、制度化或非人格化的活动。同时，任何组织系统内的领导活动也不是千变万化、朝令夕改的活动，它有一套固定的规则、规定或组织章程，各种领导关系、权限和职责具有一定的稳定性和长期性。组织系统内领导活动的这些特点是由组织系统的领导体制决定的，没有一定的领导体制，组织系统内的领导活动就不能正常进行。

企业领导体制的内容包括领导的组织结构、领导层次、领导跨度以及领导权限和责任的划分。领导的组织结构是指领导机构内部各部门之间的相互关系和联系方式。它包括两种基本关系：一是纵向的关系，即隶属的领导关系；二是横向的关系，即平行的各部门之间的协作关系。它一般包括直线式组织结构、职能式组织结构、混合式组织结构和矩阵式组织结构四种。所谓领导层次，是指组织系统内部按照隶属关系划分的等级数量，即该组织系统设多少层级进行领导和管理。领导跨度又称领导幅度，是指一个领导者直接有效地指挥下级的范围和幅度。领导权限和责任划分的中心内容是建立严格的从上而下的领导行政法规和岗位责任制，对不同领导机构、部门之间以及领导者之间的职责权限做出明确的规定。

（二）企业组织机构

组织机构是指组织发展、完善到一定程度，在其内部形成的结构严密、相对独立，并彼此传递或转换能量、物质和信息的系统。它起源于人类的共同劳动，随着人类社会的发展，尤其是国家的诞生日趋完备、成熟。其任务是协调各种关系，有效地运用每个组织成员的才智，充分发挥组织系统的力量，达成团体的目标。[①]

企业组织机构，是指企业为了有效实现企业目标而筹划建立的企业内部各组成部分及其关系。如果把企业视为一个有机体，那么组织机构就是这个有机体的骨骼。因此，组织机构是否适应企业生产经营管理的要求，对企业生存和发展有很大的影响。不同企业有不同的企业文化，也有不同的组织机构。影响企业组织机构的不仅是企业制度文化中的领导体制，而且，企业文化中的企业环境、企业目标、企业生产技术及企业员工的思想文化素质等也是重要因素。组织机构形式的选择，必须有利于企业目标的实现。

根据科学原理建立的企业组织机构具有能够保证系统高效率地发挥作用并使系统得到发展的潜力。那些在自身运动中已经落后了的、不能满足管理对象需要的组织机构则可能成为系统的严重障碍。为了保证企业运营各子系统经常保持协调一致，必须经常改变组织机构。另外，在探讨企业组织机构和企业组织文化的时候，我们应当意识到，企业的组织文化并不是完全独立的，它与一定的民族文化传统有着千丝万缕的联系。在中国文化传统中，一般不从个体方面看问题，而是把什么都看成一种有组织的结构。大到国家，小到个人，都有相应的管理网络和管理艺术。

（三）企业管理制度

管理制度是组织、机构、单位管理的工具，是针对一定的管理机制、管理原则、管理方法以及管理机构设置的规范。它是实施一定的管理行为的依据，是社会再生产过程顺利进行的保证。合理的管理制度可以简化管理过程，提高管理效率。[②]

[①] 顾明远. 教育大辞典 [M]. 上海：上海教育出版社，1998.
[②] 何盛明. 财经大辞典 [M]. 北京：中国财政经济出版社，1990.

> 企业文化

企业管理制度是企业为了规范自身建设、加强企业成本控制、维护工作秩序、提高工作效率、增加企业利润、增强企业品牌影响力，通过一定的程序所制定的管理依据和准则。企业管理制度是企业为求得最大效益，在生产管理实践活动中制定的各种带有强制性义务，并能保障一定权利的各项规定或条例，包括企业的人事制度、生产管理制度、民主管理制度等一切规章制度。企业管理制度是实现企业目标的有力措施和手段，它作为职工行为规范的模式，能使职工个人的活动合理进行，同时又成为维护职工共同利益的一种强制手段。因此，企业各项管理制度是企业进行正常的生产经营管理所必需的，是一种强有力的保证。同时，优秀企业的管理制度必然是科学、完善、实用的管理方式的体现。

企业管理制度大体上由一般制度、特殊制度和企业风俗三部分组成。

1. 一般制度

一般制度包括企业的工作制度和责任制度[①]，一般是成文的，对企业成员的行为起约束作用，保证整个企业有序高效地运转。一套科学完整的公司管理制度可以保证企业的正常运转和职工的合法利益不受侵害。

工作制度偏重于工作内容、范围和工作程序、方式，是指企业对各项工作运行程序的管理规定，是保证企业各项工作正常有序地开展的必要保证。工作制度具体包括法人治理制度、计划制度、劳资人事制度、生产管理制度、服务管理制度、技术工作及技术管理制度、设备管理制度、劳动管理制度、物资供应管理制度、产品销售管理制度、财务管理制度、生活福利工作管理制度、奖励惩罚制度等。

责任制度是具体规定企业内部各个部门、各类人员的工作范围、应负责任及相应权力的制度。建立责任制的目的，是在对企业员工进行合理分工的基础上，明确每个部门和岗位的任务和要求，把企业中千头万绪的工作同成千上万的人对应起来，做到"事事有人管、人人有专责"。企业中的责任制度又可分为两种。一种是部门责任制，即针对企业中某个管理部门的责任制。例如，企业中的生产、计划、质量、供应等职能科室的责任制度。它要规定各职能部门的基本职责、工作范围、拥有权限、关系等内容。另一种是岗位责任制。岗位责任制因对象的不同，又可再细分为管理人员岗位责任制、员工岗位责任制、领导干部岗位责任制。管理人员岗位责任制是为了各个管理工作岗位规定的责任制，它是将上述管理部门的责任制分别落实到每个管理人员和岗位。员工岗位责任制是针对各员工岗位的生产和工作的责任制度，规定每个岗位都应干什么和怎么干等内容。领导干部岗位责任制是为了企业各级领导干部规定的责任制度，如企业领导干部工作守则、车间主任职责条例、班组长工作条例等。除了规定各级干部应共同遵守的责任制度外，还要为各个专门领导岗位规定各自的专责制。

责任制度侧重于规范责任、职权和利益的界限及关系。大庆油田是我国比较早地建立岗位责任制的大型企业，其做法引起了许多企业的重视。后来，大河钢厂继承和发展了大

---

① 张德. 企业文化建设［M］. 北京：清华大学出版社，2009.

庆岗位责任制的经验，创建了内部经济责任制，从岗位经济责任制、专业经济责任制，发展到纵横连锁的企业内部经济责任制网格体系，较好地解决了企业和员工的关系。目前，各种形式的责任制度逐渐成为我国企业加强内部管理的重要制度，是构成企业制度体系不可缺少的一个方面。是否具备完善合理的责任制度，已经成为衡量企业管理水平高低的一个重要标准。

2. 特殊制度

特殊制度主要指本企业中的一些独有的、个性化的制度，是企业自身所特有的用以约束自身活动的制度，是企业文化个性特色的体现。与一般制度相比，特殊制度更能反映一个企业的管理特点和文化特色。有良好文化的企业，必然有多种多样的特殊制度；企业文化贫乏的单位，则往往忽视特殊制度的建设。海尔集团的"日事日毕，日清日高"制度，也叫作"OEC管理法"，实际上是日考核制度。这个制度与众不同，且卓有成效，它确保了高质量、高效率，集中体现了海尔"追求卓越"的企业精神和"零缺欠"的质量理念。如今，"日事日毕，日清日高"制度成为海尔文化中非常有特色的内容，也成为海尔核心竞争力的重要组成部分。

实例探析：阿里巴巴的独特文化

3. 企业风俗

风俗是特定社会文化区域内历代人所共同遵守的行为模式或规范。人们往往将由自然条件的不同而造成的行为规范差异称为"风"，而将由社会文化的差异所造成的行为规则的不同称为"俗"。

企业风俗是指企业中长期沿袭、约定俗成的典礼、仪式、节日、行为习惯、活动等，如歌咏比赛、体育比赛、生日纪念活动、集体婚礼等。企业风俗与一般制度、特殊制度不同，它不表现为准确的文字条目形式，也不需要强制执行，完全依靠习惯、偏好的势力维持。企业风俗由企业文化理念层主导，又反作用于企业的理念层。根据特伦斯·迪尔和艾伦·肯尼迪对美国企业的研究，习俗有三种类型。一是游戏（开玩笑、逗趣、即兴表演、策略判定等），它的价值是能缓和人们之间的紧张气氛，可鼓励创新活动。二是聚餐（友谊午餐、啤酒聚会），其价值是加强上下层、横向之间的联系和了解。如维克特公司，每星期随机从公司中挑选几名职员去饭店轮流与总裁或副总裁见面聚餐，称为"友谊午餐"。三是"训人"。如通用电气公司对于拿着工程师文凭、穿着新买的西装第一次来公司上班的大学毕业生，是递给他一把扫帚，让他去扫地。

企业风俗可以自然形成，又可以人为开发。一种活动、一种习俗，一旦被全体成员共同接受并沿袭下来，就成为一种风俗。例如，一些美国公司把海军、陆军的典礼、仪式移植到企业，收到了很好的效果。又如，中国的新奥集团把元旦这一天命名为"月亮节"，在这一天举行领导与全体员工及家属大联欢、聚会，有效地提升了企业的凝聚力。再如，苹果文化是康佳独创性的激励形式。当某个业务单元在某一个时期创造了突出业绩，或者在某一单项上刷新了历史纪录时，为了庆祝这一胜利，公司全体员工每人分发3个苹果以示庆贺。这种活动形式的开展，把某一业务单元的成功转化成了康佳每一位员工的成功，让全体员工共同分享企业发展的成功和喜悦，极大地增强了员工的凝聚力和自豪感。而且，使每位员工都关心公司的经营业绩，人人都为实现经营目标而努力，并在各业务单元之间形成一种百舸争流的局面，不断超越，争创新高。

(1) 企业风俗的类型及其特点。

1) 按照载体和表现形式可以划分为风俗习惯和风俗活动。企业风俗习惯是指企业长期坚持的、带有风俗性质的布置、器物或约定俗成的做法。例如，有一些企业每逢年节都要在工厂门口挂上灯笼（彩灯）、贴上标语或对联、摆放花坛。风俗活动则指带有风俗色彩的群众性活动，如一年一度的团拜会、歌咏比赛、运动会、春游等。

2) 按照是否为企业特有可分为一般风俗和特殊风俗。一些企业由于行业、地域等关系而具有相同或相近的企业风俗，这些相同或相近的企业风俗就是一般风俗，如厂庆、歌咏比赛就是许多企业共有的。特殊风俗是指企业独有的风俗，如现在很多企业在正式上班前会要求员工集中点名、做操。

3) 按照风俗对企业的影响可以分为良好风俗、不良习俗和不相关风俗。良好风俗指有助于企业生产经营以及员工素质提高、人际和谐的企业风俗，前面提到的多数企业风俗是良好风俗。不良习俗是指对企业或员工带来不好影响的企业风俗，如个别企业赌博盛行。不相关风俗对企业的生产经营和员工没有明显的好或不好的影响。

(2) 企业风俗的性质。

了解企业风俗的性质，对于认识企业风俗的内涵、正确区分企业风俗与其他行为识别系统要素（如企业制度）的异同、进行企业风俗的改造和设计具有很重要的意义。

1) 非强制性。一般来说，企业为维持正常的生产经营管理秩序而按组织程序制定的各种成文的规章制度都带有明显的强制性，每名员工都应无条件地遵守和执行，如果违反这些规章制度还会受到相应的处罚。而企业风俗则一般不带任何强制性的色彩，是对应于企业"官方"的规章制度的"民间规则"，是否遵守企业风俗主要取决于员工的个人兴趣和爱好，违反企业风俗也不会受到任何正式的处罚。企业风俗的形成和维持，完全依靠员工群体的习惯和偏好的势力。

2) 偶发性。企业风俗的形成，往往是由于很偶然的因素。例如，东北某企业每年都要举行冬泳比赛，全厂男女老少以及很多家属子女都参加，场面非常壮观，起因则是工厂多年前有几位老病号尝试冬泳来健身祛病，坚持一段时间后见效，于是越来越多的职工参与进来。偶发性的特点使一些风俗的真正起因被淡忘，真正形成也并无特别的时间年限。

3) 可塑性。可塑性包含两层含义，一是指可以主观地策划和设计企业活动并使之付诸实施，通过年复一年的运行逐渐演化成企业风俗；二是指对业已形成的企业风俗，可以按照企业的要求进行内容和程式的改造，使之向企业期望的方向发展。可塑性是企业风俗的重要特性，正是由于这一特性，企业可以主动地设计和形成某种良好的风俗，改造和消除不良的习俗。

4) 包容性。企业风俗对人的思想观念和言行的影响和作用，主要是通过人们的舆论来实现的。由于不同的人思想认识水平、思维习惯、观念固化程度不同，每个人对待企业风俗的态度和程度是存在一定差别的，从而决定了人们的舆论往往并无刚性的、明确的尺度，而是有一定"频带宽度"的舆论方向。因此，维持企业风俗的群体习惯和偏好势力的上述特点决定了企业风俗的包容性。

5）程式性。企业风俗一般有固定的规矩或惯例，如固定的程序、必不可少的仪式、器物的品种和样式、参与者的习惯着装等。这些固定的程式使企业风俗形成一种特殊的环境心理定式，使参与者在其中受到感染，在心理上产生认同。日本还有一些企业把企业风俗宗教化，使之蒙上一层神秘色彩。

(3) 企业风俗的作用。

良好的企业风俗，有助于企业的发展，有助于企业文化的建设和企业形象塑造。其具体作用体现在如下几个方面。

企业风俗

第一，引导作用。良好的企业风俗是企业理念的重要载体。长期处在风俗习惯造成的氛围中，或参加丰富多彩的风俗活动，员工可以加深对企业理念的理解和认同，并自觉地按照企业的预期努力。

第二，凝聚作用。企业风俗能够长期形成，必然得到了多数员工的认同，是员工群体意识的反映，这种共性的观念意识无疑是企业凝聚力的来源之一。设计和建设企业风俗，对增强员工对企业的归属感、增强企业向心力和凝聚力有很积极的作用。

第三，约束作用。企业风俗鼓励和强化与其相适应的行为习惯，排斥和抵制与之不相适应的行为习惯，因此对员工的意识、言行等起无形的约束作用。在企业风俗的外在形式背后，深层次的内在力量是员工的群体意识和共同价值观，更对员工的思想、意识、观念具有超越企业风俗外在形式的巨大影响。

第四，辐射作用。企业风俗虽然只是企业内部的行为识别活动，但却常常通过各种传播媒介（特别是员工个体的社交活动等）传播出去，其外在形式与作为支撑的内在观念必然会给其他企业和社会组织带来或多或少的影响。这种影响就是企业风俗辐射作用的直接反映。

第四节　企业行为文化

企业行为文化是指企业员工在生产经营、学习娱乐中产生的活动文化，它包括企业经营、教育宣传、人际关系活动、文娱体育活动中产生的文化现象。如果说企业物质文化是企业文化的最外层，那么，企业行为文化可称为企业文化的幔层，或称第二层，即浅层。它是企业经营作风、精神风貌、人际关系的动态体现，也是企业精神、企业价值观的折射。企业行为文化建设直接关系企业员工工作积极性的发挥，关系企业经营生产活动的开展，关系整个企业未来的发展方向。企业行为文化集中反映了企业的经营作风、经营目

> 企业文化

标、员工文化素质、员工的精神面貌等文化特征，直接影响着企业经营业务的开展和经营活动的成效。

从人员结构上划分，企业行为又包括企业家行为、企业模范人物行为、企业员工行为等。企业的经营决策方式和决策行为主要来自企业家，企业家是企业经营的主角。在具有优秀企业文化的企业中，最受人敬重的是那些集中体现了企业价值观的企业模范人物，这些模范人物使企业的价值观"人格化"，他们是企业员工学习的榜样，他们的行为常常为企业员工所仿效。企业员工是企业的主体，企业员工的群体行为决定企业整体的精神风貌和企业文明的程度。

一、企业家行为

"企业家"的英文 Entrepreneur 一词是从法语中借来的，其原意是指"冒险事业的经营者或组织者"。在现代企业中，企业家大体分为两类，一类是企业所有者企业家，作为所有者的他们仍从事企业的经营管理工作；另一类是受雇于所有者的职业企业家。[①] 企业家是企业管理中的特殊"角色丛"——思想家、设计师、牧师、艺术家、法官和朋友。企业家是理念体系的建立者，精通人生、生活、工作、经营哲学，富有创见，管理上明理在先，导行在后。企业家高瞻远瞩，敏锐地洞察企业内外的变化，为企业也为自己设计长远的战略和目标。企业家将自己的理念、战略和目标反复向员工传播，形成巨大的文化力量。企业家艺术化地处理人与工作、雇主与雇员、稳定与变革、求实与创新、所有权与经营权、经营权与管理权、集权与分权等的关系。企业家公正地行使企业规章制度的"执法"权力，并且在识人、用人、激励人等方面学高为师、身正为范。企业家与员工保持良好的人际关系，关心、爱护员工及其家庭，并且在企业之外广交朋友，为企业争取必要的资源。在一定层面上，企业家的价值观代表了一个企业的价值观。

企业家行为（Entrepreneurial Behavior）是指生活在特定生活条件下，具有独特的文化和完整的人格结构的企业家在企业经营管理活动中对各种简单与复杂的社会刺激所作出的反应和外在表现。[②] 具体而言，其内涵有以下几个方面。

第一，企业家是行为的主体。企业家行为的主体既包括企业家个体，也包括企业家群体和企业家阶层。企业家作为现实的、具体的人，生活在特定的生活条件下，具有独特的文化和完整的人格结构。企业家及其全部社会行为从根本上受整个社会生活或以生产关系为主导的整个社会关系的制约。正如马克思所说："个人怎样表现自己的生活，他们自己也就怎样……个人是什么样的，这取决于他们进行生产的物质条件。"从事各种经营活动的企业家们，在长期的经营活动、社会活动和日常生活中，形成了自己独特的企业家文化，即区别于其他群体的生存方式，包括价值观、消费习惯、行为模式以及各种物质表现形式。文化同样影响着企业家对社会客体的反应，因此，企业家的行为同时也是文化行为

---

① 牟家和，王国宇. 亚洲华人企业家传奇 [M]. 北京：新世界出版社，2010.
② 彭忠益，左高山. 企业家行为：一种伦理规范分析 [M]. 长沙：湖南人民出版社，2004.

和社会行为，而不仅仅是经济行为。生活在特定社会生活条件下的企业家有着完整的人格结构，企业家人格是企业家个人所具有的所有特征的总和，是决定其行为发生及怎样发生的内在因素。

第二，社会刺激对企业家行为产生直接或间接的影响。可以将作用于企业家的全部社会客体分为两大类：一类为社会情境，这是与企业家个体或群体直接发生联系的其他个体或群体；另一类为社会文化环境，包括政治制度、法律制度、经济地位与经济状况、社会规范、风俗、时尚、信仰体系、社会舆论、民族乃至意识形态等。前者对企业家的作用是直接的、简单的，后者则是间接的、复杂的。

第三，企业家行为是企业家对社会政治、经济、伦理乃至意识形态的刺激所作出的回答或反应。企业家行为作为企业家对社会刺激的反应，首先要在主体内部经历一个完整的体验过程，然后才能通过主体的外部行动表现出来。

从整个社会的经济运行来说，企业是社会经济的细胞，是一个局部。从企业本身来看，它又是一个有机的整体，有着自己的结构与层次。企业家是整个企业的统帅，既要决策，又要指挥。因此，企业家必须统观全局。但若不分巨细、事必躬亲，必会消耗企业家过多的精力而影响他对全局的决策。企业家要学会宏观性的思维方式，对于具体的环节和事务，可委托他人或具体职能部门去做。只有有所不为，才能有所为。企业家的决策行为与企业命运是休戚相关的。张瑞敏说过："我在企业在角色是：设计师，设计公司的发展战略；牧师，像牧师布道一样，不厌其烦地将公司的价值理念灌输到员工和干部心中。"在市场经济环境里，企业家不但是市场舞台上的主角和企业的掌舵人，而且在建设企业文化中具有突出的地位与作用，是企业文化建设的"旗手"。

企业家是企业精神的人格化代表，其具体文化角色定位包括：①企业文化的积极倡导者；②企业文化的精心培育者；③企业文化建设方案的设计者；④优秀企业文化的身体力行者；⑤企业文化转换和革新的推动者。

在创办企业和经营企业中必定会遇到各种意想不到的困难和挫折，因此，企业家要有不怕失败、不怕挫折和百折不挠的勇气，要有献身事业、不惧风险、敢冒风险的精神。干任何事业，要达到预期的目标，都需要用坚韧不拔、一往无前的精神去支配自己的行为。而企业家更需要这种精神，因为经营企业中最大的风险是向没有把握的新项目或新的开发领域进行投资。在日趋激烈的市场竞争中，风险将来自各个方面，如竞争对手推出新的产品或采用新的竞争策略，本企业无所觉察或毫无对策；或本企业研制的新产品及为此而进行的技术引进或技术改造，由于对销路摸得不准或对同行业技术进步、生产能力发展预测不准而销路不畅等，均可能使企业陷入困境。竞争、风险给企业带来希望，也潜伏着危机。在情况不清时只能按概率进行决策，风险总是难免的，一旦遭受不测，没有韧性就会彻底垮台。

从某种意义上说，市场经济是"冒险家的乐园"。在这个乐园中，可以享受公平、平等、独立、互益的乐趣。它是一个"自由王国"，但在这个王国里充满了风险，只有那些敢于承担风险成本的人才能获取风险的成果和回报。

二、企业模范人物行为

企业模范人物又称企业楷模、企业英雄，是指在企业生产经营活动中涌现出的一批具有较高思想水平、业务技术能力和优秀业绩的劳动模范、先进骨干分子和英雄人物。企业模范人物是企业的中坚力量，来自员工，又比一般员工取得了更多的业绩。一个企业的模范人物是企业为了宣传和贯彻自己的价值系统而为企业员工树立的可以直接仿效和学习的榜样。模范人物是企业的价值观人格化，是企业员工学习的榜样，其行为常常被企业员工仿效。企业模范人物行为可以分为企业模范个体的行为和企业模范群体的行为两类。企业模范个体的行为标准是，体现企业价值观和企业精神的某个方面。一个企业中所有的模范人物的集合体构成企业的模范群体，模范群体必须是完整的企业精神的化身，是企业价值观的综合体现。企业模范群体的行为是企业模范个体典型行为的提升，具有全面性，因此在各方面都应当成为企业所有员工的行为规范。

企业模范人物是企业价值观的化身，他们的观念、品格、气质与行为特征都是企业特定价值观的具体体现，更是企业形象的象征。许多优秀的企业十分重视培养能体现企业价值观的模范人物，通过这些模范人物向其他员工宣传提倡和鼓励的东西。他们是企业价值观的"人格化"显现，所以企业应将他们的行为"规范化"，将他们的故事"理念化"，从而使企业所倡导的核心价值观和企业精神"形象化"。企业楷模在企业文化形成中的具体作用包括：榜样作用、聚合作用、舆论导向作用、调和作用、创新作用。

（一）企业模范人物的七种类型

在我国，任何一个企业员工，只要通过努力，都可以成为任何一个层次上的企业模范人物。从企业模范人物行为的类型上划分，企业模范人物可分为领袖型、开拓型、民主型、实干型、智慧型、坚毅型和廉洁型。

1. 领袖型企业模范人物

领袖型企业模范人物具有极高的精神境界和理想追求，有整套符合社会主义企业发展规律的价值观念体系；常常从这个企业调到另一个企业担任领导，并都能把企业办好，使许多濒临绝境的企业被救活。

2. 开拓型企业模范人物

开拓型企业模范人物永不满足于现状，勇于革新、锐意进取，不断开创新领域，敢于突破新水平。他们具有创新意识，自身充满创新的活力和竞争的意识。

3. 民主型企业模范人物

民主型企业模范人物善于处理人际关系，善于发挥大家的聪明才智、集思广益，能把许多小股力量凝聚成无坚不摧的巨大力量。

4. 实干型企业模范人物

实干型企业模范人物总是埋头苦干，在自身工作领域不断钻研，贡献自己的全部力量。

5. 智慧型企业模范人物

智慧型企业模范人物知识渊博，思路开阔，崇尚巧干，好点子层出不穷。

6. 坚毅型企业模范人物

坚毅型企业模范人物越是遇到困难干劲越足，越是危险越能挺身而出，关键时刻挑大梁，百折不挠。

7. 廉洁型企业模范人物

廉洁型企业模范人物一身正气，两袖清风，办事公正，深得民心，为企业的文明作出表率。

上述七类人的行为并不是彼此孤立的，只不过是在某方面有突出的表现，因此把它归为某一类型。在现实生活中，不少企业模范人物既有某一方面的长处，又有另一方面的优点，常常是相互交融的。企业模范人物是企业价值观的化身，是组织力量的缩影，是企业文化的代表性人物。从企业中发现和塑造企业模范人物，是彰显企业文化特色的有力手段。管理的意义在于创造英雄，这里的英雄即是通常所说的先进典型、开拓型人才等。企业模范人物不一定担任企业的高级职务，也许算不上出类拔萃的人才，但在他们身上体现着企业所要弘扬的某些精神，具有强大的号召力，成为企业文化的一个代表性"符号"。对内来说，企业模范人物是员工心目中有形的精神支柱；对外而言，企业模范人物赋予企业文化以特色，使企业在公众心中具有形象感和亲和力。

（二）企业模范人物的三个层次

对于企业来说，模范人物的评判标准只有一个，那就是遵从和发扬企业文化，在实际工作中为企业作出了突出贡献，使企业取得巨大进步。从这个角度看，任何成功的企业包括正在快速发展的企业，都有自己的模范人物，他们可以是创始人、力挽狂澜的企业家，也可以是职业经理人，甚至可以是兢兢业业位于企业生产、营销第一线的人。只要他们的行为体现了公司的文化，为公司作出了突出贡献，他们就是企业的英雄，就是企业应该塑造和宣传的楷模。为了便于进行宣传和奖励，可以将企业模范人物分为三个层次。

一是创业者或者企业家。正如微软的比尔·盖茨、联想的柳传志、IBM 的郭士纳一样，他们身为企业最高管理者，对企业的创办和发展发挥了巨大作用，具有一定的传奇色彩，本身也是文化的塑造者、倡导者和变革者。他们的事迹，深刻体现了企业文化的产生、发展和变革，因此，他们是当之无愧的企业英雄，是企业应该宣传的重点。

二是作出突出贡献的员工。在科研开发、产品创新、管理方法、营销策略、工艺流程等方面进行变革和改进，并且经过实践证明是行之有效的，为企业管理或者业绩带来了巨大成绩，具有这样行为的员工也是企业的英雄。比如，1998 年，海尔健康型冰箱刚推向市场，就受到广大消费者的喜爱，特别吸引大家目光的是健康型冰箱的包装箱图案设计：两个活泼可爱的"海尔兄弟"拿着气球在欢快地奔跑。包装箱图案为淡绿色，设计新颖，蕴含健康含义。其设计人之一的黄蔚是刚进厂的实习生。

三是长期为企业服务，体现公司价值观的员工。即使是处于企业工作的一线，并没有什么突出贡献的人员，只要认同企业文化并在工作中体现公司文化，长期兢兢业业为公司作出贡献，也是企业的英雄。尤其对于那些在企业困难时期坚定不移地跟随企业渡过难关、对企业高度忠诚的员工，更是企业不可多得的财富，因为他们对企业的历史非常了解，更能体会企业创业和发展的艰辛，是企业文化的坚决拥护者。

三、企业员工行为

企业员工是企业的主体，企业员工的群体行为决定企业整体的精神风貌和企业文明的程度。因此，企业员工群体行为的塑造是企业文化建设的重要组成部分。企业员工是推动企业生产力发展的最活跃因素，也是企业文化建设与管理的基本力量。企业文化建设与管理的过程，本质上就是企业员工在生产经营活动中不断创造、不断实践文化的过程。

员工是企业文化的创造者。企业员工身处生产经营第一线，在用自己的双手创造物质文明的同时，也在用自己的智慧创造精神文明。企业文化不仅体现着企业家的智慧，更凝聚着员工的智慧。固然，企业文化离不开企业家的积极倡导和精心培育，这种倡导和培育加速了企业文化的新陈代谢，即摒弃旧文化、创造新文化的过程。但是，企业文化源于企业生产经营实践，源于员工在生产经营实践中产生的群体意识。可以说，新文化是由员工在生产经营实践中创造的，没有这种创造活动，企业文化就犹如无源之水、无本之木。

员工不仅是企业文化的创造者，也是企业文化的"载体"，是企业文化的承载者和实践者。人创造文化，文化也改造人。员工创造并实践企业文化，企业文化作为员工成长和发展最重要的环境，反过来也改造并提高了员工的思想素质、道德素质和文化素质。企业文化与员工素质在相互推动中共同提高。

企业员工、企业楷模和企业家三者因岗位角色、素质和理念等方面的差异，在企业文化建设中不可避免地会产生一些冲突和摩擦，但在企业家正确文化理念的引导下，一般经过相互融合、感染以及同化、教化，最终会形成主脉比较突出的良性企业文化。企业员工、企业楷模和企业家是企业文化建设主体的典型代表。除此之外，各级管理人员也是企业文化建设中的骨干力量，他们既是企业文化的直接践行者，也是传播者，在企业文化体系中起承上启下的桥梁作用，是领导与群众联系的纽带。在企业文化建设实践中，企业管理者的作用是不能忽视的。

扩充性知识

第五节　企业物质文化

企业物质文化是由企业员工创造的产品和各种物质设施等构成的器物文化，是一种以物质形态为主要研究对象的表层企业文化。物质文化是企业文化在物质层次上的体现，是企业文化的表层部分，是企业核心价值观的物质载体。相对于核心层而言，企业物质文化是容易看见、容易改变的，是核心价值观的外在体现。优秀的组织文化是通过重视产品的开发、服务的质量、产品的信誉和组织生产环境、生活环境、文化设施等物质现象来体现的。

一般来讲，物质文化层主要包括两个方面的内容。一是企业生产的产品和提供的服务。企业生产的产品和提供的服务是企业生产经营的成果，是企业物质文化的首要内容。二是企业的工作环境和生活环境。企业创造的生产环境、企业建筑、企业广告、产品包装与产品设计等，都是企业物质文化的主要内容。物质文化就是以物质形态为载体，以看得见、摸得着、体会得到的物质形态来反映企业的精神面貌。例如，美国铝业的公司总部很少有独立的办公室，甚至对于高层经营者也是如此，而主要由间隔、公共区和会议室组成。总部办公室的这种非正式格局向员工传递着这样一种信息：美国铝业看重的是开放、平等、创新和灵活。其他的物质象征还有办公室的大小、办公家具的档次、高级管理者的额外津贴和衣着等。这些物质象征向员工传递这样的信息：谁是重要人物，高级管理者期望什么样的平等程度以及哪些行为类型（例如，冒险、保守、独裁、参与、个人主义和社会导向等）是恰当的。

参考企业识别系统（Corporate Identity System，CIS）中的视觉识别系统（Visual Identity System，VIS）的内涵，企业物质文化系统主要包括基本要素系统和应用要素系统两方面。基本要素系统主要包括企业名称、企业标志、企业标准字、企业标准色、象征图案、标语口号等。应用要素系统，即基本要素经规范组合后，在企业各个领域中的展开运用，包括办公用品、建筑环境、交通工具、服装服饰、产品包装、企业文化传播网络、企业的纪念建筑物和造型、企业的文化体育生活设施等。

一、基本要素系统

1. 企业名称

企业名称与自然人名称相对，是作为法人的公司或企业的名称。该名称属于一种法人人身权，不能转让，随法人存在而存在，随法人消亡而消亡。企业名称是一个企业区别于其他企业的文字符号，依次由企业所在地的行政区划、字号、行业或者经营特点、组织形式等四部分组成，其中，字号是区别不同企业的主要标志[①]。在企业识别要素中，首先要考虑的是企业名称，名称不仅是一个称呼、一个符号，而且体现了企业在公众中的形象。企业名称与企业形象有着紧密的联系，通过文字来表现识别要素。企业名称要反映企业的经营思想，体现企业理念；要有独特性，发音响亮并易识易读，注意谐音的含义，以避免引起不佳的联想。企业名称的文字要简洁明了，同时还要注意国际性，适应外国人的发音，以避免外语中的错误联想。

---

① 孟雁北. 竞争法 [M]. 2版. 北京：中国人民大学出版社，2008.

2. 企业标志

企业标志承载着企业的无形资产，是企业综合信息传递的媒介。企业标志作为企业CIS战略的主要部分，是企业形象传递过程中应用最广泛、出现频率最高，同时也是最关键的元素。企业强大的整体实力、完善的管理机制、优质的产品和服务，都被涵盖于企业标志中，通过不断的刺激和反复刻画，深深地留在受众心中。企业标志可分为企业自身的标志和商品标志。企业标志是企业的特定象征，是通过简练的造型、生动的形象来传达企业的理念、具体内容、产品特性等信息。

3. 企业标准字

企业标准字包括中文、英文或其他文字字体，是根据企业名称、企业牌名和企业地址等来进行设计的。标准字的选用要有明确的说明性，直接传达企业、品牌的名称并强化企业形象和品牌诉求力，可根据使用方面的不同，采用企业的全称或简称来确定。字体的设计，要求字形正确、富于美感并易于识读，在字体的线条粗细处理和笔画结构上要尽量清晰简化和富有装饰感。

4. 企业标准色

企业标准色是用来象征企业，并应用在视觉识别设计中所有媒体上的指定色彩。通过色彩具体的知觉刺激于心理反应，可表现企业的经营理念、产品内容的特质，体现企业属性和情感。标准色在视觉识别符号中具有强烈的识别效应。企业标准色的确定要根据企业的行业属性，突出企业与同行业其他企业的差别，并创造出与众不同的色彩效果。标准色的选用以国际标准色为参照，不宜过多，通常不超过三种颜色。

5. 象征图案

象征图案是为了配合基本要素在各种媒体上广泛应用而设计的，在内涵上要体现企业精神，起到衬托和强化企业形象的作用。通过象征图案的丰富造型，来补充标志符号建立的企业形象，使其意义更完整、更易识别、更具表现的幅度与深度。象征图案在表现形式上采用简单图象，并与标志图形既有对比又保持协调的关系，也可由标志或组成标志的造型内涵来进行设计。

6. 标语口号

企业提出的标语口号是企业理念的概括，是企业根据自身的营销活动或理念而研究出的一种文字宣传标语。标语口号的确定要求文字简洁、朗朗上口。准确而响亮的标语口号对内能激励员工为企业目标而努力，对外则能表达出企业发展的目标和方向，提高企业在公众心里的形象。标语口号是对企业形象和企业产品形象的补充，可使社会大众在瞬间了解企业思想，并留下对企业或产品难以忘却的印象。

二、应用要素系统

1. 办公用品

办公用品，指在日常工作中所使用的辅助用品。它涵盖的种类非常广泛，包括文件档案用品、桌面用品、办公设备、财务用品、耗材等一系列与工作相关的用品，比如纸簿类用品（便笺、名片、信封、信纸、笔记本等）、笔尺类用品（圆珠笔、彩色笔、白板笔等）、归档用品（文件夹、档案袋等）。

2. 建筑环境

企业的自然环境、建筑风格、办公室和车间的设计和布置方式、绿化美化情况、污染的治理等，是人们对企业的第一印象，这些均反映了不同企业文化的特点。企业的建筑环境包括内部建筑环境和外部建筑环境。

3. 交通工具

交通工具是现代人生活中不可或缺的一部分。随着时代的变化和科学技术的进步，交通工具越来越多，带来了极大的方便。企业往往会运用标准字、标准色等来统一各种交通工具的外观，引起人们的注意，发挥其流动广告的视觉效果，比如企业的货车、班车、内部物流车等。

4. 服装服饰

因行业特点、工作岗位需要等，有的企业会采用统一的服装服饰，并有详细明确的规范。比如，很多服务行业的员工会穿着印有本公司标志和字号的服装，走到哪里都是流动的广告。统一服装服饰，可以辨识从事各个职业或不同团体的成员，可以展现统一的美；同时也有一种心理暗示的作用，那就是现在已经是上班时间，与工作无关的事情就要放下，要全身心地投入工作中。整洁高雅的服装服饰也可以提高企业员工对企业的归属感、荣誉感和主人翁意识，改变员工的精神面貌，促进工作效率的提高。

5. 产品包装

产品包装是指在产品运输、储存、销售等流通过程中，为了保护产品、方便储存、促进销售，按一定技术方法而采用容器、材料和辅助物等对产品所附的装饰的总称。产品包装是消费者对产品的视觉体验，是产品个性的直接和主要传递者，是企业形象定位的直接表现。产品是企业的经济来源，产品包装起着保护产品、促进产品销售、传播企业和产品形象的作用，是一种记号化、信息化、商品化流通的企业形象，因而代表着产品生产企业的形象，并象征着商品的质量和价格。所以，系统化的包装设计具有强大的推销作用。成功的包装是最好、最便利的介绍企业和树立良好企业形象的途径。产品包装主要包括纸盒包装、纸袋包装、木箱包装、玻璃包装、塑料包装、金属包装、陶瓷包装、包装纸等。

6. 企业文化传播网络

企业文化传播网络或者称为企业文化载体，是指以各种物化的和精神的形式承载、传播企业文化的媒介和传播工具，它是企业文化得以形成与扩散的重要途径与手段。企业文化的载体和产品息息相关，和企业追求的目标紧紧相连。在企业文化传播过程中，通过有形的载体和方式传播企业文化，做到外化于"形"，是传播企业文化，实现内化于心、外化于行的必不可少的途径。物质文化载体包括企业的文化室、俱乐部、图书馆、企业刊

企业文化

物、企业网站、企业制服、企业宣传栏、企业宣传标语、广告牌、招贴画、广播、闭路电视、微博、微信公众号等。

7. 企业的纪念建筑物和造型

企业的纪念建筑物和造型包括厂区雕塑、纪念碑、纪念墙、纪念林、英模塑像等。例如，上海宝钢的不锈钢铸像，象征宝钢人奋起腾跃的状态，暗示自强不息的企业文化。

8. 企业的文化体育生活设施

企业的文化体育生活设施是企业群体活动的载体，反映了企业员工业余生活的特色，也反映了企业在与员工关系方面的价值取向。

企业物质文化除了以上要素外，还有很多其他方面。比如，企业的纪念品和公共关系用品，也是反映和传播企业文化的重要载体，主要有T恤衫、钥匙牌、雨伞、纪念章、手提袋等；企业的服务特色和模式直接反映了企业理念，特别是企业的核心价值观和宗旨；企业的技术及工艺设备特性能够在很大程度上反映企业的理念，也是企业文化的外在体现。

综上所述，企业文化的物质层、制度层、行为层和理念层密不可分，它们相互影响、相互作用，共同构成企业文化的完整体系。

案例分析

快乐创新的谷歌（Google）文化

谷歌公司是一家位于美国的跨国科技企业，成立于1998年9月4日，被认为是全球最大的搜索引擎公司。其业务包括互联网搜索、云计算、广告技术等，同时开发并提供大量基于互联网的产品与服务，其主要利润来自AdWords等广告服务。

在不同人的眼里，Google有不同的含义：对于计算机网络用户来说，Google是一家互联网企业，带来了畅游网络世界的方便快捷；对于硅谷的技术人员来说，Google是一个创新的天堂；对于华尔街来说，Google是叛逆企业的代表，改变着财富的游戏规则；对于投资者来说，Google或许会买下他们投资的企业。仅在2005年，Google就创造了超过40亿美元的收入和12亿美元的利润，股价市值超过1 100亿美元。Google成功背后，是一群富有创造力与激情的员工。在Google，工作就是生活，自由畅快的企业文化造就了无穷的创造力和巨大的财富。

Google对数学情有独钟，因为连"Google"一词都包含着数学中无穷大的概念。Google的办公楼也是稀奇古怪的数学名称，第二大楼是无理数"e"，第三大楼是圆周率"π"，第四大楼是黄金比例"phi"。而进入Google主楼，则是Google的标志性物件"关键词"，在一面黑色背景的投影屏幕上，实时显示着全世界从网上发出的各种搜索请求，各种不同的语言文字。公司内部从.com时代就对员工有"奢华"的待遇，免费餐点，早、中、晚餐全包。而员工往来办公室，常用的交通工具是Segway电动滑板，或者Green Machine（一种适合11岁儿童的玩具车）。在Google，没有人必须西装革履，巧克力、懒人球、大型积木随处可见，到处散落着健身器材、按摩椅、台球桌和帐篷，这里甚至看起来更像托儿所——激发员工儿童般的幻想和创造热情。

Google 有个"古老"的传统——特殊的周五会议。在容纳上千人的餐厅，Google 的两位创始人瑟奇以及 CEO 埃里克都会与员工共进午餐。此时，员工会提出各种"非分"的要求，两位创始人通常会予以满足。例如，有人希望带着宠物上班，创始人稍加思索就说"可以，前提是它不叫、不咬人"；有人希望在公司打排球，数周后 Google 办公楼中间的草坪就变成了沙滩排球场；有人希望在公司游泳，Google 就建造了一个游泳池，虽然小但是游泳池一端安放了喷水装置，让人有一种置身在水流中的感觉。有一位印度工程师，上班第一天就问 CEO："我可以和你共用办公室吗？"埃里克竟同意了，第二天这位工程师就把自己的东西搬了进去，直到印度工程师后来有了更大的办公室才搬走。在 Google，"非分"的要求都可以实现，还有什么不可能呢？

Google 的企业文化是鼓励创新，虽然每项工程都要有计划、有组织地实施，但是公司还是允许上班时间每位工程师有 20% 的私有时间，让他们做自己认为想做的事情。这个措施的结果，就是诞生了 Gmail 这样颇受好评的邮箱服务，以及实践"六度空间理论"的人际网络产品 Orkut。在 Google，人人平等，这里的管理职位更意味着服务，工程师受到更多的尊重。公司没有森严的等级，每个员工距离总裁的级别可能不超过三级，人人都公平地享有办公空间。这种平等的思路也表现在其他很多方面，激发着 Google 员工的创造力。

（资料来源：吴剑平根据黄心悦《Google 文化亲历记》改写，原载《企业文化》2006 年第 9 期）

讨论分析：

1. 请你归纳 Google 的理念文化、制度文化、行为文化和物质文化的主要体现。
2. Google 文化的主要特征是什么？它属于哪种文化类型？
3. Google 公司为什么要培育这种文化？
4. 从 Google 公司的实践中，你对企业管理有哪些新的认识？

本章小结

1. 企业文化的物质层、制度层、行为层和理念层密不可分，它们相互影响、相互作用，共同构成企业文化的完整体系。理念层决定行为层、制度层和物质层；制度层是理念层、物质层和行为层的中介；物质层、行为层和制度层都是理念层的体现。

2. 企业理念文化是指企业在生产经营中形成的独具本企业特征的意识形态和文化观念，包括企业价值观、企业宗旨、企业愿景、企业精神和企业伦理等，其中，企业价值观是核心。企业愿景、企业宗旨、企业价值观分别回答了企业三个关键性问题，即企业"追寻什么""为何追寻""如何追寻"。有无清晰的理念层，是衡量一个组织是否形成自身文化的标志和标准。

3. 企业价值观为企业的生存与发展确立了精神支柱，决定了企业的基本特性，是企业判断是非的唯一标准。最大利润价值观、经营管理价值观和社会互利价值观是比较典型的企业价值观，分别代表了三个不同历史时期西方企业的基本信念和价值取向。企业价值观包括两个方面，一是核心价值观，二是附属价值观，两者共同构成企业价值观体系。

4. 企业宗旨是关于企业存在的目的或对社会发展的某一方面应作出的贡献的陈述，有时也称企业使命。企业宗旨回答的是"我为什么存在"这一根本问题。企业宗旨是企业存在的原因或者理由，是企业生产经营的形象定位，是企业存在的社会价值及企业对社会的承诺，体现了企业所承担的主要社会责任。

5. 企业愿景是企业全体成员对组织未来发展的共同期待和愿望，反映了企业领导者和全体成员的追求层次和理想抱负，是共同价值观的集中体现，也是企业文化建设的出发点和归宿。

6. 企业精神是企业在整体价值观体系的支配和滋养下，在长期经营管理中经精心培养而逐渐形成的全体成员的共同意志、彼此共鸣的内心态度、意志状况、思想境界和理想追求。

7. 企业伦理又称企业道德，是蕴涵在企业生产、经营、管理等各种活动中的伦理关系、伦理意识、伦理准则与伦理活动的总和，包括三方面内容：企业的社会责任与义务、经营管理的道德规范、调节人际关系的行为准则。从企业道德的内容构成来看，主要是涉及调整企业各成员之间、成员与企业之间、企业与社会之间关系三方面的行为准则和规范。

8. 企业制度文化是具有本企业文化特色的各种规章制度、道德规范和职工行为准则的总称，是企业为实现自身目标对员工的行为给予一定限制的文化，它具有共性和强有力的行为规范，是一种约束企业和员工行为的规范性文化。企业制度文化主要包括企业领导体制、企业组织机构和企业管理制度三个方面。企业领导体制包括领导的组织结构、领导层次、领导跨度以及领导权限和责任的划分。企业组织机构是指企业为了有效实现企业目标而筹划建立的企业内部各组成部分及其关系。企业管理制度由一般制度、特殊制度和企业风俗三部分组成。一般制度包括工作制度和责任制度。是否具备完善合理的责任制度，是衡量企业管理水平高低的一个重要标准。与一般制度相比，特殊制度更能反映一个企业的管理特点和文化特色。

9. 企业行为文化是指企业员工在生产经营、学习娱乐中产生的活动文化，包括在企业经营、教育宣传、人际关系活动、文娱体育活动中产生的文化现象。从人员结构上划分，企业行为又包括企业家行为、企业模范人物行为、企业员工行为等。从企业模范人物行为的类型上划分，企业模范人物可分为领袖型、开拓型、民主型、实干型、智慧型、坚毅型和廉洁型。为了便于进行宣传和奖励，可以将模范人物分为三个层次：创业者或者企业家；作出突出贡献的员工；长期为企业服务，体现公司价值观的员工。企业员工的群体行为决定企业整体的精神风貌和企业文明的程度，企业员工群体行为的塑造是企业文化建设的重要组成部分。

10. 企业物质文化是由企业员工创造的产品和各种物质设施等构成的器物文化，是一种以物质形态为主要研究对象的表层企业文化。企业生产的产品和提供的服务是企业生产经营的成果，是企业物质文化的首要内容，其次是企业创造的生产环境、企业建筑、企业广告、产品包装与设计等。参考企业识别系统中的视觉识别系统的内涵，企业物质文化可分为基本要素系统和应用要素系统两方面，基本要素系统主要包括企业名称、企业标志、企业标准字、企业标准色、象征图案、标语口号等，应用系统主要包括办公用品、建筑环境、交通工具、服装服饰、产品包装、企业文化传播网络、企业的纪念建筑物和造型、企业的文化体育生活设施等。

思考题

1. 联系实例论述企业文化的四层结构的内涵以及各层文化之间的关系。
2. 企业是不是一个纯粹的经济组织？为什么？
3. 什么是企业物质文化？它包括哪些具体内容？
4. 什么是企业制度文化？它包括哪些具体内容？
5. 什么是企业行为文化？它包括哪些具体内容？
6. 什么是企业理念文化？它包括哪些具体内容？
7. 假如你现在要代表公司参加一个全国的企业文化交流会，只给你 3 分钟的发言时间，你准备介绍公司文化的哪些内容？

真传一句话，假传万卷书

The value of culture is its effect on character. It avails nothing unless it ennobles and strengthens that. Its use is for life. Its aim is not beauty but goodness.

——William Maugham

文化的价值在于它对人类品性的影响。除非文化能使品性变为高尚、有力，否则毫无用处。文化的作用在于裨益人生，它的目标不是美，而是善。

——威廉·毛姆

> 威廉·毛姆（1874.1.25—1965.12.16），英国小说家、剧作家，代表作有戏剧《圈子》，长篇小说《人生的枷锁》《月亮和六便士》，短篇小说集《叶的震颤》《阿金》等。毛姆的很多作品有浓郁的异国情调，既与当时的社会文化背景有关，也与作者本人的生活经历有关。科技带来的进步使西方文明迅猛发展，不仅使后起的欧洲迅速超过了古老的东方，而且促进了"欧洲中心主义"意识形态和霸权意识的增长。在疯狂的殖民扩张过程中，殖民者从"愚昧、野蛮"的东方人手中掠夺物质财富。人类学家和艺术家则看到了东方文化的独特力量，将之视为人类灵魂的最终归属。作为一个敏感而极具才华的作家，毛姆深切地感受到了西方文明对人性的压抑和摧残，对东方文化则充满了无限的敬仰与向往。一个不容忽视的事实是，毛姆对处于非主流边缘地位的土著文化、印度文化、中国文化等倾注了自己高度的热情，寄予了无限的期望。

第三章 企业文化策划

学习目标

1. 理解企业文化诊断的目的。
2. 掌握企业文化诊断的步骤与方法。
3. 领会企业文化策划的原则。
4. 重点掌握企业文化理念、制度、行为和物质四个层面的策划内容、策划要点以及策划方法等。
5. 掌握企业文化个性化设计的方法。

先导案例

华润文化理念体系[①]

华润（集团）有限公司（简称"华润"或"华润集团"）创立于1938年，前身是中共为抗日战争在香港建立的地下交通站；2003年归属国务院国有资产监督管理委员会领导，主营业务包括消费品制造与分销、地产及相关行业、基础设施及公用事业三大领域；旗下共有17家一级利润中心，在香港拥有6家上市公司：华润燃气、华润啤酒、华润电力、华润置地、华润水泥、华润医药。2019年7月22日，《财富》杂志全球发布了2019年世界500强排行榜，华润集团名列第80位。

面对企业内外部环境发生的深刻变化，华润积极顺应经济新常态，贯彻中央提出的"创新、协调、绿色、开放、共享"发展理念，秉持"守正出新、正道致远"的重要理念，以"传承红色基因、谨守商业本分、彰显制度尊严、坚持诚实守信"为指导方针，密切配合华润集团"十三五"战略方向，对华润文化进行了深刻反思和系统梳理，在广泛征求经理人和员工意见的基础上，形成了新时期的华润文化理念体系。

---

① 根据华润集团官方网站（http://www.crc.com.hk/about/culture/）资料整理。

新的华润文化理念体系包括使命、愿景、价值观、发展理念和企业精神五大要素。其中，使命回答的是"我们为什么而存在"的问题，体现了华润作为央企的崇高责任，是华润持续发展的内在驱动力；愿景回答的是"我们要去哪里"的问题，描绘了全体华润人为之奋斗的理想蓝图，是华润为履行庄严使命必须树立的追求；价值观回答的是"我们应该怎样做"的问题，是华润文化的核心，是全体华润必须共同信奉和始终坚守的价值标准和基本信念；发展理念回答的是"我们遵循何种法则"，是指导华润经营管理活动的总体原则，是为履行使命、实现愿景而必须遵循的经营哲学；企业精神回答的是"我们应具有什么样的内心态度和行为风格"的问题，是全体华润人应该具备的团队气质和精神风貌，是华润价值观在员工思想行为层面的延伸。

一、华润使命：引领商业进步，共创美好生活

这是华润作为商业机构存在的意义和动机，也是华润必须承担的责任和义务。商业进步是推动国家富强、社会发展的重要动力，美好生活是人们的殷切向往。

（一）华润将从以下四个方面发挥表率作用，引领商业进步

（1）恪守商业伦理，维护市场规则，引领构建良好的商业生态。

（2）转变发展方式，创新商业模式，为中国企业提供成功样本。

（3）履行社会责任，承担央企使命，努力以实际行动回报社会。

（4）贡献商业智慧，分享最佳实践，为社会进步提供思想源泉。

（二）华润将携手客户、股东、员工、伙伴、社会和环境，共创美好生活

（1）携手客户，通过提供优质产品与服务，不断超越客户期望，持续创造客户价值。

（2）携手股东，通过依法依规治企，提高治理能力与业绩水平，实现企业稳健发展。

（3）携手员工，通过权益保护与人文关怀，帮助员工实现价值，提升员工幸福指数。

（4）携手伙伴，通过恪守商业道德，营造良好商业环境，开创合作共赢新局。

（5）携手社会，通过响应国家号召，投身公益，弘扬主流价值，促进社会和谐发展。

（6）携手环境，通过严守环保法规，节能减排，发展循环经济，建设绿色生态文明。

二、企业愿景：成为大众信赖和喜爱的全球化企业

在八十多年的风雨历程中，华润顺应时代潮流和历史趋势，上下求索、积极求变，抓住机遇、不断转型，企业始终保持勃勃生机，建立了良好口碑和卓越商誉。在新的历史时期，华润顺势应势、志存高远，以"成为大众信赖和喜爱的全球化企业"作为自己的理想蓝图。

（一）大众信赖和喜爱

华润不仅要使企业的产品服务受到客户青睐与喜爱、企业的业绩表现令股东放心

和满意、企业的文化氛围让员工快乐和自豪,而且积极履行社会责任,受到社会公众的喜爱、认可和赞赏,成为同行乃至企业界竞相效仿的对象;不仅为股东和客户创造卓越价值,而且还为社会、环境创造令人满意的价值。

(二) 全球化企业

以全球化企业为愿景,要求华润努力跻身于国际竞争的大舞台,以全球视野配置资源、拓展市场,以成熟和自信,在自由、开放的经济体系中赢得商业成功。华润旗下产业要努力建立行业领导地位,拥有国际水平的人才团队、管理水平、运营效率、企业文化和产品品牌,建立国际竞争力,实现全球化发展。

三、价值观:诚实守信,业绩导向,以人为本,创新发展

诚实守信是华润的核心价值观,是华润建基立业的根本;业绩导向是华润发展壮大的支撑;以人为本是华润价值创造的宗旨;创新发展是华润迎接挑战的动力。

(一) 诚实守信

忠诚爱国,崇尚公平正义,敬畏法纪、尊重制度,坚守法律和道德底线。

遵守商业伦理与契约精神,维护利益相关方合法权益,信守承诺,知行合一。

倡导真诚坦率的人际沟通,不唯上、不专断,构建简单透明的管理氛围。

(二) 业绩导向

华润作为商业机构,业绩是企业生存和发展的生命线,必须坚持以实力去竞争、以付出求回报、用业绩来说话,才能持续为社会创造价值。

华润强调业绩的"均好性",业绩不仅表现在经营规模、发展速度上,还要反映在组织能力的提升、管理模式的创新,以及优秀人才的培养等各个方面,是全面、均衡、高质量的业绩。

没有增长的业务不是好业务,没有业绩的团队不是好团队。业绩是华润选人、用人、评价人、激励人的重要标准。

(三) 以人为本

尊重人的价值,开发人的潜能,升华人的心灵,从生活、情感和成长环节关爱和善待员工,为员工构建价值实现的平台,共享发展成果。

顺应并满足人性的合理需求,倡导积极向上、绿色健康的生活方式,为客户提供优质的产品与服务。

心怀感恩,谦卑行事,强调均衡与可持续发展,追求多方合作共赢以及人与自然、社会的和谐共生。

(四) 创新发展

大力培育创新体系,健全激励机制、约束机制和容错机制,营造开放包容的氛围,持续提升创新能力。

顺时应势,主动变革。坚持客户导向,勇于颠覆自我,不断寻求商业模式、技术、管理、产品与服务的全新突破。

鼓励创新思维,坚持持续学习,善于借鉴先进模式、经验与方法,实现创新在基

层、创新在岗位,人人创新、全员创新。

四、发展理念:做实、做强、做大、做好、做长(5M原则)

做实是华润安身立命之本,做强是做大的基础。不管是做实、做强,还是做大,核心因素应立足于努力满足利益相关方的需要,不断创造价值,提升效率效益。做好关系着客户的认可、社会的尊重、形象的树立,是做强的外在表现。做实、做强、做大、做好的根本目的,是为了实现做长,各项工作都要以此为指导,为做长夯实基础、建立机制、营造环境,确保可持续发展。

(一)做实

做实对利益相关方的诚信承诺,守住依法合规底线;做实基础管控体系,落实制度文化,实现管理决策的规范化、透明化、专业化;做实商业模式,提升发展质量和效益。

(二)做强

在关键技术经济指标、资本回报水平、运行效率、产品竞争力、品牌影响力以及资本市场地位等方面优于同行,引领行业进步。不仅要做到在业务板块整体层面上好,还要做到业务板块下每个项目、每家公司都能达到行业优秀水平。

(三)做大

在做强的同时,努力争取在经营规模、市场份额等方面达到行业的领先水平,以至对行业有重大的影响。

(四)做好

拥有卓越的团队、优异的业绩、一流的产品和服务、较高的健康安全环保水平、良好的社会责任担当和声誉口碑,深受社会尊重,被客户、股东、员工高度认同。

(五)做长

建立核心竞争力,不断巩固市场优势,形成具有长久生命力的商业模式,最终要建立良好的内部运行机制和外部生态环境,支持可持续发展的长远目标的实现。

五、企业精神:务实、专业、协同、奉献

华润从央企使命中汲取了务实精神,从市场竞争中汲取了专业精神,从团队建设中汲取了协同精神,从红色基因中汲取了奉献精神。这是全体华润人所应共有的精神风貌和行为风格。

(一)务实

务实是一种工作作风,体现了华润对实干、理性、坦荡的关注,它要求华润人:

(1)关注基础,脚踏实地,崇尚实干,讲求实效;

(2)注重实践,尊重科学,实事求是,理性客观;

(3)胸怀坦荡,处事公正,说到做到,表里如一。

(二)专业

专业是一种工作态度,体现了华润对精益、高效和卓越的关注,它要求华润人:

(1)精通本职,胜任岗位,严谨细致,精益求精;

(2) 热爱工作，全情投入，高效优质，引领创新；

(3) 行动学习，持续进步，超越自我，追求卓越。

（三）协同

协同是一种组织能力，体现了华润对团队、包容和共赢的关注，它要求华润人：

(1) 融入团队，乐于分享，相互信任，荣辱与共；

(2) 开放包容，尊重差异，以诚相待，成人之美；

(3) 彼此欣赏，简单透明，协作互补，合作共赢。

（四）奉献

奉献是一种精神境界，体现了华润对敬业、担当、激情的关注，它要求华润人：

(1) 传承文化，牢记使命，忠于职守，爱岗敬业；

(2) 大局为重，勇于担当，组织为先，不求私利；

(3) 阳光向上，拼搏进取，以身作则，永葆激情。

除上述五大文化要素外，华润文化宣传的标语口号，也常常一并在内外宣传中使用：

守正出新，正道致远；立品如山，行道如水。

与您携手，改变生活；取予有道，润泽中华。

新的华润文化理念体系是华润人立足于企业的成长历史，积极应对环境变化，主动迎接未来挑战的思考成果；是集团各级单位开展经营管理、完善规章制度、制定行为规范、履行社会责任、推广品牌形象的重要指针；是全体华润员工必须全面领会，并从思想上认同、在行为上遵守的纲领性文件；是在全集团统一思想、凝聚共识、激发斗志、鼓舞士气的精神旗帜。

企业文化策划一般由企业高层主管和有关人员组成领导小组，由有关部门人员组成工作小组。邀请专业咨询公司帮助策划设计，双方应共同组成领导小组和项目小组，把外部专家咨询和内部企业文化人员发动结合起来，实施"并行工程"。

企业文化建设操作一般分为五个阶段。

第一，准备阶段。准备阶段企业主要是分析客观形势的发展趋势，掌握本企业文化现状，初步确定企业文化建设的目标，在企业领导班子中统一认识，在职工中做好思想酝酿。刚刚起步的企业需要将分散在职工中的、隐藏在企业日常经营管理活动中的优良文化传统发掘出来，作为提炼设计的基础和依据。

第二，调研阶段。调研阶段企业主要是对与企业文化有关的方面进行调查，如企业发展过程、经营思想、领导决策、职工素质、规章制度等，做到心中有数。调研工作包括查阅企业文档资料；召开不同层面（领导、骨干、员工、客户、协作单位）人员代表座谈会，听取意见和建议；进行抽样问卷调查等。

第三，诊断阶段。诊断阶段企业主要是根据调研资料和数据分析，结合企业发展战略和实际情况，进行文化定位研究和诊断，发掘文化传统和文化优势，找出差距和不足，明确企业文化建设的总体目标和规划方案。

第四，设计阶段。从企业历史和现状出发，结合企业文化建设的总体目标和规划方案，提炼企业价值观、经营理念、企业精神，以及企业道德、企业作风等，根据实际需要进行视觉识别系统的设计。

第五，推广阶段。推广阶段主要是在企业内部，坚持广泛宣传和深入细致的工作结合。首先，做到企业全体员工了解和掌握本企业文化的具体内容和精神实质。其次，进一步修订完善企业规章制度，使之真正体现企业价值观和经营理念。再次，开展有针对性的企业文化培训，提高全体员工的文化自觉性。最后，一方面在实践中检验企业文化是否符合客观形势和企业实际，及时加以完善；另一方面要加强管理，开展思想教育，使企业文化落实在行动中，发挥应有的作用。

第一节　企业文化策划的原则

一、历史性原则

没有沉淀就没有厚度。企业文化设计、完善的过程，就是不断地对企业的历史进行回顾的过程，应从企业的历史中寻找员工和企业的优秀精神，并在新的环境下予以继承和发扬，形成企业特有的、醇厚的文化底蕴。

二、个性化原则

企业自身的特殊性决定了企业在员工的群体价值观、经营管理方式、思考和处理问题的方式方法、团体风气等方面的特殊性，这些特殊性总结提炼的结果必然是形成企业理念的个性特色。企业文化的设计不能与其他企业的文化形成千篇一律、千孔一面的局面。企业文化建设要突出本企业的特色，要能体现企业的行业特点、地域特点、历史特点、人员特点等。

三、前瞻性原则

企业文化并不是一成不变的，而是随时代的发展而发展的，所以真正重视企业文化，就必须顺应时代的要求，不断调整、更新。企业文化不但需要建设，还需要完善。对企业未来文化的把握主要是指企业文化要与企业战略发展相一致、与社会发展相一致。

四、系统性原则

系统性也可称为协调性或一致性。企业文化是一个庞大完整的管理体系，其理念层、制度层、行为层、物质层要体现一致的管理理念，要共同为企业的发展战略服务。企业文化的系统性表现在企业目标、思想、观念的统一上，只有在一致的企业文化下，才能产生强大的凝聚力。

五、社会性原则

企业与社会的关系是鱼水关系，坚持企业文化的社会性原则，对企业生存和发展都是有利的。企业的经营活动围绕"顾客第一"的思想，同时，还要体现服务社会的理念，树立良好的公众形象，顺应社会历史大潮，才能永续发展。

六、整体竞争实力提升原则

追求企业整体竞争实力的增强，已经成为企业文化策划的基本原则和基本目标。激烈的竞争使企业再也不能简单地或盲目地跟随市场、应和市场，而必须把握市场经济运行的深层次规律，进行开拓市场、创造市场、培育市场的竞争。创造市场的竞争，不再是单纯的质的竞争与量的竞争，也不再是"一招一式"的较量，而是企业整体实力的竞争。企业的实力，不再单纯表现在企业规模和拥有的"硬"资源上，也不再单纯表现在产品销量上，而表现为企业整体的系统性、科学性和应变性，以及企业整体的创新能力。企业的创新能力是指企业在一定条件下产生新思想、新方案、新组合、新方法的能力，是企业内部综合素质的体现。

随着经济全球化和国际市场竞争的加剧，一般意义上的科学管理已经不能给企业带来超额利润。企业必须要有新的突破，不断创造出比别人更新的管理方式和创新技术，才能在竞争中取得优势。因此，进行企业文化策划，必须确立整体性谋略思想，以提高企业整体竞争实力为目标。

七、专家智能策划原则

专家智能策划模式将把企业文化策划推进到一个新的阶段。知识经济时代，随着现代科学技术的迅猛发展，市场机制逐步成熟，企业环境更加复杂，企业间的竞争也日趋激烈。在这种情况下，企业文化策划不能是"个人英雄"式的谋略行为，即使是以人力为主的"群体专家策划"也将注入新的策划理念，其中最重要的就是专家智能策划的理念。

所谓专家智能策划，不仅具有"群体专家"的特点，即策划主体由不同学科、不同领域的专家群体以及他们的学科组合构成，而且可以通过电子计算机将成千上万的专家或灵感汇集、存储起来，并能够按需要方便、迅捷地进行选择、组合和加工，即除了包括策划人的智能，还包括机器的智能，实际上是一种更大规模、更加广泛的"专家法"。

八、信息技术战略原则

信息技术成为企业成功进行文化策划的关键。知识经济时代是一个大规模生产和使用信息、知识的时代，信息作为社会组织的重要资源，是企业文化策划的基础性要素。在企业文化策划的实施中，信息战略与信息战术的策划与谋划占有举足轻重的地位。由于在知识经济时代，信息增长迅猛，传递速度快捷，企业文化策划中，不仅要考虑占有了多少信息以及用怎样的方式占有了信息，更重要的还在于对信息的综合分析、加工、组合和有效利用。策划中，如何把零散的资料变为系统信息，形成企业文化策划的有效信息，关键在于策划者对信息的综合分析及合理组合。没有对信息的综合分析，就不可能激发灵感，也不可能产生企业文化策划中的创意与构想。因此，信息技术以及运用信息技术形成的信息战略、战术必然是企业文化策划成功的关键。

九、知识创新原则

知识创新是企业文化策划的灵魂。知识经济是以创新的速度、方向来决定成败的经济，创新是知识经济发展的内在驱动力，是知识经济的灵魂。创新需要在企业、消费者与科研机构等不同行业之间进行大量交流，在科学研究、工程设计、产品开发、生产活动与市场营销之间进行复杂的反馈，从而形成一种网络创新模式。这种网络创新模式将改变过去研究与开发的线性模式，使人类的各种行为更具活力，推动创新精神的发扬和创新技术的出现。既然知识已经成为知识经济发展的主要动力，知识创新已经成为企业创新的典型特征，那么，企业文化策划就必须以知识创新为灵魂。

提高性知识

第二节 企业文化诊断

一、企业文化诊断的内涵

企业文化诊断（Corporate Culture Audit），又称企业文化盘点，是为了充分了解企业和企业文化现状，使企业领导者和企业文化管理者明确企业经营管理的基本特征和问题，为企业文化提升奠定共识的基础，有目的地收集企业相关信息，借以发现问题或形成结论的研究活动。

1. 企业文化诊断是盘点

大部分企业在自主全面进行企业文化塑造之前，往往对自己企业文化的具体状况模糊不清，心中无数，对企业文化状况的了解往往不成系统。因此，企业文化诊断的首要任务就是对企业文化资源进行全面的盘点，查清查实。

2. 企业文化诊断是归纳整理

企业文化涵盖企业经营的方方面面，体系较为复杂。企业文化诊断就是以科学的企业文化体系和基本原理为依据，对企业文化资源进行分门别类、归纳整理，通过对大量现象的观察、研究，概括出具有指导意义的结论。

3. 企业文化诊断是分析判断

企业文化诊断的目的就是通过科学的方法和手段，分析、研究、判断，透过现象看本质，把握住企业文化的优劣势，明确本企业文化与先进企业的企业文化的差距和存在的问题等，为企业文化建设提供可靠的决策依据，指明努力的方向。企业文化诊断从企业文化的普遍原理和理论出发，通过逻辑推理来解释具体的企业文化现象，得出企业文化的基本判断。企业文化诊断就是要根据企业和企业文化现状，分析企业文化形成的前因后果，分析企业文化的特点，结合先进企业的企业文化发展方向和企业经营实际，有针对性地提出企业文化建设策划方案。

对企业自身既有的文化进行全面准确的诊断是建设优秀企业文化所必需的，原因有两点。一是现代企业文化具有独特性。各个企业具有不同的历史背景、发展状况、经营性质与特点、人员结构等，而企业各个员工的行为观念和准则差异也很大。如果只是泛泛地导入企业文化，而不进行文化诊断以了解自身的特点，对企业文化建设的状况进行反馈，那么企业文化建设的效果是很难保证的。二是现代企业文化具有开放性。作为一个系统，企业文化不断与外界环境进行交流，不仅影响外界环境，而且会随外界因素的变动而变动。优秀的企业文化绝不排斥先进管理思想和管理模式的影响，会随时代潮流而不断丰富与完善。企业文化诊断能使企业高层管理者了解企业文化的现状与绩效，为企业文化的管理与优化提供参考。

二、企业文化诊断的目的和意义

（一）企业文化诊断的目的

一般来说，进行企业文化诊断的目的就是了解公司的企业文化现状和未来发展趋势，为以后对既有文化的梳理与新文化要素的提出提供依据。诊断的结果应用于如何建设有特色的企业文化，并针对调查的结果，进行核心理念的梳理，以便进一步完善企业文化建设。企业文化的诊断也可以作为企业文化变革的一项重要准备工作。

企业文化诊断也可以理解为是对企业现有文化的一次调查和分析，并得出初步结论，一般会写成企业文化诊断报告，其内容通常包括以下几点。

> 企业文化

1. 企业的经营领域和发展战略

企业的经营领域不同，带来企业经营特点、技术、市场风险及劳动特点和管理方法等方面的差别，这些差别往往决定着企业文化的行业特点，即决定着企业的经营个性。因此，明确企业的经营领域及由此引发的企业经营管理上的差别，能使企业文化建设具有针对性和可行性。明确企业未来的发展战略，能使企业文化建设具有前瞻性，并为既有文化的梳理和新文化要素的提出提供参照。

2. 企业高层领导的个人修养和风范

企业高层领导，尤其是企业的创立者和最高决策者，是企业文化的倡导者、培育者，也是身体力行者。他们的个人品德、知识修养、思想作风、工作作风、生活作风等对企业文化有直接的、重大的影响。因此，建设企业文化必须体现企业领导者的思想境界和道德风范，尤其是要体现领导者的企业家精神。

3. 企业员工的素质及需求特点

员工是企业文化的创造者，也是载体，员工的素质直接影响企业文化的建立和发展。例如，员工受传统文化影响的状况、社会经历状况直接影响他们对改革的态度；员工的需求特点将影响他们的心理期望、满意度及行为方式。只有正确把握员工的素质状况及需求特点，才能使企业文化的设计与其相适应，才能使员工对企业文化产生认同。

4. 企业的优良传统及成功经验

企业的优良传统及成功经验是企业历史上形成的文化精华和闪光点，包括企业在长期的经营管理实践中形成的好做法、好传统、好风俗、好习惯及模范人物的先进事迹等。这些优良传统和成功经验往往体现出企业文化的特色，是建设未来企业文化的最佳思想文化材料，企业文化中最闪光、最有魅力的部分一般源于企业的优良传统。

5. 企业现有文化理念及其适应性

通过了解企业员工的基本价值取向、情感、期望和需要，如员工对企业的满意度、对自己工作的认识、工作动机、士气、人际关系倾向、变革意识和参与管理的愿望等，明确在企业中占主导地位的基本价值观和伦理道德观，以及这些基本价值观、伦理道德观所体现的经营思想、行为准则等是否与企业发展目标相适应，是否与外部环境相适应等。企业对现有文化的适应程度，决定了在对企业现有文化进行梳理时的取舍。

6. 企业面临的主要矛盾

企业面临的主要矛盾往往是变革现有文化、建设新文化的突破口。如有些企业产品质量不高、竞争能力差，有些企业管理混乱、浪费惊人，有些企业士气低落、人心涣散等。企业从这些主要矛盾入手建设企业文化，能够引起员工的共鸣，促进企业文化建设与生产经营的结合，增强企业文化的实用价值。

7. 企业所处地区环境

企业所处地区不同、市场不同、人文氛围不同，直接影响企业的经营思想和经营方式，也影响员工的价值观念和追求。

（二）企业文化诊断的意义

成功的企业文化诊断在企业文化塑造工程中，甚至在长期的企业文化规划中都具有十分重要的意义。

企业文化诊断对企业地域文化、行业发展态势、企业的发展历史、社会环境和现实契机等，从文化的视角进行深入分析，对探寻企业文化的历史和发展方向有重要作用。

企业文化诊断科学地对企业员工的文化素养、价值观念、行为规范、企业形象以及企业管理方针、经营思想等进行分析判断，对已经形成的企业文化基础资源进行评价，能为企业文化的塑造工程提供第一手的、重要的和充足的依据。

企业文化诊断对企业在企业文化建设中所遇到的与企业发展不适应的各方面因素、难点和差距进行分析，能为全面改进和完善企业文化提供依据。

企业文化诊断的过程也是企业文化塑造思路形成的过程，从企业文化建设规律出发，充分考虑企业文化建设中的优点和存在的问题，紧密结合企业实际，能创造性地形成企业文化建设思路。

总之，企业文化诊断既是对既有企业文化的全面总结，又是新的企业文化塑造工程的开始，具有承上启下的作用，对企业文化塑造工程的成功实施和企业文化建设具有十分重要的意义。因此，企业文化诊断报告成为企业文化建设的重要参考依据。

三、企业文化诊断的范畴与工具

企业文化本身的复杂性给它的测量带来了很大的困难，相对于测身高、量体重要复杂得多，它不仅需要开发特定的工具，而且要使用不同的方法。企业文化的测量特征对测量工具的设计提出了具体要求，即要明确企业文化到底测什么、如何测。前一个问题要求给出一个可操作的企业文化概念，后者则要求量表给出一个测量的维度框架，即解决从哪些维度来测量、评价企业文化的问题。

（一）企业文化诊断的范畴

美国麻省理工学院斯隆商学院教授埃德加·沙因在 1985 年提出的概念在实际中常被使用："企业文化应该被视为一个独立而稳定的社会单位的一种特质。如果能够证明人们在解决企业内外部问题的过程中共享许多重要的经验，则可以假设：长久以来，这类共同经验已经使企业成员对周围的世界以及对他们所处的地位有了共同的看法。大量的共同经验将导致一个共同的价值观，而这个共同价值观必须经过足够的时间，才能被视为理所当然而不知不觉。"这个概念的本质就是企业的共同价值观与基本假设，也就是把企业文化的测量界定在企业的观念层。部分测量量表以企业价值观与基本假设为测量对象，在国际上企业文化测量工具中，有测量企业员工行为特征（如 FCA 量表）、测量企业价值观与基本假设（如 DQCS 量表、VSM 94 量表）等。

也有学者提出，企业文化诊断的内容应包括经营战略诊断、组织结构诊断、制度体系诊断、管理流程诊断、业务流程诊断等。

1. 经营战略诊断

企业一般会声称有自己的战略，但实际上，它真正执行的战略往往与其声称的战略不同。对经营战略的诊断主要是考察企业是否有真正的战略、是什么样的战略、该战略是否有利于本企业的长远发展。

2. 组织结构诊断

组织结构诊断着重考察现行组织结构是否合理、部门划分是否适当及是否适应企业规模的扩张以及应作怎样的变革等。

一是职能结构诊断。对各部门在目前的组织系统中的作用、分工、隶属关系、合作关系是否明确等进行分析，判断企业现有组织结构中各部门职能是否缺失、交叉、冗余、错位等。可以结合企业价值链，对价值链上各环节的职能逐个进行分析，这样就不会出现职能遗漏或重复的现象，思路非常清晰。经过详细的诊断，就能确定主要职能改进领域与改进重点。

二是层次结构诊断。层次结构诊断包括对现有的组织机构设置状况、高层领导管理层次、管理幅度、管理分工是否明确和合理，管理岗位任务量与配备人员数量与素质适应状况等的分析。这要求首先厘清企业现有组织结构的设置状况，一些管理不到位的企业没有现成的组织结构图，只能从现有人员的安排、职务分工等方向进行梳理，画出企业的组织结构图。

三是部门结构诊断。部门结构诊断是在层次结构诊断的基础上，从组织横向结构分析各管理岗位和管理岗位体系的完整性，权力指挥系统的完整性、合理性等。

四是职权结构诊断。职权结构诊断主要是对高层领导职务、职责、职权是否一致，部门职务、职责、职权是否一致，管理岗位职务、职责、职权是否一致进行诊断。

3. 制度体系诊断

制度体系诊断主要考察企业基础管理中的规章制度是否完善、是否存在与企业目标相冲突的地方以及如何进一步提高制度体系运行效率。

4. 管理流程诊断

管理流程诊断主要考察企业的职能管理部门内部及其相互之间的管理运作是否有效率、是否需要改进以及如何改进。

5. 业务流程诊断

业务流程诊断主要是针对企业的生产、销售等关键业务部门的运作流程进行考察，以判断业务流程是否存在问题、是否需要进行再造。

（二）企业文化测量的工具

科学、先进、实用的诊断工具是保证企业文化测量准确、有效的基础，也是保证企业文化诊断成功的重要因素。企业文化测量研究大致可以分为两类：一类是关于不同组织的文化差异的比较研究，重点在于寻找并分析企业文化在哪些方面会出现显著的差异，从而做出经验性的结论；另一类则是关注企业文化的本质特征，从企业文化对企业行为的影响机制入手来设计企业文化的测量模型。企业文化测量理论框架的代表人物，一个是美国麻省理工学院的沙因教授，他主张通过现场观察、现场访谈以及对企业文化评估等方式对企业文化进行测量，测量应围绕企业的内部管理整合和外部环境适应来进行；另一个是美国密歇根大学工商管理学院的奎因教授，他主张通过企业竞争性文化价值模型对企业文化进行测量，竞争价值模型从文化的角度考虑事关企业效率的关键问题，即从企业的外部导向和内部导向两个维度来衡量企业文化的差异对企业效率的影响，该模型在企业文化测量诊断方面的影响日渐增加。

1. 霍夫斯泰德的企业文化测评

荷兰学者霍夫斯泰德是最早对企业文化进行测量的学者之一。他在对北欧多家企业进行实证研究的基础上，将企业文化分为三个层次：价值观层、管理行为层和制度层。价值观层有三维度：职业安全意识、对工作的关注、对权力的需要。管理行为层有六维度：过程导向-结果导向、员工导向-工作导向、社区化-专业化、开放系统-封闭系统、控制松散-控制严密、注重实效-注重标准与规范。制度层有一维度：发展晋升-解雇机制。在霍夫斯泰德的企业文化测量维度理论基础上发展的 VSM 94（Value Survey Module 94）量表在西方企业界已经得到广泛的应用和认同。

2. 奎因和卡梅隆的 OCAI（Organizational Cultural Assessment Instrument）量表

美国组织行为专家奎因于 1988 年开发了对立价值构架理论。对立价值构架理论又称竞争性文化价值模型，是专门用来理解企业文化的理论体系，是对企业文化分析的有效工具。该模型能够准确有效地获取事物的本质，整合和组织所提出的大部分组织文化元素，并通过企业文化的变革来提高企业的效率。卡梅隆和奎因基于对立价值构架理论构建了组织文化评价量表 OCAI，在他们合著的《组织文化诊断与变革》中对该模型进行了详细介绍。相关理论从 20 世纪 90 年代开始在世界范围内被广泛应用，逐渐成为国际上比较权威的企业文化分析工具，国内一些著名的企业文化咨询公司也普遍应用该模型。OCAI 量表将主导特征、领导风格、员工管理、组织凝聚、战略重点和成功准则等作为测量的判据，共有 24 个测量项目，每个判据下有四个陈述句，分别对应宗族型、创新型、等级型和市场型的企业文化。该量表的突出优点在于为组织管理实践提供了一个直观、便捷的测量工具，在辨识企业文化的类型、强度和一致性方面很有效。

3. 丹尼森的 OCQ（Organizational Culture Questionnaire）企业文化测量量表

瑞士洛桑国际管理学院教授丹尼尔·丹尼森认为，理想的企业文化有四大特征：外部适应性、内部整合性、灵活性、稳定性。丹尼森认为，企业文化是一套价值观、信念及行为模式，并构成组织的核心体。他首先对 5 家组织进行了深入的个案研究来构建理论模型，并进一步以 764 家组织的 CEO 为样本，通过实证研究进行了假设验证。丹尼森构建了组织文化模型，基于此开发的 OCQ 量表包含由两个成对的维度（内部整合-外部适应和变化-稳定）所划分的4个象限，分别对应4种文化特质：适应性（Adaptability）、使命（Mission）、一致性（Consistency）和投入（Involvement）。适应性包括组织学习、关注顾客、应变能力，使命包括战略方向/目的、企业目标、愿景，一致性包括核心价值观、一致、协调与整合，投入包括授权、团队导向、能力发展。

丹尼森的组织文化模型可以广泛应用于各种企业、团队以及个人。例如，一般性商业公司、正经历合并和收购的企业、面临产业调整的企业、新任的CEO、新成立的企业、处于衰落的企业、进行战略调整的企业、面临顾客服务挑战的企业等。通过运用该模型，可以把某一企业的文化分别与较好和较差经营业绩的企业的文化进行对比，以明确该企业在文化建设方面的优势和不足；可以对业务单位或部门进行考察，以了解该组织内的亚文化；可以测量企业现存的文化以及考察该企业文化如何在提高经营业绩方面发挥更好的作用；可以在测量的基础上提出改进企业文化的方案以及提高经营业绩的具体建议；可以为企业发展和企业文化变革提供决策依据；可以更好地促进合并及重组过程，等等。

对于一般性的企业来说，运用该模型可以达到以下目的：对目前企业文化的优势和不足作出基本评价；与其他经营业绩好的企业文化进行比较分析，根据企业所期望的业绩确定企业文化变革的目标；明确企业文化变革的短期、中期和长期目标和任务；分析与经营业绩（利润、销售或收入增长率、市场份额、质量、创新和员工满意度）有直接联系的文化要素，找出哪些要素导致了经营业绩的增长，哪些要素阻碍了经营业绩的提高；提高领导者个人对企业文化的认识，进一步引导他们积极发挥企业文化的作用；提供个人和企业双方都可以使用的分析报告，形成共同认可的文化体系。

丹尼森的组织文化模型还可以广泛应用于企业的合并及并购工作，可以促进企业合并及并购的快速成功。该模型可以做到：分析合并及并购双方企业的相同和不同之处，寻求前进的合力；创立合并后企业共同奋斗的企业文化；转移双方在谴责、担忧和内部竞争方面的注意力，而转向创造共享的文化；制定被合并企业的领导者选拔和发展计划，以促进双方认同的理想的企业文化的发展。

4. 麦肯锡的"7S"模型

麦肯锡"7S"模型（Mckinsey 7S Model），简称"'7S'模型"。"7S"模型是以企业组织7项要素为研究框架的模型，"7S"代表7种以英语字母S开头的分析企业状况的参数，分别是战略（Strategy）、结构（Structure）、制度（System）、风格（Style）、人员（Staff）、技能（Skills）和共同的价值观（Shared Values），指出了企业在发展过程中必须全面地考虑各方面的情况。在模型中，战略、结构和制度被认为是企业成功的"硬件"，风格、人员、技能和共同的价值观被认为是企业成功经营的"软件"，其中，共同的价值观是核心。

需要注意的是，由于我国特殊的经济环境和文化背景，我们在借鉴西方的企业文化测量工具时还要将其进行本土化，并开发出适合我国国情和企业特点的企业文化测量体系，比如以下两个量表。

5. 刘理晖和张德的企业文化量表

刘理晖和张德主要从组织对利益相关者的价值判断和组织对管理行为的价值判断两个角度将企业文化分为 12 个构成要素，分别为：长期-短期导向、道德-利益导向、客户-自我导向、员工成长-工具导向（基于组织对利益相关者判断的角度）；学习-经验导向、创新-保守导向、结果-过程导向、竞争-合作导向、制度-领导权威、集体-个人导向、沟通开放-封闭性、关系-工作导向（基于组织对管理行为的价值判断角度）。依据构成要素提出了企业文化的四种特性，即动力特性、效率特性、秩序特性和和谐特性，形成了本土化的企业文化分析模型，并进行了实证研究。

6. 郑伯埙的企业文化价值观量表

中国台湾地区著名心理学家郑伯埙教授是较早成功进行本土化企业文化测量研究的学者。他认为，企业文化是一种内化性规范信念，可用来引导组织成员的行为。他构建了 VOCS（Values in Organizational Culture Scale）量表，共分为 9 个维度，即社会责任、敦亲睦邻、顾客导向、科学求真、正直诚信、表现绩效、卓越创新、甘苦与共、团队精神，这些文化维度又可以进一步聚合为外部适应价值和内部整合价值两个高阶维度。VOCS 量表是完全本土化的量表，在中国企业文化测量方面具有开创性，但是比较抽象，回答者不易理解。

四、企业文化诊断的原则[①]

企业文化诊断应该遵循以下原则。

1. 客观性原则

采取实事求是的态度，不主观臆断，不掺入个人好恶。以访谈为主，辅以问卷调查，掌握更真实、更直观的一手信息。

2. 一致性原则

对所评价的对象使用同一标准，而不能用两个甚至多个标准。

3. 全面性原则

在评价中不要过分地突出某一部分，而应当全面衡量。一方面是指企业文化建设与其他方面工作的关系，一方面是指企业文化本身是一个有机系统/体系。

4. 目的性原则

诊断实际是一种管理手段，也是一个调控过程。诊断的目的要十分明确，防止走过场。为什么做企业文化调研、调研结果怎么用，是在调研前需要明确的。同时，调研的整个过程应该紧扣经营，不能为了"调研"而"调研"。

---

① 冯光明，冯桂香. 管理学原理. 北京：北京交通大学出版社，2009.

5. 单项评价与综合评价相结合的原则

既要从某个侧面、某个项目进行评价，又要综合进行系统的评价。

6. 定性分析与定量分析相结合的原则

既对企业文化建设过程和结果的性质进行大致界定，又要对某项工作在量的方面进行统计比较。以定性为主，定量为辅。

7. 静态评价与动态评价相结合的原则

一方面要考察评价对象在特定的时间和特定的空间中已经达到的水平或已具备的条件，另一方面要考虑它的趋势、潜力，激发其进取精神。

8. 评价与指导相结合的原则

诊断不仅仅是为了搞清"是什么"，还要回答"为什么"和"怎么办"等问题，要把评价结果上升到一定的理论高度加以概括，并能依据事实，参考条件，指出改进方向。

五、企业文化诊断的途径与人员组成

现代企业文化诊断通常有两种途径：内部诊断与外部诊断。内部诊断由企业内部成立的企业文化诊断小组进行诊断，其优点是对自身文化的感性认识和细节了解要相对清楚。管理力量雄厚的大型企业通常会采用这种方法。外部诊断是由企业聘请专业咨询机构的咨询人员、管理研究部门或大学的专家教授深入企业进行企业文化诊断。其优点是这些专业人才相对企业内部人员来说具有更丰富的文化诊断经验；同时，所谓"旁观者清，当局者迷"，专业人士往往具有更准确的判断力。但如果对企业考察不够深入或专业素养不足，结果也许会产生较大的偏差。管理人才和技术人才比较缺乏的企业可以采取外部诊断。很多企业将内部诊断和外部诊断结合起来使用。

由于企业文化诊断是一项专业性较强的工作，诊断人员的选择主要有两个渠道：一是本企业中具有丰富管理经验、资历较深的管理人员；二是外聘的一些经营管理方面的专家和学者。其中，以管理顾问为主，这样有利于体现诊断工作的客观性和规范性。这两类人员各有优缺点，可取长补短，相互合作。比如诊断方法的设计、诊断工具的选择，可以主要由专家学者来承担；在具体的实施方面，则应当主要依靠企业自身的调查人员。

六、企业文化诊断的步骤与方法

（一）企业文化诊断的步骤

1. 资料收集

企业文化虽然是企业成员所形成的价值观，但其也会形成该企业特有的行为模式和规范，并通过一定的制度、行为、符号等表现出来。企业不同职能部门之间虽然工作性质不同，但是都具有共同认可的一个或几个比较清晰的价值观念。而这些观念往往会反映在企业的各种资料之中，包括企业员工行为规范、员工手册、内部期刊、报纸等，还有各方面

的规章制度，尤其是人力资源制度，如招聘、考核、薪酬、培训、奖罚等。

文献资料调研内容通常包括公司组织结构、公司发展战略、行业背景资料、公司发展沿革与重大历史事件、公司领导近年的讲话记录、公司历年经营情况、公司具体的人员配备情况、公司员工基本情况、职位分析文件或岗位责任书、近期倡导的口号和标语、人员提升发展途径与人员流动、公司工资及福利情况、公司人力资源规划、绩效考核方法及人员培训体系、公司的主要制度文件、公司近期出版的内刊、公司宣传的主要途径和工作方法、公司先进事迹资料、员工活动资料等。

在这一阶段收集到的书面资料往往很多，要从中整理出与企业文化相关的内容，这样可以精简大量的资料，而且有利于逐步总结和归纳出企业的价值观，为今后的文化建设提供依据。

2. 企业内外部环境分析

企业文化受到内外部环境的影响，会随着环境的变化而变化。因为企业是环境的产物，只有对所处的环境和内外条件作出全面正确的分析和判断，企业才能找准自己的定位，确定切实可行的奋斗目标。企业环境和条件分析一般包括下述内容。

（1）企业所处的经济环境、政治环境、社会文化、地域文化等整个社会环境的分析。

（2）企业所处的产业和行业发展状况分析。

（3）竞争者、合作者、销售商及其他利益相关者分析。

（4）企业的生产经营状况分析，包括企业的产品性质、产品市场占有率、投资收益率、组织结构及信息沟通方式、企业的生产工艺水平以及产品的创新能力等方面。

（5）企业内部其他因素分析，包括领导者特征分析、企业重大历史事件的影响等。

3. 企业与外部的关系分析

企业作为社会系统的一个部分，每时每刻都在同外界进行交往和联系，而企业奉行的交往原则在很大程度上是由企业的价值观和社会责任感所决定的。在是否注重外部环境的变化、用什么态度对待顾客、能否为消费者不断地提供新产品或新的服务项目方面，不同的企业可能会有差别很大的处理方法与态度。尤其是在如何处理企业同顾客的关系方面，更能表现出不同企业之间的文化优劣。

4. 现场调查

企业文化的作用若是整体一致的，就会综合地反映在企业内部每一个员工的观念、态度和行为中。通过深入细致的现场调查，可以深入理解企业员工对企业的态度和企业价值观的渗透程度。现场调查的过程中更多地需要与企业里的人进行互动，可以是自上而下、分层进行，也可以是大规模一次进行。企业文化的诊断，其实也是一次全体员工的总动员。因此，最好在开展工作之前，由公司主要领导组织召开一次动员大会，使员工明白对企业文化进行诊断的目的，调动员工的积极性，增强参与意识。

（二）常用的调研方法

调研工作的对象通常涉及公司股东、各个层面的公司领导、管理人员和普通员工，具

> 企业文化

体调研对象和样本及人数可由管理顾问和公司企业文化部门共同商定。为了清楚地了解企业文化现状，企业文化调研一般可采用多种方法。常用的调研方法有以下几种。

1. 文案调查法

文案调查法指综合利用企业现有的大量文字材料所进行的调研活动。在全面搜集资料的情况下，找出与企业文化建设联系比较紧密的人物、制度、激励机制等方面的资料，对所需要的相关资料进行认真研究。进行文案调查时，通常可查阅以下资料。

（1）企业历史沿革资料，如企业志、企业史等。

（2）企业当年及上年工作总结报告。

（3）企业报刊及近年来的内部简报。

（4）企业人力资源及组织架构资料。

（5）企业高层领导近年的重要讲话和文章。

（6）各种媒体近年对企业的宣传报道。

（7）行业态势、主要竞争伙伴、重点客户资料。

（8）以涉及员工行为为主的日常规章制度。

（9）思想政治工作及精神文明建设相关文件。

（10）曾经或现在使用的理念用语及广告文案。

（11）企业现有的经营战略规划或设想。

资料查阅是一项十分重要的基础工作。查阅企业历史沿革，可了解企业发展历程和企业传统文化；查阅工作总结，可了解企业现实的基本经营状况和制度安排；查阅企业报刊，就是巡视企业文化园地，可了解企业近年的各种活动，理出文化思想的脉络；查阅领导的重要讲话，可了解企业家的价值取向；查阅企业的经营规划，可了解企业的目标或愿景等。

2. 观察法

观察法是指研究者根据一定的研究目的、研究提纲或观察表，用自己的感官和辅助工具去直接观察被研究对象，从而获得资料的一种方法。深入企业的生产环境、办公环境、生活环境实地观察，也是企业文化调研不可缺少的方法。通过这种方法对企业的文化要素进行直接观察，往往能给"第三者"留下深刻的印象。例如，通过对车间布局、生产秩序、产品包装、物料存放、设备设施、现场管理等方面的观察，可了解企业当前的经营状况、生产安全状况及员工对企业的态度等；通过对员工服饰、厂区绿化、宿舍安排、食堂卫生等的观察，可了解企业员工的生活状况及精神风貌；从办公室的面积和摆设，可判断企业的权力意识和等级观念；从厂区环境设施及"三废"处理，可判断企业的环保意识及对社会公益的态度等。

3. 访谈法

访谈是一种研究性的交谈，是研究者通过口头谈话的方式从被研究者那里收集第一手资料的一种研究方法。访谈法又称面谈法，是企业文化调研过程中最常用的方法之一。要对企业做出正确客观的诊断评估,就必须得到企业各层次人员的真实想法。要得到真实想法,就必须向那些当事人直接提问,包括企业的决策人员、中层骨干、基层员工。访谈法的优点是获取资料迅捷、明确,访问双方直接面对,可以产生互动效果,有利于问题的具体化和深度化。同时,由于进行实时沟通,避免了调查中的信息不对称问题。其不足是时间成本和工作成本较高,对参与主持访谈者的技术要求较高,员工的信息由于具体场景的变化有夸大或缩小的可能等。访谈法的形式不一,可以是标准化的,即按照事前设计的问题进行提问和回答;也可以是非标准化的,即主持人比较随意地问一些相关的问题,然后随着被访人的回答相机行事,但这一点对主持人的素质要求相对较高。根据文化诊断的需要,一般采用以下两种访谈方式。

(1) 个别访谈。

一个企业文化的形成往往与企业的创始人或领导者的价值观、文化理念息息相关,所以要了解一个企业的文化,首先要从了解领导班子的思想入手。其次是了解员工,包括中基层干部和基层员工。作为企业的一分子,他们最能感受到文化的存在和影响,而他们对企业文化的感知、感受有助于从不同角度了解、认识这个企业的文化。为了避免他人(尤其是权威人士)的影响,保证访谈内容的可靠性、真实性,需要对上述各种人物进行多对一或者一对一的个别访谈。个别访谈要注意以下两个问题。

第一,写好访谈提纲。在进行个人访谈之前,要事先做好准备。可能你有 30 分钟或 60 分钟的时间跟一个你不认识、今后也不会再见的人谈话,因此要清楚对于提出的问题你希望得到什么回答。在开始个人访谈前,要针对不同阶层的人士拟定访谈提纲。访谈提纲所涉及的内容可以包括企业的历史传统、现在的优势和劣势、面临的挑战与机遇、管理的难点与不足、个人欣赏的价值理念、企业的上下沟通与团队精神、个人期望的企业文化特征和目标、企业发展的方向与前途等。受访者可就访谈内容中的一个或多个问题接受访谈,不一定要求面面俱到。

实例探析:
某公司访谈提纲

第二,注意聆听和引导。大多数人喜欢谈,尤其是当他们知道你对他们所谈的内容很感兴趣时更是如此,你要认真聆听、记录,不时对要点加以复述。当然,也会有不喜欢谈的人,那就要认真引导启发。若对方有顾虑,你要让他相信,你会对他的谈话保密;若对方没兴趣,就要设法找到一个他感兴趣而你又需要的话题。

另外,在个别访谈中,虽然要表现出你的综合水平和专业能力,但不要指导别人,不要随意评议,对各层次的人员都要诚恳交流、平等沟通。

(2) 分类座谈。

由于时间及其他各种原因的限制,企业除极个别人物能够保证进行个别访谈外,大多数情况是进行分类座谈。这时候可以采取一对多、多对多的形式,尽可能地让参加座谈的人员多讲,让他们围绕企业文化谈谈自己的认识和理解。作为文化诊断的一种方式,分类座谈能够提供不少关于企业文化的信息。但需要注意的是,人多时对方可能会因为从众压力或利益相关,说出与内心真实想法不一致的话,这时候就需要对访谈的资料进行分析和辨别。

在调研中举办各种专题研讨会也是十分必要的，如基层员工代表研讨会、中层管理人员研讨会、技术业务骨干研讨会、高层经营者研讨会等。

举行专题研讨会要注意两个问题：一是要设定好专题，二是要善于引导。 专题设置要有针对性。例如，对于高层经营者，可就企业的体制改革、战略发展和企业文化的主体定位进行研讨；对于中层管理人员，可就企业的制度安排、企业的优势和劣势、团队精神等专题进行研讨；对于业务技术骨干，可就企业的主导产品、营销文化等专题进行研讨；对于基层员工代表，可就员工行为准则、职业道德、对企业文化的期望等专题进行研讨。会议的主持者要善于把握和引导，要防止下面几种情况的出现：①转移主题，研讨的内容不是企业文化建设所需要的；②借机发牢骚，发泄对领导层的不满，影响企业稳定；③有顾虑不说话，会议出现冷场。主持者要对所讨论的专题结合企业实际进行阐释，还要善于从发言中捕捉核心要素，抓住大家感兴趣的话题，引导大家集中议论。

4. 问卷调查法

问卷调查法也是目前在企业文化诊断中较常用的重要方法之一。它可以用来收集有关参与者的主观性情况，也同样适用于对客观数据的分析。在考察企业文化时，用问卷调查的形式可了解企业群体的主流意识、主体精神、价值理念的认同度和行为准则的一致性等，是一种行之有效的调研方法。问卷调查法的长处在于调查范围比较广泛、费用相对较低、速度比较快、调研的资料可以进行量化统计等。

实例探析：
KT集团企业文化建设问卷调查

用于调查的问卷可以分为很多种。例如，根据范围，问卷可以分为通用型问卷和专职型问卷（针对某一层次的员工）；根据结构，问卷可以分为以客观题为主的问卷、以主观题为主的问卷、客观题与主观题相结合的问卷等；根据有效性，可以分为非标准化的问卷和可信度较高的标准化问卷。目前企业文化问卷有很多，需要选择一个适合中国企业实际情况的问卷才能说明问题。国内外的学者提供了较多的比较成熟的企业文化诊断问卷，企业也可以结合自身的实际情况自行开发诊断工具。另外，对于问卷的发放和回收，最好在比较正式的场合，采用现场填写的方式；对于不清楚的地方，可以进行现场解释，同时可以解除答卷人员的顾虑，保证问卷的质量。

5. 案例解剖法

案例解剖法是企业文化诊断的另一种常见方法，通常是对企业历史上发生的重大事情或关键事件进行深入的分析。这样有助于更好地理解现存文化形成，尤其是企业某些特殊观念、行为产生的缘由。例如，海尔有名的"砸冰箱"事件，说的就是张瑞敏带领全体员工宁可把不合格的冰箱砸碎，也不愿意让有瑕疵的冰箱存在的事件。该事件向全体员工传递了这样一个信息：海尔要求质量第一。

综上所述，企业文化诊断大致可以分为四个主要步骤，即资料收集、企业内外部环境分析、企业与外部的关系分析和现场调查，以定性研究为主。

结合定性研究和定量研究的理论观点，进行企业文化诊断，首先要通过现场观察、现场访谈、调查问卷和查阅文献资料等定性研究的方法，了解企业文化状况和员工对企业文化的感知状况，借此构造出企业文化测量的整体框架，形成企业文化测量模型。然后，运用量表等定量分析的方法，具体分析企业现有文化的优劣性，并对企业文化的差距进行总结性概括，进而提出改进建议。

（三）定量研究时，企业文化测量的步骤

进行定量研究时，企业文化测量可分为以下四个步骤。

第一步，测量模型设计。 通过查阅大量的文献资料，对已有的测量成果进行深入研究，结合现场观察、现场访谈等方式，总结提炼出可以用于企业文化测量的多个企业文化维度。然后征求专家意见，从备选的文化维度中挑选出适合进行企业文化测量的内容形成企业文化量表，主要包括两种形式的问题：一种是采用标准化量表形式，针对各个维度设计价值观及管理行为特点方面的条目，让测试对象按企业实际情况的符合程度进行打分；另一种是设计一些简单的开放性问题让员工进行回答。量表的设计首先要根据企业的特点，建立相应的测量维度，再针对各个测量维度编制测量题目。

第二步，测量模型检验。 为了保证最终研究成果的针对性和有效性，在进行正式的企业文化测量之前可以安排一次预测量。预测量采用一个相对较小的样本量对之前形成的量表进行填写，回收后只进行简单的描述性统计，不形成文化测量的结论，目的主要在于通过对预测量结果的因子分析，检验前期形成的文化测量模型是否有效，并及时作出适当的调整。

第三步，正式测量。 经过预测量，得到经过修正的测量模型，之后扩大样本量，进行正式的企业文化测量。在这一阶段，可以在问卷中增加衡量企业经营业绩的指标，以期通过回归分析了解企业员工对企业文化的认识与各个经营业绩指标的相关性，以及现阶段员工对整个组织的经营效率的认可程度。

第四步，统计分析。 正式测量的问卷回收以后，首先要认真地筛选，将不符合统计要求的问卷剔除，否则将严重影响整体数据的一致性，导致无法获得结论或得到错误的结论。接着，运用SPSS等专业统计分析软件对调查结果进行统计，得出结论并解释。最后，为企业文化建设提出有针对性的意见和建议。

第三节　企业文化策划的内容

一、企业理念文化的策划

（一）企业愿景的设计

企业愿景是对企业前景和发展方向的高度概括，可以由对企业未来10~30年的远大目标的表述以及对该目标的生动描述两个部分构成。企业愿景的设定应该回答"企业未来

企业文化

的发展是什么样子"的根本性问题。企业愿景，尤其是企业的远大目标，应该用简练、明了、激动人心的文字加以表述。

现代企业的最高使命是其应该具有的社会责任感，要求企业不仅要考虑到自身的利益，而且能够承担自己的社会责任。企业的社会责任，是企业对各种不同的社会利益集团和群体所承担的道义上的责任。将企业愿景与社会责任结合，形成企业独有的品牌主张，能为品牌带来知名度，引起消费者的注意。当不同产品的价格和品质相同，很多的消费者表示，他们会选择购买有社会责任感的企业的产品。如何将企业愿景与社会责任相结合呢？看一些例子：日本万代玩具公司的愿景是"我们公司存在的目的就是要实现全世界小孩的梦想"，海尔的企业愿景是"创中国的世界名牌，为民族争光"，蒙牛乳业倡导"市民健康一杯奶，农民致富一家人"。蒙牛被誉为西部大开发以来"最大的造饭碗企业"。

1. 建立企业愿景应遵循的基本原则

（1）宏伟。

一个愿景要能够激动人心，首先就不能是普通、平凡的，而必须具有神奇色彩，要能够超越人们所设想的常态水准，体现出一定的英雄主义精神。远大的组织愿景一旦实现，便意味着组织中个人的一种自我实现。因此，愿景规划的真正意义在于，通过确立一种组织自我实现的愿景，将它转化为组织中每个人自我实现的愿景。而要达到自我实现，愿景必须宏伟。

企业愿景

（2）振奋。

表达愿景的语言必须振奋、热烈、能够感染人。人是有感情的动物，只有用热烈的语言才能激发起人们的情感力量。企业愿景越令人振奋，就越能激励员工，影响他们的行为。愿景规划给人以鼓励，为人们满足需求、实现梦想增添了希望。

（3）清晰。

愿景还必须清晰、逼真、生动。愿景是一种生动的景象描述，如果不清晰，人们就无法在心目中建立一种直观形象，鼓舞和引导的作用也就难以发挥。

（4）可实现。

愿景"宏伟"的原则并不意味着愿景的规划必须十分夸张。相反，只有可实现的"宏伟"才有意义。因为愿景不是单纯地为了激发想象力，而是激发坚定的信念。愿景如果不能被认为是可实现的，员工就不可能有坚定的信念产生。

2. 愿景的基本特点

一个真正能发挥效用的愿景都具有三个基本特点。

（1）明确核心理念。

愿景之所以可以提升企业内部凝聚力，在企业内部起激励作用，其根本原因就在于它是企业核心价值观的表述和传达。一个充分表达企业核心理念的企业愿景，对于协调员工发展与企业发展的关系、使员工明确自己的奋斗目标大有裨益。

(2) 选择发展途径。

这意味着愿景设定了企业未来的发展空间，回答了"企业要走向哪里"的问题，是对企业基本属性的确认。如麦当劳的企业愿景"控制全球食品服务业"，就言简意赅地表达了该企业是致力于食品服务领域，并力求做大做强，占领世界市场。

(3) 使用激励性的话语。

愿景通过富有激励性的表达，结合了个人的追求和价值观，能让员工看到未来的美好前景，从而激发员工为之奋斗的力量和热情。从企业外部来看，激励性的表述更容易给服务对象以信心，使企业更容易被青睐。例如华为公司的企业愿景"构建万物互联的智能世界"，彰显了它的雄心以及社会责任感。

可见，愿景虽然通常只是一句或者几句话，却是组织自我估量的最扼要的体现，所传达的信息也覆盖了组织及其服务对象，甚至是整个社会。因此，对于任何一个组织，确立符合自身发展、适应外部竞争的组织愿景尤为重要。切忌错将愿望当作愿景，也不要把愿景制定得过于狭窄或过于短期，它们都是组织在对自身条件、外部因素、未来预期判断不明的情况下出现的不当决策。

3. 企业愿景的调整

对于企业而言，愿景虽然相对稳定，但并不意味着它一成不变。事实上，没有一个组织可以保持始终如一的愿景，即便愿景表述变化不大，但是对其阐述也会阶段性地有所侧重，即企业愿景在必要的时候也需要进行调整。企业愿景框架如图 3.1 所示。詹姆斯·柯林斯和杰里·波拉斯在《基业长青——企业永续经营的准则》一书中指出，企业愿景要不要改变取决于三个因素。

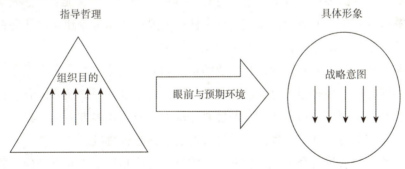

图 3.1 企业愿景框架

(1) 企业核心价值观是否变化。如果企业的核心价值观改变了，那么企业愿景就有改变的必要；如果企业的核心价值观不变，企业就不能改变自己的愿景和使命。例如，从计划经济走向市场经济，很多企业的核心价值观就发生了变化。以前是为人民服务，现在不仅是为人民服务，还要为股东创造价值。核心价值观一改变，企业的愿景必然发生变化，如从计划经济走向市场经济，愿景从以前的注重追求社会效益，变成了不仅追求社会效益，还要追求经济效益。

(2) 企业存在的目的是什么？是要创造规模效益还是要加快速度？以前许多企业爱讲

营收，但是现在除了讲营收，还要讲利润。企业的目的一旦改变，其愿景也应该相应改变。

(3) 企业环境是否变化。如果眼前和预期的环境出现变化，企业的愿景也要随之进行调整。

当然，企业愿景的改变也有程度上的不同，一般来讲有三种形式。

一是重申愿景。对愿景进行重申主要发生在企业在根本方向上并不需要改变之时。然而，经过一段时期的发展，原有对企业愿景的阐释已经不能完全契合现实的发展状况，因此需要对企业愿景作出微幅改变。

二是调整愿景。这主要是为了协调企业与外部环境，尤其是企业内部环境整体发生变化时，对愿景进行的必要性调整。它常发生在某一领域技术有重大创新之时。

三是根本改变愿景。这是企业在重新评估内部及外部环境后，对愿景的根本更新。当企业的愿景已经不能与其使命、战略目标和谐统一，而且可以明确问题出在原有愿景上时，企业就需要根本改变愿景。这个改变常表现在企业发展方向发生变化，资源的投入重点将要发生或已经发生改变的情况之下。

(二) 企业宗旨（企业使命）的设计

使命的重要性毋庸置疑，但不是每个公司都真正理解并身体力行。企业宗旨又称企业使命，明确了企业的宗旨也就明确了企业自身存在的意义。企业愿景考虑的是企业未来的发展前景和发展方向，即考虑"想要成为什么样的企业""未来指向何方"的问题。企业使命则考虑的是企业的业务是什么，即考虑如何将经营的重点放在企业已有的业务活动上，放在满足所服务的客户需求上。德鲁克对管理所下的经典定义是："管理就是界定企业的使命，并激励和组织人力资源去实现这个使命。界定使命是企业家的任务，而激励与组织人力资源是领导力的范畴，二者的结合就是管理。"

使命感和责任感是个人和组织建功立业的强大动力，也是古往今来个人和组织能成就伟大事业的共同特征。很多公司有自己的使命陈述，但很多公司的使命没有转化为公司的自觉行为，没有成为凝聚公司全体成员的感召和动力。原因是多方面的，其中主要有两个方面：一是公司使命是否具有合理性，二是公司的使命是否真诚。

一是公司使命是否具有合理性。使命的形成是在主体和环境之间进行的，要解决主体意愿和环境之间可能的矛盾，包括机会利用的可能性和机会实现的可能性。机会利用的可能性涉及环境的供需情况，机会实现的可能性涉及主体的利益包容情况。对各类信息进行综合分析，了解需求的容许范畴，并对其做出可用与否和能用与否的检验，明确什么时间、什么空间、哪部分人、干什么事最有意义、最符合客观环境。只有既可用（物质性）又能用（能动性）的，才是切实的，由此形成的客体使命才有实际意义。使命反映的是组织应当而且可以负有的重大社会责任，只有组织能胜任而又能被环境所接纳的重大社会责任，才形成组织的使命可能。另外，使命要有针对性，不是一成不变的。使命是一个历史的范畴、动态的概念，在不同时期有不同的内涵。

二是使命是否真诚。使命是发自组织内心的，是一种自觉的意识。而现在很多企业的使命是虚假的，所以起不到应有的作用。使命要符合所选择事业的发展趋势，而且使命的确立本身是自觉的、真诚的，并且公司所有的行为都是围绕企业的使命在进行的，才能被客户、员工和社会所认可接纳，才能激励企业的员工为实现企业使命而奋斗。

1. 企业使命表述的要点

一般来说，企业使命有一个历史的形成过程。一个企业在建立之初，其使命往往比较模糊或简单，大致局限在经营范围的陈述上。随着企业的发展和对经营过程的体验，其使命会逐步成熟和完善。不同企业的使命陈述详略不一，表达方式也不相同。但企业使命陈述是企业战略中最引人注目、最易为公众了解的部分，也是能够指导和激励各种利益相关团体的部分。因此，对企业使命陈述的主要要求是保证它能简要地概括所有基本内容。企业使命表述有以下几个要点。

(1) 简洁、有力。

使命的表述应该简洁、有力，令人信服和振奋人心，这样有利于培养管理者的使命感，促使使命成为管理者内在的驱动力，进而激发一种完成使命的责任感和成功的强烈欲望。简短有力、富有挑战性的使命能让员工时时记得自己的目标、工作努力的方向。

(2) 追求各方利益的和谐。

制定使命宣言的信息必须来自各个方面，如客户、供货商、上级主管部门、工作职责目标等，要追求各方利益的和谐。此外，企业还应不断审视外部环境的变化，使使命宣言既具有可行性又具有挑战性，既具有稳定性又具有动态性。

(3) 与愿景、价值观密切结合。

使命给出了企业存在的理由，为企业注入了激情和耐心，但并没有告诉员工企业未来的景象。仅有使命、没有愿景的组织不能有效地界定组织所希望达到的、最终可以评估的目标。组织的价值观是组织的一套坚定的信念，指导组织活动的开展。使命与共享的价值观相结合，能够建立起员工之间的协作和信任关系，使组织更勇于冒险和尝试新方法，更乐于学习和发展。

(4) 以增强企业竞争力为出发点。

作为一个社会组织，企业应当承担应有的公共责任和使命，但归根结底要服务于企业竞争力的增强。因此，在明确企业使命时，还要防止走极端，不要去追求过多的公共责任。

(5) 体现企业的独特性、专业性。

企业使命必须能表明企业的独特贡献，团队或部门使命必须能表明团队或部门的独特贡献。例如，公司捐赠一定比例的利润给慈善机构或许是一种很大的贡献，但除非这能表明公司的独特性，否则就不能称之为使命。

企业使命的表述对于传播企业的理念尤为重要。如果表述不当，就会让人困惑不解。现实中，尽管花费了那么多的时间和精力，但是许多使命依然似乎充满了陈词滥调和矫揉造作的内容。行之有效的企业使命不仅会令人产生好感，还可以有效提升企业的凝聚力。

2. 企业使命的表述应当满足的条件

表述较好的企业使命不应该只是传递给高层，被企业内部某一群体认知，而应该以清晰明了、浅显易懂、富有朝气的形式在企业内部尽可能广泛地传播并得到认同。只有这样，企业内部成员的积极性才能被充分调动。通常，那些具有挑战性、简短、易于理解和接受、不断被重复的表述能更好地展示企业使命。

具体陈述中既简要又恰到好处地表达企业的使命，需要在实践中不断的探索和研究。具体来说，企业使命的表述应当满足以下条件。

（1）需求导向先于产品导向。这是因为顾客是企业的基础和生存的理由。决定企业经营什么的是顾客，顾客愿意购买的产品或服务才能将资源变为财富，将物品变为产品。

（2）富有想象力，并且可以在较长时间内有效。这是企业持续稳定发展的基础，在此基础之上，企业的具体目标与战略方案可随时间与环境的变化而相应调整。

（3）从战略角度出发，突出重点。这就意味着要明确企业的奋斗目标。

（4）做好自我评估，明确自己在业界中的地位，强调优势项目。

（5）阐明企业的核心价值观和一系列基础性的理念，重点在于协调好利益相关者的利益。

（6）充满信心地保证企业有实力完成使命。

（7）注意措辞，使企业使命的表述严谨而又富有感召力。德鲁克认为，"顾客导向"将是组织使命表述中必须认真对待，并给出合理回答的问题。

（8）在兼顾企业实力及其相关属性的基础上，将目光放得长远一些，拒绝做温水中的青蛙，或不进则退，或保守经营。

3. 企业使命表述的要素

一般来说，企业使命的表述内容应包含企业生存目的、企业经营哲学和企业形象。企业使命表述是否恰当、清晰、富有特色，直接影响企业使命的实现程度。那么如何撰写企业使命表述书呢？在弗雷德·戴维看来，企业使命表述需要涵盖以下基本内容：用户，产品或服务，市场，技术，生存、发展和盈利，经营哲学，自我意识，公众形象，员工。

实例探析：希尔顿酒店的企业宗旨

而对这些问题的认识就是编写企业使命报告书的基础。

（1）用户：公司的用户是谁？

（2）产品或服务：公司的主要产品或服务项目是什么？

（3）市场：公司在哪些地域参与竞争？

（4）技术：公司的基本技术和优势是什么？

（5）生存、发展与盈利：公司是否努力实现业务的增长和良好的财务状况？

（6）经营哲学：公司的基本价值观、信念和道德倾向是什么？

（7）自我意识：公司最独特的能力或最主要的竞争优势是什么？

（8）公众形象：公司是否对社会、社区和环境负责？

（9）员工：公司是否视员工为宝贵的资产？

以上内容是企业使命报告书的构成元素，但是这并不意味着每份企业使命报告书都会囊括上述所有内容。事实上，在管理实践中，企业会根据自身属性、特色、价值观、愿景、外部环境（供应商、竞争者、政府、社会公众）、内部环境（董事会、股东、管理阶层、企业员工）等因素对战略规划的影响程度来强调某些元素，淡化其他的元素，从而更好地表达企业使命和理念，如表3.1所示。

表3.1 企业使命表述实例

企业名称	企业使命
苹果公司	致力于为全球140多个国家和地区的学生、教育工作者、设计人员、科学家、工程师、商务人士和消费者提供最先进的个人计算机产品和支持
家乐福	家乐福所有的努力的最大目标是顾客的满意。零售行业是通过选择商品、提供最佳品质及最低价格，满足顾客多变的需求
雅芳	成为一家最了解女性需要、为全球女性提供一流的产品及服务，并满足她们自我成就感的公司。简言之，成为一家比女人更了解女人的公司
盛道包装	把一流的产品献给用户，永不满足留给自己，用信心、高技术和竞争力造福于社会，成为中国杰出、全球知名的包装商。品质至上，奉献美好使我们拥有未来
可口可乐	我们致力于长期为公司的股东创造价值，不断改变世界。通过生产高质量的饮料为公司、产品包装伙伴以及客户创造价值，进而实现我们的目标。在创造价值的过程中，我们的成败将取决于能否继续发扬本公司的关键优势：①可口可乐和我们拥有的其他高价值的品牌；②世界上最有效率和说服力的配送系统；③满意的客户在销售本公司产品时获得良好的利润；④为公司发展最终负责的员工；⑤合理配置充足的资源；⑥在全球企业中特别是饮料行业中的领导地位

虽然企业使命报告书往往受限于字数（一般来说需要控制在200字以内），但一些企业使命报告书仍写得全面而清晰，例如亚洲电话电报公司的使命为："我公司是向世界各地的商界、个人以及政府机关提供网络设备、计算机系统等通信产品及服务的全球性公司。公司在全球信息传递及管理方面拥有单一的和综合的能力。公司信仰'科技以人为本，服务以诚为重'，使世界各地的人们毫无困难地享受彼此沟通的欢乐。公司的目标是使人类与他们的信息紧密相连，并使公司在这一领域里成为世界一流的企业。"

（三）企业价值观的设计

1. 设计企业价值观应遵循的基本原则

（1）是企业真正信奉的东西。

企业的核心价值观并非来自模仿其他公司的价值观，并非来自研读管理书籍，也并非来自纯粹的智力运作，以便"计算"什么价值观最务实、最通俗化或最能获利。设计价值观体系时，关键是要抓住自己真正相信的东西，而不是抓住其他公司的价值观或外界的理念。

企业价值观设计

（2）与企业最高目标（企业愿景）相协调。

企业最高目标与企业核心价值观都是企业文化观念层面的核心内容，二者之间必须保持相互协调的关系。

（3）与社会主导价值观相适应。

如果不能与社会主导价值观相适应，则在企业价值观导向下的企业行为难免与周围的环境产生这样那样的冲突，影响企业的发展。

（4）充分反映企业家价值观。

由于企业家价值观是企业（群体）价值观的主要来源和影响因素，因此，如果不能充分反映企业家的价值观，势必导致企业经营管理活动的混乱。

（5）与员工的个人价值观相结合。

企业价值观不能脱离多数员工的个人价值观，否则难以实现群体化，也就不能成为员工的行动指南。

实例探析：大宝的企业价值观从何而来？

迪尔和肯尼迪曾指出，对拥有共同价值观的那些公司来说，共同价值观决定了公司的基本特征，使其与众不同。同样，这些共同价值观创造出公司员工的实质意义，使他们感受与众不同。更重要的是，这样的价值观不仅在高级管理者的心目中，而且在公司绝大多数人的心目中成为一种实实在在的东西。它是整个企业文化系统，乃至整个企业经营运作、调节、控制与实施日常操作的文化内核，是企业生存的基础，也是企业追求成功的精神动力。

2. 设计企业价值观的一般流程

企业价值观体系的设计流程如图 3.2 所示。

```
┌─────────────────────────────────────────┐
│ 在分析社会主导价值观的基础上，根据企业的最高目标，初步 │
│ 提出企业的核心价值观表述，并在企业决策层以及管理层和员 │
│ 工代表中进行反复的讨论。                    │
└─────────────────────────────────────────┘
                    ↓
┌─────────────────────────────────────────┐
│ 确定企业的核心价值观以后，进一步酝酿提出企业的主导价值 │
│ 观和整个价值观体系。                        │
└─────────────────────────────────────────┘
                    ↓
┌─────────────────────────────────────────┐
│ 把企业价值观（体系）与企业文化各个层次的其他要素进行协 │
│ 调，并进行文字上的提炼，形成全面准确的企业价值观表述。 │
└─────────────────────────────────────────┘
                    ↓
┌─────────────────────────────────────────┐
│ 在员工中广泛宣讲和征求意见，反复进行修改，直到为绝大多 │
│ 数员工理解并得到他们的支持为止。              │
└─────────────────────────────────────────┘
```

图 3.2　企业价值观体系的设计流程

在塑造共享价值观的时候，不能只看到它会带来的好处，同时也要看到可能发生的危险，如以下几种。

一是过时的危险。当经济环境发生变化时，原来的共享价值观仍然支配着人们的行为，妨碍企业去适应新的环境。可以想象，一个牢固地树立了"经久耐用"价值观的服装公司，较难适应顾客的"时装热新潮"。

二是墨守成规的危险。墨守成规的企业不愿意或者很难抓住共享价值观所强调的事情之外的机会。

三是不一致的危险，即言行不一的危险。如一位总经理，平常极力宣传要更好地为顾客服务，但每当临近年终时，却只过问财务状况而把顾客晾在一边。

伪装的价值观比价值观缺失更可怕

美国安然公司的破产是一个非常典型的案例。美国安然公司总部设在休斯敦，曾是世界能源巨头，在全球500强企业之中高居第七；2000年时，生意规模超过千亿元，是许多美国人梦寐以求的工作选择。它曾被认为是新经济时代传统产业发展的典范，做着实在的生意，有良好的创新机制。"沟通、尊重、诚信、卓越"是安然的价值观，但是导致其破产的一系列事实证明，它的价值观实际上是一层伪装，当这层伪装被撕破后，安然神话随之破灭，由此而失业的普通员工成为最大的受害者。

（四）企业精神的设计

企业精神设计是指企业精神酝酿和提出的过程。

1. 企业精神设计的原则

企业精神不仅要概括企业员工的经验、智慧、创意等精华，勾画企业家开拓事业的精神风范，还要涵盖企业的核心价值观、企业的理想目标与行为准则等文化层面的多种要素。任何企业都具有其独特的精神风貌，但要从理论层面加以抽象、概括、提升，则是很不容易的事。因此，企业精神的设计者必须具备深厚的民族文化底蕴、高度抽象的理论思维能力，以及对企业管理的洞察力与深切把握。设计和确立企业精神，应遵循以下几个原则。①

（1）群体性原则。

企业精神是一种团队精神，是企业内部最积极的、最闪光的，也是全体员工共有的一种精神状态。企业员工是企业文化建设的主体，在他们之中蕴藏着极为丰富的企业文化建设素材，特别是他们中的模范人物在企业生产经营实践中所表现的思想、观念和思维方式等，是先进的企业价值观，而这些先进的思想和主体意识正是提炼企业精神的源泉。

因此，必须充分发挥全体员工的积极性和创造力，要发动广大员工反复讨论，倾听员工意见，在反复酝酿的过程中，使经营管理者和群众的思想认识得到比较充分的交流，经

---

① 郝趁义. 现代中国企业文化 [M]. 北京：中央文献出版社，2007.

营管理者的意见在员工中得到传播，员工的智慧和创造性又被经营管理者所吸收、采纳，这样就比较容易在经营管理者和员工之间达成共识，比较容易得到员工的理解和认同，增强员工的亲切感、责任感，提高员工实践的自觉性。使企业的目标、信念等深深扎根于每个员工的心目中，变成他们的共同信仰，就会使他们产生强烈的使命感、荣誉感和责任感，从而自觉地把自身利益、工作职责与企业的整体利益联结在一起，尽心尽力地做好本职工作。

(2) 前瞻性原则。

企业精神是一种升华了的群体意识，必须具有先进性。现代企业制度所追求的企业精神不是简单的企业员工业余生活的表现方式，而是包括企业的生产方式、经营方式的，以其精神活动为主要内容的企业整体文明的总和。我国优秀企业的先进性表现为体现社会主义国家的共同理想、社会主义性质，继承和发扬企业的优良传统，有鼓舞人心而又切实可行的企业奋斗目标等。

(3) 个性化原则。

经过讨论设计出来的企业精神必须反映企业的特点和个性。行业不同，竞争制胜的武器不同，价值理念也必然不同。即使同处一个行业，不同企业实施的战略不同，其企业文化所强调的侧重点也不同。一个企业的价值理念，往往是企业的创始人或其继承者率先倡导和推广的，因此，企业精神的提炼必定要结合企业家的个性特点。

企业文化在表达上也应力求有独特的个性语言。有个性才有吸引力，有个性才有生命力，失去个性，光有华丽的辞藻、对仗工整的句子，企业精神也难以在企业生根。在设计企业精神时，要特别注意个性化问题。企业应表现出自己独特的个性文化色彩。许多深谙其中道理的企业经营管理者在长期经营管理实践中十分注重建设富有特色、个性鲜明的优秀的企业文化，而这些独特的优秀企业文化不但有力地促进了企业的发展进步，也为其他企业提供了非常有益的成功经验。

(4) 实事求是原则。

企业精神的设计必须遵循实事求是原则，坚持从企业的实际出发，既符合企业发展的实际又切实可行，且能对企业员工起激励和导向作用。企业精神目标不宜过高，过高了就不切合实际，员工会觉得高不可攀，难以渗透到员工的思想中去；但也不宜过低，过低就失去了目标激励作用。

(5) 时代性原则。

企业精神的设计必须体现时代精神，要摆脱实用主义思想影响，摒弃过分注重眼前利益、忽视长远利益的短期行为，认真研究企业面临的新情况、新问题，认真分析研究企业文化建设面临的宏观和微观环境，进行前瞻性的设计。富有时代特色的企业精神必然会有号召力，成为员工追求的精神目标。

2. 企业精神设计的步骤

企业精神的设计是一项艰巨而复杂的工作。从过程上来讲，它一般要经过四个阶段，即确认阶段、融入阶段、确立阶段和升华阶段,这四个阶段密切关联、层层递进。

(1) 企业精神的确认阶段。

这一阶段的任务是制定企业精神,明确它的名称、内涵及外延。企业文化不仅是一种企业行为的方式,更是一种全员、全方位、全过程的认知系统,特别是把企业精神变成员工共识,深植于员工心灵深处是企业文化建设的关键。所以,要通过多种形式发动员工参与企业精神的设计,把参与的过程作为学习企业文化知识、认知企业价值观的过程,使企业精神深入人心。要加强宣传和培训灌输,进行企业文化、企业精神一般知识的宣传、普及,营造企业文化氛围,提高员工对企业文化、企业精神的理解和认识,奠定良好的思想基础,在文化认知的基础上实现文化认同。要广泛发动群众,酝酿提炼企业精神,通过集思广益,征集企业精神提案,力求把征集过程变成宣传教育过程。最后确认企业精神,一般采用上下结合、反复筛选的办法进行确认。

(2) 企业精神的融入阶段。

这一阶段的任务是广泛宣传企业精神,使员工从思想上了解它、接受它,从行动上开始实践它。企业精神确认后不能束之高阁,要利用多种形式大力宣传,开展多种活动加以弘扬。企业经营管理者要带头实践企业精神,有意识地树立践行企业精神的典型人物,鼓舞、引导员工深刻认识企业精神的内涵,增强实践企业精神的自觉性。要广泛发动员工积极探索以企业命运共同体为核心内容的企业精神,并使其深入人心,得到深化。

(3) 企业精神的确立阶段。

企业精神需要个性化的表达,更需要形象传播手段来"定格"。企业精神要设计是一个从抽象文字、标语口号确立向重大事件、辉煌业绩建立过渡的过程。长期以来,人们总认为,企业精神的确立就是企业文化的学者们调研、总结、概括,用一段恰当、简易、上口、好记的文字将其全部精髓表达出来的简单过程。然而,事实表明,这是一种幼稚的想法。事实上,那些不断获得成功的企业,其企业文化之所以卓尔不群,确立过程中的最大特点是:用事实说话,用足以表达企业最辉煌业绩的事件来进行企业精神的"定格"。没有足以给全体员工造成空前思想震撼,真正触及灵魂的正激励或负激励的重大事件,没有足以用辉煌业绩最终作出最充分的"事实表达",企业精神是难以"定格"下来,难以确立起来的。

(4) 企业精神的升华阶段。

这一阶段是使员工从"要我做"变成"我要做"的过程。企业精神的塑造要向更深层次发展,将企业精神人格化,把简练、抽象的企业精神具体化、形象化,并转化为群体精神的个体意识,使员工成为具有企业精神的"企业人",使企业精神成为员工完全自觉的行为、成为一种"本能"。同时,企业精神在交流中促进升华。企业要与时俱进,用开放的心态、世界的眼光、博大的胸怀,虚心向一切先进的文化学习,不断提高创新力、学习力和竞争力。在学习与交流中,根据沟通中产生的思想碰撞及时修正和调整自己的策略,促进企业精神在适应变革中"升华"。

以上设计企业精神的四个阶段,是人们对企业精神内涵的认识由低到高、由浅入深的过程，也是从实践中总结出来，又回到实践中去，并通过实践不断丰富和发展的过程。

3. 企业精神的设计方法

明确了总的设计思路，企业精神的设计就比较容易了。但是从方法的角度来讲，并无固定程式，下面介绍一些具体做法。

(1) 员工调查法。

员工调查法是指通过在内部员工中进行调查研究，集思广益，提出企业精神的表达内容。把可以作为企业精神的若干候选要素罗列出来，在管理人员和普通员工中进行广泛的调查，大家根据自身的体会和感受发表赞同或不赞同的意见（并最好讲明理由），再根据员工群体的意见取舍。这种办法一般在更新企业文化时采用，缺点是需要花费较长的时间和较大的人力，观点可能比较分散，但由于来自员工、有很好的群众基础，设计出的企业精神容易被大家接受。

(2) 典型分析法。

典型分析法是指对企业英雄人物的思想和行为进行深入研究，确定企业最需要的企业精神。每一个企业都有自己的企业英雄（或先进工作者），这些英雄人物的身上往往凝聚和体现了企业最需要的精神因素，通过对这些英雄人物的思想和行为进行全面深入的分析和研究，不难确定企业精神。这种办法工作量较前一办法小，也容易被员工接受，但在企业英雄不是非常突出时，选取对象比较困难，不易把握。

(3) 领导决定法。

领导决定法是指由企业领导人决定企业精神的内涵。由于企业领导者站在企业发展全局的高度思考问题，他们对企业历史、现状的了解也比较深入，因此，由企业领导者（或领导层）来决定企业精神也不失为一种办法。此法最为高效快捷，但受领导者个人素质的影响较大，在推行的时候宣讲工作量较大。

(4) 专家咨询法。

专家咨询法是指发挥外部专家的智慧，为企业设计符合企业发展的企业精神。将企业的历史现状、存在的问题及经营战略等资料提供给对企业文化有深入研究的管理学家或管理顾问公司，由他们在企业中进行独立调查，获得员工精神风貌的第一手资料，再根据所掌握的规律和建设企业文化的经验，设计出符合企业发展需要的企业精神。这种办法确定的企业精神站得高，看得远，能够反映企业管理最先进的水平，但局限于专家对企业的了解程度，有时不一定能很快被员工接受，因而宣讲落实的过程稍长。

以上方法各有优缺点，因此在实际进行企业理念层设计时常以一种办法为主，辅以其他一两种办法。比如，在使用专家咨询法时，可以把专家请到企业来进行实地考察和调研，这样设计出来的企业精神就比较完善了。

4. 企业精神的表达方式

(1) 单一式。

单一式，就是用一个短语、一个短句或一组简明的文字来表述企业精神的内涵，具有凝练、简明、上口、易记等优点。比如：北京邮政系统"一封信、一颗心"（短语、短句式），宝洁公司"做正确的事"（警句式），玫琳凯化妆品公司"大黄蜂精神"（比喻式），正大集团"爱是正大无私的奉献"（口号式）。

(2) 复合式。

复合式，就是用几组文字来表述企业精神的内容，或以一组语句为主、几组语句为辅，综合表述企业精神。例如，松下精神表述为"生产报国、光明正大、团结一致、力争上游、文明礼貌、顺应潮流、报恩报德"。

南山纺织服饰公司的企业精神

5. 企业精神的提炼步骤

关于企业精神的提炼，可采取以下步骤。

(1) 历史讲述。

召开一次由10名左右企业创立人员参加的座谈会，请大家围绕以下主题讲述发生在他们身边的人和事。

1) 你认为对企业发展最重要的事情是什么？
2) 你最难忘的事情是什么？
3) 你最受感动的一件事是什么？
4) 你认为对企业贡献最大的三个人是谁？
5) 这些人最宝贵的精神是什么？
6) 你从他们身上得到的最大启发是什么？

会议结束后，找出重复率最高的故事，将其加工整理。

(2) 员工听故事。

再组织一次由员工组成的会议，把上面的故事加工整理后向他们讲述，然后向他们提以下问题。

1) 这个故事你听过没有？
2) 听了以后，你最深的感受是什么？
3) 哪个情节最让你感动、难忘？
4) 这个故事体现了什么精神？
5) 请用形容词来表达你的感受。

将提问的结果记录下来。

(3) 企业精神的提炼。

接下来重新将企业家和员工集合在一起，对这些故事进行研究、加工和整理，从中提炼出使用率最高的能代表故事精神的词汇。这些词最后经过加工，就成为企业精神的表述。

(4) 企业精神的解释。

最后，将体现企业精神的词重新进行解释。在尊重历史的前提下，用一个故事或者几个故事对这些企业精神进行解释。

（五）企业道德的设计

道德观念是企业干部、员工的重要意识形态。道德对行为的软约束与厂规厂纪对行为的硬约束相配合，不但可以弥补硬约束难以面面俱到的不足，而且能够使企业干部、员工的行为自觉地指向企业目标的实现，成为企业不可缺乏的道德力量。因此，完美的企业文化策划，少不了对企业道德进行科学合理的设计。

实例探析：
猴子和香蕉实验

1. 企业道德设计的原则

（1）符合中华民族的优秀传统道德。

企业道德和其他道德理念一样，都是由中华民族的传统道德衍生出来的。因此，企业道德只有符合中华民族的传统道德才能够被企业所引用和发扬。

（2）符合社会公德和家庭美德。

企业员工的大部分时间是在社会和家庭中度过的，社会公德与家庭美德会对员工产生潜移默化的影响，因此，企业道德必须符合社会公德和家庭美德的基本要求。否则，将难以与其调和而失去存在的基础。

（3）突出本行业的职业道德特性。

企业道德所要调节的主要是企业在生产经营过程中发生的社会与企业、企业与员工、员工与领导、员工与员工、员工与顾客等的关系，这些都与员工的职业道德有密切的关系，因此，企业道德规范要充分反映所在行业的职业道德要求。

2. 企业道德设计的方法与步骤

企业道德体系的设计，一般可按下述方法与步骤进行。

第一步，确认企业的行业性质、事业范围，了解本行业组织或其他企业制定的有关职业道德要求。这是设计符合企业特点的道德体系的必要前提。

第二步，考察企业的每一类具体工作岗位，分析其工作性质及职责要求，在此基础上分别提出各类岗位最主要的道德规范要求。

第三步，汇总这些岗位的道德规范，选择出现频度最高的几条作为初步方案。

第四步，根据已经制定的企业愿景、企业宗旨、企业精神，检查初步方案与已有理念是否符合、有无重复，不符合的要改正，重复的则可去掉。

第五步，在管理层和员工代表中征求意见，看看是否最能反映企业事业发展对员工道德的要求，并在反复推敲后确定。

企业伦理要求企业按照三个基本准则行事，包括关心消费者、关心环境、关心员工，如表3.2所示。塑造企业伦理的渠道如表3.3所示。

表 3.2　基本企业伦理

对象	目标	内容要求
关心消费者	消费者满意	为消费者提供使用方便
	消费者安全	安全设计、使用说明
关心环境	输出导向的环境保护	废物处理的规范
	限制有害垃圾	逐步处理项目
		过滤器具的应用
		拆装设计
	输入导向的环境保护	减少废物项目
	减少自然资源消耗	再循环
关心员工	最低劳动条件	没有折磨
		不雇佣童工
		最低安全和卫生标准
	公正的赏罚标准	明确界定工资和奖励制度

表 3.3　塑造企业伦理的渠道

角度	内容
理念引导	以德经商、诚信为本、以义取利、正直公正、敬业报国
制度规范	流程制度、督导制度、奖惩制度、考核制度、民主参与制度
行为约束	领导者行为规范、员工行为规范、服务规范、礼仪规范

3. 现代企业道德设计的内容

（1）以诚为本的市场伦理文化。[①]

长期以来，古今中外的企业在经营中都追求以诚为本。诚信被认为是企业核心竞争力的基础，是企业最内在、最基础、最本质的力量。"诚"一般指内心，指一种真实的内心态度和内在品质；"信"则涉及自己外在的言行涉及与他人的关系，重心在他人，关心自己的言行对他人的影响。社会主义市场经济伦理视域中的诚信即诚实守信，诚实就是指在生产经营活动中实事求是、表里如一；守信就是信守契约信用、不弄虚作假、投机取巧。这就要求从事经济活动的主体做到"诚以待人，信以律己"。诚信是市场经济中经济主体进行经济活动的必备品格，也是企业伦理文化的重要内容之一。

市场营销是企业的核心职能之一。企业以质量求生存，以市场求发展。现代市场营销蕴含着丰富的伦理道德关系，它以顾客为中心，以满足顾客的多种需要来实现企业目标。企业要提供能满足顾客需要的、安全的、物有所值的产品，实事求是地向顾客传递产品信息，提供热忱的销售服务，维护顾客的利益，从而提高顾客满意度，赢得信任，维持长期

[①] 林军，杨齐. 企业公民理论与我国企业管理变革［M］. 兰州：甘肃民族出版社，2009.

合作关系。

以诚为本的市场伦理文化要求企业恪守诚实、严守信用、讲究信誉。诚实守信是中华民族自古以来就倡导的为人处世的伦理规范。现代市场经济不仅是法制经济，更应该是讲信用的道德榜样。诚信是市场经济的灵魂，是企业发展的基石，是企业品格的力量；诚信是企业处理各种关系的重要准则，是企业获得良好企业形象的重要基础。因此，现代企业发展离不开诚实守信的市场伦理规范作指导，建构以诚信为核心的市场伦理文化是增强企业核心竞争力的关键所在。

(2) 以人为本的管理伦理文化。

企业的一切经济行为的目的，并不仅仅在于获取多少利润，还有更高级的目标——人的发展。正如科学发展观所揭示的，以人为本的管理才能立于不败之地。企业价值观应该吸纳科学发展观所揭示的代表人类终极目标的企业伦理关怀：人们的期望寿命、员工的受教育程度、人均收入、民主制度等。

以人为本的管理伦理文化，要求企业做到以下几点。

第一，充分开发、利用人力资源。人性化是企业人本管理伦理文化的核心。人是整个管理活动中最能动、最活跃的因素，因其特有的客观性和能动性，必然导致其知识、技能、价值倾向、思维定式等因素不仅客观存在，而且因势而变。因此，企业人本管理务必凸显人性化，以促进人自身自由、全面发展，进而提高企业效益，增强企业活力与创造力。另外，还要建立人力资源管理新观念、新机制、新体制。首先，建立有效的人才培养机制；其次，建立一支能和企业同甘共苦的基本队伍。

第二，企业领导必须转变思想，提高素质，改革管理方法。①转变把员工看作"经济人"的观念，将员工看作有精神需要的"社会人"；②转变劳动者是被管理的对象的观念，明确劳动者既是被管理者同时又是管理的参与者；③转变劳动者是机器的附属物的思想，认为劳动者是一种宝贵的资源。

(3) 以效率为核心的制度伦理文化。

企业的产生和发展离不开制度的构建，甚至可以说，企业是制度的产物，没有制度就不会有企业。企业制度伦理主要表现为企业组织管理伦理，因为任何制度都是一种管理活动。管理构成制度的核心，是制度与伦理相互连接的中介。制度与伦理是相互联系、不可分割的，制度的建立需要伦理作指导。企业制度作为企业内部人与人之间关系的契约，影响着企业制度能力的形成和发展。企业制度伦理一方面体现了企业整体思想观念、道德水平，另一方面也决定了企业内部不同部门的协调方式，进而影响企业的绩效。

这里的企业制度是指现代企业制度，主要包括企业产权制度、企业管理制度、企业组织制度。作为人们的行动依据和行为指南，企业制度一经形成便具有独特的引导、约束和规范功能。企业制度具有群体性、确定性和强制性等特征，企业制度的伦理就包含于其特性之中。

企业的特性决定企业制度建设必须以效率为目标，以效率为核心规范。效率既是一个经济学概念，也是一个重要的伦理学概念，其主要指资源的有效使用与有效配置。从经济学的角度来看,效率是一种比率,体现着经济活动的投入与产出、成本与效益关系。效率是企业管理制度发展所追求的自然法则,其具体内容是指企业以尽可能少的投入与成本产生尽可能多的效益,它也指劳动生产率的提高和单位产品生产中时间的节约。企业存在的原因就在于它能节省市场交易费用,节约企业内部管理成本,即提高效率,它的目的就是为社会创造出更大的财富,而利润只不过是社会对企业贡献的回报而已。

为应对激烈的市场竞争,企业必须提高效率,以最小的产出为社会提供最大的福利。第一,重视对员工的精神鼓励。能否充分调动员工的积极性和创造性,常常成为决定企业制度效率高低的关键问题。第二,创造一个和谐竞争的制度环境。和谐竞争有助于效率的提高,正如马克思所说:"在大多数生产劳动中,单是社会接触就会引起竞争心和特有的精力振奋,从而提高每个人的个人工作效率。"休谟也认为:"高尚的竞争是一切卓越才能的源泉。"充分利用竞争机制,变压力为动力,是提高企业制度效率的重要途径。第三,建立扁平化的企业组织形式。组织扁平化的直接效果是有效地控制了管理成本,沟通的速度明显加快。

(4) 以创新为核心的技术伦理文化。

现代科学技术的发展为人类创造了丰富的物质财富,赋予了人类前所未有的改造自然的能力。同时,也给人类社会带来了许多新的伦理问题,如生态道德、网络道德等。科学技术这把"双刃剑",被认为是导致一些日益严重的社会问题的主要原因,人们一方面期望技术能为人类带来福利,另一方面又害怕技术会最终成为人类的敌人。如空调在带来便利的同时,其制冷剂——氟利昂也给地球臭氧层带来了极大的危害。因此,作为技术创新的主要操作者,企业有责任关注伦理,用伦理智慧守护技术创新。实际上,科技是负载了伦理价值的,真正的科技是真与善的统一,而且科技是促进道德进步的主要动力。

没有伦理优势的技术能力,是无法得到公众的支持和喜爱的。技术应该是"服务于全人类,服务于世界和平、发展与进步的崇高事业,而不能危害人类自身"。企业技术创新不仅是一种探索科学的活动,也是在一定的伦理理念和规范指导下的创新活动。因此,必须建立以创新为核心的企业技术伦理规范。为此,企业应更新传统的技术伦理观念,尊重科学知识和技术人才,引进先进技术,更新传统工艺。

总之,技术是企业有效率地进行一切价值活动的基础。发展高技术,要有所为有所不为。企业的经济和科技实力是有限的,追求所有的高、精、尖技术是不现实的,应该量力而行,突出重点,有所赶有所不赶。随着全球市场竞争的日益激烈和科学技术的迅猛发展,产品研发周期日益缩短,以原有技术为基础的核心能力可能很快被弱化,所以,企业必须重视技术创新活动,本着责任意识和合作意识建立自己的核心技术伦理体系,这是企业核心能力的根基。

二、企业制度文化的策划

企业制度文化的策划是在理念文化策划的基础上,通过制度体系将企业观念固化下来,进而指导和约束企业行为和员工的个人行为。与理念文化的深奥、抽象相比,制度文化讲究的是具体、实际。企业制度在设计时应该注重与企业理念文化保持一致,两者的契合可以从以下角度入手。

第一,公司明确提出将企业理念文化作为企业制度制定的指导思想,同时在制度执行的过程中,高度体现企业理念文化,将理念的精神落到实处。

第二,依据已经确认的企业理念文化和行为准则,检查企业现行制度中有没有与理念文化相背的内容,强化与企业文化相融合的制度,修正或废弃与企业文化不相容的制度。

第三,以企业理念文化为基准,对企业制度进行经常性的检查,以适应变化和提升了的理念。通过组织和管理手段,防止刚性的制度对理念文化的侵蚀。

第四,通过必要条件,将企业理念文化的贯彻执行制度化。

企业制度文化主要包括企业领导体制、企业组织机构和企业管理制度三个方面。在此,主要介绍企业管理制度,包括企业制度和企业风俗的设计。

(一) 企业制度的设计

企业的行为常常为企业制度所规范,企业制度的制定与实施可以反映企业的行为。企业制度可以分为一般制度和特殊制度。其中,一般制度又可以划分为工作制度和责任制度。

1. 工作制度的设计

企业的工作制度应该体现行业特点、地区特点、企业特点,同时与企业现在的发展阶段相适应。各项工作制度的设计应该相互配套,形成一个完整的制度体系。工作制度是对各项工作运行的管理规定,是保证企业各项工作有序运行的重要保障。工作制度包括计划制度、人力资源管理制度、生产管理制度、服务管理制度、技术管理制度、设备管理制度、财务管理制度、销售管理制度等。每一制度下都有具体的内容,例如,人力资源管理制度又包括用人制度、分配制度、激励制度、绩效考核制度、奖惩制度、教育培训制度等。工作制度对企业的正常运行具有十分重要的作用,但由于其涉及的具体制度种类繁多,不能一一详述。

设计工作制度时,应遵循以下原则。

(1) **现代化原则**。工作制度应该与现代企业制度相适应,体现科学管理的特征,要建立规范的目标管理制度、财务管理制度、人力资源管理制度、技术管理制度、生产管理制度、购销管理制度等。对于股份公司,要建立规范的法人治理制度,包括规范的董事会制度、监事会制度和经理层制度。

(2) **个性化原则**。企业的工作制度还应有鲜明的个性。国有企业应坚持党委会制度、职代会制度。工作制度应体现行业特点、地区特点、企业特点,这样的工作制度才具有活力。

(3) **合理化原则**。企业的工作制度应该切合企业的实际,对企业现在的发展阶段而言是可行的、合理的。

(4) **一致性原则**。企业的工作制度应该相互配套,形成一个完整的制度体系。这些制度还应与企业核心价值观、管理模式、企业哲学相一致。

2. 责任制度的设计

责任制度是指关于企业内部各级组织、各类工作人员的权利及责任的制度，其目的是使每名员工、每个部门都有明确的分工和职责，使企业能够分工协作、井然有序、高效运转。责任制度包括领导干部责任制、各职能机构和人员的责任制和员工的岗位责任制等。责任制度的设计要注意正确处理权、责、利的关系，将企业的目标体系层层分解，落实到部门和个人，并以此作为考核的依据，与其奖惩挂钩，这样才能调动员工的积极性和主动性。常用的比较科学的目标分解方法就是由著名的管理学家德鲁克提出的"目标管理法"。

(1) 企业责任制度的设计原则。

第一，责任分解要科学合理、公正公平。责任制度将员工的切身利益与企业目标任务的实现紧密地联系在一起，既有利于调动员工的积极性，又能够有效增强企业内部的凝聚力。发挥这样的作用，前提在于目标、任务、指标在分解到每个单位、部门、岗位和员工时，坚持做到科学合理、公正公平。如果单位之间责任大小不同，员工之间任务多寡不一，必然造成他们之间的不平衡，结果只能是激励了少数人，伤害了多数人。

第二，注意发挥员工的主观能动性。如果一个人的所有行为都被严格地规定好，就容易限制其主观能动性，进而滋生被动、消极的观念。为防止这种情况的出现，企业在内部必须以员工民主参与为前提，制定具体的责任指标，必须通过各种渠道广泛深入地征求员工意见。这样，员工就不会产生被"管、卡、压"的感觉，而会产生贯彻执行责任制度的主动性和积极性。

第三，正确处理"包-保-核"的关系。这三方面都是企业责任制度必不可少的环节，其中"核"是关键。只有员工的责、权、利被明确规定，并有制度保证，严格考核、公正考核、奖罚兑现，考核才可以起到很好的作用。不少企业考核系统不健全，考核工作没有做到量化、标准化、程序化、制度化，考核不严、不公，结果拉不开档次，难以发挥应有的奖勤罚懒作用。

第四，正确处理责、权、利三者的关系。在责任制度中，"责"是核心和目的，"权"是确保尽责的条件，"利"是尽责的报酬。在企业执行各种责任制度的过程中，经常出现员工以"利"为中心考虑问题，甚至完全以"利"为追求的目标，这种价值观不但与责任制度的目的不符，而且会把员工的需要导向低层次。

(2) 企业责任制度的基本做法。

企业责任制度的基本做法是：按照责、权、利相结合的原则，将企业的目标体系以及保证企业目标得以实现的各项任务、措施、指标层层分解，落实到单位和个人，全部纳入"包-保-核"的体系。企业内部的责任制度，无论有多少种具体形式，都离不开包、保、核三个环节，故这三个环节又称责任制度的三要素。

1) "包"。"包"就是采取纵向层层包的办法，把各项经济指标和工作要求，依次落实到每个单位、每个部门、每个岗位、每名员工身上。"包"的指导思想是化整为零，其实质是把企业大目标分解为看得见、做得到的每名员工的个人责任指标。通过每个员工的努力，在实现责任指标的过程中实现企业目标。

邯钢1996年的钢产量只占全行业的2%，但利润却达到全行业的17%，关键就在一个"包"字。邯钢从1990年开始模拟市场核算机制，创造性地运用"成本倒推法"，将10万个指标摊到28 000名员工头上，谁要是超出成本，就将被取消占收入一半的奖金。让员工都清楚自己该干什么、自己能干什么、自己想干什么。

2）"保"。"保"就是纵向和横向互相保证，纵向指标分解后从下到上层层保证，横向把内部单位之间、岗位之间的具体协作要求，一件件落实到人。

一些企业虽然实行了目标、任务的层层分解，但在处理需要协作的事情，特别是涉及多个部门、多个岗位的复杂工作时，往往出现配合失调的现象，造成不应有的损失。因此，"保"在企业责任制度中起非常重要的纽带作用，绝非可有可无。河北衡水电机厂实行工序分解，一台电机的生产由几十道工序组成，由十几个车间负责。为防止工序脱节，该厂引入日本企业的"看板管理"，既保证各道工序有明确的生产目标，又有效地保证了不同工序之间的有机联系，使企业内部的生产责任制度成为一个和谐的责任体系。

3）"核"。"核"就是对企业内部每个单位、每个岗位的每项"包""保"责任都要进行严格考核，并与其经济利益和奖惩挂钩。"核"是责任制度的动力机制，保证"包"和"保"落到实处。如果只有"包"和"保"，而无"核"的环节，"包"和"保"都会毫无意义，整个责任制度也就沦为一纸空文。

甘肃省连城铝厂每个月对各单位和员工进行考核，对贡献突出的进行重奖，对完不成任务的从重处罚。由于"核"的环节落实，全厂扭亏为盈。

3. 特殊制度的设计

特殊制度主要是企业的非程序化制度，如员工评议干部制度、总结表彰制度、干部员工平等对话制度、员工生日、结婚、生老病死的制度等。与工作制度、责任制度相比，特殊度更能体现企业文化的精神层要素。特殊制度的设计有利于塑造鲜明的、与众不同的企业形象。不同企业在实践中形成了不同的特殊制度，要简单地概括特殊制度设计的一般原则和方法是非常困难的，因此这里选取一些有代表性的特殊制度加以介绍。

国外幽默的交通处罚

（1）员工民主评议干部制度。

员工民主评议干部制度不但在国外一些先进企业里有，而且是我国许多国有企业或国有资产占主导地位的企业共有的一项特殊制度。其具体做法是定期由员工对干部、下级对上级进行评议，将评议的结果作为衡量干部业绩、进行奖惩以及今后升降任免的重要依据。

民主评议的内容主要包括工作态度、工作能力、工作作风、工作成效等方面。根据不同企业和不同干部岗位分工的实际，评议内容可以提出更加明确具体的项目。民主评议一般采取访谈、座谈、问卷调查等形式，其中无记名的问卷形式较能准确客观地反映员工的真实看法。对于民主评议的结果，尤其是反映普遍不佳的干部，应该进行认真的分析。

干部接触最多的是下级和普通员工，对干部进行民主评议的结果往往能比较全面地反映一名干部的真实能力和表现。员工民主评议干部，是群众路线在企业管理工作中的集中体现。

(2) 干部"五必访"制度。

干部"五必访"制度在一些企业里也叫"四必访""六必访"，指企业领导和各级管理人员在节假日和员工生日、结婚、生子、生病、退休、死亡时要访问员工家庭。

(3) 员工与干部对话制度。

员工与干部之间通过对话制度加强理解、沟通感情、反映问题、交换意见、增进信任，是企业领导和各级干部与员工之间平等相待的体现，也是直接了解基层情况、改善管理的有效措施。

在不同企业中，对话制度有不同的具体表现形式，常见的有：①企业领导干部定期与员工举行座谈会的制度；②厂长（经理）接待日制度；③厂长（经理）热线电话制度。很多企业在这方面采取了一定的措施，建立了必要的制度。如，有的企业总经理在每年年底会亲自和每一位员工单独谈话一次，分别听取员工一年的工作体会和对企业工作的意见建议，并充分肯定每个人的优点，指出其不足和努力的方向。这样的交谈，缩短了员工和总经理的距离，大大增强了员工对企业的归属感，激发了员工努力上进、做好工作的内在动力。

企业在自己的核心价值观和经营管理理念的指导下，可以设计出更多、更有效的特殊制度。海尔公司的"日事日毕，日清日高"制度，也叫作"OEC 管理法"，实际上是日考核制度。这个制度确保了高质量、高效率，集中体现了海尔"追求卓越"的企业精神和"零缺欠"的质量理念，成为海尔核心竞争力的重要组成部分。

(二) 企业风俗的设计

企业风俗是企业长期相沿、约定俗成的典礼、仪式、习惯行为、节日、活动等。由于企业风俗因企业的不同而有所不同，甚至有很大的差异，因而成为区别不同企业的显著标志之一。设计培育新的企业风俗需要体现企业文化的精神内涵。例如，江苏有一家以制造文化用品为主的乡镇企业，把培养高文化品位作为企业目标，于是大力倡导和积极鼓励员工开展各种读书、书法绘画、诗歌欣赏等活动，后来逐渐形成了一年一度的中秋文化之夜的企业风俗；蒙牛集团将每年的 7 月 19 日定为学习节，将学习成果与半年工作成果总结相结合。

1. 企业风俗的影响因素

进行企业风俗的设计，需要了解企业风俗的影响因素。企业风俗在萌芽和形成的过程中，受到来自企业内外的复杂因素影响。这些因素对不同企业风俗的影响角度不一样，但都不同程度地发挥着各自特有的作用。

(1) 民俗因素。

民俗因素是指企业所在地民间的风俗、习惯、传统等，它们在当地群众中具有广泛而深刻的影响。许多企业风俗来自民俗（常常要经过必要的改造），或受到民俗的启发。比如，一些北方企业有在新年到来时给办公室、车间贴窗花的风俗，显然就来自北方剪窗花的民俗。民俗有时还能够改变企业风俗，例如，企业从一个地方搬迁到另一个地方，就可能改变一些企业风俗以适应新地方的民俗。

(2) 组织因素。

企业风俗一般仅限于一家企业内，参与者又几乎以本企业员工为主，因此企业或企业上级组织对企业风俗有决定性的影响。组织因素可以促使一个新的企业风俗形成，也可以促使其改变，甚至促使其消亡。许多企业风俗是在组织因素的作用下长期坚持而逐渐巩固，并最终形成的。组织因素对企业风俗的影响，主要是企业理念的主导作用，有时也辅以行政力量的调控作用。例如，政府部门组织下属企业进行劳动技能比武，后来逐渐成为不少国有企业的一项风俗。

(3) 个人因素。

企业领导者、模范人物、员工非正式团体的"领袖"等人物，由于在企业生活中具有特殊的地位，他们的个人意识、习惯、爱好、情趣、态度常常对企业风俗有较大的影响。个人因素中，企业领导者的影响尤为显著，领导者的提倡、支持或积极参与可以促进企业风俗的形成和发展，领导者的反对或阻止可能导致企业风俗的消失，领导者的干预则可以使企业风俗改变。因此，企业领导者不应忽视企业风俗，要在企业中倡导良好风俗、改变不良风俗，并努力把企业理念渗透到其中。

2. 企业风俗设计的基本要求

无论是何种表现形式，优良的企业风俗都应该具有一些共同的特点。具备这些共同之处是企业风俗设计的基本要求。

一是体现企业文化的理念层内涵。企业文化理念层是制度层、行为层的灵魂，符合企业最高目标、企业精神、企业宗旨、企业作风、企业道德的企业风俗往往是将比较积极的思想观念意识作为软支撑的，有助于培养员工积极向上的追求和健康高雅的情趣。

二是与企业文化制度层、行为层要素和谐一致。企业风俗是联系企业理念和员工意识、观念、行为习惯的桥梁，它和企业各种成文的制度一样，对员工起一定的约束、规范、引导作用。这就要求企业风俗和企业的各项责任制度、工作制度、特殊制度保持一致，互为补充，互相强化，以更大的合力为塑造良好企业形象发挥作用。

三是与企业文化物质层相适应。无论是企业风俗形式还是风俗活动，都必须建立在一定的物质基础之上。而企业文化物质层无疑是企业风俗最基本的物质基础，对企业风俗的形成和发展具有很大的影响。

3. 企业风俗的培育原则

(1) 循序渐进原则。

在根据精心设计出的目标模式培育企业风俗的过程中，企业可以通过各种渠道对企业风俗的形成产生外加的巨大牵引和推动作用，但这种作用必须在尊重企业风俗形成的内在规律的前提下发挥。倘若揠苗助长，则必然"欲速则不达"，甚至给企业带来不必要的损失。

(2) 方向性原则。

企业风俗的形成是一个较长期的过程，需要时间的积累，而在这个过程中，企业风俗不断受到来自企业内外的各种积极的和消极的因素影响。这一特点决定了企业应该在风俗的形成过程中加强监督和引导，使之沿着企业所预期的目标、方向发展。

(3) 间接引导原则。

企业风俗的形成，主要靠人们的习惯偏好等维持，因此企业管理者和管理部门在培育企业风俗的过程中要发挥非正式组织的作用，宜宏观调控而不宜直接干预。

(4) 适度原则。

企业风俗固然对塑造企业形象和改变员工思想、观念、行为、习惯等具有积极的作用，但并不意味着企业风俗可以代替企业的规范管理和制度建设，更不是越多越好，必须把握好"度"。如果企业风俗太多、太滥，反而会使员工把注意力集中到企业风俗的外在形式上，以致忽视了企业风俗深层次的影响。因此，培育企业风俗要既做"加法"，也做"减法"。

4. 企业风俗的改造

一般而言，当企业领导者和管理部门感受到企业风俗的存在，认识到它的作用时，企业风俗肯定已经在企业中基本形成，甚至完全形成了。业已存在的企业风俗往往有优劣之分，同一企业风俗中也有积极面和消极面之分。同时，由于企业风俗是企业在长期发展过程中自发形成的，必有其萌芽和发展形成的主客观条件，当企业内外部环境不断变化时，企业风俗也会随之出现从内容到形式的部分甚至全部不适应。因此，有必要主动进行企业风俗的改造，促进企业文化的建设。

改造企业风俗，首要前提是对企业风俗进行科学、全面的分析。缺乏分析的改造，是盲目外加的主观意志，不但难以促使不良风俗向优良风俗转变、企业风俗的消极因素向积极因素转化，而且可能适得其反。对现有企业风俗的分析，应坚持三个结合：结合企业风俗形成历史，正确地把握企业风俗的发展趋势和未来走向；结合企业发展需要，不仅要考虑企业的现实需要，还要结合企业的长远需要；结合社会环境，从社会的宏观高度来考察和认识企业风俗的社会价值和积极的社会意义。

改造企业风俗，关键在于保持和强化优良企业风俗及其积极因素，改造不良风俗及其消极因素。根据企业风俗中积极因素和消极因素构成的不同，改造企业风俗主要有四种方法。

(1) 扬长避短法。采取积极的态度影响和引导企业风俗扬长避短、不断完善。这种方法一般用于巩固和发展内外在统一、基本属于优良范围的企业风俗。

(2) 立竿见影法。运用企业正式组织力量对企业风俗进行强制性的干预，使之在短期内按照企业所预期的目标转化。这种方法一般用于对内在观念有积极作用，但外在形式有缺乏或不足的企业风俗。

（3）潜移默化法。在企业正式组织的倡导和舆论影响下，通过非正式组织的渠道对企业风俗进行渗透式的作用，经过一段较长的时间逐步达到企业预期的目标。这种方法一般用于外在形式完善、内在观念意识不够积极但尚不致对企业发展产生明显阻碍或不良作用的企业风俗。

（4）脱胎换骨法。运用企业的正式组织和非正式组织共同的力量，对企业风俗从外在形式到内在观念都进行彻底的改变或使之消除。这是对待给企业发展造成明显阻碍的、落后的恶劣习俗所必须采取的方法。

三、企业行为文化的策划

行为文化策划的主要内容是员工行为规范的设计。行为规范指企业对各级领导者、管理人员和各类员工的言行举止提出的基本要求和具体规范。行为规范一般反映企业理念对企业成员个体的外在要求，越具体越容易执行。通过行为规范的有效执行，可以促进企业成员对企业理念的认同。企业理念的"内化于心"，往往通过"外化于行"来体现和强化。

山东某集团企业文化行为篇

员工行为规范是企业有意识地提出的员工在企业共同工作中应遵守的行为和习惯的标准。员工行为规范的强制性弱于企业制度，但是带有明显的导向性和约束力。员工行为规范的倡导和推行，可以形成员工的自觉意识，使员工的行为举止和工作习惯朝着企业所期望的方向转化。

（一）员工行为规范设计的原则

1. 一致性原则

员工行为规范要与企业理念保持高度一致并充分反映企业理念；员工行为规范要与企业已有的各项规章制度保持一致，对员工行为的具体要求不能与企业制度相抵触；员工行为规范自身的各项要求应该和谐一致，不要自相矛盾。一致性是员工行为规范存在价值的根本体现，这样的规范性要求容易被员工认同和自觉遵守，有利于形成企业文化合力，塑造和谐统一的企业形象。

2. 针对性原则

针对性原则是指员工行为规范的各项内容及其要求的程度要从企业实际，特别是员工的行为实际出发，以便对良好的行为习惯产生激励和正强化作用，对不良的行为习惯产生约束作用和进行负强化，使执行员工行为规范的结果达到企业预期的目的。没有针对性、"放之四海而皆准"的员工行为规范，即便能够对员工的行为产生一定的约束力，也必然很空泛，而且对于塑造特色鲜明的企业行为形象几乎没有作用。

3. 合理性原则

员工行为规范的每一条款都必须符合国家法律、社会公德，即其存在既要合情，也要合理。坚持合理性原则，就是要对规范的内容进行认真审视，尽量避免那些看起来很重要但不合常理的要求。

4. 普遍性原则

上至董事长、总经理,下至一线工人,无一例外都是企业的员工。员工行为规范的适用对象不但包括普通员工,而且包括各级干部,当然也包括最高领导,其适用范围应该具有最大的普遍性。

5. 可操作性原则

行为规范要便于全体员工遵守和对照执行,其规定应力求详细具体。如果不注意坚持这一原则,规范要求中含有不少空洞的、泛泛的提倡或原则,甚至是口号,不仅无法遵照执行或者在执行过程中走样,而且会影响整个规范的严肃性,最终导致整个规范成为一纸空文。

6. 简洁性原则

尽管对员工行为习惯的要求很多,可以列入规范的内容也很多,但每一个企业在制定员工行为规范时都不应该面面俱到,而要选择最主要的、最有针对性的内容,做到整个规范特点鲜明、文字简洁,便于员工学习、理解和对照执行。如果一味追求"大而全",连篇累牍,洋洋洒洒,反而不具有实用价值。同时,在拟定的时候,也要用尽可能简短的语言来表达。

(二)员工行为规范的主要内容

根据企业运行的基本规律并参考很多企业的实际,无论是什么类型的企业,从岗位纪律、工作程序、待人接物、环卫与安全、仪容仪表、素质与修养等方面来对员工提出要求,大概都是必不可少的。

1. 岗位纪律

这里所讲的岗位纪律一般是员工个体在工作中必须遵守的一些共性的要求,其目的是保证每个工作岗位的正常进行。岗位纪律一般包括以下内容。

(1)作息制度。

作息制度即上、下班的时间规定和要求。一般要求员工不得迟到、早退和中途溜号,这是企业最基本的纪律。有的企业作风涣散,往往就是没有严格的作息制度,或不能严格执行作息制度造成的。

(2)请销假制度。

请销假制度是根据国家规定,对病假、事假、旷工等进行区分,并就请假、销假做出规定,以及对法定节假日进行说明。如果缺乏这些要求,个别员工可能会钻空子,从而影响整个企业制度的严肃性。

(3)保密制度。

每个企业都有属于自己的技术、工艺、商业、人事、财务等方面的企业秘密,保守这些企业秘密是企业的一项重要纪律,绝大多数企业对此有严格的规定。此外,一些高新技

（4）工作状态要求。

工作状态要求是对员工在岗位工作中的规定，除肯定的提法，如"工作认真""以良好精神状态投入工作"等之外，一般用"不准""严禁"的否定形式来进行具体要求，如"不准聊天""不准看与工作无关的书报杂志""不准用计算机玩游戏""不准打私人电话"等。

（5）特殊纪律。

特殊纪律是根据企业特殊情况制定的有关纪律。例如，某家企业率先在员工行为规范里写入"工作日中午严禁喝酒"的规定。

纪律是胜利的保证，严格合理的工作纪律是企业在严酷的市场竞争中不断取胜、发展壮大的根本保证。

2. 工作程序

工作程序部分是对员工与他人协调工作的程序性的行为规定，包括与上级、同事和下属的协同和配合的具体要求。合理的工作程序有利于把一个个独立的工作岗位进行整合，使企业成为和谐团结的统一体，保证企业内部高效有序地运转。工作程序一般又分为以下几个部分。

（1）接受上级命令。

做一名合格的员工，首先应从正确接受上级指令开始。如果不能正确领会上级意图，就无法很好地加以执行。

（2）执行上级命令。

这部分主要是要求员工迅速、准确、高效地加以执行，发现问题或出现困难时积极应对，执行结束后以口头或书面形式向上级复命。

（3）独立工作。

对员工独立承担的工作（包括岗位日常工作程序、出差等），一般要做出"按企业有关制度进行"或其他程序性的规定，以保证每一名员工的工作都能成为企业总体工作的有机组成部分，为总体的成绩作出贡献。

（4）召集和参加会议。

企业内部的会议是沟通信息、协调利益、取得一致意见的重要形式，是企业工作的一个有机组成部分。对于召集会议，事先通知、明确议题是非常重要的；对于参加会议，做好准备、按时出席、不到须请假等也是最基本的要求。

（5）和同事配合工作。

企业中的许多工作需要不同岗位的多名员工配合完成，对这方面也应提出一些具体要求，以保证在共同工作中各司其职、各显其能，发挥"1+1>2"的作用。

（6）尊重与沟通。

尊重是凝聚力的基础，沟通是凝聚力的保证。许多工作中出现的矛盾和冲突，主要是尊重和沟通方面存在问题。这方面的要求是建立高效有序的工作秩序的基本保证，特别是在一些科技含量较高的企业，更应强调尊重与沟通的必要性。

(7) 报告的要求。

书面或口头报告有关情况是企业信息沟通、正常运转的重要途径，有些企业也因此把怎样进行报告以规范的形式加以明确。

3. 待人接物

由于现代企业越来越多地受外部环境的影响，企业对外交往活动的频率、形式和内容都有较大的增加，对员工待人接物方面的规范性要求不仅是塑造企业形象的需要，也是培养高素质员工的必要途径。待人接物规范涉及的内容比较复杂，主要包括基本礼节、礼貌用语、电话礼仪、接待客人、登门拜访等方面。

(1) 基本礼节。

待人接物的基本礼节包括坐、立、行的姿态及表情、手势、握手等。于细微处见精神，员工在这些细节方面的表现，将在很大程度上影响外界对企业的看法。

(2) 礼貌用语。

文明首先是语言文明。语言美是待人接物最起码的要求。在一个文明的企业里，"您""请""谢谢""对不起""没关系"等应该成为员工最习惯的用语，而脏话、粗话应该是被禁止使用的；在一些正式场合，连口头禅、俗语等都是被禁用的。

(3) 电话礼仪。

电话是现代企业与外部沟通的一个重要渠道和形象展示的窗口，电话礼仪因此成为员工待人接物需要十分注意的一个方面。

(4) 接待客人。

这里的客人包括客户、关系单位人员、一般来访者。尽管其来意不同、对企业的重要性不同，但接待的要求应该是一致的，首先是要热情、礼貌，一些企业还根据实际作出了其他许多具体的规定。

(5) 登门拜访。

企业为了推销产品、售后服务、争取资源、协调关系，需要登门拜访。登门拜访的对象可能涉及用户、潜在用户和政府、社区等重要关系者，是待人接物的重点之一。登门拜访的要点，第一是要提前预约，避免成为不速之客；第二是要有充分的准备，以保证在有限的时间内达到拜访的目的。根据不同目的，企业可以对此有不同的规定。

4. 环卫与安全

企业在环境保护方面对员工提出一定的要求，不仅有利于维护企业良好的生产、生活环境，而且有助于塑造良好的企业视觉形象。比如，有些企业提出"饭后将餐具送回厨房，自己清洁垃圾"。另外，帮助员工树立安全意识是员工行为规范应该包括的内容。针对不同企业的情况，安全规范有很大差别。例如，交通、运输、旅游等行业一般提出安全行车要求，而化工企业则对有害化学物品的管理和有关操作程序有严格规定，电力行业则对电工操作、电气安全有相应规定。

5. 仪容仪表

仪容仪表是指对员工个人和群体外在形象方面的要求，它可再具体分为服装、发型、化妆、配饰等方面。把对仪容仪表的要求列入行为规范，有必要的理由。

（1）安全需要。根据法规政策要求对员工实行劳动保护。

（2）质量需要。制药业、食品加工业、餐饮业等行业为了保证药品、食品卫生，要求员工穿工作服、戴卫生口罩；而微电子、精密仪器等行业则为了保证产品的精度，对工作环境（包括着装）有严格的规定。

（3）企业形象需要。每一名员工都代表着企业形象，而员工形象最容易感受到的就是员工的外在形象。第一印象是非常重要的，而仪容仪表正是一个人留给他人最初的印象，仪容仪表方面统一规范为的是树立具有特色的企业形象，增强企业的凝聚力。

从实际来看，新员工在企业的成长变化是一个从"形似"（符合外在要求）到"神似"（具备内在品质）的过程。而要把一名员工培养成企业群体的一员，最基础、最易达到的要求就是仪容仪表方面的规范。因此，从企业形象的角度看，仪容仪表的规定往往被企业作为员工行为规范内容的第一部分。

6. 素质与修养

提高员工的技术水平、工作能力和全面素质是企业的重要目标之一。企业除了采取培训班、研修班、讲座、进修等措施，建立必要的培训制度之外，还必须激发广大员工内在的学习提高的积极性。因此，许多有远见的企业在员工提高自身素质与修养方面做了相应的规定，并将其纳入员工行为规范之中。对员工在这方面的要求，参加学习培训容易明确具体，其他要求则相对"虚"一些，应根据企业发展目标和员工实际素质作出合理的规定。

四、企业物质文化的策划

借鉴企业识别系统（CIS）中的视觉识别系统（VIS）思想，企业物质文化系统主要包括两大类要素：一是基本要素，包括企业名称、企业标志、企业标准字和企业标准色等；二是应用要素，即基本要素经规范组合后，在企业各个领域中的展开运用，比如，办公用品、建筑环境、交通工具、服装服饰、广告宣传、产品包装、展示陈列、印刷出版物等。

（一）基本要素的设计

基本要素的设计应遵循如下原则：突出企业的个性、持久性、艺术性。例如，日本索尼公司原名为"东京通讯工业公司"，后来改名"索尼"（SONY），"索尼"的含义是"快乐的男孩"，寓意是"成长"。这个名称字母较少，读音顺耳，成为企业名称设计的经典。

企业基本标识包括企业名称、企业标志、企业标准字、企业标准色四要素，是企业文化最集中的外在符号。本部分重点介绍物质文化中的这四个基本要素。

1. 企业名称

企业名称是构成企业身份的基本元素,是企业外观形象的重要组成部分。在设计企业名称时,可考虑以下三方面的因素。

第一,企业所在行业的特点,比如快递公司有圆通、中通、韵达、顺丰等。

第二,企业所生产的产品特点,比如德利斯、完美等。

第三,企业应有的独特个性,比如老干妈、康师傅等。

另外,市场竞争的国际化使企业在参与国际竞争时必须考虑名称的国际性。例如,联想公司最初成立的时候,名称为"中国科学院技术研究所新技术发展公司"。1985 年,随着第一款具有联想功能的汉卡产品"联想式汉卡"推出,联想品牌由此诞生;1988 年香港联想开业,采用英文名称 Legend,"联想"第一次成为公司名称。但 Legend 在海外市场被注册得太多,经过多方研究,名称最后落在了一个创造的单词 Lenovo 上。Lenovo 由 Le 和 novo 组成:"Le" 取 Legend 的字头,"novo" 在拉丁语中则意为"创新"。

企业名称是一个企业区别于其他企业的文字符号,<u>构成企业名称的四项基本要素是行政区划、字号、行业或经营特点、组织形式。其中,字号是区别不同企业的主要标志</u>。

(1) 行政区划是指企业所在地县以上行政区划的名称。企业名称中的行政区划名称可以省略"省""市""县"等字,但省略后可能造成误认的除外。县以上的市辖区行政区划名称应与市行政区划名称联用,不宜单独冠用市辖区行政区划名称。除符合《企业名称登记管理规定》特别条款外,行政区划名称应置于企业名称的最前面。

(2) 字号是构成企业名称的核心要素,应由两个以上的汉字组成。企业名称中的字号是某一企业区别于其他企业或社会组织的主要标志。除符合《企业名称登记管理规定》特别条款外,字号应置于行政区划之后,行业或经营特点之前。驰名字号是指在一定的时间和空间范围内,在某一行业或多个行业中为人们所熟知的企业字号。企业有自主选择企业名称字号的权利,但所起字号不能与国家法律、法规相悖,不能在客观上使公众产生误解和误认。另外,企业名称字号一般不得使用行业字词。

(3) 行业或经营特点应当具体反映企业的业务范围、方式或特点。确定行业或经营特点字词,可以依照国家行业分类标准划分的类别使用一个具体的行业名称,也可以使用概括性字词,但不能明示或暗示有超越其经营范围的业务。企业经营业务跨国民经济行业分类大类的,可以选择一个大类名称或使用概括性语言在名称中表述企业所从事的行业。企业应根据自身的业务情况,选择行业或经营特点字词,注意避免脱离自身实际业务情况而盲目追求"大名称"。

(4) 组织形式,即企业名称中反映企业组成结构、责任形式的字词,如公司、厂、中心、店、堂等。我国企业在组织形式的称谓上,概括起来可分为两大类。一是公司类。依照《公司法》设立的公司,其名称必须标明"有限责任公司"(亦可简称为"有限公司")或"股份有限公司"字词。另一类是一般企业类。依照《中华人民共和国企业法

> 企业文化

人登记管理条例》(简称《企业法人登记管理条例》)设立的企业,其名称中的组织形式称谓纷繁多样,如"中心""店""场""城"等等。

2. 企业标志

在企业视觉识别系统中,标志是核心要素。企业标志是指那些造型单纯、意义明确的统一、标准的视觉符号,一般是企业的文字名称、图案记号或两者相结合的一种设计。企业标志能够将企业的经营理念、经营内容、产品特性等要素传递给社会公众,在整个物质文化系统设计中具有重要意义。一个设计杰出的、符合企业理念的标志,会增加企业的信赖感和权威感,在社会大众的心目中,它就是一个企业或品牌的代表。

实例探析:赣粤高速的企业标志

企业标志就其构成而言,可分为图形标志、文字标志和复合标志三种。

(1)图形标志。图形标志是以富于想象或相联系的事物来象征企业的经营理念、经营内容,借比喻或暗示的方法创造出富于联想、包含寓意的艺术形象。德国一家人寿保险公司的标志很有表现力——用手小心呵护烛火为图案,取意人到晚年似风烛残年,生活保障十分重要,该标志将保险的优点表现得富有情意。图形标志设计还可用明显的感性形象来直接反映标志的内涵。

(2)文字标志。文字标志是以含有象征意义的文字造型为基点,对其进行变形或抽象地改造,使之图案化。拉丁字母标志可用企业名称的缩写。例如,麦当劳黄色的"M"字形标志醒目而独特。汉字的标志设计则多是充分发挥书法给人的意象美及组织结构美,可利用美术字、篆、隶、楷等字体,根据字面结构进行加工变形,但要注意字形的可辨性,并力求清晰、美观。

(3)复合标志。复合标志指综合运用文字和图案因素设计的标志,有图文并茂的效果。

从上述不同方向进行设计,可产生不同个性和形象特征的标志。一般而言,对于规模较大、市场占有率较高的企业,较适合采用文字标志,若是企业名称和品牌知名度不太高,则通过图形标志能增加标志的识别性和亲切感,较易被认同。

企业标志的设计应该兼具企业文化内涵和艺术欣赏价值。企业标志是非语言性的第一人称,有时比语言性的传递手段更迅速、更有力、更准确,而且世界通用。曾为百事可乐作形象策划的丹尼埃·威松说:"标志能表现企业性格。"在标志的设计中应注意以下问题。

第一,简洁鲜明,富有感染力。无论是用什么方法设计的标志,都应力求形体简洁。形象明朗,引人注目,而且易于识别、理解和记忆。

第二,造型优美,符合美学原理。这是一个成功标志不可缺少的条件。造型美是标志的艺术特色,设计时应把握一个"美"字,使符号的形式符合人类对美的共同感知;点、线、面、体四大类标志设计的造型要素,在符合形式规律的运用中,能构成独立于各种具体事物的结构的美感。

第三，风格独特，被公众熟知和信任。 标志的设计要具备独特的风格，将企业独特的个性传递给受众，要巧妙地赋之以寓意；不仅要具有强烈的视觉冲击力，而且要表达出独特的个性和时代感。要想标志被公众认可就必须长期宣传，广泛使用，因此，稳定性、一贯性是必需的，但随着时代的变迁或企业自身的变革与发展，标志所反映的内容或风格有可能落后于时代，因此在保持相对稳定性的同时，也应具有时代精神，做必要的调整。美国宝洁公司的标志经多次修订，才成为现在的由星星、月神构成的圆形图案。可口可乐公司在70年代在标准字下添加了一条白色波浪线，成为新标志的点睛之笔，和谐而更富激情。

第四，具有通用性。 在各应用项目中，标志运用最频繁，它的通用性便不可忽视。标志除适应商品包装、装潢外，还要适宜电视传播、霓虹灯装饰、建筑物、交通工具等，以及各种工艺制作及有关材料，包括各种压印、模印、丝网印和彩印等，在任何使用条件下确保清晰、可辨。因此，标志必须广泛地适应各种媒体、各种材料及各种用品的制作。

在标志中有特殊的一类：商标。它是商品的标志，是生产者或经营者为使自己提供的商品和劳务具有明显特征，并能够区别商品来源而使用的识别符号，是产品质量的象征和企业信誉的重要代表。商标与企业标志一样都以符号、图案、颜色、字体及其组合表示。商标的法律色彩浓，只有经过法律程序注册登记的商标才有专门使用权，并受法律保护。**商标与企业标志可以截然不同、部分相同或完全一致。** 除了符合企业标志的设计特点外，商标设计还有其他特殊要求：商标设计必须符合商标注册法规，如不能使用直接表现商品质量、主要原料、功能、用途、重量等特点的文字作为商标，不能使用与其他已注册商标相同或近似的商标，不能使用与国家及国际组织的名称、旗帜、徽记、标志相同或近似的文字或图案等。此外，当商标和企业标志不同时，其设计风格应与企业标志相对应。

3. 企业标准字

标准字是指经过设计，用以表现企业名称或品牌的字体。标准字与企业标志联系在一起，具有明确的说明性。标准字应传播明确的信息，说明的内容要简单易读，才能符合现代企业讲究速度、效率的精神，具有视觉传达的瞬间效果。

企业标准字是指将企业形象或有关称谓整理、组合成一个群体字体，通过文字可读性、说明性等明确化特征，塑造企业独特风格，以达到企业识别的目的。标准字的设计应遵循以下三个原则。

(1) **易辨性。** 标准字要易于辨认，不能造成信息传达障碍。易于辨识的标准字体要符合以下三点：一是要选用公众看得懂的字体；二是要避免与其他企业、其他品牌相似或雷同；三是字体的结构要清楚、线条要明晰，无论放大还是缩小都能清楚。

(2) **艺术性。** 企业标准字应具有创新感、亲切感和美感。只有比例适当、结构合理、线条美观的文字，才能让人感到舒服。在标准字上添加具有象征、暗示、呼应的因素，可使标准字显出不同的意境。

(3) **传达性。** 标准字是企业理念的载体，也是企业理念的外化，因此，标准字的设计要能够在一定程度上传达企业的理念，而不能把设计作为孤立的事件，单纯追求形式上的东西。欧米茄手表一般把"Ω"和"OMEGA"放在一起，让消费者将"Ω"这个图形标志和"OMEGA"联系在一起，更好地起到宣传效果。

标准字体的设计可分为书法标准字体、装饰标准字体和英文标准字体的设计。书法是我国具有几千年历史的汉字表现艺术的主要形式，既有艺术性，又有实用性。目前，我国一些企业用政坛要人、社会名流及书法家的题字作为企业名称或品牌标准字体，比如中国国际航空公司、健力宝等。有些设计师尝试设计书法字体作为品牌名称，有特定的视觉效果，活泼、新颖，画面富有变化。但是，书法字体也会给视觉系统设计带来一定困难，首先是与商标图案相配的协调性问题，其次是是否便于迅速识别。

标准字是 CIS 的基本要素之一，其设计成功与否至关重要。当企业品牌确定后，在着手进行标准字体设计之前，应先实施调查工作，调查要点包括：①是否符合行业、产品的形象；②是否具有创新的风格、独特的形象；③是否能为商品购买者所喜好；④是否能表现企业的发展性与值得依赖感；⑤对字体造型要素加以分析。将调查资料加以整理分析后，就可从中获得明确的设计方向。

4. 企业标准色

企业标准色是指企业指定某一特定的色彩或一组色彩系统，运用在视觉传达设计的媒体上，通过色彩的视觉刺激和心理反应，表现企业的经营理念、组织结构和经营内容等。标准色要根据企业风格、产品特点进行设计，既要鲜明地显示企业独特个性，又要与消费者心理相吻合。另外，标准色的开发应避免和各国的民族偏好冲突。

（1）企业标准色设计的着眼点。

第一，基于塑造企业形象的考虑。根据企业经营理念或产品的内容特质，选择适合表现其突出概念和关键语的色彩，尤其要以表现企业的安定性、信赖感、成长性、生产技术性、商品的优异性为前提，达到通过色彩间接地表现和塑造企业形象的目的。

第二，基于经营战略的考虑。为扩大企业之间的差异性，选择与众不同的色彩，以期达到企业识别的目的。其中，应该以使用频率最高的传播媒体或视觉符号为标准，使其充分表现这一特定的色彩，造成条件反射的效果。

第三，基于成本与技术的考虑。为了使企业的标准色能准确地再现而又方便管理，应该尽量选择理想的印刷技术、合理的分色制版方法，使之达到与标准色统一化的色彩。另外，避免选用特殊色彩，或多色印刷，以免增加不必要的制作成本。

企业管理者可从上述三个方面来择取其一，或者考虑三者之间的相互关系，选择合适的色彩。

（2）企业标准色的结构设定。

第一，单色标准色。单色标准色指企业只指定一个颜色作为企业的标准色。单色标准色具有集中、强烈的视觉效果，方便传播，容易记忆，是最常见的企业标准色形式。

第二，复合标准色。许多企业采用两种以上的色彩搭配，来追求色彩的组合效果。复合标准色不仅能增强色彩的韵律和美感，还能更好地传达企业的有关信息。

第三，多色系统标准色。一般选择一个色彩为企业的标准色，再配以多个辅助色彩。其主次或主辅关系是为了表达企业集团母子公司各自的身份和关系，或者表示企业内部各个事业部门或品牌、产品的分类。通过色彩系统化条件下的差异性，产生独特的识别特征。

企业的标准色结构，应该根据企业的文化传统、历史、形象战略、经营理念等因素来定。基本的原则应该是，突出企业风格，体现企业的性质、宗旨和经营方针；通过制造差别，展示企业的独特个性；与消费者心理相吻合；迎合国际化的潮流。

(3) 企业标准色设计的步骤。

标准色的开发设计，应该与标志、标准字的设计密切配合，将设计工作建立在企业经营理念、组织结构、目标顾客、营销策略和形象战略等基础之上。企业标准色可按以下五个步骤设计。

第一步，确定企业理念。标准色的设计要以表现企业理念为设计目标，这是标准色设计的基本指导方针。

第二步，拟定企业形象。根据企业色彩的调查分析结果及形象战略的需要，来设定与企业理念相对应的表现概念，以创造企业形象。

第三步，色彩设计。依据色彩形象尺度将企业形象的概念与色彩形象做客观、合理的表现概念的定位，以进行色彩的选择、颜色的搭配和配色调和的美感。

第四步，色彩管理。色彩设计决定之后，还需要制作用色规范和色彩传达过程的管理规范，同时，还要监督企业标准色彩的使用情况，及时处理使用中出现的问题。

第五步，反馈发展。色彩设计出成果后，还要追踪考察设计成效，将信息反馈资料作为再设计时的参考。

(4) 企业标准色设计的注意事项。

在标准色的设计阶段，由于受自身生活经验、传统习惯等因素的影响，人们会对色彩产生联想和抽象的感情，因此，标准色的选择还应注意以下几点。

第一，注意各颜色本身所含的个性特征，以使其较好地与企业的经营理念结合，避免出现较大的偏差。一般而言，红色容易让人联想到火焰、太阳、血、红旗、辣椒，包含热烈、青春、积极、革命、活力、健康的抽象感情；橙色容易让人联想到橘子、柿子、秋叶，包含快活、温情、欢喜、任性、疑惑的抽象感情；蓝色容易让人想到天空、海洋；紫色让人觉得高贵、优雅；白色让人觉得纯情；灰色让人觉得平庸等。这些联想，对于色彩的运用和诉求具有极大的影响。不同颜色有不同的寓意和心理效应，如表3.4所示。

表3.4 部分颜色的寓意和心理效应

颜色	颜色寓意	心理效应
红色	热情、激动、轰轰烈烈、容易鼓舞勇气；同时也很容易生气，情绪波动较大	往往与吉祥、好运、喜庆相联系，但又易联想到血液，有一种生命感、跳动感

续表

颜色	颜色寓意	心理效应
橙色	激情、狂热、动感,有种速度与激情的感觉;炽烈之生命,太阳也是橙色	兼有红与黄的优点,色彩柔和,使人感到温暖又有力量
蓝色	宁静、自由、清新;深蓝代表孤傲、忧郁,浅蓝色代表天真、纯洁	清澈、超脱、远离世俗;深蓝色会滋生忧郁、空虚孤独感和多愁善感
绿色	清新、健康、希望,是生命的象征;有安全、平静、舒适之感	平衡人类心境;与尚未成熟的果实的颜色一致,引起酸与苦涩的味觉
紫色	可爱、梦幻、高贵、优雅,有愉快之感	优美高雅、雍容华贵;含红的个性,又有蓝的特征,还是梦幻的代表
黑色	深沉、压迫、庄重、隐藏、神秘、无情色;在西方用于正式场合	具有包容性和侵占性,可以衬托高贵的气质,也可以流露不可征服的霸气
黄色	温暖、愉悦;黄金、财富和权力、骄傲;西方基督教以黄色为耻辱象征	温柔和娇美,温暖感;黄色关联植物的衰败,使人感到空虚、贫乏和不健康

第二,标准色的开发,应避免和各国的民族偏好冲突。在法国,人们不喜欢绿色,男孩惯穿蓝色,小女孩惯穿粉红色。法国还忌讳绿色的地毯,因为该国在举行葬礼时有铺撒绿叶树的习俗。在荷兰,橙色、蓝色十分受欢迎,特别是橙色,在节日里广泛运用。瑞士十分喜爱三原色和同类色相配,并喜欢国旗上的红色和白色。巴西认为紫色代表悲伤,茶色象征着不幸。在马来西亚,黄色为王室所用颜色,一般人不能穿用。美国人的色彩意向微妙而多趣,每一个月都有一种代表色,1月为灰色,2月为藏青色,3月为银色,4月为黄色,5月为淡紫色,6月为粉红色,7月为蔚蓝色,8月为深绿色,9月为金黄色,10月为茶色,11月为紫色,12月为红色。

(二)应用要素设计

应用要素设计是对基本要素系统在各种媒体上的应用所作出的具体而明确的规定。当企业名称、企业标志、企业标准字、企业标准色等被确定后,就要从事这些要素的精细化作业,开发各应用项目。当各种视觉设计要素在各应用项目上的组合关系确定后,就应严格地固定下来,以期达到通过同一性、系统化来加强视觉诉求力的效果。最基本的做法是将企业名称、企业标志、企业标准字、企业标准色等组成不同的单元,以配合各种不同的应用项目。应用要素的设计举例简述如下。

1. 办公用品

办公用品的设计制作应充分体现统一性和规范化,表现企业的精神。其设计方案应严格规定办公用品形式排列顺序,以标志图形安排、文字格式、色彩套数及所有尺寸为依据,形成办公用品的严肃、完整、精确和统一规范的格式,给人一种全新的感受并表现出企业的风格,同时也展示出现代办公的高度集中化和现代企业文化向各领域渗透传播的攻势。办公用品包括信封、信纸、便笺、名片、徽章、工作证、文件夹、介绍信、备忘录、资料袋、公文表格等。

2. 建筑环境

建筑环境包括外部建筑环境和内部建筑环境。

企业建筑物的风格代表了企业的经营风格，使公众能清楚地了解企业的性质、特征和形象，以及深刻的文化内涵。建筑环境设计是企业形象在公共场合的视觉再现，是一种公开化、有特色的群体设计和标志着企业面貌特征的系统。在设计上，借助企业周围的环境，突出和强调企业识别标志，并贯彻于周围环境当中，充分体现企业形象统一的标准化、正规化和企业形象的坚定性，以便获得观者好感。企业外部建筑环境主要包括建筑造型、旗帜、门面、招牌、公共标识牌、路标指示牌、广告塔等。

企业的内部建筑环境是指企业的办公室、销售大厅、会议室、休息室、生产车间等内部环境。把企业识别标志贯彻于企业室内环境之中，从根本上塑造、渲染、传播企业识别形象，并充分体现企业形象的统一性。企业内部建筑环境主要包括企业内部各部门标示、企业形象牌、吊旗、吊牌、POP广告、货架标牌等。

3. 交通工具

交通工具是一种具有流动性、公开化的企业形象传播方式，其流动能给人瞬间的记忆，有意无意地建立起企业的形象。设计时应具体考虑它们的移动和快速流动的特点，要运用标准字和标准色来统一各种交通工具外观的设计效果。企业标志和字体应醒目，色彩要强烈，以引起人们注意，并最大限度地发挥其流动广告的视觉效果。交通工具主要包括轿车、中巴、大巴、货车、工具车等。

4. 服装服饰

着统一设计的整洁高雅的服装服饰，可以提高企业员工对企业的归属感、荣誉感和主人翁意识，改变员工的精神面貌，促进工作效率的提高，并导致员工纪律的严明和对企业的责任心。设计时应严格区分工作范围、性质和特点，使着装符合不同岗位的要求。服装服饰主要有经理制服、管理人员制服、员工制服、礼仪制服、文化衫、领带、工作帽、胸卡等。

5. 广告宣传

企业选择各种不同媒体的广告形式对外宣传，是一种长远、整体、宣传性极强的传播方式，可在短期内以最快的速度在最广泛的范围中将企业信息传达出去，是现代企业传达信息的主要手段。广告主要有电视广告、报纸广告、杂志广告、路牌广告、招贴广告等。

6. 产品包装

在产品包装上，应将企业标志置于统一的固定位置，用统一的背景或统一的构图予以衬托。企业标准字应当成为包装的中心，标准色应该成为包装的主色调，包装图案应便于理解。在商品极其丰富的今天，消费者对每个产品的关注时间非常短，产品包装必须在消费者从货架扫过的瞬间抓住消费者的眼球。包装只有能够综合利用颜色、造型、材料等元素，同时表现出产品、品牌等企业的内涵和信息，突出产品与消费者的利益共同点，对消费者形成较直观的冲击，才能加深消费者对产品和企业的印象，有效地达到吸引消费者的目的。

7. 陈列展示

陈列展示是企业营销活动中运用广告媒体，以突出企业形象并对企业产品或销售方式进行传播的活动。在设计时要突出陈列展示的整体感、顺序感和新颖感，以表现出企业的精神风貌。陈列展示主要包括橱窗展示、展览展示、货架商品展示、陈列商品展示等。

8. 印刷出版物

企业的印刷出版物品代表着企业的形象，直接与企业的关联者和社会大众见面。在设计时为取得良好的视觉效果，充分体现统一性和规范化，表现企业的精神，编排要一致，有固定印刷字体和排版格式，并将企业标志和标准字置于某一特定的位置，造成一种统一的视觉形象来强化公众的印象。印刷出版物主要包括企业简介、商品说明书、产品简介、企业简报、年历等。

第四节 企业文化的个性化设计

企业文化的生命力源于鲜明的个性。在企业文化建设中要处理好共性与个性之间的关系，最重要的是充分打造企业文化的个性。举凡国内外成功的企业，莫不把塑造特色鲜明的企业文化放在非常重要的地位。企业文化的最大特点是能够体现一个企业的文化个性，没有个性也就谈不上企业文化了。在企业文化的策划过程中，最主要的是所设计的企业文化符合企业的实际，体现企业的鲜明个性，可从以下三个方面着手。

一、突出企业文化的民族性

企业文化根植于民族文化的土壤中，企业价值观、行为准则无不刻有民族文化的烙印。从与世界其他国家的企业文化对比中可以看到，民族文化的性质在很大程度上决定和影响着企业文化的特征。例如，日本的大和民族文化所派生的日本企业文化，着眼点放在运用职工的"集体智慧"，力求"协调""合作"，并格外强调职工对企业、企业对社会、领导对下属的责任感，因而就有了"和亲一致、顺应同化、感恩报德、产业报国、奋力向上、献身组织"的特色。而在英美这些带有浓厚个人英雄主义色彩的国家，则强调企业经营者的素质和能力，强调个人创新，所以"发展个性、鼓励竞争、争创第一、走向国际"构成了其企业文化的特点。上述两种不同类型的企业文化，无疑是受民族文化的影响，是东西方企业面临的不同社会环境和职工思想意识的深刻作用所致。

实例探析：
红豆文化之根

所以，中国的企业要发展企业文化，必须坚持中华民族文化的独特性。鉴于日本传统文化与中国传统文化有极其深厚的历史渊源，我国的一些企业试图套用日本企业文化的模式，以传统的价值观为核心，对中国传统文化中某些与现代市场经济客观要求相矛盾的价值观念和道德标准进行更新和改造，借此创建中国特色的企业文化，以达到企业经济成功和民族经济腾飞的目的，事实上却起不到应有的作用。那么，怎样才能创造出中国特色的企业文化呢？首先还是不能离开中国几千年来遗留下来的传统民族文化，因为只有民族的，才是特色的；其次，对于中国传统民族文化要加以批判性利用，取其精华，去其糟粕。同时，对日本、美国等国企业文化的成熟经验也要吸取。只有这样，我们的企业文化才是真正具有中国特色的。我们建立企业文化应着重突出职工的主人翁地位、企业对国家对民族的义务、企业对社会的责任感，尊重知识、尊重人才，企业经营者与员工同呼吸共命运等内容。

马克思主义认为："人们自己创造自己的历史，但他们并不是随心所欲地创造，而是在直接碰到的从过去继承下来的条件下创造。"中国企业文化建设也是这样，应该是在传统文化的基础上进行增值开发，否则企业文化就会失去存在的基础，也就没有生命力。增值开发就是对传统文化进行借鉴，去其糟粕，取其精华。我国传统文化中的民本思想、平等思想、务实思想等，都是值得增值开发的内容。中国民本思想自古以来就相当强烈，并在一定程度上制约着专制行为。社会主义企业中，劳动者是企业的主人，企业文化建设自然要以民本思想为重要的思想来源，并通过这一思想使职工群众产生强烈的主人翁意识，自觉地参与企业的民主管理。务实精神要求人们实事求是、谦虚谨慎、戒骄戒躁、刻苦努力、奋发向上，对此如能发扬光大，必将形成艰苦创业、勇于创新的企业精神。大庆"铁人精神"就是这种民族精神增值开发的结果。

二、锤炼企业文化的个性

（一）企业价值观准确概括企业文化个性

时下有相当一部分企业在确定企业价值观时，仅仅模拟其他企业文化的语言文字，提出几句口号或标语，大都是"团结""进取""拼搏""求实""开拓""创新"等的不同组合。众多的企业用差不多的词汇去描绘企业价值观，而不讲究企业的具体特点，使企业文化失去企业个性。

那么，如何确立核心价值观？通常可以通过关键小组访谈或问卷方式进行初步调查，再根据企业发展的要求进行选择。价值观可以是一两条，也可以是一系列观点。可以根据重要性，选择最具企业特色的价值观作为企业核心价值观。

（二）个性语言雕塑企业文化个性

市场上企业众多，企业成功之道往往大同小异。然而，企业是由人来创造的，没有两个企业的成长是完全一样的，企业的存在本来就是唯一的、有个性的。所以，即使与同行或其他行业的企业文化有相似的地方，企业文化的个性也可以通过企业的特色语言来填

企业文化

补。更像自己，是企业文化建设过程中避免雷同、彰显个性的语言标准。

（三）生动形象展现企业文化个性

在企业文化导向定位明确后，通过某些动植物的生动形象的特性表现，巧妙地与企业文化进行嫁接，企业文化的个性魅力就会以更直观的方式显现出来。例如，天鸿集团（大型房地产公司）选取"鸿"作为其文化的形象代表。"鸿"即大雁，大雁的优良习性，正好符合天鸿集团诚信文化、高绩效团队文化和制度至上文化。

> **实例探析**
>
> **美国玫琳凯化妆品公司的大黄蜂精神（渴望成功，才更有望成功）**
>
> 在自然界当中，有一种十分有趣的动物，叫作大黄蜂。依照生物学的理论来说，大黄蜂的身躯十分笨重，翅膀出奇地短小，是绝对不可能飞起来的。物理学家的论调是，大黄蜂身体与翅膀比例的这种设计，从流体力学的观点来看，同样是绝对不可能飞行的。总而言之，无论如何，大黄蜂是不可能飞起来的。可是，在大自然中，只要是正常的大黄蜂，却没有一只是不能飞的。甚至于，它飞行的速度并不比其他能飞的动物慢。
>
> 这种现象，仿佛是大自然和科学家们开的一个很大的玩笑。最后，社会行为学家找到了这个问题的答案。答案很简单：那就是每一只大黄蜂都拥有想飞的强烈愿望。大黄蜂在成熟之后就很清楚地知道，它一定要飞起来去觅食。"飞起来"是大黄蜂所渴望的"成功"，正是这一强烈的渴望成就了大黄蜂。
>
> 可见，"渴望成功"的动力作用已远远超出想象。不论是在自然界，还是在人类社会，都蕴含着变"不可能"为"可能"的巨大威力。你具备大黄蜂精神了吗？你有强烈的成功渴望吗？

三、从企业故事中提炼企业精神和企业理念

企业故事是企业文化工作者的重要研究对象，企业故事不仅具有多侧面、多层次的文化人类学内涵，而且通过对故事的诠释、提炼和升华，可以探讨出很多具有深刻哲学道理的东西。企业故事的编辑演绎过程主要包含以下三个步骤。

（一）征集故事

企业故事是企业创造的，必然蕴藏于企业中，成为企业极为重要的文化资源。面向全体企业员工征集企业故事，是开发企业文化资源的有效方法。在企业故事的演绎上，应当积极引导全体员工挖掘本企业、本人的故事，建立起有本企业特色的"企业故事库"。

（二）选择甄别

企业故事必须要有导向性。也就是说，并不是本企业发展过程中的所有人和事都可以提炼出本企业的企业精神和企业理念。本企业的特殊发展阶段、特定的社会背景和时代主

题等决定了企业故事必须具有典型性，必须体现本企业的特色。因此，在广泛征集企业故事之后，对征集到的故事作出正确的选择和甄别，是演绎企业故事必不可少的环节。企业故事选择的标准应该是：能反映出本企业员工所肩负的使命和责任感，可提炼出企业精神和企业理念。

（三）诠释提炼

通过对企业故事的诠释、提炼和升华，可以探讨出许多具有深刻哲学意味的东西，从而表现出企业精神和理念。通过将发生在企业里的人的现实经验、事迹具体化与形象化，从这些事迹或故事里明确作为该企业员工应该做什么、追求什么，不应该做什么，怎么做等，从而理解本企业文化的内涵与意义。

第五节　优秀企业文化的共性探讨

大凡优秀的企业，无论是国有企业还是私营企业，无论是位列世界 500 强的企业还是虽在 500 强之外但国际知名的企业，多建设有优秀的企业文化。分析这些企业的优秀文化可以发现，这些企业普遍具有几个共同特征。其中，最为推崇诚信、创新、以人为本、善于学习、开拓进取等价值理念，核心是诚信、创新、开拓进取理念。

一、反映社会文化，与传统文化密切相关，具有深刻的民族烙印

企业文化虽然在一定程度上取决于经营者的哲学观和文化素养，但经营者本人以及被经营企业都只是社会的一分子，无论是个人的价值观还是企业的价值取舍都只是社会文化的一个反映。另外，但凡文化总离不开传统，任何一个国家的企业文化底蕴首先来自本民族的传统文化。文化背景不同，必然导致企业的思维方式和行为方式等具有明显差异。企业文化无不奠基在深厚的文化积累之上，根植于厚重的民族文化传统之中。离开传统文化的根基，企业文化就没有了文化底蕴，不免会成为无源之水、无本之木，最终流于形式。中华民族在五千多年的历史中形成的以爱国主义为核心的团结统一、爱好和平、勤劳勇敢、自强不息的伟大民族精神，使我国的企业普遍具有拼搏进取、勇于奉献的文化特点；美国的竞争意识、创新精神同样是其国家传统文化的精髓。

对于中国这样一个具有灿烂历史的国家，传统文化对人们思维意识的影响十分巨大。北京同仁堂"同仁修德，济世养生"的企业精神，以儒家文化的核心——"仁"为核心概念。中国航空业发展最快的海南航空公司，其企业标志以"生生不息"为创意，"生

生"是佛家的本初理念。这些事例无不证明，企业文化根植于民族文化之中。另外，与民族传统文化协调和统一，也是企业文化协调属性的体现之一。

二、坚持诚信，树立形象，增强企业市场竞争力

企业形象是指企业在社会公众心目中形成的整体观念和印象。在现代社会中，美好的形象是企业无形资产的一部分，日益成为企业在竞争中求得生存和发展的重要条件。形象力是文化力中的一个重要方面，有三个必不可少的构成因子。一是企业信誉。把企业道德当作一种责任，从顾客或客户的关切点考虑企业的经营和服务，把追求经济利益和履行道德责任结合起来。二是企业美誉度，即社会对一个企业的认可程度，包括对产品质量、服务、企业经营理念的美誉等。三是市场亲和力。海尔的产品广为社会认可，其中的一个主要原因就是海尔的市场亲和力好。

为此，企业应处理好与其利益相关者的关系，从社会整体考虑企业的经营决策和市场营销策略等。一个诚信的形象，将维系顾客或客户的美誉度和忠诚度，为企业的可持续发展奠定坚实的基础。经过几千年人类文明的历练，整个人类社会关于道德的思索，对于行为正当性的判断已经高度相似和一致。

公理道德具有世界的普遍一致性。作为企业运行所必需的一种重要的新型资本形态，道德对于企业而言不是可有可无的，而是企业要在竞争中获胜所必需的除物质资本、人力资本之外的第三种资本。在经济全球化的今天，对公理道德的尊重已经构成企业生命线的一个重要部分。

经济从本质上讲是一种信用经济，而信用源于理性人的自由意志对道德的尊重，具有普遍推广的一致性和持续性，也自然是优秀企业文化的共性之一。在我国，"无商不奸"的传统经营理念占据许多私营企业领导的头脑，然而没有哪一个企业可以长期靠"奸"发展，破坏道德秩序带给企业的隐性打击，其力度绝对是毁灭性的。文化作为经济运行的最终裁判，不允许有违背道德原则的经济形态的存在，诚信经济已越来越被国际市场所认同。在《财富》100强中，55%的公司声称"诚信"是其核心价值观之王。香港富豪李嘉诚曾跻身全球十大富豪，他认为商人最重要的素质是"信"。我国私营企业平均寿命在3～5年，原因可能是多方面的，但上述观念问题不容忽视。

三、具备创新、超前意识与追求卓越、不断创新的能力

创新是企业持续发展的永恒的主题之一。只有不断地使自己的生产技术、管理方式和营销策略等适应社会发展的要求，企业才能生存下来；而只有当这些技术、管理和制度处于社会发展的前沿，企业才能成为优秀的企业。一个成功的企业应当而且必须倡导创新、鼓励创新，以改革的勇气促进和实施创新，以制度建设保障创新，努力营造一个勇于创新、大胆创新的良好环境。不断开拓创新的精神是任何求大发展的企业必备的精神，特别是进入以创新为灵魂的知识经济时代，创新思维和创新精神是一个企业不断增强竞争力、发展力而立于不败之地的动力和源泉。

任何先进的企业制度和技术都是相对的、阶段性的，要想始终保持企业的先进性，就必须具有较强的制度和技术创新能力，相应地有较强的管理创新能力与之匹配。而企业的创新能力实际上就是以鼓励创新的企业文化为基础的经营要素的外溢效应。

一个企业要在日趋激烈的市场竞争中求得生存和发展，还必须具有非凡的胆略和超前意识，具备勇于竞争、争创一流和追求卓越的强烈欲望。强烈的竞争意识、争创一流的精神是强烈危机意识的反映，它带来的是强烈的创新意识、质量意识、效益意识、发展意识等，是实现持续和超常发展的内在动力。

美国最权威的三家管理机构——兰德公司、麦肯锡公司、国际管理咨询公司的专家，通过对全球增长速度最快的 30 家企业进行跟踪研究后，在联合撰写的《关于企业增长的报告》中指出：世界 500 强胜出其他公司的根本原因就在于这些公司善于不断给它们的企业文化注入活力。正如华为总裁任正非曾经说过："资源是会枯竭的，唯有文化才会生生不息。"创新文化是企业生存意识、危机意识、发展意识的集中体现，有丰富的内涵，主要有以下五点。

（1）观念创新。观念创新是创新文化的核心和灵魂，是其他创新的先导。最主要的是要求企业树立知识价值观、竞争优势观、知识更新观等与时代发展相适应的新观念。

（2）技术创新。瞄准科技前沿，调动广大管理者、员工尤其是科技人员的积极性，持之以恒地开展技术革新，不断吸收先进的科技成果，为企业发展提供源源不断的强大动力，这是技术创新的本质要求。

（3）产品创新。"产品常新，企业常青"，是众多企业的成功之道。

（4）组织结构创新。由过去的金字塔结构逐渐向扁平结构转变，以降低经营管理费用，提高经营管理效率。

（5）决策方式创新。由传统的决策模式向现代决策模式过渡，以提高决策的科学性、可靠性，降低风险性。

四、坚持以人为本，营造良好的企业文化建设氛围

20 世纪 80 年代，美国学者提出了企业文化理论，认为员工是企业最大的财富，从而把关心人的需求、注重人才培养、全方位地提高员工的整体素质等提高到一个重要的战略地位。该理论的本质特征就是倡导以人为中心的人本管理哲学，反对见物不见人的理性管理思想。21 世纪企业的竞争是人才与科技的竞争。优秀的企业文化更注重人的因素，重点关注如何发掘员工的智能资源，坚持把以人为本的思路贯穿企业文化建设的全过程。只有这样，企业文化建设才能沿着健康的轨道发展。

以人为本的企业文化理念在管理上表现为把员工看作企业发展的关键；在决策上，重视员工民主参与；在奖励机制上，激发员工的积极性、创造性；在领导和员工的关系上，把关心员工生活、改善工作条件、与员工平等相处放在重要地位。为此，要重视员工的满意度。满意的员工会把满意的心情带到工作中去，从而实现满意的绩效。另外还要重视员工的职业生涯规划，企业为员工的前途着想才能体现企业以人为本的指导思想。

企业文化

五、对度的把握

凡事过犹不及，物极必反。对度的把握是优秀企业的共同特点，自然也是企业文化的核心内涵之一。宏观上看，如同政治上改革与稳定之间的辩证关系一样，企业的产品质量与成本、规模扩张与稳步发展、创新与守成之间的关系都是对立统一的。无论企业的战略是阳刚的还是阴柔的，是鼓励冒险、快速创新的还是稳健发展、老成持重的，本质上都是一种文化。而文化没有优劣之分，特别是对于尚处在成长阶段的中国企业而言，要想生存和发展，必须做大做强，但是欲速则不达，稳也是发展时应注意的。对扩张速度的把握是决定企业生死的要素之一，对于已经取得了初步成功或相对成熟的企业而言更为重要。

中国很多企业，比如习酒、巨人、飞龙集团等的失利，都有在取得成功后急剧扩张的原因。从微观上讲，企业的管理同样需要注意度的把握。以人力资源管理为例，团队设置并不是越多越好，过多的沟通反而会增加冲突的可能性。很多研究也表明，过快的创新对企业的发展比不创新更为不利。这些无不证明马克思主义哲学原理——任何事情都是相对的，应辩证地看待。

六、注重实施国际品牌战略

许多企业缺乏国际品牌意识，产品在国内有很高的认同度，但在国际上知名度却不高。比如，我国号称"三大产茶国"（印度、斯里兰卡、中国）之一，但在茶叶方面最受益的却是生产茶叶很少的英国，因为它有一个国际品牌"立顿"。

经济全球化背景下，衡量企业业绩、企业实力的尺度被放大到整个国际市场。企业不能再停留在原有水准上来要求品牌建设，而应瞄准国际先进水准来重新调整企业文化建设的标准。这对于我国的企业家来讲，是一种眼光、胸襟、智慧、意志力等各方面的借鉴和考验。品牌文化建设要求企业不仅要有创名牌的物质技术条件，还要有高素质的员工队伍和科学规范的现代企业管理制度。

七、企业文化是在不断创新中发展完善的

国外许多企业自20世纪80年代以来谈论最多的话题是什么？是组织变革与文化变革。当杰克·韦尔奇带来新的理念时，通用公司原有的企业文化并没有因此而失去，而是得到进一步的发展和完善。企业文化需要随着环境的变化或企业的发展而不断地提升，这样才能发挥企业文化应有的作用。不同的时代有不同的价值导向和文化主流，企业只有与时俱进、顺应时势，才能走上持续发展之路。

现代企业的战略和组织结构会随着环境的变化而改变，适应企业生存和发展的企业文化也要进行相应的调整。在企业文化建设过程中，企业应该考虑自身的历史、现状和未来，既要了解企业是在发展变化的，又要具体地分析企业的变化趋势，这样才能采取针对性的措施，使企业文化在不断创新中得到发展与完善。

综上所述，一个没有优秀文化的民族不能自强于世界民族之林，同样，一个没有优秀

文化的企业也很难自强于市场竞争之中。企业文化虽然不能产生直接的经济效益，却是企业健康发展的关键因素。企业文化可以对内产生强大的凝聚力，对外塑造积极向上的形象，从而增强市场竞争力。企业建立与自身相适应的企业文化才能在日益激烈的市场竞争中获得优势，并为企业的可持续发展夯实基础。

第六节　我国传统文化对现代企业文化的影响

张瑞敏在总结自己的管理经验时说："《老子》帮助我确立企业经营发展的大局观，《论语》培育我威武不能屈、贫贱不能移、刚健有为的浩然正气，《孙子兵法》帮助我形成具体的管理办法和企业竞争谋略。"我国企业在创建企业文化、提高竞争力时，除了学习和引进国外先进企业文化外，还有必要借鉴中国传统文化中的思想瑰宝，"洋为中用，古为今用；去其糟粕，取其精华"。

一、儒家思想的影响

儒家思想可供企业文化建设借鉴的地方比较多，我国企业文化建设可以借鉴儒家"仁""信""义""和"思想。

（一）"仁"的思想

实例探析：
全聚德文化

"仁"是孔子思想的核心，是儒家的精义所在。在《论语》中，"仁"字出现了109次，有多种释义，最常见也是最为重要的一种解释是"爱人"。许慎《说文解字》也作如此解释："仁，亲也。"企业在经营管理中要尊重自己的员工，理解支持他们，信任宽容他们，关心体贴他们，从而有效培育员工对企业的忠诚和信任度。企业真心为员工着想，才能充分调动员工的积极性。

（二）"信"的思想

"信"，言行相一，即信用。《周易·系辞上》说："人之所助者，信也。"《论语·为政》说："人而无信，不知其可也。"《论语·颜渊》说："民无信不立。"要使企业成功，必须讲"信"。"信"是儒家伦理中具有积极意义的思想，也是中国交换伦理的重要典范，很值得我们学习和借鉴。企业对外讲诚信，能大大降低交易成本，提高商业效率；可以为企业树立良好的信誉，开拓更广阔的市场空间，从而获得更大的利益。企业对

儒家诚信之德视域下民营企业诚信文化建设

内讲诚信，能实现内部人与人之间的相互信任、相互理解，构建和谐的人际关系，充分发挥人的最大潜能。只有这样，企业才能在激烈的市场竞争中立于不败之地。

（三）"义"的思想

"义"，道义。孔子说："君子喻于义，小人喻于利。"（《论语·里仁》）"不义而富

> 企业文化

且贵，于我如浮云。"（《论语·述而》）他还提出"见利思义"的思想。在我国企业文化建设中，应把树立正确的义利观作为一项重要的内容，使员工自觉地意识到在讲"义"时，要承认"利"的必要；追求"利"时，则要接受"义"的约束。这样，就能实现"以义估利""举义兴利"，调节和规范企业在经济活动中的行为，使企业遵守法则，正当经营，把赢利看作一种手段而非目的，自觉地把企业赢利与国家兴旺、民族利益联系在一起，积极履行社会责任，捐助教育、办慈善、回馈社会，体现中国传统文化价值取向。

（四）"和"的思想

孔子说："礼之用，和为贵。"（《论语·学而》）这是中华民族几千年来处理人际关系、社会关系、民族文化的传统原则。中华民族强大的凝聚力也正是得益于这一"和"的传统。对于企业文化建设而言，目前比较流行的做法有"三和治企"，"三和"指"人和、物和、利和"，即治理企业要将人员间的关系协调、企业生产与环境的协调、企业间竞争与合作的协调有机结合起来。

儒家思想从不同方面对企业文化建设起作用，是企业运转的润滑剂。企业家应该以超凡的卓识远见，吸收借鉴我国优秀文化传统，培养员工团结合作、协调一致的精神，使企业的竞争力增强。

二、道家思想的影响

道家的代表人物是老子、庄子，老子著有《老子》，庄子著有《庄子》，这两部著作对后世影响很大。我国企业文化建设可以从道家思想中吸取合理营养。

（一）"道法自然"的思想

"道"是道家的中心思想。老子说："道法自然，无为而治。"这句话的意思是事物发展有其规律性，人们应按规律办事。在进行企业文化建设时，首先，企业管理者应顺应自然发展规律，按规律制定规章制度；其次，涉及企业改革改制时要对企业自身特点和周围环境进行全盘考虑；第三，对企业管理者而言，要善于抓大事，将常规事务分权于下属，使责权明确、各尽其力。企业管理者看似清闲，实际工作却井井有条，正是"无为而无不为"。

（二）"辩证治事"的思想

老子认为，一切现象都是相互对立的，如新与旧、盛与衰、高与低、长与短、福与祸等，而且这种对立关系是可以转化的。商场如战场，面对激烈的竞争，企业对盛衰应该有清醒的认识。当处在经营困难时期，企业应通过不懈的努力，使困难局面得到改善并向好的方面转化；当处在顺境时，企业应认识到自身存在的问题。企业的竞争对手也在不断发展，企业稍有不慎就有可能成为落后者甚至被淘汰。以"辩证治事"的思想来认识事物、治理企业，也是许多企业走向成功或保持领先的法宝。

（三）"点滴为始"的思想

老子说："合抱之木，生于毫末；九层之台，起于累土；千里之行，始于足下。"每个企业都有同一个梦想,即不断发展,日益壮大。要实现这个梦想,就需要从零开始,然而很多企业却没有做到这一点。急于求成,盲目扩大规模,不顾自己的条件,也不顾事物发展的步骤性和规律性,结果出现了管理困难、资金浪费、负债增加等不良现象。世界500强中的企业,哪个没有明晰的发展史?那些有上百年历史的企业,哪个又不是厚积薄发才有了今天的业绩?

道家思想,博大精深,它启发企业以辩证的眼光看待成败,以"道法自然,无为而治"的思想来顺应规律,以"辩证治事"的思想来治理企业,同时以"点滴为始"的思想看待企业成长,使企业持续发展。

百年品牌张裕的企业文化设计

烟台张裕集团有限公司(简称"张裕")是由中国近代爱国华侨张弼士先生创办的中国第一个工业化生产葡萄酒的厂家。李鸿章和王文韶亲自签批了该公司营业准照,翁同龢亲笔为公司题写了厂名。至今,它已发展成多元化并举的集团化企业,是目前中国乃至亚洲最大的葡萄酒生产经营厂家。

一、张裕理念文化的构建

1892年,爱国华侨张弼士先生,以张姓加上"丰裕兴隆"之"裕"字,在烟台创建了张裕集团的前身——烟台张裕酿酒公司。以今天的眼光来看,张裕从其成立之日起,就蕴含了浓厚的历史和文化色彩,带有极强"实业兴邦"意味的企业理念,在当时就左右了百年张裕的经营之道。今日,张裕的企业精神已经演变成"爱国、敬业、优质、争雄"。不难看出,这种企业理念的动态变化,是基于传承了百年的张裕理念和更合时宜的时代演变。它既成就了张裕的企业之魂,也成就了张裕酒业的酒魂。正因如此,主流在西方的葡萄酒文化才被张裕擎在手中,当成了输出生活新主张、培育消费文化的利器。这既是张裕对整个中国葡萄酒行业的贡献,也是张裕爱国、敬业、奉献社会的企业理念的具体体现。张裕不遗余力地传播着自己独特的品牌文化,以建立起自己具有竞争力的品牌形象。

二、张裕制度行为文化的构建

基于上述理念的行为文化,就是与消费者等企业利益关系人进行互动沟通,满足他们需要的文化。在这方面,张裕人认为,建立国人葡萄酒消费文化的重心,就在于倡导一种健康、时尚的新生活主张。但如果要将之很好地实现,在白酒文化压倒一切酒文化的中国,显然是要付出很大代价的。因为,这个建立文化认同的过程,实际上就是张裕称雄市场的过程。

张裕在理念文化的履行及行为文化的构建上,主要做了如下努力。其一,从1997年开始,在全国各大城市进行中国葡萄酒百年文化巡回展,回顾中国葡萄酒业的过去,认清现在和展望未来,普及葡萄知识。巡回展期间的举措,包括展览,也包括在电视、报纸、杂志上开设葡萄酒知识专题讲座和专栏等形式。其二，建立葡萄酒博物馆，开放张裕百年大酒窖，以大量的名人手迹和相关图文资料、实物展现张裕所具有的别的企业无法企及的文化底蕴和历史厚度。其三，建设融葡萄种植、酿酒、休闲、旅游于一体的葡萄庄园，推出高档的庄园酒，为张裕葡萄酒文化增添了新的内容和品位。其四，修复张裕公司百年遗址，以文物向世人彰显张裕的光彩。其五，做好"国际葡萄酒城"文章，积极参与、积极组织有关葡萄酒的国内、国际会议，与国内外同业交流信息。这既为张裕葡萄酒穿上了个性化的外衣，又进一步奠定和显现了张裕"中国葡萄酒之王"的无法逾越的地位。其六，印制"葡萄酒文化与张裕产品""张裕往事"等各种精美的文化宣传物，传播葡萄酒文化和张裕品牌文化。

三、张裕物质文化的构建

历经百年文化沉淀与文化营销的张裕，在物质文化的构建方面，同样值得许多企业学习。如当我们一想到烟台、葡萄酒或看到一些有关葡萄酒的图文，抑或与人谈起葡萄酒时，我们会想起张裕；当我们一见到张弼士先生的头像、大酒窖或者具有历史文物价值的张裕公司老门头时，就知道它们属于张裕。这些都是张裕这种强势文化企业所具备的强势文化渗透的特征，亦最终成就了张裕今天的市场地位，成为张裕在新的世纪参与国际化竞争、成为世界葡萄酒业中一个强势文化品牌的基石。

讨论分析：
1. 结合案例分析，如何使企业文化彰显企业个性特征？
2. 企业文化的策划应考虑哪些因素？
3. 张裕的企业文化设计对其他企业文化建设有什么借鉴价值？

本章小结

1. 企业文化的策划应遵循以下原则：历史性原则、个性化原则、前瞻性原则、系统性原则、社会性原则、整体竞争实力提升原则、专家智能策划原则、信息技术战略原则、知识创新原则。

2. 企业文化诊断的目的是了解企业的企业文化现状和未来发展趋势，为以后对既有文化的梳理与新文化要素的提出提供依据。企业文化诊断通常有两种途径，即内部诊断与外部诊断，大多数企业将二者结合起来使用。诊断工作组人员构成：一是本企业中具有丰富的管理经验、资历较深的管理人员；二是外聘的一些经营管理方面的专家和学者。这两类人员各有优缺点，可取长补短，相互合作。

3. 企业文化诊断的最终结果会形成企业文化诊断报告。企业文化诊断报告通常包括：企业的经营领域和发展战略，企业高层领导的个人修养和风范，企业员工的素质及需求特点、企业的优良传统及成功经验，企业现有文化理念及其适应性，企业面临的主要矛盾以及企业所处地区环境等内容。

4. 企业文化的诊断大致可以分为四个主要步骤：资料收集，企业内外部环境分析，企业与外部的关系分析和现场调查，以定性研究为主。其中最重要的一步是通过现场调查了解企业内部的真实情况，主要采用文案调查法、观察法、访谈法、问卷调查法以及案例剖析法进行。进行定量研究时，企业文化测量可分四个步骤：测量模型设计、测量模型检验、正式测量、统计分析。

5. 企业理念文化策划是企业文化策划的核心，其主要内容包括企业愿景、企业宗旨、企业价值观、企业精神和企业伦理等的设计。

6. 企业愿景的设定应该回答"企业未来的发展是什么样子"的根本性问题。建立企业愿景应遵循宏伟、振奋、清晰和可实现的基本原则。将企业愿景与社会责任结合，形成企业独有的品牌主张，能为品牌带来知名度，引起消费者的注意。

7. 企业使命表述时应注意的要点：简洁、有力，追求各方利益的和谐，与愿景、价值观密切结合，以增强企业竞争力为出发点，以及体现企业的独特性、专业性。很多公司的使命没有转化为公司的自觉行为，没有成为凝聚公司全体成员的感召和动力。原因主要有两个方面：一是公司使命的合理性，二是公司的使命是否真诚。

8. 设计企业价值观应遵循的基本原则包括：是企业真正信奉的东西，与企业最高目标（企业愿景）相协调，与社会主导价值观相适应，充分反映企业家价值观，与员工的个人价值观相结合。

9. 企业价值观的设计流程：第一步，在分析社会主导价值观的基础上，根据企业的最高目标，初步提出企业的核心价值观表述，并在企业决策层以及管理层和员工代表中进行反复的讨论；第二步，确定企业的核心价值观以后，进一步酝酿提出企业的主导价值观和整个价值观体系；第三步，把企业价值观（体系）与企业文化各个层次的其他要素进行协调，并进行文字上的提炼，形成全面准确的企业价值观表述；第四步，在员工中广泛宣讲和征求意见，反复进行修改，直到为绝大多数员工理解并得到他们的支持为止。

10. 企业精神设计是指企业精神酝酿和提出的过程。企业精神设计的原则：群体性原则、前瞻性原则、个性化原则、实事求是原则、时代性原则。企业精神设计一般要经过四个阶段，即企业精神的确认阶段、融入阶段、确立阶段和升华阶段，四个阶段密切关联、层层递进。常用的企业精神的设计方法有员工调查法、典型分析法、领导决定法和专家咨询法。这些方法各有优缺点，时常以一种方法为主，辅以其他一两种方法。

11. 企业道德设计需要坚持的原则：符合中华民族的优秀传统道德，符合社会公德和家庭美德，突出本行业的职业道德特性。现代企业道德设计的内容：以诚为本的市场伦理文化，以人为本的企业管理伦理文化，以效率为核心的企业制度伦理文化，以创新为核心的企业技术伦理文化。

12. 企业制度文化的策划是在理念文化策划的基础上，通过制度体系将企业观念固化下来，用以指导和约束企业行为和员工的个人行为，主要包括企业工作制度、责任制度、特殊制度和企业风俗的设计。

13. 企业的工作制度应该体现行业特点、地区特点、企业特点，同时与企业现在的发展阶段相适应。各项工作制度的设计应相互配套，形成一个完整的制度体系。工作制度的设计原则：现代化原则、个性化原则、合理化原则、一致性原则。责任制度的设计原则：责任分解要科学合理、公正公平；注意发挥员工的主观能动性；正确处理"包-保-核"的关系；正确处理责、权、利三者的关系。与工作制度、责任制度相比，特殊制度更能体现企业文化的精神层要素。特殊制度的设计有利于塑造鲜明的、与众不同的企业形象。

14. 企业风俗设计的基本要求：一是体现企业文化的理念层内涵；二是与企业文化制度层、行为层要素和谐一致；三是与企业文化物质层相适应。企业风俗的培育（设计）原则：循序渐进原则、方向性原则、间接引导原则、适度原则。改造不良风俗的四种方法：扬长避短法、立竿见影法、潜移默化法、脱胎换骨法。

15. 企业行为文化的策划能使企业文化从观念的整合过渡到行为的整合，行为文化策划的主要内容是员工行为规范的设计。员工行为规范设计的原则：一致性原则、针对性原则、合理性原则、普遍性原则、可操作性原则、简洁性原则。员工行为规范的主要内容包括岗位纪律、工作程序、待人接物、环卫与安全、仪容仪表、素质与修养等方面。

16. 企业物质文化是企业理念文化的外在表现，其策划内容主要包括两大类要素：一为基本要素，包括企业名称、企业标志、企业标准字、企业标准色等；二为应用要素，即上述要素经规范组合后，在企业各个领域中的展开运用，比如办公用品、建筑环境、交通工具、服装服饰、广告宣传、产品包装、展示陈列、印刷出版物等。基本要素的设计原则：突出企业的个性、持久性、艺术性。当基本要素被确定后，就要通过对这些要素的精细化作业，开发各应用项目（应用要素）。

17. 构成企业名称的四项基本要素是行政区划、字号、行业或经营特点、组织形式。其中，字号是区别不同企业的主要标志。企业标志的设计应该兼具企业文化内涵和艺术欣赏价值。标志就其构成而言，可分为图形标志、文字标志和复合标志三种。商标与企业标志可以截然不同、部分相同或完全一致。企业标准字的设计原则：易辨性、艺术性、传达性。标准色要根据企业风格、产品特点设计，既鲜明地显示企业独特个性，又与消费者心理相吻合。

18. 为了策划出符合企业实际且个性鲜明的企业文化体系，需要在三个方面下功夫：一是要突出企业文化的民族性，采取中国传统文化中的精华部分；二是锤炼企业个性，企业价值观必须能够准确概括企业文化个性，而不是千篇一律，并辅以个性语言来雕塑企业文化个性；三是从企业故事中提炼企业精神和企业理念，通过对故事的诠释、提炼和升华，理解本企业文化的内涵与意义。

思考题

1. 为什么要进行企业文化诊断?
2. 怎样进行企业文化诊断?
3. 企业文化调研的方法有哪些?
4. 企业理念文化各部分的策划有无先后顺序?为什么?
5. 企业制度文化策划的主要内容有哪些?
6. 员工行为规范的设计内容包括哪些方面?
7. 如何提炼企业精神?
8. 企业伦理如何建设?从何处入手?
9. 如何使企业文化反映企业个性?并举例说明。

真传一句话，假传万卷书

Culture eats strategy for breakfast, technology for lunch, products for dinner, and soon thereafter everything else too.

——Peter Drucker

对于文化来说，战略是早餐，技术是午餐，产品是晚餐，文化会吃掉它后面的其他东西。

——彼得·德鲁克

> 彼得·德鲁克（1909.11.19—2005.11.11），祖籍荷兰，生于维也纳，后移居美国，"现代管理学之父"。其著作影响了数代追求创新以及最佳管理实践的学者和企业家们，各类商业管理课程也深受其思想的影响。

第四章 企业文化实施

学习目标

1. 领会企业文化建设及其规划的内涵和作用。
2. 了解企业文化建设规划的主要内容。
3. 理解企业文化实施的内容。
4. 掌握企业文化实施的保障。
5. 重点掌握企业文化实施的常用方法。
6. 了解绿色企业文化的内涵及其建设策略。

先导案例

迪士尼是如何将快乐转化为财富的？

欢乐＝财富！"员工快乐了，客人才能快乐"，而顾客的快乐能够直接转化为公司的利润和价值。这就是世界最著名娱乐品牌迪士尼的快乐企业文化氛围的本质所在。众所周知，迪士尼现在已经成为全球最大的娱乐公司之一，是娱乐业的领头羊。在它成立的近百年中，面对激烈的市场竞争，是什么力量使其经久不衰呢？那便是迪士尼的企业文化。市场定位、招聘培训固然体现迪士尼的优秀企业文化，但优质、高效、细致的服务才是迪士尼企业文化的核心所在。

一、迪士尼非常注重招聘培训

迪士尼每天大约要雇用新员工 100 名，对于这些新员工，迪士尼有自己的一套培训"宝典"。为了顺利招聘到合适的员工，迪士尼公司提供专门的装饰豪华的面试中心，让人舒心地参与应聘。面试中心有个很有趣的圆形大厅和弯路，弯路的两边镶嵌着各式壁画，介绍公司的历史及特点。通常，面试中心每天要接待 150～200 名初试合格的应聘者。在应聘者来临之际，公司会主动向他们发放详细列明公司雇员工作条件及规章制度的文件，以及列有公司全部职务的小册子，应聘者还可以使用幻灯片、可视电话等设备与公司相关人员沟通。

企业文化

经过一系列的精心安排，通过层层选拔的新员工在进入公司之前就会基本了解迪士尼的企业文化。在此基础上，迪士尼还对这些新员工进行精心培训。它要求每一位新员工都接受企业文化训练课，以便让他们认识迪士尼的历史传统、成就、经营宗旨与方法、管理理念和风格。

除此之外，迪士尼还为新员工制定了一个为期三天的特色的个性培训：第一天上午学扫地，下午学照相；第二天上午学包尿布，下午学辨识方向；第三天上午学怎么与小孩讲话，下午学怎样送货。

二、迪士尼对员工有很多激励、感谢措施和很好的福利

迪士尼招收新员工的口号是："跟着我，你会得到一份世界上最好的工作。"迪士尼为工作一年以上员工的子女设立了迪士尼奖学基金。工作一年以上、五年以上、十年以上的员工会得到一枚不同级别的米老鼠勋章，用来表达对员工成就及忠诚的肯定和表彰。

迪士尼非常注重对员工家庭的关怀。每名员工工作满三个月就可得到公司发送的4张可全年使用的能进入任何一个主题公园的门票，每当有亲戚朋友来访，都能很自豪地带3人入园游玩。迪士尼的员工宿舍除了有健身设备、游泳池外，还专门建了一个叫"米老鼠的回报"的地方，有篮球场、足球场、网球场、湖边烧烤等设施，以供员工娱乐及团队训练之用。

三、迪士尼注重让员工融入角色，感受快乐

为了营造快乐的工作氛围、企业文化氛围，迪士尼不认为乐园是员工的工作场所，而是提供娱乐的大舞台。每一位员工都是"演员"，职务是"角色"，人事部门是"分配角色部门"，制服是"戏服"，上班是"上台表演"，下班是"下台休息"。

迪士尼有一个主张："员工服务顾客，经理服务员工。"毫无疑问，迪士尼是把顾客放在第一位的，但它明确提出"经理服务员工"的理念，足见其对基层员工的尊重、关怀和激励。

四、迪士尼的市场定位

迪士尼在市场定位方面也是十分精确的。迪士尼为自己的企业价值进行了准确、清晰的市场定位，即表演公司，为游客观众提供最高满意度的娱乐和消遣，给游客以欢乐。如何实施这一定位呢？必须依靠员工。公司最终提供给顾客的产品和服务，必须要由员工实施，所以迪士尼强调：将企业价值灌输给工作人员。而这种灌输从招聘环节就已经开始了，同时也体现在员工的训练中，就连整个游乐园的设计也充分显示了这一管理思想。

迪士尼的目标就是：不惜一切来确保每位工作人员都明白自己的角色的信条和重要性，原因是角色扮演已成为迪士尼乐园营造快乐氛围的重要手段。在迪士尼乐园中，员工得到的不是一份工作，而是一种角色，为顾客带来欢笑的角色。在这里，不管是白雪公主的扮演者，还是普通的清洁工，都是乐园的"主人"。这种快乐工作的气

氛，让每一位员工都感到有趣和快乐！

　　解读迪士尼的文化，不得不说它的服务。每个服务企业都将服务作为重中之重，迪士尼也不例外，而且将服务这一块视为企业文化的重要方面。作为娱乐巨头的迪士尼之所以有今天的规模，必然有其特色，那就是"SCSE"，即：安全（Safe）、礼貌（Civility）、表演（Show）、效率（Efficiency）。其内涵可以理解为：首先，保证客人舒适安全；其次，保证职工彬彬有礼；再次，保证演出充满神奇；最后，在满足以上三项准则的前提下保证工作具有高效率。

　　之所以长期坚持"SCSE"原则，是因为迪士尼认为，要推进企业文化建设，必须统一服务处事原则。服务业成功的秘诀在于，每一位员工对待顾客的正确行为和处事方式。所以公司经常对员工开展传统教育和荣誉教育，告诫员工，迪士尼辉煌的历程、商誉和形象都具体体现在员工们每日对游客的服务之中。有个最典型的例子可以说明这一点：东京迪士尼创造了14年3个月接待游客2亿人次的纪录。东京迪士尼为何如此成功？因为东京迪士尼追求对游客服务的精益求精。他们会在清洁工上岗前对其进行5天的培训，让清洁工掌握怎样清扫地面而不会扬起灰尘，怎样与小孩讲话，怎样使用所有样式的相机，怎样指点游客道路等，这就是东京迪士尼的企业文化。

　　迪士尼还认为，服务质量应是可触摸、可感受和可体验的，所以迪士尼教育一线员工，其所提供的服务水平必须努力超过游客的期望值，从而使迪士尼乐园真正成为创造奇迹和梦幻的乐园。

　　创建之初，迪士尼提出了自己的使命"使人们感到快乐"。发展至今，迪士尼始终秉承这一使命，并把快乐企业文化氛围传播给人们，由此成就了迪士尼的商业神话。

　　企业文化建设是指与企业文化相关的理念的形成、塑造、传播等过程，要突出"建"字，切忌重口号轻落实、重宣传轻执行。企业文化建设是基于策划学、传播学的，是一种理念的策划和传播、落地。

　　卢梭在《社会契约论》中将文化定义为："文化是风俗、习惯，特别是舆论。"企业文化是所有团队成员共享并传承给新成员的一套价值观、共同愿景、使命及思维方式。它代表了组织中被广泛接受的思维方式、道德观念和行为准则。建设企业文化，实际上就是要重新审视企业所遵循的价值观体系，根据长远发展战略重新建立一套可以共享传承，可以促进并保持企业正常运作及长足发展的价值理念、思维方式和行为准则。企业文化是以人为本的管理哲学，打造独具特色的企业文化，牢牢把握企业文化建设的着力点，对增强企业的向心力和凝聚力、推动企业可持续发展具有十分重要的战略意义。

第一节　企业文化建设规划

一、企业文化建设

和其他事物一样，企业文化不是静止不动的，而是始终处在变化和运动之中的。企业的发展目标或者所处的内外环境发生变化，企业文化也必须相应地改变，否则将会对企业的存在和发展产生不利影响，甚至起到阻碍作用。企业文化的发展变化，可以是企业主动进行建设和更新的结果，也可能是在内外环境作用下被动地发生变革的结果。所谓企业文化建设，就是企业领导者有意识地倡导优良文化、克服不良文化的过程，是根据企业发展需要和企业文化的内在规律，在对企业文化进行分析评价的基础上，设计企业文化体系，并有计划、有组织、有步骤地加以实施，进行企业文化要素的维护、强化、变革和更新，不断增强企业文化竞争力的过程。企业文化建设也可称为企业文化实施、企业文化传播或企业文化推广。可以从以下四个方面来进一步把握企业文化建设的内涵。

（一）企业文化建设是企业主动的组织行为

企业文化是客观存在的，企业文化建设是以企业为主体的一种主动把握企业文化发展变化方向和程度的组织行为，使企业文化从一种自然存在变为一种包含企业意志的存在，即实现从自在到自觉的转变。

（二）企业文化建设是企业发展战略的重要组成部分

这阐明了企业文化建设与企业生存发展之间的关系。企业文化与企业的生产、经营、服务等活动是密不可分的，如果将生产、经营、服务等活动比作人的体魄，则可以把企业文化比作人的灵魂。因此，企业文化建设不是企业保养和强健体魄的行为，而是企业净化和升华灵魂的行为。

（三）企业文化建设的目的是增强企业的核心竞争力

企业文化已经成为企业核心竞争力的主要来源。建设强大优秀的企业文化，目的是增加企业的竞争优势，积累企业的文化资本。因此，企业文化建设要始终与企业的核心业务相结合，着眼于增强企业的核心竞争力，努力促进企业全面协调可持续发展。

（四）企业文化建设是一个持续的过程

这是由企业文化本身所具有的稳定性和连续性所决定的。企业文化的发展变化不可能割裂历史，也不可能一蹴而就，而是一个连续的动态过程。进行企业文化建设，不能抱着急功近利的心态，不能指望立竿见影、毕其功于一役，而是要有计划、有步骤，不断地进行投入和努力。

综上所述，企业文化建设是一项系统工程，是现代企业必不可少的竞争法宝。一个没有企业文化的企业是没有前途的，一个没有信念的企业是没有希望的。从这个意义上说，企业文化建设既是企业在市场经济条件下生存发展的内在需要，又是实现管理现代化的重要方面。为此，应从建立现代企业发展的实际出发，树立科学发展观，讲究经营之道，培养企业精神，塑造企业形象，优化企业内外环境，全力打造具有自身特质的企业文化，为企业快速发展提供动力和保证。

二、企业文化建设规划的主要内容

企业文化建设规划也称企业文化建设纲要、企业文化发展纲要、企业文化建设战略等，是企业进行文化建设的统领性文件，对企业在一定时期内的企业文化建设具有十分重要的指导意义，也是企业文化年度计划、项目计划制订的基础和依据。企业文化建设是一个长期性工作，它的形成周期要长于一般的企业改革。纵览世界各大公司企业文化变革所用的时间，即使是中型企业也需要四年。这就要求我们制定一个长期计划，来指导短期工作。企业文化建设规划的内容主要包括以下五方面。

（一）企业文化建设的发展阶段、环境与优劣势分析

在对企业文化进行盘点、分析、诊断的基础上，进一步对企业文化发展的政治、经济及人文环境等进行系统分析，厘清企业自身的优势和劣势，找到外部机会带来的机遇和威胁，以此判断：企业文化建设目前处在什么阶段？有哪些建设成就和经验？还存在哪些问题？企业将在哪些方面加速发展？对企业文化建设有什么特殊要求？等等。这部分内容是提出企业文化建设规划的原因。

（二）企业文化建设的指导思想

企业文化建设的指导思想可以从政治化内涵、科学化内涵、人本化内涵、市场化内涵四个方面进行概括，体现鲜明正确的政治导向和科学发展观的要求，体现以人为中心的现代管理的主旨，体现创新与竞争的市场经济伦理。这部分内容的表述要有本企业的特色，避免千篇一律。

（三）企业文化建设的总体目标

企业文化建设的总体目标是企业进行文化建设期望获得的成果，是企业文化建设规划内容的核心。确定企业文化建设的总体目标，主要是明确在规划期内企业文化建设达到的层次、特征和效果。总体目标的规划应遵循以下五个原则。

（1）企业文化建设总体目标的规划应综合考虑企业发展和员工的实际利益，总体目标不应仅仅是企业股东或经理层自己的目标。

（2）企业文化建设总体目标应与企业所在行业的特点与发展趋势相一致，力争使企业文化能够长期支持企业在行业中立足。

（3）企业文化建设总体目标应具有企业自身的特色，按照企业独特的经营管理特点来实施，可以借鉴但绝不能模仿其他企业。

（4）企业文化建设总体目标应该是清晰的、可操作的和可测量的，应该是紧密结合企业实际情况的，应该是从弘扬企业整体经营管理优势及着手解决企业的实际问题开始的。

（5）企业文化建设总体目标应该结合中国的文化传统并注意吸收国内外优秀企业的先进经验。

（四）企业文化建设的阶段性目标

企业文化建设总体目标从时间上可以分解为不同年度的计划目标，包括企业文化建设的主要步骤和每年度应该完成的核心任务；从内容上可以分解为若干方面的分目标，如企业理念层建设目标、企业制度层建设目标、企业行为层建设目标和企业物质层建设目标，分目标还可以具体划分为若干定性和定量的指标。

（五）企业文化建设规划实施的组织保障

制定这部分内容的目的是明确为了保障企业文化建设规划的顺利实施，企业在领导体系、人员配备、资金预算、教育培训等方面所应提供的各项保障措施。

第二节　企业文化实施的内容

一、企业文化的理念实施

企业文化的理念实施就是对企业精神、企业价值观、企业使命、企业愿景等理念层的企业文化进行实施和传播。一般情况下，一个企业的经营理念往往是创始人或者创业团队经过长期实践和思考而在企业成立之初就拥有的，它具有创始人的特质。在企业后来的发展中会根据环境调整企业文化，并不断总结出理念性结论，进行调整、修正与完善，最终形成某个阶段成熟性的企业文化。企业理念的实施过程，实质上是理念识别渗透于企业与员工行为及视觉标识的过程。理念识别的实施目的在于将企业理念转化为企业共同的价值观及员工的心态，从而树立良好的企业形象。

理念实施的方式主要有两种：一是直接传播，即直接以理念的本来形态进行传播，而传播的形式可以是正式、书面的，也可以是领导与员工口头的宣传；二是间接传播，即理念潜移默化地影响受传者，理念融入企业的各项制度与行为，视觉、听觉识别体系等而影响被传播者。

（一）从员工的角度来看，企业文化的理念实施阶段

从员工的角度来讲，企业文化的理念实施要经过企业全体员工的了解、领悟和实践三个阶段。

第一阶段：了解。了解企业理念是渗透工程的第一步。要使企业理念内化为员工的信念和自觉行动，必须让员工知晓企业的经营方针、发展目标、行为准则、企业口号，以便使企业理念初步为员工所认识。员工对企业理念的了解程度从企业内部讲主要取决于两个方面：一是企业领导对企业理念传播的态度，二是企业信息的沟通渠道及传播媒体。二者从主观决策者到信息载体，构成企业理念传播渗透的必要条件和基础。优秀企业的领导都十分注重让广大员工了解企业理念及其具体内容，他们往往通过创业史的教育、模范人物的宣传、重要的动员大会、厂史厂规等知识竞赛进行渗透性灌输。通过经常性的群众性活动，使企业员工在潜移默化中逐渐熟悉并了解企业理念。企业内部传播的渠道因企业情况而异，一般财力较好的企业的设备等硬件可以得到保证。

第二阶段：领悟。领悟是认知的高级阶段。这一阶段要求员工从表层接触到心灵的契合，还要求员工对企业理念的把握上升到领悟阶段。领悟的途径有多种，如企业领导或先进模范通过切身体验和感受阐释企业理念，从而引导员工领悟理念。

第三阶段：实践。实践是最为关键的，企业理念不仅仅应该说在嘴上、写在纸上、贴到墙上，最重要的是落实到行动上。仅仅了解和领悟企业理念还不够，还应当将领悟到的精神运用到生产、经营和管理的实际行动中去。由抽象的理念感知到付诸行动是一个由内向外的复杂过程，它既带有员工个体的主观意志的认同差异，又在客观上要求理念识别的认同具有一体化的特性。解决这一矛盾，需要企业运用时间锤炼的原则，通过强化从众心理、模仿心理等手段反复教育与引导，从而使员工自觉地将理念由一种心态转换为一种行为习惯。企业可以通过培训让新员工了解和领悟企业理念，使他们上岗后自觉或不自觉地适应企业理念。企业还可通过赏罚分明的措施，对员工符合企业规范的行为进行奖励，对违反企业规范的行为进行批评、惩罚。通过奖罚，让员工重复或终止某一行为，强化企业理念。

（二）从企业的角度来看，企业文化的理念实施步骤

从企业的角度来看，企业文化的理念实施需要依次开展企业理念的传递、解释、教化和应用四个步骤。

第一步，企业理念的传递与接受。理念的传递是理念实施的第一步。要使企业理念内化为员工的信念和自觉行为，必须首先让员工知晓企业的理念。理念传递的方法主要是反复法，即通过多角度、多层次、多途径、反复多次的传递，使企业的理念在员工心中留下印象。

第二步，企业理念的解释与理解。在现实中，理念的解释可以采取测验法、游戏法、

企业文化

讨论法、培训法等多种形式，使企业理念真正深入人心。其中，培训法对理念的解释和理解非常有用且常见。美国通用电气公司的 FMP 培训（财务经理培训项目）、日本松下的管理学院、麦当劳的汉堡大学，都是解释理念、学习理念、理解理念和掌握理念的有利时机和场合。

第三步，理念的教化与接受。 理念的教化是将理念的传播作为一种制度固定下来，以实现企业理念的渗透、共有、分享和接受。

第四步，企业理念的应用。 理念的应用实际是员工在彻底地领会和接受企业理念的基础上，将其贯彻于日常的工作中，用来指导行为。

二、企业文化的制度实施

企业制度文化包括企业生产管理制度、人力资源管理制度、领导制度、员工行为规范等各种规章制度，尽管这些规章制度更多地包含专业技术操作的成分。企业的制度实施实质上也贯彻实施了企业的理念文化，因为制度在制定和执行时已经融入了企业理念。一个企业的规章制度是否完整，是否符合经营的实际，是否符合行业发展的潮流，是否富于创新性，直接受制于企业的价值理念是否具有内在规定性。也就是说，理念传播的结果制约并指导着制度的产生与传播。理念指明了行动的方向，制度铺就了行动的道路。

制度实施的方式有三种。

一是人内传播， 即将企业制度强化于员工内心，员工在工作岗位上或者有相应行为时，制度就会被唤醒而产生自我管理与约束作用。企业构建学习型组织，就是强调员工自主管理。比如海尔要求员工日事日毕，日清日高。

二是人际传播， 即由公司领导、上级或师傅将有关规章制度告知员工或下级，让其遵守相应的制度规范。

三是组织传播， 即企业的企业文化实施部门组织员工学习企业文化，并用规章制度进行检查与考核，奖励优秀者，惩罚违规者或不合格者。例如，同仁堂对职工进行传统的质量教育、对产品进行严格标准的监督控制。

实例探析："五必访、五必贺"制度

另外，不少企业也重视在实施企业文化的过程中传播情感。许多有优良传统的企业往往有人文关怀体系，形成较为细致的规章制度，进而增强广大员工的凝聚力、向心力。例如，员工生日、生病、结婚，或者遇到什么特别的困难时，都给予相应级别与程度的关怀和照顾。所以，情感传播也是企业文化有效实施的重要手段。

三、企业文化的行为实施

开展企业文化行为实施的目标是通过企业内部的制度、管理与教育训练，使员工行为规范化；企业在处理对内、对外关系的活动中，体现一定的准则和规范，并以实际行动体现企业的理念精神和经营价值观。

企业行为包括礼仪行为、管理行为、岗位操作行为等。言行的根本指导在于价值理念，言行的规范约束在于规章制度。企业员工个人的行为往往是所在团队、部门与企业整体行为的折射与反映，企业通常以树立楷模、劳动模范、先进标兵的形式，让大家注意规范。某个员工不良的行为习惯可能会产生恶劣的传播效果，企业应适当采取惩罚等负激励手段来告知不良行为产生者以及其他员工，什么样的行为应该予以纠正甚至杜绝。企业的行为包括的范围很广，它们是企业理念得到贯彻执行的重要体现，包括企业内部行为和企业市场行为两个方面。企业内部行为有员工选聘行为、员工考评行为、员工培训行为、员工激励行为、员工岗位行为、领导行为、决策行为、沟通行为等，企业市场行为包括企业创新行为、交易行为、谈判行为、履约行为、竞争行为、服务行为、广告行为、推销行为、公关行为等。上述各种行为只有在企业理念的指导下规范、统一，并有特色，才能被人识别认知、接受、认可。

员工教育、规范建立和管理提升是有效进行企业文化行为实施的三个关键环节。

首先，员工教育是基础。企业行为文化实施不是员工自发的。如果企业的理念只以条文的形式出现，那么企业的员工就不会把它放在心上，也就无法渗入组织，成为企业成员共同的价值观而表现在行为中。因此，必须开展多种形式的教育培训，让全体员工知道本企业进行企业文化实施的目的、意义和背景，了解甚至参与到企业文化的建设中，熟悉并认同企业的理念，清楚地认识到企业每一位员工都是企业形象的塑造者。通过教育培训，使员工从知识的接受过渡到情感的内化，最终落实到行为的贯彻。

其次，规范建立是工具。企业行为文化的实施，不能只靠铺天盖地的宣传教育，还需要制定和完善一系列具有可操作性的制度和规范。制度和规范使企业和员工的行为有章可循、规范统一，具有一定的强制性。对员工而言，制度和规范是一种约束，也是其顺利完成工作的保证。制度和规范的设计必须以正确的企业理念为指导，必须有助于员工在宽松的环境中准确无误、积极主动地完成自身的工作。制度和规范的内容如果偏离了企业理念，将会造成员工思想与行为的不协调、不统一，直接影响员工积极性和创造性的发挥，给企业管理带来损失。

最后，管理提升是保证。理念可以树立，文化符号可以设计，而人的行为却难以理想化地进行统一。因此，企业行为文化的顺利实施需要有效的管理手段作为保证。与美国、日本企业雄厚的管理基础和高度现代化的管理手段相比，我国企业的管理基础还十分薄弱，因此，企业必须将企业文化实施建立在整体管理水平提升的基础上。也就是说，企业在进行企业文化建设的过程中，第一，要在组织和制度上进行管理革新；第二，要有计划地开展员工培训工作，重视人才的开发和引进，提高员工的整体素质；第三，要特别注重管理人员的开发和培养，建立一支高素质的现代经理人队伍，从而保证企业整体水平的提高和管理革新的有效实施。

实例探析：从"猴子吃香蕉"看"企业文化建设七步法"

四、企业文化的物质实施

企业文化的物质实施往往有视觉、听觉实施。视觉主要指视觉识别系统，同时也包括企业文化中整个物质层器物，比如企业商标、企业环境、企业建筑物等。一个企业的商标本身就是企业理念的物质表达，其色彩和图案的选择直接体现了企业的精神内涵。企业环境与建筑物也体现了企业的文化风格，如果环境恶劣，会使受传者情绪低落，严重影响其积极性与创造性，甚至会使其心理不健康。这里所说的听觉实施主要指企业文化听觉识别系统所创造与设计的声音形象，如企业之歌或企业在宣传中常用的其他歌曲和音乐。该体系的声音形象不像视觉影像，固定下来后，只要有一定光线，一般都能产生传播作用。它需要播放才能出现，所以一般以较为固定的时间与场合周期性出现。例如，企业在周年庆上播放企业之歌。

听觉实施一般包括两部分。一部分为言语，即表达了企业理念文化的语言，最直接的是歌词，这些歌词表达的内容主要有企业精神、企业目标、企业作风等。另一部分为音乐旋律，直接以音乐符号表达相应的企业文化内涵。所以，这种表达是间接的，需要听者在认知歌词的同时调动审美意识予以感知。音乐旋律是朝气蓬勃、激情、雄壮有力、豪放的风格，还是亲切、优美、婉约的风格，可反映企业文化的不同特点。不同的企业，其歌曲的风格会有所不同，同一企业在不同的时期也会选择不同的音乐旋律。比如企业在面临困难时一般选择励志的词语和旋律，在业绩较好时一般选择朝气蓬勃、自豪、激情的歌词和旋律。

第三节　企业文化实施的保障

一、企业文化有效实施的条件

（一）主观条件

企业文化实施过程中往往需要形成良好的文化传播氛围，领导重视、员工参与都在积极推动企业文化的实施。实施中会有传播者说服与接受者被说服的过程，这就要求企业文化传播者具有较强的说服力。

首先，高层领导对企业文化的核心理念理解到位是保障企业文化有效实施的关键因素。在企业文化实施过程中，文化传播者的权威、影响力、能力、知识构成、个人魅力等都会影响实施效果。

其次，参与成员对信息的正确理解与传递是实现良好实施效果不可或缺的因素。这就要求企业的传播文化网络要紧紧地围绕企业文化的核心进行宣传，否则会在实施中偏离主题。例如，美国西南航空公司成立了文化委员会。这个文化委员会由一群乐于维持并发扬西南航空公司特有的使命感、价值观、处事原则的领导人共同组成，来自各个工作岗位和阶层，维系并发扬"西南精神"。

最后，企业各个部门的积极参与是保障企业文化取得良好实施效果的重要因素。企业需要成立一个专门的企业文化实施部门，通过形式多样的活动提供学习企业文化的机会和平台，推动企业内部各个部门对公司企业文化的贯彻和落实，这样才能有效地将企业文化的理念有秩序、有计划地传播和实施。

（二）客观条件

企业文化的实施客观上要求本公司的企业文化是符合市场环境需求、本行业特点和具有本企业特色的。企业在发展过程中经历了经营环境的变迁，企业经营发展面临的问题也在不断改变。企业成立之初的企业文化会受到现实的冲击和挑战，而经过变革、重塑并固化下来的企业文化将成为实施的基础。另外，企业在进行跨国经营时，还要进行跨文化管理和跨国文化的实施，这对企业文化本身的适应性要求更高，优势企业文化成为传播的重中之重。

综上所述，企业在进行企业文化实施时，领导要抓住企业的核心精神和理念，并树立有形的象征，便于广大员工学习、领会、认同，形成员工的正确理解，并通过企业文化实施部门，借助各种生动活泼的传播手段和措施，将企业文化融于企业日常经营和管理中。这样，员工在实践中自觉遵守行为规范，使企业文化在员工的日常工作和生活中内化为心中的信念，外化为实际的行动。

二、企业文化实施的组织保障

（一）建立企业文化领导小组

作为企业文化的发起者，企业最高领导者的主要工作就是要组建企业文化实施的领导团队，对企业文化的实施进行全员、全方位、全过程的领导和管理。领导体制的作用主要是从思想、组织、氛围上为企业文化的实施进行充分的铺垫，具体来说就是在思想上吹响文化变革的冲锋号，在组织上建立文化实施的团队，同时在企业中营造一个适合文化实施的氛围。企业文化领导小组也可称为企业文化建设委员会，组成人员应包括企业最高领导者、各中层部门经理、来自外部的企业文化咨询专家、企业一线员工中具有代表性的人员或者其中的优秀分子。

企业文化领导小组的主要工作包括以下五点。

第一，确定企业文化建设的宗旨。也就是要向公司全体成员说明为什么要进行企业文化建设。领导小组应该通过各种渠道，将企业文化建设的方向性问题向企业全体成员进行大量的宣传与贯彻。

第二，制定公司企业文化建设的原则。如历史总结与不断创新和发展相结合的问题、理念体系和行为体系相结合的问题、文化建设形式和内容相结合的问题、过程不断优化和内容适时调整的问题、外部效应和内部效应相结合的问题等。

第三，对公司的企业文化建设进行准确定位，同时，要对由公司内外环境变化可能引发的企业文化发展方向的变化提出指导性原则。

第四，对公司企业文化建设的工作目标、推进计划与时间安排作出规定与指示，明确企业文化建设的分期目标，并制定一定的管理过程加以控制。

第五，确定公司企业文化实施的管理体制、运行与保障机制。 对于企业文化建设过程中可能因制度、组织或个别管理者的阻碍而出现的问题，领导小组必须旗帜鲜明地表明自己的态度。

（二）构建企业文化工作机构

企业文化实施是一个长期的过程，领导小组作为一个决策和协调机构，无法承担具体的实施职能。因此，在领导小组之下，应该建立一个高效精干的工作机构。这个机构可以叫作"企业文化部"或"企业文化中心"等，负责企业文化建设的具体事务。企业文化部应该由那些热心企业文化建设并有一定的企业文化基础知识，在以后的企业文化建设中将成为骨干的人员组成。

实例探析：德邦物流文化实施日常执行与管理机构（文化和旅游部）

（三）设立专项资金

企业文化建设不仅要纳入日常管理，还要有资金的支持，否则这项工作难以顺利开展。因此，企业应该设立企业文化建设的专项资金由企业文化部控制使用，具体的资金额度由企业根据自身的实际情况制定。资金的使用去向主要包括以下几方面。

1. 宣传费用

宣传费用包括企业形象设计费用、公关费用、公益广告牌费用、新闻发布会费用，各种企业文化宣传手册、企业文化书籍、画册、标语和条幅的印刷与制作费用等。

2. 教育培训费用

教育培训费用包括培训教材费用、外请专家举办讲座费用、参观学习费用等。

3. 文娱活动费用

文娱活动费用是指关于文化建设的活动，如演讲比赛、讲故事大赛、征文比赛、晚会、研讨会、团队建设、文体比赛等所需的费用和奖品。

4. 企业文化设施建设费用

企业文化设施建设费用包括企业文化展览室、厂史展览室、产品展示厅、阅览室等建设和维护的费用。

5. 部门建设费用

部门建设费用包括人员配备费用、办公设备购买费用等。

（四）企业文化建设动员

在企业文化建设之初，企业员工往往对企业文化有不同的认识，比如有的员工认为企业文化就是企业中的思想政治工作或精神文明建设，有的员工认为企业文化就是企业形象标志、宣传口号等，有的员工则可能认为企业文化是说不清的。如果企业员工对企业文化没有共同的理解，企业文化建设实施也就无从下手。因此，企业文化建设实施的第一步就是通过各种方式统一大家对企业文化及其作用的认识。为了使企业员工对企业文化有所了解，可以采用如下方法。

第一，邀请专家做专题讲座进行理论指导，使员工对企业文化的内涵、作用等有所了解。

第二，由企业领导者对企业全体员工进行本企业文化的宣讲。要达到以下几个目的：一是使员工进一步加深对企业文化重要性的认识；二是使员工感受到本企业对企业文化建设工作的重视，意识到企业今后将按文化理念来指导各项工作，并且违背企业文化理念将影响个人利益，从而增强员工学习企业文化的自觉性；三是使员工对企业的基本主张有大致的了解，进而奠定其进一步学习企业文化理念的基础。

第三，选派相关人员（企业领导、企业文化工作机构人员或企业中的优秀员工代表）到先进企业参观学习和交流，使相关人员对企业文化的梳理、企业文化的表现形式和作用有更直接的感受。

（五）建立企业文化考评机制

企业文化的建设实施必须有反馈和考评机制，通过考核可以明确奖惩对象、表明企业变革的决心、塑造长期行为。在企业文化实施过程中，对情况的反馈和阶段性效果的评估，以及对企业各部门和员工贯彻实施企业文化建设情况的考评，是保证企业文化建设长期坚持下去的一种较好的手段。考评内容可以分为三个方面：对企业文化实施的领导层面和设计层面进行考评，对员工进行企业文化教育培训工作的考评，对企业文化建设实践层面进行考评。

随着企业文化实施的不断深化，它将由突击性工作转变成日常工作，企业文化部门的工作也将从宣导、推动转变成组织与监控。企业文化实际上进入了一个制度的阶段，这些制度主要包括考核制度、先进单位或个人的表彰制度、企业文化传播制度、企业文化建设预算制度等。

企业文化理念层的要素基本得到认同；企业特殊制度和企业风俗基本成型，成为人们日常工作的一部分；企业文化物质层也已设计完成，企业开始以全新的形象展现在员工、客户、社会面前。这时，企业文化建设就进入了巩固阶段，主要工作是总结企业文化建设的经验和教训，将成熟的做法通过一定的制度加以巩固。固化工作最有效的方法，就是将企业文化纳入全员考核体系。

第四节 企业文化实施的方法

人是企业文化实施的主体，企业文化的开展和推进离不开企业中各个层次的个体和总体的力量。同时，在企业文化的实施过程中还应该从人性化的角度，采用各种易于被员工接受的方式，让企业的核心价值观真正落地。

一、领导垂范法

企业领导者作为企业文化的缔造者、倡导者和管理者，具有示范作用，可以有效引导员工的行为和思考方式，是文化建设实施的关键。企业文化不像战略、组织机构、人力资源等管理职能一样清晰可见，也无法在短期内见效。要使组织中的每一个人相信并愿意去实践企业共同的价值理念，企业领导的身体力行是关键。在实施企业文化的过程中，领导者光是口头讲"这就是我们的价值观"是不够的，他应该成为企业核心价值观的化身，率先垂范。

实例探析：国网青海信通公司领导干部带头传播企业文化

（一）领导者以身作则来引导员工的行为

一是要言行一致，表里如一。忠于自己的承诺，嘴上怎样说，行动上就怎么做，而不是说一套做一套，言行不一。对本企业的价值理念确信无疑，诚心诚意地贯彻执行，而不是内心一套，外表一套，表里不一，内外相悖。

二是要带头履行企业文化价值理念，事事做员工表率。凡是号召员工做的，自己首先做到；凡是不让员工做的，自己首先不做，处处、事事带好头。一言一行都不偏离企业文化价值理念，大事小事都做员工的表率。

例如，英特尔总裁亲自研究每一条有关竞争者如何设计、管理业务的信息，同所有员工一起，从头到尾改进了英特尔的制造流程，保证了技术制造商的领先地位。

事实证明，要塑造和维护企业的共同价值观，企业领导者就应身体力行。企业领导者的模范行动是一种无声的号召，对下属成员起重要的示范作用。

（二）领导者通过象征性的行为表现对企业文化的关注

领导是一门科学，也是一门艺术。领导者在确定了价值观体系之后，可以通过象征性的行为等表示出自己对价值观体系的关注，从而使广大员工也关注价值观体系的实现。有人谈到象征在管理中的作用时指出，每一个使用象征手法的行动既有实际功效又能收买人心，从这个意义上说，领导者也是戏剧艺术家。

通用电气公司前董事长杰克·韦尔奇还是一位主管经理的时候，为了表示对解决外购成本过高的问题的关注，在办公室里装了一台特别电话，号码不对外公开，专供集团内全体采购代理商使用。只要某个采购人员从供应商那里争得了价格上的让步，就可以直接给韦尔奇打电话。无论杰克·韦尔奇正在干什么，他一定会停下手头的事情去接电话，并且说道："这真是太棒了，大好消息！你把每吨钢材的价格压下来两角五分！"然后，他马上就坐下来起草给这位采购人员的祝贺信。杰克·韦尔奇的这种象征性做法不仅使他自己成了英雄，也使每一位采购代理商成了不同于一般人的英雄。

（三）领导者通过天天讲时时讲反映对企业文化的重视

领导者要塑造一套价值观体系，必须全神贯注、坚持不懈。如斯堪的纳维亚航空公司以服务至上为经营的宗旨，从不放过任何一个微小的机会，反复强调服务。领导者也可利用提拔、晋升这种"未被充分认识"的管理工具。领导者最关注什么样的表现，最明确、最清楚的信号就是提拔某个具有该表现的员工，尤其是在发生变革的时刻。通过管理员工的晋升，大家清楚地了解到领导者所坚持的价值准则和优先顺序。

（四）领导者深入企业的各个部门

领导者应尽可能多地与组织中的人员接触。领导者还可以提倡为公司的价值观作出努力并举行竞赛，给予公开奖励，以激励别人积极效仿，也可以指派特别工作小组负责实现基本价值观方面的短期项目。这些方式在领导者打算强化企业价值观时是相当有效的。

二、造就楷模法

现代社会心理学的研究表明，任何人都有出人头地的愿望。企业能够利用员工的这一心理，促进他们将强烈愿望转化为具体的行为，是企业创造文化的一个根本条件。在这一过程中，要借助榜样的力量，使员工意识到自己也一样能成为榜样。因此，英雄应平实。企业楷模对企业文化的形成和发展起重要作用。企业楷模是振奋人心、鼓舞士气的导师，他们的一言一行、一举一动都体现了企业的价值导向。

（一）企业楷模的类型

企业楷模又称企业英雄，是企业为了宣传和贯彻自己的文化系统而为企业员工树立的可以直接仿效和学习的榜样。企业楷模是企业价值观的人格化体现，更是企业形象的象征。许多优秀的企业十分重视能体现企业价值观的企业楷模，希望通过这些英雄人物向其他员工宣传、提倡和鼓励向上的、积极的企业文化。

肯尼迪和迪尔认为："如果说价值观是文化的灵魂，那么英雄人物就是这些价值观的人格化，并集中体现了组织的力量所在。英雄人物是一种强有力文化的中枢形象。"他们将企业英雄划分为两种类型。第一类是和公司一起诞生的"共生英雄"，也叫创业式英雄，指那种创办企业的英雄。共生英雄的数量很少，多数是公司的缔造者。他们往往有一段艰难的经历，但面临困难仍然有抱负、有理想，并终于把公司办起来。在我国民营企业中有许多这样的英雄，例如，联想集团的柳传志、深圳华为的任正非、搜狐公司的张朝阳等。第二种类型是企业在特定的环境中精心塑造出来的，被称为"情势英雄"。共生英雄对企业的影响是长期的、富于哲理的，可为全体员工照亮征途；而情势英雄对企业的影响是短期的（多则几年，少则几个月甚至几天）、具体的，能以日常工作中的成功事例来鼓舞企业员工，激励其他员工的进取心。

在企业精心塑造出来的情势英雄中，又可以分为以下几种。

1. 出格式英雄

这些人行为比较古怪，常常违反文化准则，但他们聪明过人，有独特的见解，工作能力较强。"出格"人物在强文化公司中具有很高的价值，能推动公司不断地向前发展。

2. 引导式英雄

这是高级管理人员为了有力地推行经营改革，通过物色合适对象树立起来的英雄。例如，美国电话电报公司，原来是一个没有竞争对手、接受政府管理的实体，其榜样人物是能够迅速装好电话并保证质量的人。后来，该公司不再受政府管理，参与市场竞争，面临经营改革，于是聘请了 IBM 公司从前的一位管理人员担任市场经营的副总裁。这位副总裁从小就习惯竞争环境，善于识别和适应市场的各种特征，符合改革需要，属于引导式英雄。

3. 固执式英雄

这是坚韧不拔、锲而不舍、不达目的绝不罢休的人物。例如，3M 公司一位职员试制新产品一年而未成功，结果被解雇，但他不取报酬继续试制，终于试制成功，而被公司晋升为副总裁，并被尊为固执式英雄。

4. 圣牛式英雄

这是些忠于职守、坚持传统、乐于奉献的人物。例如，一位工程师为了检查一台声音不正常的机器而把耳朵贴近机器，结果机器爆炸，烧了他的半张脸。他就是一位圣牛式英雄，他的精神让人们更尊敬他。

（二）企业楷模的培育

企业楷模是在企业实践中逐步成长起来的，但最后真正成为人人敬仰的楷模又需要企业的精心培育。企业楷模是典型人物良好的素质所形成的内在条件与企业"天时、地利、人和"的客观环境形成的催化力共同作用的结果。企业在造就楷模时，主要应该做好以下三方面工作。

第一，善于发现楷模"原型"。企业楷模在成长的初期往往没有惊人的事迹，但是他们的价值取向和信仰主流往往是进步的，是与企业倡导的价值观保持一致的。企业的领导应善于深入员工，透过他们的言行了解其心理状态，以及时发现具有楷模特征的"原型"。对"原型"不要求全，而要善于发现其亮点。

第二，注重培养楷模。企业应该为所发现的楷模"原型"的顺利成长创造必要的条件，增长其知识，开阔其视野，扩展其活动领域，为其提供更多的文化活动的参与机会，使其增加对企业环境的适应性，更深刻地了解企业文化的价值体系。培养楷模切忌脱离员工，应使楷模有广泛的员工基础。

第三，着力塑造楷模。对楷模"原型"的言行给予必要的指导，使他们在经营管理活动或文化活动中担任一定的实际角色或象征角色，使其得到锻炼。当楷模基本定型，为部分员工所拥护以后，企业应认真总结他们的经验，积极开展传播活动，提高其知名度和感染力，最终使之为企业绝大多数员工所认同，发挥其应有的楷模作用。

同时，企业还应该注意对企业楷模进行奖励，这种奖励不应该只是报酬，而更应该是一种精神价值的肯定、一种文化的激励与象征；不应该只局限于楷模本人，而更应该着眼于能够产生更多的楷模。优秀的企业在如何奖励企业楷模这个问题上往往"别出心裁"，比如，有的公司为工作达到一定年限的职工颁发奖章鼓励。

三、员工培训法

企业文化的教育培训是企业文化实施的基础工作。企业文化的落实需要员工的认同和配合，但员工受到惯性思维、传统情结和既得利益的影响，不会主动接纳新文化。因此在实施阶段，需要在企业文化领导小组或企业文化部的统一部署下，会同相关部门，对全体员工进行系统的培训和宣讲，让员工真正理解企业文化的内涵，发自内心地认同和拥护企业文化。

企业文化的教育培训可以整合在企业的培训管理制度之中。将企业文化作为重要的培训内容，列入新员工培训、老员工在岗培训、专题培训之中。企业文化的培训应该是一种全员培训，因为企业领导层的价值观和信仰只有反映和代表了全体员工的观念、信仰，才对企业管理有意义。同时，通过企业文化全员培训集聚的企业凝聚力，能紧紧地将员工分散的个体力量聚合成团体的力量和行为，使每个员工对企业产生浓厚的归属感和荣誉感。培训方法有讲授法、视听技术法、讨论法、案例研讨法、角色扮演法、自学法、互动小组法、网络培训法、场景还原法等。

四、宣传推广法

在企业文化建设的实践中，不少企业有很好的企业文化内容和精神实质，但是一直未能够得到很好的传播和扩散，未能获得管理者和员工的接受和认同，致使在内部没有产生企业文化的引导、教化、凝聚等作用，在外部没有形成企业文化的扩散力、影响力和竞争力。究其原因，主要是没有对企业文化的宣传推广予以足够的重视和充分的运作。

企业文化宣传推广，是指企业通过内外部渠道向员工、通过产品服务向社会传播企业文化并取得认同的过程。企业文化传播的途径有很多，如会议、日常管理、培训、各种媒介、各种活动等。

实例探析：
万达文化的
"十个一"工程

（一）会议传播

企业一般会通过各种会议传播企业文化，这是一条有效的传播途径。企业的任何重大问题、事件、决定都必须通过会议讨论，或者予以裁决，或者给出定论。在会议的进行过程中，企业文化的核心价值理念时刻起指导与约束作用，企业的规章制度对于会议也起指导与约束作用，尤其是基本的规章制度。会议的过程既是工作的过程，也是学习的过程。通过会议不仅传播企业理念和价值观，也能加深对企业规章制度的认识和理解，传播企业行为规范，也传播对物质规范与精神文化的判断。企业会议的类型有很多，比如，按照参会的层次划分，有领导班子会议和员工大会；按照会议性质划分，有党务工作会议、行政工作会议、工会工作会议；按照会议的参与组织划分，有企业工作会议、部门与车间工作会议、班组会议；按照会议的内容划分，有技术攻关会议、设备管理会议、新产品开发会议等；按照会议形式划分，有室内会议、现场会议、电视电话会议、网络会议等。会议是折射企业面貌的一个重要窗口，一个企业的会风能够反映企业管理制度和企业理念、企业行为的实施和传播程度，尤其是企业领导班子的会风，对整个企业的风气起决定性作用。但是，决定会风的最根本因素是企业理念文化。有什么样的企业精神与作风，就有什么样的会风。

（二）日常管理传播

日常管理覆盖了企业方方面面的工作，例如生产、销售、党务、后勤、财务、技术等，日常管理的过程就是企业文化传播的过程。在日常管理中，企业文化的行为层、物质层也参与到管理传播中来，并起到十分重要的作用。企业员工在学习企业经营管理制度的同时要理解企业文化的规范，通过企业视觉和听觉系统内化企业文化内涵，提醒自己要符合企业文化要求，增强自主管理意识。

（三）培训传播

从培训内容来看，培训传播主要有两种类型：一类是企业文化培训，另一类是员工专业技能培训。除了培训的内容之外，培训的组织、培训的讲师、培训的环境、培训的质量等也在直接或间接地进行企业文化传播。对企业员工进行企业文化培训时，要注重培训方式的多样化，并将培训内容与工作实际紧密结合起来。

针对不同的员工，企业的培训内容应有所不同：对于新员工，企业一般会进行系统的企业文化培训，比如企业成立与发展历史、企业产品、企业精神理念、企业的各种规章制度等；对于老员工，企业一般会分期分批地进行企业文化培训，比如专业技能培训、职称培训、业务知识培训、素质拓展培训等。

（四）媒介传播

媒介传播是企业文化传播的重要方式或渠道。媒介主要分为对内传播媒介与对外传播媒介。一般而言，企业文化对内传播网络的形式主要有三种：一是正式网络，如企业创办的刊物、报纸、闭路电视、企业广播、宣传栏、内部局域网等；二是非正式网络，如非正式团体内部的交流、企业内的小道消息等；三是企业文化手册（也称员工手册）。对内传播媒介主要是企业员工，另外也包括企业生活区的居民，也就是员工的家属，要注意内容丰富、形式多样，提高员工主动传播的积极性。对外传播媒介主要包括电视、广播、网络、交通工具、建筑物、户外广告、楼宇广告等。使用对外传播媒介，企业一般采取支付广告费的方式购买时段与板块。企业要注意根据媒介的特点、受众目标及传达效果来进行事件策划，以吸引媒介。如果觉得企业有关新闻事件符合报道方针与策划要求，也可主动予以报道。另外，企业也要积极主动进行公关，与媒体保持良好的合作关系。

实例探析：
红蜻蜓企业文化手册目录

（五）活动传播

企业通过多种活动进行企业文化的传播。评比与表彰、愿景上墙、安全演练、拓展训练、征文活动、运动会、文艺晚会、讲故事大赛等活动都是良好的传播载体，应该统筹安排，发挥各自的传播效能。企业在绩效考核的基础上，对表现突出、贡献突出者予以表彰是有效的企业文化传播载体。一般来说，企业应该以月为单位及时表彰先进个人与团队，尤其要表彰先进个人，树立公司内部的英雄模范人物，激励公司员工的上进心。表彰的方式可以是口头的，也可以是正式的，还可以通过宣传板、公司内网、公司简报等载体让整个企业或者整个部门都知道被表彰者及其事迹。企业所举办的活动很多，有的活动可以结合工作进行，有的活动可以与培训相结合，有的活动则和娱乐紧密结合，这些活动对于企业文化的传播都有具体过程与特点。

五、制度检查法

企业制度受企业文化的统率和指导，反过来，企业制度能促进企业文化的形成。企业制度中规定了企业整体以及员工个体遵循的行为规范，从中不难看出这个企业崇尚什么、反对什么，即企业信奉的价值理念，而且可以看出这个企业的做事方式与风格，所以，企业制度本身能体现企业文化。当管理者认为某种文化需要倡导时，他可能通过培养典型的形式，也可能通过开展活动的形式来推广和传播。但是要把倡导的新文化渗透到管理过程，变成人们的自觉行动，制度是最好的载体。员工普遍认同一种新文化，可能需要经过较长时间，但是如果在企业制度中体现企业文化，则可以加速员工对企业文化的认同，促进企业文化的实施。

企业制度与企业价值观念不一致，是使企业价值观念停留于企业领导人的倡导和企业的宣传却不能成为员工行为的主要原因之一。例如，一个企业的领导人认为，创新对于企业的生存和发展来说是非常重要的，所以在企业价值观念中将创新作为企业的核心价值观之一，并在各种场合宣讲创新的重要性。但在该企业中，员工并不热衷于创新，也不重视创新。在进行企业文化诊断时，发现员工之所以不重视创新或者不热衷于创新，是因为虽然企业在提倡创新，但没有将创新成果与员工的个人利益挂钩，也没有具体的措施来保证员工开展创新活动。制度与企业主张不配套，导致员工认为企业提倡创新做的是表面文章，所以也就不当一回事。

因此，在明确企业价值观念之后，应该将价值观念进一步落实到工作规范中去。对其原有的制度进行系统的梳理，剔除、修改与企业文化理念不相适应的部分，在原有的制度中增加与该制度相关的价值观念及相应的规则。制度必须根据企业的理念来重新设计，营销管理制度则根据营销理念、客户理念、市场理念等相关理念进一步完善。只有坚决抛弃与文化价值观念相背离的各类规定，把企业的制度和企业文化对应起来，才能真正以价值观念引导员工的思维，以制度规范员工的行为，并使企业文化在员工工作中得到落实。

六、礼仪固化法

企业文化礼仪是指企业在长期的文化活动中所形成的交往行为模式、交往规范性理解和固定的典礼仪式。礼仪表面看来似乎是一种形式，但它不仅是企业价值观的重要体现，而且可以使企业规章制度和道德规范具体化为固定的行为模式，对制度和规范起强化作用。

实例探析：
三九医药公司的
文化礼仪

具体而言，企业文化礼仪在企业文化实施中的作用可总结为三个方面。第一，企业文化礼仪体现并固化了企业价值观。企业是由价值观派生的，为价值观而存在的，企业文化礼仪是一种独特的传播企业价值观的方式。通过履行一定的礼仪程式，不仅可以使员工接受和认同价值观，同时也推动了员工将其内化为自身的观念和行为。第二，企业文化礼仪体现并固化了企业道德要求。在进行这种程式化和固定化的礼仪活动中，员工自觉或不自觉地接受了一定的道德规范，如许多领导与员工们每天见面时都互相问好，而有些企业的领导则趾高气扬、颐指气使。这两种不同的礼仪既反映了不同的企业道德水准，也反映了不同的企业人际关系。第三，企业文化礼仪可以增强企业的凝聚力和向心力。社会心理学研究表明，人具有相互交往和群体聚集的心理需要。企业举办的各种礼仪活动，有助于产生彼此认同的群体意识，并消除人际隔膜，增进情感，无形中增强企业的凝聚力和员工的向心力。

企业文化礼仪一般包括如下五个方面。

1. 工作性礼仪

工作性礼仪是指与企业生产经营、行政管理活动相关的，带有常规性的工作习俗与仪式。建立这类礼仪的主要目的是警示员工履行自己的职责，进而规范员工的行为。这类礼仪一般包括早训（朝会）、升旗仪式、表彰会、庆功会、拜师会、攻关誓师会及职代会等。比如，有的企业举行班前宣誓仪式，要求员工在走向工作岗位之前集中通读公司精神与有关理念，以达到振奋精神、激荡思想，进而规范行为之效。

2. 生活性礼仪

生活性礼仪是指与员工个人及群体生活方式、习惯直接相关的习俗与仪式。这类习俗的目的是增进友谊、培养感情、协调人际关系。其特点是气氛轻松、自然、和谐，具有民俗性、自发性和随意性；具有禁忌性，避免矛盾和冲突，抑制不良情绪，禁止不愉快的话题，要求人们友好和睦相处；具有强烈的社会性，有些礼仪直接从社会移植而来，又由非正式组织推行，并在企业中广泛传播。这类仪式一般包括婚庆会、联谊会、祝寿会、运动会、文艺汇演及团拜活动等。

3. 纪念性礼仪

纪念性礼仪主要是指对企业具有重要意义的纪念活动中的习俗与仪式。这类习俗与仪式的目的是使员工产生强烈的自豪感、归属感，增强自我约束力。其特点是突出宣传纪念活动的价值，烘托节日气氛，强化统一标志，穿着统一服装，举行升旗仪式，唱企业歌曲等。这类仪式主要是指厂庆、店庆及其他具有纪念意义的活动。

4. 服务性礼仪

服务性礼仪主要是指在营销服务中接待顾客的习俗与仪式。规定这类礼仪的目的主要是提高企业服务质量和服务品位，满足顾客精神需要。其特点是：具有规范性，执行不能走样；具有展示性，即对外展示企业良好的精神风采，有特色的服务习俗与仪式能够成为企业文化的一景；直接反映企业营销活动的内容和特点。仪式执行的程度与效果直接或间接影响企业的声誉和效益。这类仪式主要指企业营业场所开业、关门礼仪，主题营销礼仪，接待顾客的程序规范和语言规范，企业上门服务的礼仪规范等。

5. 交往性礼仪

交往性礼仪主要是指企业员工在与社会公众联系、交际过程中的习俗与仪式。这类礼仪表现了企业在待人接物、处理公共关系上的良好风格，体现了企业对员工、顾客、竞争伙伴和相关公众的尊重，使企业在内外公众中形成良好的形象。其特点是既有通用性，又有独创性。通用性是指企业要遵循世界上各国各民族通用的交际习俗与仪式。独创性是指企业自身在与公众交往实践中创造的交往礼仪，这类礼仪往往有特殊场景和程序，带有鲜明的企业个性和文化魅力。比如，有的企业特别设立"家属答谢日"，以表达企业员工家属对员工工作支持的感谢；有的企业定期举办"开放日"，让社会公众参观企业的生产情景，以增加公众对企业的了解、信任。交往性礼仪包括接待礼仪、出访礼仪、会见礼仪、谈判礼仪、宴请礼仪，以及送礼、打电话、写信礼仪等。

七、情境强化法

企业文化的实施还要利用情境强化来实现，即通过营造一定的情境，让员工自觉体会其中隐含的企业文化理念，从而达到自觉自悟的效果。

企业的理念是抽象的，不易把握，更不易入脑入心。怎样克服企业文化建设的这一瓶颈呢？"情境强化"是一把金钥匙。如果情境设计得巧妙，就可以发挥视觉冲击力大、印象深刻的特点，有效地把企业理念渗透到员工内心。情境强化法的关键在于情境的设计，企业应该针对不同的环境、不同的参与者，营造不同的氛围，展现不同的场景，以充分发挥这一特定场景的视觉冲击力和心灵震撼力，收到令人满意的效果。

文化理念故事化也是情境强化的一种途径。企业文化的核心理念大都比较抽象，要真正地进心入脑，内化为员工生产生活的内在动力，就要借助于生动活泼的故事，以人们喜闻乐见的形式进行宣传和渗透。故事可以分为三种类型：寓言类故事、企业外部发生的真实案例、企业内部的真实故事。

实例探析：
文化理念故事化

第五节　企业文化建设的心理机制

优秀的企业文化不是从天而降的，也不会自发形成，它是组织的领导者有意识地加以培育和长期建设的结果，有些西方学者也把这个建设过程叫作"文化匹配"。企业文化的建设可以巧妙利用几种心理机制来推行，从而取得事半功倍的效果。

一、巧用心理定式

心理定式指的是对某一特定活动的准备状态。心理定式的效应有正负之分，是一把双刃剑：一方面是积极作用，定式效应能使人在客观事物、客观环境相对不变的情况下，对人和事物觉知得更迅速、更有效；另一方面，心理定式也有消极的一面，惯性和惰性使人们对于一些东西，特别是理念，不愿意主动改变。

要想让心理定式在企业文化建设中发挥作用，首先员工要对企业文化有比较深入的感知和了解。在企业文化理念提炼出来以后，可以制作成标语张贴在墙上，可以写在员工的胸卡上，可以做成台历，可以制作成宣传片指定专门的讲师进行教育培训，也可以在每天的晨会和一些重要会议之前播放。总之，利用一切可以想到的途径，让员工置身在企业文化的环境中，在员工对企业文化熟悉之后，再发挥对企业文化的定式作用。

此外，在利用心理定式效应发挥企业文化的作用时，必须注意以下两点。

第一，要明确在哪些方面需要形成心理和行为定式，在哪些方面不需要，不要机械化地使企业文化走向僵化和反面。一般来说，需要形成心理和行为定式的是企业文化中的核心部分和最具标志意义的部分。

第二，要形成心理和行为定式的内容，一定要有足量的训练。如果达不到相应的度的要求，期望的心理和行为模式是不可能产生定式效应的。

组织在进行变革时，要相应地更新和改造原有的企业文化。这个时候，首先就要打破传统的心理定式，可以及时地、有意识地采用逆向思维方式或其他思维方式。当然，这是件十分艰巨的事，常会遇到文化惰性的顽强抵抗。

二、重视心理强化

在管理中可以运用心理强化手段来改造员工的行为。强化可分为正强化和负强化。正强化又称积极强化，即利用强化物刺激主体，来保持和增强某种积极行为重复出现的频率。负强化又称消极强化，即利用强化物抑制不良行为重复出现的可能性。

强化心理运用到组织文化建设上，就是要及时表扬或奖励与企业文化相一致的思想和行为，及时批评或惩罚与企业文化相背离的思想和行为。

在运用强化时，必须要注意以下几点。

第一，要明确强化目标，弄清楚什么该表彰奖励，什么该批评惩罚，什么可以不去强化。

第二，要重视制度的落实和许诺的兑现，这是强化的关键所在。

第三，要了解清楚情况，实事求是、公平公正。实践表明，不实事求是和不公正的奖惩比不强化的效果更糟。

第四，要注意强化形式的多样化。奖励有物质的也有精神的，批评有公开的也有私下的，检查有定期的也有不定期的。

第五，强化要注意及时性，及时强化能取得最佳效果。

第六，要注意强化的时程间隔。对于某一行为，每次反应都予以强化并不好，不定比例间隔强化和不定时间隔强化的效果较佳。

第七，要注意不同员工的个性心理特征和需要。对于比较内向的员工最好不要当着他人的面进行批评，对于生活比较困难的员工可以更多地采取物质奖励，总之不能用一个模式去面对所有的人。

当企业的文化需要发生改变时，首先要打破已有的思维定式，重新建立对新文化的认识。在这个过程中也可以巧妙地利用强化，帮助员工增加符合企业文化的行为，减少违背企业文化的行为。

三、利用从众心理

从众指个人受到外界人群行为的影响，而在自己的知觉、判断、认识上表现出符合公众舆论或多数人认可的行为方式。当少数人和大多数人的意见不一致时，少数人就可能会因为群体压力，做出从众的选择。

群体压力是由群体的一致性形成的，而不是恐吓、行政压力的结果。因此，在企业文化建设中，必须做到以下几点。

第一，要善于形成集体舆论。集体舆论是集体的公意，是集体中占优势的并为多数人所赞成的言论和意见。它借助群众的议论，以褒或贬的形式来肯定或否定集体动向或集体成员的言行，是一种有效的社会控制手段。集体舆论一旦形成，集体就能明辨是非，使正确的东西得到扶持和发扬，使不良的东西受到批评和抵制。集体舆论形成的途径主要有宣传教育、批评和自我批评、讨论会等，这也是企业文化常用的一些推广方式。

第二，要善于发挥小集团的作用。心理学家研究发现，团体人数在7~8人时，从众的效果最佳。因此，发挥部门、科室、班组和一些非正式群体的作用对集体舆论的形成是非常重要的。

第三，要善于运用榜样的力量。企业中的榜样力量主要来自两个方面，一是企业、部门、班组领导者的带头作用，二是先进人物的示范作用。发挥这两类人的榜样效应是企业文化形成的关键。

第四，要善于控制反从众现象。心理学的研究表明，在一个团体中做出不同于多数人反应的人数越多，从众的可能性就越低。因此，对于团体中的抵制和反对意见，一定要认真对待。

在企业文化建设中，组织领导者应该动用企业网站、内刊等一切舆论工具，大力宣传企业文化，主动利用从众心理，促成组织成员在行动上的一致性。这种行动一致的局面初步形成后，会对个别后进成员构成一种心理压力，促使他们改变初衷，与大多数成员一致起来，进而实现组织文化建设所需要的舆论与行动的良性循环。

四、化解挫折心理，重视员工心理健康

在组织的运行过程中，组织成员之间的摩擦、上下级之间的矛盾和冲突，都是不可避免的。从组织成员个人来讲，碰到困难时难免会产生挫折心理。如何化解组织成员出现的挫折心理，对员工进行心理健康管理，也是组织文化建设中应该考虑的问题。

首先，管理者应具备良好的心理素质，能够应对和抵御各种风险，尽快适应变化着的环境，尊重员工，与员工保持积极有效的沟通，与周围建立友好和谐的关系。

其次，在组织内部应该形成一种宽松的环境，使员工能够畅所欲言，提出对组织发展有益的批评和建议。

最后，加强对员工的心理健康培训并建立相应的心理咨询机构。根据员工的不同特点实行不同的培训方式或咨询模式，使员工能够自觉抵制不良行为，并能自觉约束自己，使自己的工作目标与组织目标保持较高的一致性，从而加快组织目标前进的速度。

组织成员具备健康的心理素质，会对自己工作的团体产生更高的认同感和归属感，会更加有效、快乐地工作。这对任何一个组织来说都应该是努力去做到的，也是企业文化建设的初衷。

在企业文化建设过程中，不同企业可以根据自己企业的实际情况，综合利用这些心理机制。企业是由人组成的，文化也是关于人的，准确把握员工的心理，可以使企业文化理念更好地落地，在企业经营管理中发挥出应有的作用。

扩充性知识

第六节　绿色企业文化建设

企业作为发展低碳经济的中坚力量，具有不可推卸的责任。企业要践行低碳发展，不仅需要做好人才、设备、制度等方面的工作，更需要从根本上转变文化观念，因为文化有强大的牵引力、凝聚力、渗透力和约束力。企业低碳发展的根本之道就是建设低碳发展文化。推进低碳发展，不仅符合中国资源环境承载力有限的国情和实现可持续发展的要求，而且符合国际发展的潮流。本节从理念层面、制度层面、行为层面和物质层面提出低碳经济视域下绿色企业文化的建设策略，使企业在发展生产中做到保护环境、节约资源，实现"经济+社会+环境"三个效益统一协调，走可持续发展道路。

一、低碳经济与绿色企业文化

(一) 低碳经济

从 2003 年英国在能源白皮书《我们能源的未来：创建低碳经济》提出至今，"低碳经济"这一概念得到越来越广泛的认同。低碳经济是指在可持续发展理念下，通过制度改革、技术创新、产业转型、新能源开发等多种方式，尽可能降低高碳能源消耗，控制并减少温室气体排放，实现生态环境保护和经济社会发展双赢的状态。低碳经济将是继农业文明、工业文明之后，人类的又一重大进步。低碳经济以应对全球气候变暖、发展碳基能源为基本要求，以低能耗、低排放、低污染为基本特征，目标是实现经济社会可持续发展。其实质是开发与高效利用各种能源，广泛应用绿色能源以及有效减少碳排放，要求强化减排和开发与创新能源技术，将低碳发展观念根植于人心。

(二) 绿色企业文化

在全球绿色革命影响下，绿色文化作为新概念发展迅速，属于亚文化范畴。绿色企业文化是一种多范畴的交叉型新理论（涉及科学、经济、生态等），能对企业发展产生重要影响，企业价值观以绿色理念为中心，在企业持续发展中不断融入绿色管理理念，高效利用各种资源、保护环境，以求构建企业独具特色的竞争优势。

绿色企业文化存在于企业整体价值观念、企业道德、企业愿景、经营哲学、管理风格、员工行为规范、企业精神等各种因素中，是抽象的，又是无处不在的，其核心是价值观。

二、绿色企业文化建设的目的和意义

(一) 从宏观层面看，建设绿色企业文化是国家经济发展转型的需要，是企业应对金融危机及"绿色消费"浪潮冲击的需要

我国正处于现代化建设的重要战略机遇期，企业必须实行新的发展思路，坚持保护生态，实现人与自然的和谐发展，同时也要克服急功近利式的发展行为，避免以破坏环境和资源为代价的企业行为，严格遵守国内和国际环境管理标准。建设绿色企业文化对企业来说是当务之急。研究绿色企业文化建设，可以为政府部门制定低碳产业相关政策提供参考依据，以突出市场导向，关注和发挥企业的主观能动性，进而促进经济社会的可持续发展。绿色消费是一种在消费过程中不会产生环境污染、资源浪费的健康舒适且自然的消费模式，能科学合理地满足生活需要，减少或消除对环境的破坏。

另外，金融危机造成贸易保护措施呈多样化趋势发展，知识产权保护、绿色壁垒、技术壁垒等超贸易保护主义手段也已屡见不鲜。如今，中国企业面临着的绿色壁垒越来越多，亟须从文化层面提高绿色文化意识，从管理层面进行绿色生产。

(二) 从微观层面看，建设绿色企业文化有助于提升企业的持续竞争优势及企业形象

建设绿色企业文化能为推动企业低碳发展发挥有力的文化导向功能，有助于企业管理

人员制定更具针对性的低碳发展策略，也有助于培育企业员工低碳行为方式，增强员工凝聚力。企业能以绿色企业文化建设为契机把低碳发展提升到战略高度，从战略层面来契合发展潮流、应对低碳经济。这样也能从根本上提升企业的核心竞争力，促使企业不断发展壮大。

从长期来看，企业开展绿色企业文化建设除能够获得较大的经济效益之外，还能通过实施低碳发展战略、生产推广低碳产品、研发低碳科技等措施对利益相关者履行社会责任，进而建立和扩大企业在社会上的美誉度。通过树立良好的企业形象产生较大的生态效益和社会效益，可极大促进企业的可持续发展。

三、绿色企业文化建设思路

构建符合企业自身发展需要的绿色企业文化是一项系统工程，需要企业全体员工和经营管理者共同努力。从宏观层面来说，企业在构建绿色企业文化的过程中，首先要明确企业的愿景和使命，愿景、使命属于战略层面的内容，做好战略层的决定，企业才能发展壮大；而后要了解生产产品和所处行业的具体特征，只有了解自己产品特性才能知道自己企业在所处环境中的优势、劣势、机遇与挑战，从而有的放矢地建设绿色企业文化；然后要明确企业进行绿色企业文化建设的最终目的，在同等条件下不断提高企业凝聚力，在促进企业经济效益提升的同时兼顾社会效益和环境效益。此外，企业也要重视对细节的把握，从领导层到员工层做到人人贯彻、落实、执行绿色企业文化，使企业绿色发展。绿色企业文化建设思路如图4.1所示。

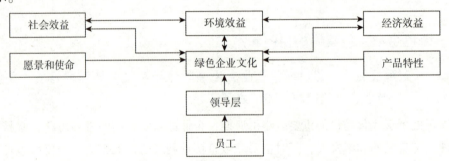

图4.1　绿色企业文化建设思路

四、绿色企业文化建设策略

（一）运用低碳技术，生产低碳产品，建设绿色物质文化

物质层是整个绿色企业文化构建过程的基础及起点，可从以下两个方面建设绿色物质文化。

1. 创新低碳产品及低碳技术

在物质层面上推进绿色企业文化，主要依靠对企业低碳产品和低碳技术进行创新升级。企业生产经营过程中，必须运用低碳技术生产低碳产品，并将低碳产品推向市场，绿色企业文化和低碳技术应该形成良性互动,实现企业远期低碳战略。设定和实施企业低碳战略也对企业提出了更高的低碳技术创新要求,有利于激发企业创新低碳技术的热情。低碳产品和低碳技术的相互促进和良性循环,能不断推动企业的长足发展。推动低碳技术创新的因素如图4.2所示。

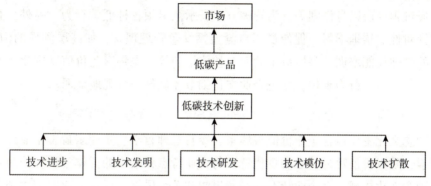

图 4.2　推动低碳技术创新的因素

2. 对企业内外部环境进行评价

不同企业所处的行业环境有较大差别,因此,企业在推进绿色企业文化的前期就应科学合理地评价企业的内外部环境,掌握企业所处行业的具体特点,对企业所处的内外部环境情况进行具体分析。

(二) 完善管理制度,重塑组织结构,建设绿色制度文化

1. 企业须完善管理制度

企业特点不同,必须根据现代企业制度的要求,结合绿色发展理念,逐步创新和完善企业绿色制度文化。在生产实践中,尤其要注意做到政企分开和管理科学,依据绿色制度文化形成低碳行为。另外,企业还可以通过自身科学、系统的管理,真正指导生产经营实践。

2. 企业须重塑组织结构

企业重塑组织结构可以从以下方面入手:用相适应的新战略、新流程取代企业已有的流程;新流程的实施依靠新的信息技术,即将已有操作和管理流程智能化、自动化;同时要避免设计在不同人员中连续传递的流程;追求高目标,有效、准确地改善企业现有的组织结构。

3. 测评和监督制度的实施效果

企业有了制度层面的保证,就可以通过重塑组织结构、完善组织制度,配合企业实施各种低碳战略。此外,还应建立相应的效果测评和监督机制,进一步调整和完善实施效果。只有客观科学的测评监督体系,才能保证全面形成和推广绿色企业文化,组织制度的变革才能保证贯彻执行。

（三）加强低碳行为引导，规范员工低碳行为，建设绿色行为文化

企业应在日常生产的各个环节、经营管理实践中，综合利用各种媒介宣传企业文化的低碳内涵，引导全体员工自觉形成低碳行为。例如，企业可以通过通知、通告的形式，将节能减排的行为规范到生产和管理的各个领域；还可以通过表彰优秀员工，对低碳行为进行鼓励，通过领导层以身作则等行为管理方式，示范引领各种低碳行为。另外，企业可通过多种有针对性的培训学习，促使员工自觉遵循绿色管理理念，如高层领导的沟通培训、中层领导的管理技能培训、基层员工的业务技能培训等。先将绿色价值观内化于心，再让低碳行为外化于行。行为到位，绿色企业文化细节才能最为直观地呈现。

（四）培育低碳发展意识，弘扬低碳价值观念，建设绿色理念文化

企业理念文化主要包含企业价值观体系、经营管理哲学、企业宗旨、企业愿景、企业精神等要素，是以价值观为核心的现代意识与企业特点相结合的群体意识。作为企业文化的核心，理念文化体现一个企业特有的经营思想和个性风格，反映企业的信念和追求，指导企业进行生产经营活动。企业应培养员工的低碳发展意识、低碳价值观，通过发挥文化的牵引力、凝聚力、渗透力和约束力，将低碳发展观念融入企业员工的意识及日常行为中。当低碳价值观真正落实到企业员工的行为上时，绿色企业文化会凸显应有的经济效益、社会效益和生态效益。

第七节　"三入"助推企业文化落地

企业文化是一个企业的灵魂，是企业赖以生存和发展的精神动力和力量源泉。优秀的企业文化能极大地促进企业的发展，反之则会削弱企业的运作功能。当代企业基本能意识到企业文化建设的重要性，但是企业文化如果不能落地，则同样不能有效发挥其凝聚人心和激励人心的作用。借鉴同心动力管理咨询公司高级咨询顾问李兆麟的观点，做好企业文化的落地工作需要从三个方面着手进行：入眼、入脑、入行。

实例探析：
企业文化落地

一、入眼

入眼，顾名思义就是在眼睛里看到。在调研诊断基础上，确立和完善企业文化理念体系，明确使命、愿景、核心价值观等一系列核心表述，形成公司统一和共同认可的文化倡导。通过召开有仪式感的企业文化发布会，展现文化建设阶段的企业文化成果，聚焦全员注意力，向全员发出深入开展企业文化落地实施的信号。

然后进行文化的可视化，通过打造文化墙、印发文化手册，确保每位员工都知晓企业文化体系内容；同时利用传统宣传渠道和新媒体等方式，持续推广文化理念。通过文化的

可视化，让公司上下都意识到企业文化的存在，都能直观感受到企业文化的基本内容，为文化进一步落地实施渲染氛围，营造文化磁场。

二、入脑

在"看见"文化之后，要进行文化的宣贯学习，促使员工去理解文化体系的内涵和由来。面向公司全体员工，构建企业文化培训体系，进行文化理念的授课式宣贯培训和巡回宣讲，使全体干部员工对文化理念体系有系统而深刻的理解和认知。

针对中高层，可举办文化引领共识营，开展中高层共识性活动体验，领导层保证在文化深植过程中以身作则、率先垂范，凸显企业中高层管理团队的文化引领力和示范力。开展多种形式的文化主题活动，如文化知识竞赛、文化演讲比赛、文化故事征集与分享活动等，在集团员工中形成文化学习的良好局面，持续加深对企业文化核心理念的理解，做到文化入脑。

三、入行

经过入眼、入脑等一系列工作之后，企业文化在管理者与员工之间达成广泛共识，对基本的文化理念有了更深的理解。这个时候，文化要发挥更深层次的作用，就需要倡导管理者和员工践行价值观。

通过文化理念的践行，文化理念和员工行为的广泛对接，营造积极向上的文化氛围。通过文化的深植来解决实际问题，转变员工行为，从理念到行动，激发积极改变。

一是围绕组织的核心价值倡导，实施系列价值观专项活动，助推组织行为的转变与提升。

二是实施价值观管理与考核，逐条破解核心价值观，形成每个价值观的评分标准，出具价值观考核方案并实施，最终对考核结果进行应用和输出。设置企业管理者价值观底线，开通价值观反馈渠道，曝光违背价值观倡导的不良文化现象及管理行为，对"违禁者"进行惩处并载入个人价值观档案。

实例探析：广州地铁5个"一"趣味宣贯文化

三是进行使命连接专项活动，使管理者和员工明晰自己的使命，明确个人使命与企业使命的融合点，促使员工思考如何工作以履行自己的使命，实现公司的使命，最终达到持续激发员工活力的效果。

文化落地不是一朝一夕的事情，也不是某个人、某个部门的事情。文化落地需要全员共同努力，持续推进、久久为功，将文化理念融入日常行为和工作管理。全员倡导，全员践行，方可感受文化的巨大力量。

 案例分析

伊利的成功来自有力的企业文化建设

内蒙古伊利实业集团控股有限公司（简称"伊利"）作为综合类乳制品加工资源转化型的农畜产品深加工企业，经过十几年的努力，如今已经发展成专门从事乳品研究、开发和生产的全国大型乳业集团。伊利主营业务持续增长，行业地位明显提高，在创建"中国乳业第一品牌"的道路上迈出了关键的一步。那么是什么使一个初期资产仅40多万元、员工80来人、年利税不足5万元的"手工作坊"发展成现在的大型乳业集团的呢？

一、改革与管理并创奇迹

改革与管理是企业得以强劲运作的两个轮子，二者缺一不可。对于一个中国企业而言，改革具有时代性，其内容会随着时代的前进而有所变化，但管理却是永恒的主题。伊利集团让改革和管理两个轮子一起转，转出了改革和管理的奇迹。

谈到伊利的崛起，不能不让人想起多年前的改制大戏，如果没有把市场运作机制全面引入企业内部，伊利就没有今天。20世纪末，那个"春天的故事"令呼和浩特市回民奶食品厂厂长郑俊怀喜出望外。可是呼和浩特市政府确定的12家试点改制的企业中，没有当时伊利的前身回民奶食品厂。对于像郑俊怀这样的一个头脑敏锐、意志坚强的企业家来说，一个伸手可得但又可能转瞬即逝的历史机遇，岂能轻易放过？于是他毫不犹豫地向上级提出了回民奶食品厂实行股份制改革的申请，他们要做呼和浩特市第一批第13家改制企业。但是主管部门坚决反对，市政府有关领导也不同意。理由很简单：条件不具备。

不到黄河心不死。郑俊怀在厂领导班子会上决心"背水一战"：如果不批准我们搞股份制，我这个厂长宁可不干！班子领导其他成员也异口同声地表示：不同意改制，咱们就集体辞职！这一出"乌纱换转制"的改革大戏，悲壮地拉开了帷幕。精诚所至，金石为开。在回民奶食品厂举行的市长现场办公会上，当时的市长听了郑俊怀的汇报后，感慨地说："别的企业向政府要钱，要减税，唯独你们要政策，这是多么强烈的反差呀！"随后，他代表市政府一锤定音："我同意你们搞，这符合党的精神！"呼和浩特市回民奶食品厂改制为内蒙古伊利实业股份有限公司，郑俊怀当选为董事长兼总经理，从此，伊利公司步入了现代企业制度持续、健康发展的快车道。股份制改造的成功，使伊利在产权制度改革上实现了由探索所有权和经营权分离，到实行资产所有权与法人财产权分离的跨越，从而使伊利初步具备现代企业制度的基本特征。

严密的公司治理结构，成为伊利运筹帷幄、决胜市场的指挥中枢。作为一家将资源优势转化为经济优势的龙头企业，伊利公司在团结、尊重、效率管理理念和生产经营决策的统领下，所属企业结合自己的实际，通过租赁、承包、托管等现代企业制度所特有的运行方式，分工协作地创造着伊利的辉煌和奇迹。

伊利借鉴国内外先进企业的管理思想和方法，寓管理于法制之中，伴随企业的改革与发展，形成了独具特色的企业文化，包括规范的生产与生活（即岗上和岗下）行为规范、监督考核制度和奖惩制度等。从领导到员工，在制度面前人人平等。严格的现场管理，使公司的生产与生活秩序井然。伊利公司通过全员军训、从点滴小事做起的严格制度建设，培育了员工适应市场竞争的铁的纪律和意识。上万名员工，十几个企业，在厂区内能做到禁烟、禁酒、禁剩饭，其难度可想而知。然而伊利就做到了，其秘诀无非严字当头，一视同仁。这当中，记者剩饭被罚款、领导吸烟到厂外之类的事，已成为伊利"铁面管理"的佳话美谈。

在生产岗位上，伊利对员工更是高标准严要求，员工上岗必须以保障产品质量和工作质量为第一要旨。新员工进厂，首先要进行一个月的军训，合格后方能上岗。至于车间员工说话不准摘口罩、进车间班长检查指甲卫生，已成为员工严格的行为规范。正是这样严格的管理，让上下班时间车水马龙，人来人往，却没人逾越白线。

二、"以人为本"与双管法

手脚管行动，头脑管思想。高明的管理者往往以人为本，把人的思想和行动规定在一个基本的准则之中。这些准则既管手脚又管头脑的"双管法"体现在伊利，就是思想工作和管理工作两篇文章连起来写。

伊利管理之严是出了名的。这种严，体现在生产管理、财务管理、劳动人事管理、营销管理、质量管理、安全管理等全过程。每道工序都有严格的操作程序，每一位操作工在上岗前都要进行军训、业务培训和思想政治工作教育，考核合格后才能上岗，上岗后必须再接受不间断的业务培训和政治学习，通过培训学习、再培训、再学习，逐步成为一名合格的员工。有人认为只要通过第一关进入伊利工作就可以万事大吉，其实不然，伊利不仅在运作方面引入了市场竞争机制，而且在人力资源方面也引入了市场竞争机制，能者上，庸者下，毫不客气。能上能下、平等竞争已成为伊利人力资源的一大特色。经过几年的培养与锻炼，伊利已培养出一批能征善战、具有一定业务素质的管理人才和技术人才。

与伊利的严格管理同样出名的是伊利的"有情领导"。以郑俊怀为首的集团领导班子对人情的关注、对人格的尊重、对人道的支持，在企业内外是有口皆碑的。在伊利，禁止员工在婚丧嫁娶中请客送礼，但员工遇有这些事时，领导就会派去车辆和送去礼金。员工有困难时，领导带头解囊相助。液态奶事业部还设立了困难资助基金，对有特殊困难的员工给予资助。

三、创新是实现文化发展进步的原动力

哲学上有个著名的观点，就是完成了量变到质变的过程就是飞跃。伊利由一般企业管理到科学管理，由科学管理到管理科学，正是遵循了这一哲学的观点，逐步实现其量变到质变的过程的。其中，创新是实现这一飞跃的原动力。

多年前，伊利上上下下掀起了学习美国学者彼得·圣吉的管理名著《第五项修炼》，尝试创建学习型企业。在引入这些世界优秀管理成果的同时，伊利也没有削弱

> 思想工作，反而加大了力度。一方面，从中国古代的管理文化中吸取精华，加强领导和员工的素质修养；另一方面，选择世界优秀的管理经验。两者结合，走出了伊利自己的文化创新之路。
>
> 实践使我们认识到，企业育化产品，首先要育化人，企业管理的目标仍然是人而不是物。在伊利，从上到下都在讲一个"狮子和羚羊"的故事，以鞭策和警示全体员工，时刻保持强烈的竞争意识，增强与企业同呼吸共命运的责任感、事业心。在伊利，提倡将个人目标融入企业的整体目标；提倡个人服从整体，局部服从全局；提倡追求整体力量和最佳效益。
>
> 在伊利，提倡永不满足，不断超越自我，追求"他人不可替代"，想人之未想，干人之未干。在伊利，员工追求的不仅是物质需求，还有自我价值、理想的实现。伊利将建立一个"以人为本、制度为保障、团队为前提，平等信任"的企业文化，在人力资源、基地建设、道路建设、技术创新等方面进行提升，用全球的资源做中国市场，最终实现"做中国乳业第一品牌"的奋斗目标，为提高人类的健康水平作贡献。
>
> **讨论分析：**
> 1. 你认为伊利集团在企业文化建设方面有何特色？
> 2. 请结合案例，分析企业文化对企业发展有何意义？
> 3. 你认为什么样的企业文化会给企业发展带来巨大的推动作用？

本章小结

1. 企业文化建设是企业领导者有意识地倡导优良文化、克服不良文化的过程，是根据企业发展需要和企业文化的内在规律，在对企业文化进行分析评价的基础上，设计企业文化体系，并有计划、有组织、有步骤地加以实施，进行企业文化要素的维护、强化、变革和更新，不断增强企业文化竞争力的过程。企业文化建设是企业主动的组织行为，是企业发展战略的重要组成部分，其目的是增强企业的核心竞争力，是一个持续的过程。

2. 企业文化建设规划是企业进行文化建设的统领性文件，对企业在一定时期内的企业文化建设具有十分重要的指导意义，也是企业文化年度计划、项目计划制定的基础和依据。企业文化建设规划的内容主要包括五方面：企业文化建设的发展阶段、环境与优劣势分析，企业文化建设的指导思想，企业文化建设的总体目标，企业文化建设的阶段性目标，企业文化建设规划实施的组织保障。

3. 企业文化实施的内容包括企业文化的理念实施、制度实施、行为实施以及物质实施。理念实施的方式有两种：直接传播、间接传播。制度实施的方式有三种：人内传播、人际传播、组织传播。从员工的角度来讲，企业文化的理念实施要经过企业全体员工的了解、领悟和实践三个阶段。从企业的角度来看，企业文化的理念实施需要依次进行企业理念的传递、解释、教化和应用四个步骤。

4. 开展企业文化行为实施的目标是通过企业内部的制度、管理与教育训练，使员工行为规范化；企业在处理对内、对外关系的活动中，体现一定的准则和规范，并以实际行动体现企业的理念精神和经营价值观。员工教育、规范建立和管理提升是有效进行企业文化行为实施的三个关键环节。其中，员工教育是基础，规范建立是工具，管理提升是保证。

5. 企业文化有效实施的主观条件：高层领导对企业文化的核心理念理解到位，参与成员对信息的正确理解与传递，企业各个部门的积极参与。

6. 企业文化实施的组织保障：建立企业文化领导小组，构建企业文化工作机构，设立专项资金，企业文化建设动员，建立企业文化考评机制。

7. 企业文化实施的方法：领导垂范法、造就楷模法、员工培训法、宣传推广法、制度检查法、礼仪固化法、情境强化法。

8. 企业文化的建设实施必须有反馈和考评机制，通过考核可以明确奖惩对象、表明企业变革的决心、塑造长期行为。考评内容可以分为三个方面：对企业文化实施的领导层面和设计层面进行考评，对员工进行企业文化教育培训工作的考评，对企业文化建设实践层面进行考评。

9. 利用情境强化法进行企业文化实施的关键在于情境的设计。针对不同的环境、不同的参与者，营造不同的氛围，展现不同的场景，充分发挥特定场景的视觉冲击力和心灵震撼力，收到令人满意的效果。文化理念故事化也是情境强化的一种途径。故事可以是寓言类故事、企业外部发生的真实案例、企业内部的真实故事。

思考题

1. 企业文化建设规划包括哪些内容？
2. 为什么要建立企业文化领导小组？企业文化领导小组应包括哪些成员？
3. 如何塑造企业的英雄人物？
4. 企业文化传播的途径有哪些？
5. 如何对员工开展企业文化培训？
6. 联系实际论述如何设计企业礼仪文化。
7. 如何正确理解文化管理与制度管理的关系？
8. 为顺利进行企业文化的实施，需要具备哪些条件及保障？

真传一句话,假传万卷书

Self-conquest is the greatest of victories. And only those can create brand new pictures of life on the waves and tides of history who can understand themselves scientifically, design themselves correctly and manage themselves strictly.

——Plato

最伟大的胜利是自我征服,只有那些能够科学地认识自我,正确的设计自我,严格地管理自我的人,才能站在历史的潮头去开创崭新的人生。

——柏拉图

> 柏拉图(公元前427—前347),古希腊伟大的哲学家,也是西方最伟大的哲学家和思想家之一。柏拉图和其老师苏格拉底、其学生亚里士多德并称为"希腊三贤"。他创造或发展的概念包括柏拉图思想、柏拉图主义、柏拉图式爱情等。柏拉图的主要作品为对话录,其中绝大部分有苏格拉底。但学术界普遍认为,其中的苏格拉底形象并不完全是历史上真实存在的。

第五章 企业文化建设评价

> **学习目标**
>
> 1. 掌握企业文化建设评价的内容。
> 2. 了解企业文化建设评价的意义。
> 3. 了解企业文化建设评价的目的。

先导案例

"搏·为"企业文化建设

宁夏固原烟草"搏·为"企业文化宣贯工作以传播企业文化，提高科学管理水平；落实行为规范，树立良好形象；推动文化落地，增强竞争实力为抓手，坚持规定动作不走样，自选动作有新意，不折不扣地落实宣贯工作，大力营造"拼搏奋斗，干事成业"的文化氛围，为推进固原烟草"卷烟上水平"各项工作持续健康发展提供了精神动力和文化支持。

一、做好"五到位"，营造宣贯工作氛围

企业文化的形成只是企业文化建设的开始，关键是要做好宣传、导入和具体落实工作。固原市局（公司）坚持做好"五到位"，大力营造浓厚的文化宣贯氛围，进一步促进"搏·为"文化在固原烟草落地生根。

一是宣贯启动到位，统一员工思想认识。宁夏烟草企业文化成果发布会的召开，标志着宁夏烟草企业文化建设取得了阶段性成果。对此，市局（公司）高度重视，按照区局（公司）的要求，在选拔内训师参加宁夏烟草企业文化内训师训练营的基础上，成立了"搏·为"文化宣贯工作领导小组，由班子主要负责人任组长，制订了宣贯工作实施方案，明确了宣贯工作的指导思想、内容目标、工作任务、方法步骤和工作要求。并召开了全体干部职工大会，就宣贯"搏·为"文化进行宣传动员和安排部署，全面拉开了"搏·为"文化宣贯的帷幕。

二是组织领导到位，发挥模范带头作用。班子成员，各单位、部门负责人在宣贯过程中充分发挥模范带头作用,对"搏·为"文化内容先学习、先掌握、先吃透、先领会,班子成员、政工科长带头授课宣讲,用自己的实际行动率先演绎企业文化、解读企业文化、践行企业文化,并组织干部职工通过中心组理论学习会、周例会、政治业务学习、自学等方式,强化员工对"搏·为"文化理念词条和核心内涵的认知和理解。

三是教育培训到位,彰显企业团队精神。为激发员工的工作热情,拓展员工潜能,发扬团队精神,提升企业凝聚力,推动"搏·为"文化落地,充分发挥8名企业文化内训师的骨干作用,结合固原烟草实际,编写了有针对性的宣贯教案;组织全体员工先后举办了三次"搏·为"文化宣贯集中培训班,导入"搏·为"文化理念,坚持寓教于乐,将理论融入游戏,让参训人员在游戏活动中感悟简单、快乐、感恩、坚持、责任、自信、改变等理念,以互动、体验、情景感悟等方式,分析发生在经营、服务、管理等各个环节中的具体事例,引导员工明白该做什么和怎么做。整个培训过程有欢笑、有感动、有汗水、有泪水,全体参训人员忘记了职务,忘记了年龄,忘记了性别,全身心地投入活动中。通过对正反面案例的剖析,让员工明辨是非,充分彰显了团结协作、积极向上的团队精神,全面提高了干部职工对企业文化建设的实践能力。同时,各县局(分公司)也开展了形式多样的宣贯培训活动,企业文化培训覆盖率达到100%,每位员工参加企业文化集中培训不少于24课时。

四是组织宣传到位,充分利用各种平台。在单位内部,通过在院内绘制企业文化壁画,制作喷绘标语和雕刻字,制作宣传栏,建立企业文化长廊,在会议室、各办公室及餐厅悬挂字画的方式,进行全方位、多角度的宣传。还通过在固原烟草内网、《固原烟草报》开辟专栏,在电子文档设置"搏·为"文化宣贯模块,统一配发宣贯专用笔记本,制作便于随身携带的企业文化应知应会卡片等方式,营造浓厚的宣贯氛围。同时,积极向国家局网站、中国烟草资讯网、《宁夏烟草》杂志、宁夏烟草内网、宁夏"政风行风在线"、固原新闻网、《固原日报》等报刊或网站投稿,宣传固原烟草宣贯工作中的典型经验和取得的成效。还主动联系当地邮政部门,以"搏·为"文化架构体系为主要内容印制了贺卡,元旦、春节前邮寄给广大卷烟零售客户和相关业务部门,加强对外界的宣传。

五是督导检查到位,确保宣贯落到实处。将"搏·为"文化宣贯和专卖管理、网络建设等中心工作紧密结合,同安排、同部署、同检查、同考核。政工和督察考评部门以区局(公司)确定的量化指标为依据,对员工的学习笔记、心得体会文章等进行了全面的督导检查,并抽问确定了部分员工对企业文化核心理念的掌握程度,以文化提升活力,促进各项工作任务的完成,确保"搏·为"文化宣贯工作落到实处,推向纵深。

二、开展"六个一"活动,明确宣贯载体

在"搏·为"文化宣贯过程中,以学习培训为主线,结合区局(公司)"三个一"活动,大力开展了文化故事案例和体会文章征集、座谈会等"六个一"活动。

一是开展了一次企业文化故事案例征集和"我与'搏·为'同行"主题征文活动。发动干部职工联系思想和工作实际,联系成长、工作和生活经历,结合自己对

"搏·为"文化的学习理解，积极撰写了故事案例71篇，并以如何用"搏·为"文化启迪思想，振奋精神，凝聚力量，规范行为，以良好的精神状态推动"卷烟上水平"工作落实为主要内容，撰写了38篇有较高理论水平和思想高度的文章，推荐参加区局（公司）征文比赛。

二是召开了一次"搏·为"文化宣贯工作座谈会。组织各岗位的干部职工结合工作实际，讨论了对"搏·为"文化的理解、认知情况，提出对宣贯活动的意见和建议，营造了开放愉悦和全员互动沟通的文化研讨氛围，凝聚职工智慧，促进了文化共识。

三是开展了一次"搏之精彩，为之情怀"主题演讲比赛。通过自下而上的选拔，各参赛选手结合市、县局（公司、分公司）举办的"搏·为"文化宣贯培训内容，以及《宁夏烟草企业文化故事集》，挖掘发生在身边的典型故事，宣传、展示了固原烟草宣贯"搏·为"文化取得的成果，抒发了干部职工对"搏·为"文化的情感。比赛结束后，对荣获一、二、三等奖的选手分别进行了表彰奖励，并选派两名选手参加了区局（公司）举办的演讲比赛，杨春燕荣获一等奖。

四是举办了一次"搏之精神，为之境界"主题书画摄影展览。此次展览活动是固原烟草历史上的首次，得到了全市烟草干部职工的积极响应和踊跃参与，经过精心创作和自下而上筛选，共计60余幅书法、绘画、剪纸和摄影作品参与了展览。最后，将评选出的20幅优秀书画作品分别悬挂在各办公场所，让大家共享劳动成果，营造宣贯氛围，并对优秀作品和优秀组织单位进行了表彰奖励。展览活动充分展现了"搏·为"文化的核心理念，展示了固原烟草改革发展取得的新成就、新面貌，激发了广大干部职工干事创业的热情和干劲，抒发了干部职工对国家、对行业、对固原烟草的无比热爱和自豪之情，掀起了"搏·为"文化宣贯活动的高潮。

五是开展了一次"搏·为"文化知识竞赛。在干部职工对企业文化学习宣贯的基础上，组织市局（公司）机关、营销，以及西吉、彭阳、隆德、泾源县局（分公司）6支代表队开展了一次"搏·为"文化知识竞赛，对荣获一、二、三等奖的代表队分别给予了物质奖励，通过知识竞赛进一步提高了干部职工对"搏·为"文化核心理念的知晓率，激发了大家的学习热情，形成了文化宣贯的浓厚氛围。

六是举办了一次"搏·为"文化知识测试。为检验宣贯效果，进行了一次闭卷考试，测试的内容涵盖了烟草行业文化架构体系，宁夏烟草《企业文化手册》《企业文化管理模式》《企业文化载体建设方案》《企业文化建设推进实施规划》《员工行为规范》，市局（公司）《"搏·为"文化宣贯实施方案》，区、市局（公司）领导相关讲话等内容。从测试情况看，员工对企业文化核心理念知晓率达到了95%，绝大部分员工掌握得比较好，已将"搏·为"文化知识熟记于心，为今后的自觉践行打下了基础。

在统一参加市局（公司）"六个一"活动的基础上，各县局（分公司）结合实际，多措并举，积极开展了形式多样的宣贯活动。彭阳县局（分公司）开展了员工格言征集、"读好书荐好书"活动，并成立了摄影、书法和体育3个兴趣小组，定期开展活动,以丰富员工文化生活;隆德县局(分公司)开展了全员学习"搏·为"文化心得体会交流活动;西吉、泾源县局(分公司)开展了丰富多彩的职工文体活动。

三、抓好"三结合",确保宣贯取得成效

坚持把"搏·为"文化宣贯与解决固原烟草改革发展稳定的现实要求和长远需求结合起来,与当前的中心工作和重点任务结合起来,确保宣贯工作取得成效。

一是与"八字"总体要求相结合,营造持续创新的文化氛围。"规范、创新、巩固、提高"八字总体要求,是市局(公司)新一届领导班子围绕"卷烟上水平"目标任务,结合固原烟草实际提出的。同时,开展"搏·为"文化宣贯的过程,也是一个不断规范、创新、巩固、提高的过程。为此,相继出台了《员工教育培训考核激励办法》《新闻宣传奖励暂行规定》《员工创新奖励评选管理规定》等制度,开展员工合理化建议征集活动,对活动中创先争优的员工给予物质和精神奖励,调动员工的积极性。通过理念宣贯、文化渗透,引领干部职工继承、弘扬优秀传统,接受新型的管理理念、经营理念,从精神和思维方式上革故鼎新,与时俱进,彻底打破了等和靠的惯性思维,员工活力显现,营造了一种持续创新的文化氛围。

二是与思想政治工作相结合,营造快乐和谐的内部氛围。一个人有了成就感,就会快乐,工作起来就有激情。通过对"搏·为"文化的宣贯,每个人在自己的岗位上取得了明显进步,内心产生了很大的成就感,固原烟草也向"管理规范化、效率最优化、团队职业化、服务品牌化的现代烟草商业流通企业"的愿景迈进了一步。在内部人际关系上,固原烟草信仰"德为先、实为道、人为本、和为贵"的企业哲学,坚持以人为本的科学发展观,特别注重同员工之间的真诚沟通,搭建彼此信任、相互支持的心灵桥梁。夏季高温来临时,班子成员深入基层慰问,并将凉茶饮料等降温品送到一线员工手中,在每个员工生日的时候都送上一束鲜花和几句温馨的话语。经过一系列人性化的管理,员工的主人翁意识和归属感普遍增强,企业真正成为让全体员工感到充满亲情的大家庭,让员工在团结和谐的氛围中,以快乐的心情、饱满的热情、奋进的激情投入到专卖专营等各项工作中去。

三是与队伍建设相结合,营造拼搏奋斗干事成业的工作氛围。在推进"搏·为"文化内化于心、固化于制、外化于行,着力用文化促进规范,用文化提高效率,用文化提升活力的同时,更加注重员工队伍建设,通过加强企业文化宣传培育,以自主办班、"送出去、请进来"和户外拓展训练等方式强化岗位业务技能培训,使员工在潜移默化中深刻领会宁夏烟草企业哲学、企业使命、企业愿景、企业精神等理念词条的深刻内涵,做人处事的伦理准则,员工行为规范的具体内容和要求,高度认同"搏·为"文化核心理念,并自觉将理念付诸实践。队伍综合素质明显提升,员工干事劲头和团队意识明显增强,拼搏奋斗的工作氛围愈加浓厚,促进了制度文化的融合、行为文化的规范,形成了企业发展的强大动力。

第五章 企业文化建设评价

作为对事物发展过程和结果的有效控制和反馈，评价属于管理基本流程中不可缺少的一环。同样，企业文化建设评价工作也是贯穿企业文化建设全过程的一项基本工作，对整个企业文化建设工作有重要的意义。

基础性知识

第一节 企业文化建设评价的意义与目的

评价是评价主体按照预定的评价目的对特定评价客体进行评价性认识与事实性认识的过程，它通常需要针对评价方案确定评价内容，选择评价指标，并按照一定评价标准来进行。评价活动还包括确定指标权重，并选用恰当的评价方法，运用评价准则进行综合分析等内容。企业文化建设评价是指根据一定的原理和标准，对企业文化建设的内容、过程、结果等进行综合比较、分析，发现优点，查找不足，从而使企业及时对企业文化建设的方向、内容和对象进行相应的调整和改进，以促进企业文化建设工作有效开展。

一、企业文化建设评价的意义

一般而言，企业文化建设评价的意义主要体现在以下三个方面。

第一，科学高效的企业文化建设评价工作有助于解决企业文化建设中遇到的难点问题。企业文化建设评价的缺失，一方面容易导致部分管理者对企业文化价值、企业文化建设的重要性的理解和认识不到位；另一方面，也将直接造成企业文化建设过程难以监控、效果不理想。

第二，企业文化建设评价工作的好坏直接关系到企业文化建设的目的能否顺利实现。企业文化建设是一个长期、复杂的过程，需要持续改进，而改进的前提和基础是对企业文化建设情况进行科学的分析、评估，找出差距和不足。没有分析、评价和反馈，改进和调整也就无从谈起，最终也就无法实现企业文化建设的预期目的。

第三，企业文化建设评价有利于系统提升企业文化建设工作的水平。企业文化建设工作本身也是一种管理行为，遵循着管理的基本规律。从企业文化诊断分析开始，到企业文化规划，企业文化体系的设计和建设，经过企业文化实施，最后通过企业文化建设的评价进行反馈和调整，形成持续改进的管理闭环。缺少评价，既谈不上文化管理，也提升不了工作水平。

二、企业文化建设评价的目的

企业文化建设评价的目的，主要包括如下三点。

企业文化

第一，企业文化建设评价的终极目的是促进企业长远发展，这是企业文化建设评价始终要把握的基本方向。

第二，企业文化建设评价的根本目的是促进和改进企业文化建设工作。为此，需要坚持评价的全面性、有效性、针对性，以免拘泥于细枝末节。

第三，企业文化建设评价的直接目的是发现企业文化建设中可能出现的关键问题和不足。既不是为评价而评价，也不是为问题而问题，要避免陷入各种形式的指标、数据之中，避免进入形式主义的误区。

提高性知识

第二节　企业文化建设评价的内容

一、对企业文化建设工作的评价

从企业文化与企业发展的角度而言，企业文化建设工作评价实质上是对企业文化管理过程、手段、方法的评价，属于过程评价。企业文化建设工作评价是企业文化建设的重要组成部分，主要包括以下内容。

（一）对组织保障建设的评价

如对建立企业文化建设领导机构，明确企业文化主管部门与人员，制定企业文化建设规划，进行企业文化建设经费投入等工作的评价。

（二）对活动载体建设的评价

如对开展员工企业文化培训、专题教育，对企业文化工作人员进行业务培训，开展企业文化主题活动，充分利用企业媒体（包括报刊、电视、网络）传播企业文化，开展专项文化与子文化建设等工作的评价。

（三）对考核评价与激励工作的评价

如对进行考核评比、形成奖励机制，开展企业文化建设评优表彰活动，进行经验典型推广活动等工作的评价。

（四）对企业文化建设队伍的评价

企业文化建设队伍是关系企业文化建设成效的基础，没有一支高素质的专业队伍，企业文化建设的目的就难以实现。对企业文化建设队伍的评价主要包括对队伍的专业水平、工作制度、资源投入等的评价。

二、对企业文化建设主体内容的评价

一般而言，企业文化可以划分为四个层次，包括企业理念文化、制度文化、行为文化和物质文化。一方面，需要对企业文化整体结构的完善程度、系统性和一致性等进行全面评价；另一方面，也需要对各个层次进行分项评价。

（一）对理念文化进行评价

首先要重点评价理念的科学性，即理念的理论和实践基础及其科学合理程度；其次，要评价理念的功能性，即理念体系的针对性和实效性；最后，要评价理念体系结构的系统性，即理念内容是否有缺失或重复。

（二）对制度文化进行评价

一方面要评价制度对理念的承接程度，另一方面要评价制度与理念文化的一致性和协调性。制度文化重点包括企业产权制度、组织结构、人力资源制度、财务制度、生产管理制度、质量管理制度、行政管理制度等。

（三）对行为文化进行评价

重点评价企业中的法人行为和个人行为体现文化理念的程度，以及行为文化与理念文化及制度文化的一致性。企业法人行为主要包括决策行为、投资行为、广告行为等，个人行为包括个人岗位行为和公共行为等。

（四）对物质文化进行评价

物质文化主要包括工作环境、建筑物、厂房、车间或办公区域、设备、产品造型、包装、标牌、着装等。

三、对企业文化建设成效进行的评价

对企业文化建设的成效进行评价主要应包括：对企业新文化宣贯的效果进行评价，对企业经营管理水平提升和业绩提升的评价。

（一）对企业新文化宣贯的效果进行评价

1. 企业文化形成的心理过程

企业文化形成是"这样的观念和规则"为企业员工普遍领悟并最终产生自觉行为的过程。这一过程大致可分为三步，即熟悉、认知与认同。文化是一个逐渐觉悟的过程，是循序渐进的。

（1）熟悉。

企业可通过一整套文化信息传播网络，如企业内刊、电视台、内部网、标语、制度文本、培训等多种方式，让员工接触到这些新文化，感受到文化是"这样的"，从而逐步了解、熟悉企业的文化语言、符号、方式、过程、观念和规则等。

(2) 认知。

熟悉是认知的基础和前提。认知"这样的"一种文化，即让员工了解为什么必须有这种文化，是对"这样的"一种文化的领悟。领悟不仅意味着对信息的大量记忆、了解，而且意味着对文化理念和价值观的理解和深刻把握，员工从接触的大量信息中真正悟出文化的真谛。

(3) 认同。

认知是认同的基础和前提。认同"这样的"一种文化，即员工对"这样的"文化有了自觉，"这样的"文化内化为自我的一部分。员工不但认识到文化的意义和重要作用，领悟到文化的精髓，而且对文化有了情感体验，对它形成了积极的态度，愿意按照文化的指引行动。当文化成为普遍自觉，企业文化的导入就真正完成了。

综上所述，企业文化的形成首先要使员工达成普遍共识，即熟悉企业所倡导的文化并能够认知新文化的意义所在；其次，在达成共识的基础上，还要进一步认同企业的文化主张，自觉按照新文化的要求行事。为此，下面提出测度文化形成过程中的认知性与认同性的指标。

2. 企业文化认知度

(1) 企业文化要素认知度。

企业文化要素，是指企业中某一项重要的理念、价值观、目标，或某一项制度、某一种行为方式、某一种物质文化现象。

企业文化要素认知度 =（企业中认知该文化要素的员工数/企业员工总数）×100%

(2) 企业文化体系认知度。

企业文化体系，是指企业的整个文化系统，通常包括企业的理念文化体系、制度文化体系、行为文化体系和物质文化体系。

企业文化体系认知度 =（企业中认知该文化体系的员工数/企业员工总数）×100%

虽然在一个企业中存在广大员工共有的文化，但由于企业中各个部门的人员和具体工作内容各不相同，这样，各种工作群体就会在各自的环境中形成一些独特的文化。基于企业文化在企业的不同群体之间存在的差异性，我们提出分群体的企业文化认知度。

(3) 分群体企业文化要素认知度。

分群体企业文化要素认知度 =（群体中认知该文化要素的员工数/该群体员工总数）×100%

(4) 分群体企业文化体系认知度。

分群体企业文化体系认知度 =（群体中认知该文化体系的员工数/该群体员工总数）×100%

认知度的数值范围通常在1%～100%，1%代表新文化是由企业家个人或某一先进人物首先独自提出的。

3. 企业文化认同度

下面提出四个测度企业及其不同群体文化认同度的指标。

(1) 企业文化要素认同度。

企业文化要素认同度 =（企业中认同该文化要素的员工数/企业员工总数）×100%

（2）企业文化体系认同度。

企业文化体系认同度＝（企业中认同该文化体系的员工数/企业员工总数）×100%

（3）分群体企业文化要素认同度。

分群体企业文化要素认同度＝（群体中认同该文化要素的员工数/该群体员工总数）×100%

（4）分群体企业文化体系认同度。

分群体企业文化体系认同度＝（群体中认同该文化体系的员工数/该群体员工总数）×100%

认同度的数值范围通常在1%～100%，1%代表新文化是由企业家个人或某一先进人物首先独自提出的。

（二）对企业经营管理水平提升和业绩提升的评价

企业文化无时无刻不在影响企业的发展，因此需要将企业文化对企业价值创造促进或阻碍的影响纳入评价内容。具体如企业文化对技术研发、生产制造、市场营销、售后服务，以及企业决策、执行、监督、反馈等管理流程的干预和影响效果等。

对企业文化建设成效的评价应该是整个评价体系中的重要内容，这是由企业文化建设和企业文化建设评价的最终目的所决定的。

扩充性知识

第三节　企业文化建设评价体系

企业文化建设评价体系是企业文化建设的重要组成部分，是对企业文化建设的过程分析、成果鉴定和工作流程的检验体系。企业文化建设评价体系的构建与实践，在整个企业文化建设中是一项举足轻重的工作。这个体系没有建立和实践，就不能保证企业文化建设沿着健康向上的方向发展。因此，企业文化建设评价体系必须成为企业文化建设的一个不可分割的整体。

从哲学意义上来讲，企业文化建设评价体系的建立与实践也是一个从实践、认识，到再实践、再认识，循环往复、不断提高的过程。这是因为，企业文化建设就像盖一座大厦一样，我们首先要知道大厦的建设进展如何，主体浇灌到几层了，质量上有没有什么问题。了解了这些情况后，才能及时诊断，保证工程的优质完美。企业文化评价其实也是这个道理，目的就是找准企业文化建设的立足点和落脚点，因地制宜，有的放矢地设计和实施企业文化建设。另外，企业文化建设评价体系的建立与实践，有自己的规律，这就是：以物化的装备、发展能力为基础，以非物化的规章制度为依据，以理念层面的理念价值为保障，采用定性和定量的方法去展开评价工作。

一、构建企业文化建设评价体系的原则

（一）动态性原则

有着较长历史的企业，在长期的发展过程中，积淀了自身独有的企业文化。而企业文化建设又是随时代发展而与时俱进的。因此，评价体系的建立要注重时效，要考虑企业的历史和现实，追踪和预测企业发展。

（二）系统性原则

企业文化建设评价体系是一个由相互联系、相互依赖、相互作用的部分和层次构成的有机整体。它的设立要涉及企业的各个方面，因此，在这一体系的构建中要保持其完整性和协调性，从企业文化的功能、内部结构及相互关联的方面综合评价和分析。

（三）实用性原则

企业文化建设评价体系最重要的原则就是实用，使其必须与企业的各项经营活动融合起来，不要脱离企业实际、脱离企业管理的全过程、脱离员工的实际思维方式等。

二、企业文化建设评价体系的构成

企业文化评价体系的指标结构也是一个动态的结构，是随着企业的发展而不断变化的，它由"标尺""效应""信度""常模"四个基本架构组成。这里的"标尺"讲的是测评的准则和依据；"效应"讲的是测评的有用程度；"信度"讲的是评价的可靠性；"常模"指的是通过剖析一个单位的企业文化参数，来解释整体的企业文化发展态势。企业文化建设评价体系的具体建立，一般由四个模块组成。

（一）人气指数模块

人气指数模块一般由三个维度组成，包括：员工对领导班子的信任度和满意度（领导班子考评在本单位中的情况、单位年度经营业绩情况、领导班子廉洁建设情况等），员工需求满意度（员工对收入、住房、物业、医疗、子女上学、就业、信息传媒等方面的满意度），员工信仰和价值取向（员工维护公司稳定发展情况、对公司发展的信心情况）。

（二）素质指数模块

素质指数模块一般由以下维度组成：各级领导班子的素质程度，员工队伍素质（员工遵纪守法、做文明员工的情况），员工的执行力（干部员工对规章制度及各项规范的落实情况），创建学习型组织（领导及员工学习力执行情况），市级以上先进比率（集体或个人获得市级以上先进比率）等。

（三）环境指数模块

环境指数模块主要由以下维度组成：企业形象建设（执行企业文化CIS标准情况），企业内外环境建设（本单位环境治理情况），现场管理（遵照现场管理标准的达标情况），

治安环境（综合治理情况）等。

（四）发展指数模块

发展指数模块主要由以下维度组成：产品生命周期（产品在市场上的生命循环情况、产品研发情况），技术创新（在技术创新方面的情况），用户满意度（产品返修率、顾客评价、品牌知名度），经营业绩同比度（年度销售收入同期比、年度成本控制同期比），员工收入同比度（比上年度增长率）等。

三、企业文化建设评价的方式

（一）自我评判方式

由企业文化建设办公室将《企业文化建设评价标准》印发给企业各单位，再由各单位有关部门按照评价标准，采用调研和问卷的形式进行打分评判。把各部门评判的结果汇总，报企业文化建设办公室。

1. 企业文化评价指标的评判

企业文化建设评价可以通过调研和问卷的方式进行。通过有关部门对每一个隶属维度的考核，建立各档次与隶属维度之间的对应关系。每个隶属维度指标内容的趋向度对应平均递减的分值，如领导班子考评在本单位中的情况，标定分值为4分，该维度由组织部考核，即第一档（优秀单位）为3～4分，要求领导干部评议最高分与最低分差值为1～2分；第二档（先进单位）为3分，要求领导干部评议最高分与最低分差值在2～5分；第三档（合格单位）为2分，要求领导干部评议最高分与最低分差值在5～8分。

2. 企业文化综合评价指标的评判

对企业文化综合评价指标的评判，主要是通过企业各有关单位对企业的人气指数、素质指数、环境指数、发展指数四个基本模块所包含的若干个维度指数的考核情况来加以评判。由企业文化建设办公室进行综合汇总，按照分值标准评价依次排出档次，评定企业文化建设优秀单位、先进单位及合格单位。

（二）专家组评判方式

由企业的企业文化建设委员会（或类似机构）选出代表，共同组成企业文化评价专家组，深入企业各单位调研，根据各单位的自我评价结果，综合企业1～3年来的经营发展、人力资源开发、新产品研发、环境改造、职工素质情况等必要数据材料，综合评定企业文化开展的情况，客观公正地得出评价结果，反馈各单位。

案例分析

践行华能"三色文化",勇做创建世界一流企业的排头兵[①]

中国华能集团有限公司(简称"华能")创立于1985年,是以电为核心的国有重要骨干企业,业务涉及电力、煤炭、金融、科技及交通运输等产业。多年来,华能坚决贯彻党中央决策部署,认真履行中央企业的政治责任、经济责任和社会责任,秉承华能"三色公司"企业使命,努力建设服务国家战略、保障能源安全、为中国特色社会主义服务的"红色"公司,践行能源革命、助力生态文明、为满足人民美好生活需要提供清洁能源电力的"绿色"公司,参与全球能源治理、服务"一带一路"建设、为构建人类命运共同体作出积极贡献的"蓝色"公司,为保障国家能源安全、促进国民经济发展作出了应有贡献。

华能在成长壮大的发展历程中,培育和积淀了丰厚的文化底蕴,逐步形成了以"三色公司"为企业使命的企业文化体系,为建设具有全球竞争力的世界一流企业提供了强大的精神动力和文化支撑。

一、不断强化主文化,全面推进亚文化建设

华能紧紧围绕创建世界一流企业中心工作,不断完善企业文化建设工作机制,明确提出了推进企业文化建设"两化、三级、五统一"的工作思路。

"两化":实现集团主文化、母文化的本质化统一,推进基层企业亚文化、子文化的个性化发展。

"三级":集团公司负责企业文化战略规划体系建设,制定企业文化建设总体规划,进一步完善核心理念体系、行为规范体系、形象识别体系、考核评价体系,提高集团文化的战略性、主导性。区域公司、产业公司负责企业文化实施体系建设,根据企业实际情况,系统规划建设企业文化实施体系,构建既具有特色又符合本企业实际的企业文化。基层企业负责企业文化执行体系建设,根据企业特点,在保证集团文化核心要素统一的前提下,丰富发展企业文化内涵,推进企业文化落地生根。

"五统一":统一企业使命,统一核心价值观,统一企业精神,统一企业作风,统一企业标识。

在开展企业文化建设实践中,华能系统各单位在坚持"五统一"的前提下,积极开展亚文化建设。德州电厂吸收中华传统文化修身、齐家、治国的文化精髓,融合齐鲁文化忠厚、诚实的为人之道,形成了与"三色文化"一脉相承、独具特色的"融·荣"文化体系,被国务院国有资产监督管理委员会评为"中央企业企业文化示范单位"。玉环电厂认真总结敢为人先、坚持创新发展的实践,建立起激发"倾力、活力、动力",打造"和谐团队、和谐企业、和谐家园"的"三力三和"子文化体系。

[①] 根据中国企业文化研究会资料整理。

小湾水电站结合青年员工思想特点，以构建"安全小湾、文明小湾、和谐小湾、绿色小湾、激情小湾、精品小湾"的"六个小湾"建设为实践载体，以文化建设凝魂聚气，实现"三色文化"在小湾落地生根。伊敏煤电公司发扬"创业、献身、进取、实干、友爱"的伊敏精神，形成了以践行"三色公司"使命为特征，以树行业典范、塑草原明珠、铸绿色品牌、创一流企业为内涵，个性鲜明、富有特色的"明珠"文化理念体系。

二、坚持以文化凝魂塑形，引领创建世界一流企业

华能坚持把企业文化与企业战略、安全生产、工程建设、经营管理等工作有机结合，与各项管理制度深度融合，实现了制度与文化理念的对接，使员工既有价值观的导向，又有制度化的规范，融文化与管理为一体，推动了企业管理水平的不断提升。坚持把"三色公司"理念与建设具有全球竞争力的世界一流企业的宏伟目标紧密结合，用文化的现代手段和时尚元素，增强宣传思想工作鲜活感，引导全体员工形成共同愿景和价值追求。

加强正面宣传和舆论引导，抓住华能重点工程投产契机，在《人民日报》、新华社等媒体，以及行业和网络媒体上开展集中宣传，产生积极影响。将精准扶贫与公司援疆、援藏工作相结合，开展了"责任华能""援藏十年"等主题宣传；围绕公司推进绿色发展的实践，开展"生态华能"系列宣传，展示了华能负责任、有担当的央企形象。大力宣传先进典型爱岗敬业、开拓创新、顽强拼搏的精神，选树三届"华能榜样"，举行命名表彰大会和巡回宣讲报告，讲好华能故事，传播华能声音。编辑印发《华能劳动模范风采录》，开展华能榜样、大国工匠、大国顶梁柱等先进事迹巡回宣讲，激发职工干事创业、推动企业改革发展的积极性和责任感。

三、坚持创新发展，不断丰富完善企业文化内涵

华能企业文化在发展中积淀，在传承中创新，在创新中丰富，广泛凝聚员工智慧，不断创新完善企业理念。在战略管理方面，提出了"综合实力行业领先""三大三强"的理念，明确了"打造新优势、实现新超越"的实践载体；在发展工作中，提出了加强发展全过程管理，坚持"三有"发展，落实"多点、优选、精建、严管"的要求，努力做到"三个服从""三个协调""两个实现"；提出了"安、快、好、省、廉"的基建原则，以及"精心组织、精心管理、精心施工"的基建工作要求等。正是这一系列符合科学发展观要求的思路理念，极大地丰富和发展了"三色文化"内涵。

讨论分析：
1. 华能是怎样开展企业文化建设工作的？
2. 你认为华能的企业文化建设内容有哪些优势和不足？

本章小结

1. 企业文化建设评价是指根据一定的原理和标准，对企业文化建设的内容、过程、结果等进行综合比较、分析，发现优点，查找不足，从而使企业及时对企业文化建设的方向、内容和对象进行相应的调整和改进，以促进企业文化建设工作有效开展。

2. 科学高效的企业文化建设评价工作有助于解决企业文化建设中遇到的难点问题。企业文化建设评价工作的好坏直接关系到企业文化建设的目的能否顺利实现。企业文化建设评价有利于系统提升企业文化建设工作的水平。

3. 企业文化建设评价的终极目的是促进企业长远发展，这是企业文化建设评价中始终要把握的基本方向。企业文化建设评价的根本目的是促进和改进企业文化建设工作。企业文化建设评价的直接目的是发现企业文化建设中可能出现的关键问题和不足。

4. 企业文化建设评价的内容包括对企业文化建设工作的评价、对企业文化建设主体内容的评价和对企业文化建设成效的评价。

5. 企业文化的形成首先要使员工达成普遍共识，即熟悉企业所倡导的文化并能够认知新文化的意义所在；其次，在达成共识的基础上，还要进一步认同企业的文化主张，自觉按照新文化的要求行事。

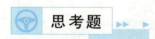

思考题

1. 为什么要进行企业文化建设评价工作？
2. 请谈谈企业文化建设评价主要包括哪些内容。

真传一句话，假传万卷书

Change as change is mere flux and lapse, it insults intelligence. Genuinely to know is to grasp a permanent end that realizes itself through changes.

——John Dewey

如果仅仅就变化论变化，则只是变动不羁，转瞬即逝，这是低能的表现。真正了解变化在于把握住在变化中完成自身的永恒目标。

——约翰·杜威

> 约翰·杜威（1859.10.20—1952.6.1），美国著名哲学家、教育家、心理学家，实用主义的集大成者，也是机能主义心理学和现代教育学的创始人之一。他的著作很多，涉及科学、艺术、宗教伦理、政治、教育、社会学、历史学和经济学诸方面，使实用主义成为美国特有的文化现象。杜威一生推崇民主制度，强调科学和民主的互补性，民主思想是他众多著作的主题。与此同时，他也被视为20世纪最伟大的教育改革者之一。杜威的思想曾对20世纪前期的中国教育界、思想界产生过重大影响，也曾到访中国，培养了包括胡适、冯友兰、陶行知、郭秉文、张伯苓、蒋梦麟等一批国学大师和学者。杜威是20世纪上半叶美国最著名的学者之一，2006年12月，美国知名杂志《大西洋月刊》将杜威评为"影响美国的100位人物"第40名。

第六章 企业文化变革

学习目标

1. 领会企业文化变革的内涵。
2. 理解企业文化变革的原因。
3. 掌握企业文化变革的内容。
4. 熟悉企业文化变革的原则。
5. 了解企业文化变革的过程模式。
6. 领会企业在不同生命周期阶段的文化变革方向。
7. 掌握企业文化推进的方法。

先导案例

IBM 四次蜕变给我们什么启发？

企业发展到一定规模后，经营管理在强调制度和程序的同时，会表现得烦琐、保守和僵化，逐渐形成官僚式的组织文化。稳定性会遏制创新，牺牲灵活性和创造性。IBM 的四次蜕变，就是通过战略的调整实现文化的变革。在过去的一个世纪里，许多曾经显赫一时的企业倒闭了，而 IBM 却成长为引领并驾驭产业需求的巨型企业代表。IBM 靠的是什么？

从成立之初的打孔卡制表机、钟表、秤等，到 20 世纪中叶的 System/360，至后来的个人计算机、软硬件服务、IT 解决方案战略咨询，直至今日的认知解决方案和云平台，IBM 总是在不停地自我超越、自我颠覆，总能把握前沿、随需而变。对于 IBM 而言，变革是永恒的主题，是成长的动力。这种变革，不仅是战略和业务的调整，更是企业文化的主动变革。

一、第一次蜕变

IBM 成立于 1911 年，当初的名字是：计算机列表记录公司（Computing Tabulating Recording，CTR）。其主营业务是穿孔卡片数据处理设备，其他业务包括员工计时系

企业文化

统、磅秤、自动切肉机。有一段时间，CTR曾集中精力专做穿孔卡片，不再参与其他活动。公司生产的穿孔制表机，原先只是用于美国人口普查。1924年2月14日，CTR改名为国际商用机器公司（International Business Machine，IBM）。

20世纪40年代末，电子计算机和磁带的出现使IBM第一次面临战略转型，可是包括创始人老托马斯·沃森在内的管理层却对此有所顾虑。当时，一名资深员工对第一代磁带驱动器的开发者说："你们年轻人应当记住，IBM是一家基于穿孔卡片的公司，公司发展的基础将永远是穿孔卡片。"

IBM的第一次蜕变归功于小托马斯·沃森。他于1956年接替父亲出任掌门人之后，以大型计算机为目标，才使公司完全拥抱电子时代。在小沃森的领导下，IBM成为当时全球最大的计算机制造商。他将公司的研发力量全部集中在第一代大型机System/360的研发上。这项技术耗时数年，研发资金达50亿美元（按照60年代的美元价值计算），投入甚至超过了美国政府研发原子弹的"曼哈顿计划"。1964年，System/360推向市场，很快就成为领先的计算机平台。

1969年，IBM的计算机市场份额增至70%，成为第一家被称作"邪恶帝国"的大型IT公司，并引起了美国反垄断部门的起诉。最终，起诉被里根政府否决。

二、第二次蜕变

IBM的第二次蜕变是从代价昂贵的大型机转向包括个人计算机在内的分布式计算系统。IBM在此次蜕变中遭遇了更大的惊险。当时，技术革新开始威胁IBM近乎垄断的地位。更严重的是，IBM赖以为生的依靠出租大型机以获取高额租金的业务模式受到了严重冲击。

由于大型计算机业务利润很高，IBM迟迟没有推出相对廉价的分布式计算系统。20世纪90年代初，竞争对手的分布式计算系统投入市场并迅猛发展，IBM因此彻底崩溃。1993年，IBM大型机业务收入从1990年的130亿美元减少至70亿美元，公司亏损额达160亿美元。当时，比尔·盖茨甚至放言："IBM将在几年内倒闭。"

新任CEO郭士纳却对蜕变充满信心。"谁说大象不会跳舞？"他彻底改变旧有生产模式，开始削减成本，调整结构，重振大型机业务，拓展服务业范围，并带领IBM重新向PC（个人计算机）市场发动攻击。最终，IBM从昂贵的大型机转向包括个人计算机在内的分布式计算系统，Thinkpad更成为优质笔记本的代名词。1995年，IBM这位"蓝色巨人"重新焕发昔日风采，营业额首次突破700亿美元，是微软公司的7倍。

三、第三次蜕变

在摆脱对大型计算机依赖的过程中，郭士纳发现IBM最大的优势是做服务与软件，而不是硬件，于是实施了第三次蜕变——开创IT服务的新模式。

当时，各大企业都致力于信息化方案整合和信息安全问题，IBM在这方面有强大的信誉与品牌支撑。而且，正如"IBM就是服务"的口号所言，IBM的品牌服务一直做得比较好，这是它相比其他IT企业的最大优势。因此，IBM果断把重心放在服务与软件上。

提出战略蜕变只是第一步，关键是如何落实！其实在 IBM 成功蜕变前后，联想公司在 2000 年、诺基亚在 2006 年都曾提出向 IT 服务蜕变的思路，可是它们都失败了，究其原因就是没有做好蜕变的配套改革措施。与之相反，IBM 的蜕变不仅事先进行了详细论证，蜕变之后也立刻采取了系统化的改造工程，在文化、组织、资金、客户、技术、管理等方面做了充分准备，为成功蜕变打下了坚实的基础。

郭士纳的战略蜕变，从重申企业文化开始。IBM 重新确立了一切以顾客为导向、尊重员工、追求卓越的企业文化，并将其纳入每个员工的绩效考核。IBM 还对臃肿的组织架构进行了调整，削减不必要的机构和人员，更换了 2/3 的高层经理人员。在裁汰冗员的同时，IBM 将最优秀的人才配置到软件服务业上，实现了最优化的人才配置。

四、第四次蜕变

2000 年，互联网泡沫破灭，殃及计算机、通信等行业；到 2002 年第一季度，IBM 已经连续三季度出现利润及营收下滑，下滑幅度达到十年之最。

此时，彭明盛上任 CEO，提出了"随需应变"的战略：退出 PC 硬件业，全面进入知识服务、软件和顾问等服务市场，向客户提供任何需求的任意解决方案。

战略有"取"，更要有"舍"！IBM 第四次蜕变的第一步就是全面退出 PC 业务（卖给联想集团）。同时，对"IBM 就是服务"的品牌理念进行了深化，不再只强调 IT 服务，而是涉及企业的各项业务，提出任何需求的任意解决方案。为了强化服务水平，IBM 收购普华永道以及多家软件公司，力求通过打包齐全的软件产品，向客户提供从战略咨询到解决方案的一体化服务。

IBM 的四次战略蜕变，并不是为了适应市场的变化而采取的权宜之计，而是一种从经营理念到企业结构再到运营模式的根本性转变，是企业文化的深层次变革引领企业战略的变革，这也正是它实现蜕变的关键所在。

（资料来源：谢长海. 企业文化管理：理念 执行 变革 [M]. 合肥：安徽人民出版社，2019.）

为更好地满足市场需求，企业围绕关键目标和核心竞争力来设计工作流程，信息化使企业中的沟通和协调更加充分，组织结构扁平化，管理层级减少。企业中更多的权利被授予基层员工，员工也更多地参与企业的决策管理，尊重和信任成为企业价值观的重要部分。企业中的管理实践变革，必然带来对传统生活方式的变革挑战，企业文化要随之改变，创造支持变革并使变革维持下来的企业环境。只有企业的价值观和行为方式改变了，企业才能实现真正的变革创新。科学技术的发展与进步推动了社会、经济的飞速发展，特别是计算机和网络技术的普及应用，让世界变得越来越小，知识和信息广泛传播共享使创新和变革活动更加频繁，经济全球化使市场竞争更加残酷。企业只有不断地变革创新，适应外部环境的变化，才能生存并获取竞争优势。因此，企业文化的变革势在必行。

企业文化

基础性知识

第一节 企业文化变革探究

一、企业文化变革的内涵

企业文化变革，也可以称为企业文化重塑，是指企业为了适应环境和战略的变化，对原有的企业文化所进行的整体性（大范围）的革新。当企业原有的文化体系难以适应企业新的战略发展的需要而陷入困境时，就必然要通过文化变革来创建新的企业文化。就我国企业的情况而言，从总体上来看，处于新旧体制转换、经济增长方式转变、产业结构大调整和大改组的时期，也是企业制度创新、资产重组、管理变革和产品更新换代的加速期，还是传统价值观、道德观等文化要素受到新形势、新观念的巨大影响和冲击的时期。可以说，在这样一个大变革的时期，外部环境的变化必然会对各企业的战略和文化传统提出变革的要求。

企业文化变革的根源在于企业生存和发展的客观条件发生了根本性的变化。一方面，它是社会文化变革在企业内的反映；另一方面，它又是企业生存发展的必然要求。企业文化变革是企业文化发生飞跃的重要契机，通常可对企业文化的发展起到促进作用。

实例探析：
鹰的重生

企业文化变革有渐进性变革和突发性变革之分。渐进性变革是一种潜在的、缓慢的变革，是企业文化内容在不知不觉之中发生量变的积蓄过程，新的企业文化要素在缓慢的进程中逐步取代旧有的企业文化要素。这种变革潜移默化地渗透在企业及其成员的常规行为之中。企业文化渐变到一定程度便难以控制，产生意外的结果，从而改变企业文化的整体结构。在这种企业文化的变革中，企业成员感受不到文化革新所带来的强烈冲击。突发性变革是企业文化非常态的文化特质的飞跃，常常使企业文化在较短的时间内改变文化结构、文化风格和文化模式。突发性变革是在企业文化渐变的基础上出现的，当企业文化渐变积蓄到一定程度时便会产生巨大突破，从而引起企业文化全局性的变化。这种变化必然是企业文化深层结构的变化，即构成企业文化核心价值观体系的改变，而不仅仅是人们生活方式、习惯及工作作风的表层变化。企业文化的突发性变革常常对企业成员的思想感情产生强烈的震撼和深刻的影响，迫使人们进行痛苦的选择。

从本质上讲，企业文化变革就是一场在企业内部开展的"新文化运动"，也可以说是现代新思想对传统旧思想的"文化革命"。只有在成功的"文化革命"的基础上，才能有效地开展企业新文化建设。

二、企业文化变革的原因

企业文化变革有很多具体原因,总括起来还是外部环境变化与企业自身发展这一对矛盾,因此通常可分为外部环境的变化和内部环境的变化两大动因。

(一)外部环境的变化

1. 政策和法律环境的变化

国家的一些经济发展政策的转变、法律的调整,都可能引发企业的管理变革与相应的文化变革。例如,我国市场化方向的经济改革政策,在科学发展观指导下转变经济发展方式的政策,国有企业股权多元化的改制政策,以及《中华人民共和国公司法》《中华人民共和国劳动法》《中华人民共和国环境保护法》等一系列以市场为导向的政策和法律的出台,成为企业文化变革的重要推动力量。

2. 经济环境的变化

经济迅速增长可能给企业带来不断扩张的市场机遇,而整个经济的萧条则可能降低消费者对企业产品的购买能力。国家税率、利率和汇率等方面的改变也可能通过市场对企业的管理变革和文化变革施加影响。当今时代,经济全球化和区域经济一体化的趋势日益突出,我国企业越来越深入地融入世界经济大舞台,将推动我国企业的管理变革与文化变革。

3. 技术环境的变化

社会技术的进步,深刻地影响着企业生产设备和技术的改进及企业的发展,使企业的生产率明显提高,并进而影响人们的工作方式和生活方式。例如,随着生产自动化和办公自动化技术的发展,特别是当前以网络技术为代表的高新技术的迅猛发展,企业的经营理念和管理思想都发生了深刻变化。由于信息技术的迅速发展和普及运用,企业管理的信息化程度迅速提高,给传统的企业组织模式和企业的人际交往带来深刻的变革。

4. 人口环境的变化

未来的劳动力市场将呈现多元化的趋势。企业员工在年龄、教育程度、民族、技能水平、出生地等方面的差异越来越大,给企业文化的管理带来了新的挑战。用传统的"熔炉"(假设不同的人会在某种程度上自动地同化)方法来处理企业的文化差异已经不合时宜,企业不得不改变其管理哲学,从同样对待每个人转向承认差别和适应差别。例如,针对合资企业和跨国公司管理中的文化冲突,跨文化管理的热潮正在日益普及。

5. 商业生态系统的变化

商业生态系统是一些结构松散的网络,由供应商、分销商、外包公司、相关产品的生产商或服务商、技术提供商及许许多多的其他组织构成。这些网络影响着企业产品的制造和交付,同时后者也反过来影响前者。与自然生态系统中的物种一样,商业生态系统中的每一家企业最终都要与整个商业生态系统共命运。因此,整个商业生态系统的发展状况必将影响企业在系统中扮演的角色和业务运作,进而可能引发企业的文化变革。

(二) 内部环境的变化

1. 企业面临经营危机

企业文化往往成为企业经营危机的重要根源。当企业陷入重大危机时,除少数情形的不可抗力或偶然的重大决策失误外,通常可归因于企业的旧有文化。经营危机使企业的管理者和员工经受心灵的震撼,使企业全体成员意识到文化变革与企业和个人的命运休戚相关,这就为新文化的形成奠定了心理基础。

2. 企业战略的转型

企业战略的制定本身就需要考虑新战略与已有文化的匹配程度。但是战略确定之后,围绕战略进行文化变革便成为当务之急。兰德在论述战略与文化的匹配关系时指出,一旦战略制定,变革文化阻碍战略实施的部分就成为战略实施者要解决的问题。随着中国经济的快速发展和经济全球化步伐的加快,我们已经进入一个新的发展机遇期。许多中国企业也进入了一个新的战略转型期,做好战略转型期的文化变革,使之协同企业的变革,发挥文化的促进作用,是企业战略转型成功的关键。

3. 企业领导人的更替

企业遭遇重大挫折常是由企业领导人的无能或决策失误造成的,而挽救陷入困境的企业的主要方法就是更换企业的主要负责人。企业领导人往往是企业文化的缔造者和管理者,而不同类型的领导人通常会创造不同风格的企业文化。企业领导人的更替,往往预示着一场重大的文化变革。

4. 企业出现病态文化

具有病态文化的企业,没有清晰的关于如何在经营中取得成功的价值观或信念;或者企业有许多这样的信念,但对其中哪些是重要的不能前后一致,没有建立任何共同的认识,或不同部门有根本不同的信念。日常工作和生活的仪式或是无组织的,各人自行其是,或是存在极明显的矛盾。具有这些特征的企业明显已表现出某种文化的病态。这些文化病态的症状通常表现为:注重内部,只注重短期,企业理念模糊,企业信用缺失,企业士气不振,观念和行为混乱,企业内部文化冲突不断等。

三、企业文化变革的内容

企业文化变革是由企业文化特质改变所引起的企业文化整体结构的变化,是企业文化运动的必然趋势。企业文化的变革是企业所有变革中最深层次的变革,涉及对企业成员从观念到行为进行的改变。企业文化变革的内容主要包括以下三个方面。

(一) 企业价值观的变革

这种变革既涉及对企业环境的重新认识,也涉及对企业整体的深层把握。在企业价值观中,管理哲学和管理思想往往随着企业的成长和对外部环境的不断适应而变化。以海尔为例，在海尔全面推行其国际化战略后，在海尔的价值观中，创新或者说持续不断创新成为最主要的经营哲学。在海尔的宣传中也可以看到，从"用户永远是对的"，到"真诚到永远"，到"HAIER AND HIGHER（海尔永创新高）"。

（二）企业制度和行为的变革

企业制度和行为变革包括企业一些特定制度和风俗的设立与取消、员工和管理者行为规范的调整。例如，有些企业为加强领导者与普通员工的沟通，建立起相应的沟通制度；有些企业在创建学习型组织的过程中，制定了从管理层到员工的学习制度。这些变革都是为了体现价值观的变化，是企业新价值观的制度与行为载体。

（三）企业标志等物质层面的变革

企业标志等物质层面的变化大多是为了体现企业新的理念，并树立个性鲜明的企业形象和品牌形象而进行的。如2003年春，联想集团对沿用多年的标识Legend进行了调整，改为Lenovo，以强调国际化、创新的内涵。

综上所述，企业文化变革的核心是理念层面的变革，制度层面、行为层面和物质层面的变化是支撑、配合理念层面的改变的，是理念层面变革的外在表现。

四、企业文化变革的原则

（一）审慎原则

企业文化不同于一般的管理制度，可以采取摸着石头过河或实验的方式来进行调整。企业文化反映了企业多数成员的思维方式，发挥着行为指南的导向作用。企业文化总要在相对较长的时期内保持稳定，因此，企业文化的变革必须审慎地进行。对于哪些东西要变、如何变化，都要进行充分的思考，并要具有一定的前瞻性。这样才不会让员工感到无所适从。频繁地对企业文化的内容进行改变，只能说明企业没能形成统一的思想体系，领导层的思路尚未清晰，这将使企业文化的作用大为减弱，并使企业的经营受到影响。

（二）持续原则

企业文化的变革不会轻易迅速地产生，在大企业中所需的时间更长，如表6.1所示。即使是具有非凡领导能力的管理者，也需要其他人的配合来实施变革。在约翰·科特研究的10家企业实施文化变革的案例中，所需时间最少为4年，最长为10年。因此，企业管理者不要期望企业文化的变革可以很快完成，要有打持久战的思想准备。这样才不至于低估企业文化变革的难度，避免在实施过程中因为缺乏毅力而半途而废。正是因为企业文化变革的持久性，新的企业文化才能真正改变企业成员的认知和行为。

企业文化

表 6.1 著名企业文化变革的时间

公司名称	企业规模	变革经历时间
通用电气公司	超大型	10 年
帝国化学工业公司	超大型	6 年
尼桑公司	超大型	6 年
施乐公司	超大型	7 年
银行信托投资公司	大型	8 年
芝加哥第一银行	大型	10 年
英国航空公司	大型	4 年
康纳格拉公司	中型	4 年

（三）系统原则

任何组织的变革都是一个系统的过程，企业文化的变革也不例外。在进行企业文化变革的时候，一定要注意其他相关制度的相应调整与配合，其中，用人制度和薪酬考核制度是最直接反映企业价值导向的制度，必须做出调整。如果一面强调创新，一面又不愿提拔任用勇于开拓的干部，不愿意改变原来强调资历的工资制度，而且决策原则仍然强调规避风险，那么这种价值观的改变是很难实现的。因此，企业的管理者在进行企业文化变革时，一定要对整个企业管理和经营的系统重新进行审视，并用新的价值观决定取舍，以保证企业文化变革的最终成功。

提高性知识

第二节　企业文化变革的过程

一、企业文化变革的条件

企业文化要支持企业技术和观念意识的发展变革，与时俱进。但文化有很强的惯性，变革过程中会遇到各种障碍和阻力，因为现存的价值取向、行为模式、管理作风和基础结构都可能成为变革的目标。企业文化变革是人的变革，是人的观念和行为的改变。变革对员工意味着未来的不确定性，与生俱来的对变化的恐惧心理和反抗心理，会形成文化惯性阻力；企业中的既得利益集团在利益受到损害时，为维护自身的利益会反对变革。因此，企业文化的变革会遭遇来自各个层面和各个方向上的阻力。企业文化的变革阻力是无法完全排除的，但人们在变革实践中探索出一套有效的策略，可以将变革的阻力降到最小。

（一）领导层面

企业文化的变革只能是自上而下的，需要企业高层领导的支持。只有企业的高层领导者才有改变企业价值观和深层结构的权力，同时，他们必须以身作则，积极通过言行举止传达新的文化。企业文化的变革领导者应具备一整套领导艺术才能：富有远见卓识，善于描述理想文化的前景，不仅激励员工支持新的文化，而且让员工愿意投身于它的实现工作。

（二）员工层面

员工既是企业文化作用的客体，也是企业文化建设的主体。企业要与员工进行广泛的沟通交流，让员工充分了解企业文化变革的目标、意义及影响，取得员工的理解和支持并使其积极参与到变革中来，共同努力改变不合时宜的价值观和行为。将新的员工引入企业，由他们带来企业变革所需的新价值观和行为，对变革的过程有很大的帮助；将那些不愿意接受变革的人调离，也会加速变革的进程。

（三）奖励机制

奖励对于价值观和行为的塑造具有重要意义。将奖励和报酬与那些有助于实现公司任务目标的行为挂钩，让员工了解如何才能获得奖励，从而引导他们改变行为方式。总之，企业文化变革的阻力源于人和与人相关的利益关系，只有理顺和摆平这些关系，变革的障碍才能最终克服。

二、企业文化变革的一般模式

心理学家勒温于1951年提出一个包含解冻、变革、再冻结等三个步骤的变革模型，用以解释和指导如何发动、管理和稳定组织变革过程。勒温认为，组织的行为改变应经过解冻、变革和再冻结三个阶段，并针对这三个阶段提出了一系列的态度和行为改变的方法。

解冻期：使员工改变旧的态度和行为。解冻的做法：把个体从他的习惯动作、知识来源和社会关系中隔离，破坏个体的社会支持力量，贬低其经验，激发其变革，奖赏改变、惩罚保守。

变革期：使员工产生新的态度和行为。变革的做法：通过领导人、顾问和楷模的示范，使员工产生模仿行为，把员工放到需要变革的环境中去，使员工受到环境的同化。

冻结期：使员工新的态度和行为持久化。冻结的做法：检验和奖励单个员工正确的态度与行为，并通过群体来强化员工的态度和行为。

勒温曾指出，不管是对个体、群体还是组织的变革，都会经历解冻、变革和再冻结三个阶段。在此基础上，本书将企业文化变革分为五个阶段：需求评估、解冻、变革、评价、冻结。

（一）需求评估

这一阶段需要外部专家对现存的文化进行诊断，因为企业内的成员不可能对他们的文化进行清楚和无偏见的分析。这一阶段的主要任务是收集数据、分析测定现存企业文化的现状及其与向往状态的差距。它如实反映了企业环境的现状,提供了企业在为达到目标工作状态这一过程中有利的和不利的事物基线。企业文化变革的方向则体现在企业目标和如何实现这些目标中。需求评估是企业明白为达到目标需要加以改变的范围和需承担的义务,确定并公布企业环境中积极的和有必要加以保持的方面,承认并解决企业文化中的障碍。

需求评估是企业文化变革战略的重要组成部分,需要鉴定:组织目前的各种行为和制度对新的企业文化可能产生的相融和抵触的部分;目前并不具备,然而基于企业文化变革必须具备的运作过程和制度;新文化实施存在的主要障碍及其消除办法;目前文化中应保留或剔除的部分;员工对新文化接受和认同程度的预测。需求评估的结果是企业文化变革战略方案形成的依据。

(二) 解冻

打破已有的行为方法和程序,引导人们关注这些固定程序,在需求评估的基础上,告诉人们为何要进行变革。人们除需要知道变革的内容外,还要确切地知道为何要进行变革以及它会在协作、成果等方面如何对他们形成期望。人们只有接受了变革的需求,才能加入变革,成为变革的支持者和贡献者。

(三) 变革

一旦现有的行为模式被解冻,就可以实施变革的过程了。企业文化的转变是企业管理制度、风格和共有价值观的重塑过程,是在高层管理者的领导和支持下,全员积极参与,更新观念和行为,员工与企业重建心理契约的过程,该过程与企业文化的形成相似。

(四) 评价

评价对企业文化的变革至关重要。评价不仅是衡量成果的重要手段,其本身也是一种干预手段,是人们了解企业通往成功的过程中取得的进步以及企业如何不断取得进步的重要方式。对于成果,评价起到巩固、提高的作用;而对于失误部分,评价起到纠正、指导作用。

(五) 冻结

冻结是使行为稳定、保证有效运作的手段。如果个人或企业处于不断变化的状态,宗旨和目标是无法实现的。这就需要将变革产生的好的方法、行为稳定下来,固化为企业整体的心理程序,成为新的企业文化的组成部分。冻结,是变革后企业文化的形成。社会不断发展变化,企业的管理实践在不断地受到变革创新的挑战,企业的员工追求的意义和价值也在变化。企业文化要适时地变革,创造出产生更高工作满意度和价值的企业生活方式。企业文化实现了对员工微妙的影响和控制,管理好企业文化的变革,企业就拥有了在知识经济中赢得竞争优势的利刃——人力资源。

新文化的强化可通过制定相应的制度以及相应的措施将变革的成果固化来实现,但绝不是要使之僵化，因为企业文化变革是一个长期、动态的过程，要不断地进行诊断与监视，保持其与内外部环境的适应与平衡。企业文化实施的方法均可用于对新文化的强化，除此之外，企业还可以通过设立奖惩制度，给予员工一定的压力，提醒和督促员工遵循企业文化。

第三节 企业文化变革的方向

企业文化的发展变化受许多因素的影响，其中，与企业所处的生命周期阶段紧密相关。企业文化能否与不同生命周期阶段的特点相匹配，关系到企业的健康成长和发展。因此，本节内容主要运用企业生命周期理论，结合对立价值构架理论，分析企业文化变革的方向。

一、企业生命周期与企业文化

（一）企业生命周期

企业生命周期理论最早由美国管理学家伊查克·爱迪思博士于1989年提出。该理论主要从企业生命周期的各个阶段来分析企业成长与老化的本质及特征，其核心是通过"内耗能"转化为"外向能"，引发企业管理创新从企业内部到外部的扩散。他在其著作《企业生命周期》中认为，"企业的成长与老化同生物体一样，主要是通过灵活性与自我控制能力这两大因素之间的关系来表现的。企业年轻时充满了灵活性，但控制力却不一定总是很强；企业老化时，关系变了，可控性增加了，但灵活性却减少了，这一情形就像婴儿和老年人之间存在的差别一样"。爱迪思将企业的生命周期划分为两大阶段九个时期，其中成长阶段从孕育期开始，经历婴儿期、学步期、青春期、盛年期，直到稳定期；老化阶段分为贵族期、官僚化早期、官僚期、死亡期。企业生命周期如图6.1所示。

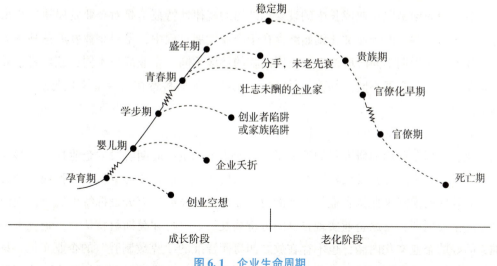

图 6.1 企业生命周期

除爱迪思博士对企业生命周期进行了划分以外，其他学者如陈佳贵教授也提出了企业生命周期模型。他以企业规模为纵坐标，分为大中型企业和小企业两种，并依次把企业生命周期分为孕育期、求生存期、高速发展期、成熟期、衰退期和蜕变期。事实上，虽然不同的学者对企业生命周期的划分不同，但企业生命周期从诞生、成长、成熟到最后退出这一特性，是大家共同认可的。正如马森·海尔瑞所言，企业就像生物有机体一样具有生命，都会经历一个从低级到高级、由幼稚到成熟的生命历程，都有自己初创、成长、成熟和衰退的不同阶段，如图 6.2 所示，且各阶段紧密相连，从而构成企业完整的变化过程。

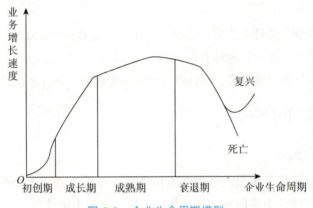

图 6.2　企业生命周期模型

然而企业并不是真正的生物体，而是人造的有机体系统。生物体的生命是有限的，其寿命不可能突破遗传因素决定的潜在极限；但企业却是一个人工系统，其成长不一定遵循生物体所固有的成长规律，其生命周期的长短与企业所处的环境有关。这样，不可能每个企业的发展轨迹都像图 6.2 那样齐备。有的企业因在成长期变革失败而提前衰退，有的企业可能在成熟期停留很长时间，还有的企业在进入衰退期后会因为变革成功而重新获得成长等。

（二）企业生命周期与企业文化的关系

企业生命周期是以企业成长中的现象总结出的规律性特征，是对企业发展轨迹与未来趋势的描述与预测。而企业文化则始终存在于企业发展过程中，是对企业发展精神动力的概括。处于生命周期不同阶段的企业，因面临的环境不同，企业战略不同，领导者素质不同，企业文化也就必然不同。约翰·科特与詹姆斯·赫斯科特在《企业文化与经营绩效》一书中指出，与经营策略和经营环境相匹配的企业文化，对企业取得良好的经营业绩具有巨大促进作用；与企业生命周期不相配的企业文化，将不利于企业的发展。

企业生命周期理论的研究目的就在于，为处于不同生命周期阶段的企业找到能够与其特点相适应、并不断促其发展延续的特定组织结构形式，使企业可以从内部管理方面找到一个相对较优的模式来保持企业的发展能力，在每个生命周期充分发挥特色优势，进而延长企业的生命周期，帮助企业实现自身的可持续发展。科特和赫斯科特认为，企业中不存在抽象的好的企业文化内涵，也不存在放之四海而皆准的"克敌制胜"的企业文化。只有当企业文化总是适应环境时，企业才能够调动所有系统的细胞应对环境的变化，从而保持并创新经营绩效。也就是说，企业文化必须与企业生命周期的变化相适应。

二、企业生命周期各阶段的企业文化变革方向

由于企业在不同的发展阶段有不同的特征，所以企业在不同的生命周期阶段应该构建不同的企业文化来与之相匹配。本节将基于企业生命周期的初创期、成长期、成熟期和衰退期四个阶段来对企业文化加以分析。

（一）初创期的企业文化

在初创阶段，企业首先面临的是生存问题，企业最需要抓住有限的机会赢得生存的基础。此时，企业的控制力还未建立，没有完整的制度，没有授权，企业领导人是唯一能够调控企业灵活性和控制力的人，是企业得以生存的关键。在创业初期，企业文化并不是构成企业发展的重要变量，但仍然起作用。创业者的个人创业热情和雄心、创新精神、敬业精神和价值观等，对其他追随者有巨大的影响，对创业成功起关键作用。这一阶段理想的企业文化是，企业员工有着共同的目标和价值观，讲究和谐、个性自由，员工彼此帮助，创业者不能消极等待健康良好的企业文化自然而然地形成，而应积极寻求、精心表达、全力以赴、坚持不懈地培育，使企业快速健康地进入其生命周期的下一个阶段。

（二）成长期的企业文化

在成长期，企业开始步入良性发展轨道，企业生产规模扩大，销售能力增强，业绩快速增长，是企业经济发展的大好时机，同时也是企业文化积累和发展的关键时期。从国内外知名企业的发展来看，处于成长期的企业往往实施"两手抓"的策略，一手抓经济发展，一手抓企业文化建设，在企业发展壮大的过程中逐步形成对企业持续发展有利的、被广大员工所认同的核心价值观。

处于成长期的企业为了扩大规模，增加企业的销售和利润，往往比较注重产品的开发，强调顾客导向，企业的价值链方向也从"资产—投入—产品—渠道—顾客"变为"顾客—渠道—产品—投入—资产"。成长期的企业需要构建与其特点相适应的发展式文化。这种文化强调创新，要求企业不断地开发新产品以满足顾客不断变化的需求；在组织结构上，要求企业建立较为松散的组织形式；在控制权上，要求企业培养战略眼光，适当放权，在组织中形成一种民主决策的氛围，激励员工积极参加决策。其目的就是在企业中建立快速灵活的反应模式，决策能够迅速地下达并付诸实施，顾客及市场的反馈信息能够迅速上传，以便企业领导者做出正确的决策。

（三）成熟期的企业文化

在成熟期，企业的主要业务已经稳定，业绩也保持在较高和较稳定的水平上，企业开始出现大量的盈余资金，企业管理走上了正规化的轨道，各项制度比较完善，企业文化建设也有了较好的基础。此时，企业文化建设方面临的最大问题是如何让企业文化从理念转变为每个员工都遵从的信念，从而约束员工的行为。

> 企业文化

处于成熟期的企业，其稳定性和灵活性达到了平衡，企业既关注内部事务的管理和员工的需要，又关注外部顾客的需求和市场的变化，是所有企业追求的理想状态。但在这一时期，企业也出现了使其向衰退期转变的端倪，如创新精神减退、思想日趋保守等。这个阶段，企业文化应重视规范的、结构化的工作场所以及程序化的工作方式，企业领导在其中扮演协调者的角色，重视企业的和谐运作。企业需要明确发展目标和主动进攻的战略姿态，强调工作导向和目标完成，重视按时完成各项生产经营目标。除此之外，企业管理者和员工都必须加强学习，强调终身学习、全员学习、全过程学习、团体学习，以打造终身学习的企业，增强创新应变能力。

（四）衰退期的企业文化

一般而言，企业衰退的原因往往是市场竞争加剧，或者市场需求发生了变化，企业未能及时采取应对措施，而导致业务萎缩、业绩滑坡、利润大幅降低，生存难以为继。实际上，处于衰退期的企业跟初创期的企业类似，生存问题又是企业关心的首要问题。在企业经营状况不佳的情况下，如果企业在前期建立的共同信念不能得到更有效、更持续的贯彻，员工就有可能"人心涣散"，企业文化就会面临衰亡的威胁。从经营实践来看，处于衰退期的企业，经营者普遍首要考虑的是筹集资金、更新设备、开拓市场、处理存货，有的还要通过裁减人员以减轻负担，无心无暇也无力顾及企业文化的进一步建设。这些举措在相当大的程度上是可以理解的。但殊不知，也许在看似"企业文化无所作为"的这一时期，唯企业文化方能救活企业。其实原因很简单，在企业经营状态不好的危急时刻，资金、技术、市场固然需要，但如果人心散了，不能团结一心、众志成城，企业就更难继续支撑下去，只会加速衰退。因此，在这一阶段，企业的领导者应该秉承企业文化的信念和精神，增强员工的凝聚力，号召大家渡过难关，寻找"二次飞跃"的契机。这就需要在衰退期建立一种能让企业蜕变的企业文化，即权变式文化。这种文化强调企业各子系统内部和企业系统之间的相互联系，建立跨部门团队，以便快速灵活地对外部环境作出反应，强调在实现组织目标的前提下实现部门及个人目标的最大化，这就克服了个人只关注部门以及个人目标的短视行为。

一般而言，企业文化在企业的不同发展阶段会呈现出不同的导向，企业文化的发展都遵循着一种螺旋式上升的路径：创新导向—目标导向—规则导向—支持导向—高层次的创新导向，以此来实现企业文化的不断演进，推动着企业管理一步一步地迈向更高层次，并形成螺旋式上升态势。

第四节　企业文化变革的推进

要推进企业文化变革，首先要进行思想发动，使员工对未来的企业文化形成共同的认识。为了发展新的文化，必须动员一切力量。其次要善于强化行动，为了变革企业文化，必须要有指导和激励,以及支持新文化的制度。

一、思想发动

(一) 做好变革规划

当企业领导者或一个管理团队认为必须变革公司的文化时,规划过程就开始了。最初可以采取非正式方式,企业领导可以先研究其他公司的情形,找出公司内部对文化变革有专门知识或经验的人,也可以约请外界的专家顾问来协助。

许多公司在进行文化变革时,花很长时间才制订出具有建设性的行动方案。这种拖延常会使最初推动此事的企业领导意兴阑珊。造成延误的原因常常是企业领导者想要达成毫无异议的共识,或希望所有的管理人员都接受。其实这是徒劳之举,因为如果坚守全体无异议的原则,根本无法进行变革。企业领导者应该设法使下级的主管参与决策,对努力的方向或变革的性质达成协议,并对行动计划进行审核。可是,他个人必须对公司的策略目标负起责任。公司的最高领导应负责促使这项变革在合理的期间内完成。

(二) 让变革成为公开话题

当企业领导者开始实施企业文化变革时,他必须使变革成为企业中公开的话题。他应该与全体管理人员谈话,陈述变革的意义,解说公司的责任、个人的价值及管理人员负有的责任。并非每个人都能体会他的良苦用心,可能会有人认为他不过是3分钟热度,但他必须坚持下去,必须采取各种行动,把自己的观念具体实践。管理人员会逐渐把他的想法当一回事,并在做法上符合他的变革思想。

当每一位管理人员都觉得需要用自己的方式来说明这场变革时,就出现了可贵的团队精神的迹象,变革开始发动了。员工们也开始倾听和谈论这场变革,这样,文化变革就成为企业每个员工共同的课题,企业文化变革便由此展开。当然,新观念触及老观念会造成冲突,老的文化、观念、做法与习惯绝不会平安无事地转变。毫无摩擦或冲突的企业,也是毫无改变或发展的企业。健全的企业,也就是进行建设性改变的企业,必然会有冲突,但通常最终能以坦诚的方式来解决,这正是企业领导者坚持进行的"公开谈论"所促成的。我们的文化与价值观,以及我们在组织内的行为方式,都是在表达我们的观念。观念要通过谈话来表达,有时候也可以通过文章。企业领导者不可能写很多文章,他们所说的话被认为是他们价值观的表达。当组织内某位重要人物不断重复具有某种意义的信息时,员工与管理人员就会有反应,甚至会反应强烈。公司的总经理和高层负责人,都是居于领导地位的人,他们必须阐明公司应有的价值观。公司做的任何重大的变革,高层管理者和部门负责人都必须对整个公司宣传其对应的价值观。

(三) 开展有效的变革训练

训练是在推动变革的过程中非做不可的事。要采用新管理作风,就必须培养新的技能。可是,绝不能认为实施训练之后就大功告成了。训练只

实例探析:福特汽车企业文化变革四部曲

> 企业文化

是有助于完成任务的准备步骤。以下要点有助于提高训练的成效：必须先明确应该有的做法，然后再实施训练；管理人员应以团队方式接受训练；训练应该包括受训者实际的案例和经验；训练之后应有行动。

（四）实施强有力的领导

变革需要有人领导，没有一家企业可以在缺乏强有力的领导的情况下成功变革其文化。遵循以往的做法，是一种很正常的行为形态。由于存在惰性，人们常会抗拒变革，除非背后有领导者在鞭策。

（五）打破旧习惯

企业的文化是由广大成员的习惯积累而成的，而习惯则是由多年的观察、尝试与奖赏所造成的。习惯是根深蒂固的，任何曾尝试改变习惯的人都知道这件事难如登天。节食、戒烟或戒酒都是严酷的挑战。改变管理的习惯，亦绝非易事。

大多数变革企业文化的努力最后都失败了，原因在于不能勇敢地面对改变习惯的困难和挑战。一个企业如果不全力扭转其根深蒂固的习性，就无法培养出新的价值观。共识不是靠训练、计划、指示、呼吁，或其他形式的介入就可培养的，只有经过多年循序渐进、前后一致和百折不挠的努力才能产生。

二、强化行动

一个企业要变革企业文化，管理人员必须表现出新的行为。行为经过强化后才能形成习惯，从而变成正常文化的一部分。实行强化手段也就成为极重要的管理技能。人们可能在训练中学会这些新行为，但必须实际应用并加以强化才能形成新的习惯。

（一）具体指导

只有训练之后的指导，以及根据行动计划所进行的指导，才能使行为产生真正的和持久的改变。比如，一位20年来都采取消极的、控制的及个人主义管理作风的管理人员，不会轻易就改为新作风，他需要别人的协助：必须有人参加他的团队会议并告诉他如何应付喋喋不休的下属；必须有人提醒他去对一位创下新质量纪录的员工说几句赞美的话；当行动计划未达到预期的成效时，必须有人协助他解决问题；当他努力改变自己的管理作风时，必须有人在旁边给他加油，告诉他干得不错。

在推动变革的过程中，最可能被忽视的就是企业领导（总经理，副总经理，行政、财务、生产技术、营销部门主管等）。从事员工训练的专家不便要求企业领导参加训练，或要求其改变管理作风，可是，最需要别人帮助进行文化变革的就是企业领导，原因是他们的行为对整个企业造成的影响最大。企业领导的行为形态最难改变，因为这种形态是经过多年强化的结果，至少在潜意识上，他们认为自己的管理作风带来了今天的地位，因此也就没有理由改变。毫无疑问，他们以往的作风如果毫无效能，就不可能步步高升。然而随着文化的变革，他们根深蒂固的管理作风可能已经落伍了。

管理人员应承担起教练的角色，每位管理人员都有责任帮助下属获得成功。当一个互有关联的团队制度开始从上至下发生作用时，各个团队就要逐渐担负起教练的角色，每位管理人员都要向团队报告他的成效，说明其改进成效的行动计划，以及听取团队成员的意见。

（二）及时奖赏与激励

新的行为经过实行和不断强化之后，才能变成习惯。强化是对获得成效的行为予以加强或维持。若要改变一个企业的文化，就必须改变其强化的形态。传统文化因为以往的强化而得到维持，新的文化则需要靠新的强化来建立。

新的企业文化强调必须对企业内优良行为的成效给予更多的赞赏。企业领导应定期挑出事做得很好的下属，使他们成为企业内其他管理人员的模范，这是因为企业组织内的人有见贤思齐的倾向。传统的企业文化管理习惯使许多管理人员认为不需要对下属进行赞扬。能成功建立起新文化的公司，都是乐于给予赞赏的。最好的强化就是由管理人员和同事对杰出的工作成效真诚地表示赞赏。

管理人员有责任确保优良的成效不被忽视，可以在每周、每月、每季及每年挑出表现良好的人；要运用各种奖励方式（奖金、礼物、奖牌等，或是其他别出心裁的方式）。比如，有一家制造工厂利用提案制度来鼓励员工提出建议方案。工厂的财务状况并不好，因此为每月提案得第一名的员工颁发一件T恤衫。这件T恤衫的前面写着"我提出最好的创意"，背面印着厂长的照片。员工认为穿上这件T恤衫是极大的光荣，因此都努力争取。员工所要求的奖赏可以用少花钱的赞赏方式加以满足，又能发挥强大的作用。

同样重要的是，企业所提供的最重要的赞赏方式必须用来强化新的文化。其中，晋升是最重要的方式。在变革文化的过程中应塑造英雄人物，这种人坚韧不拔，采用新的管理方式并发挥了实效。能主动做到这一点的人最具领导潜力，这些人率先进行变革，整个企业会注意他是否能因为这种冒险而得到奖赏。大家还会注意符合新文化的人是否能得到晋升，如果这种人没有得到晋升，所做的变革努力也就得不到应有的结果。

（三）有支持变革的组织与制度

企业内的行为是由以往的学习训练、目前的人际影响、组织的影响，以及公司内的制度所造成的。如果企业文化变革要形成新的竞争精神，组织与制度就必须支持。我国许多企业甚至是大型国有企业目前的制度和组织结构，在许多方面与这一精神背道而驰。信息系统如果使管理人员看不到自己的成效数字，奖励制度如果不能区分成效高与成效低的人，人事制度如果不能使优者上劣者下，组织的结构如果使人觉得不属于团队中的一分子等，这些弊病如果不改正过来，势必影响企业文化变革。实施企业文化变革必须有与之相适应的组织和制度，如果没有就必须改造或者重建。

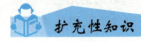

第五节　互联网对企业文化的挑战

一、互联网对企业文化的影响

时至今日，以互联网为标志的信息技术引发了全产业链和各领域革命，如制造业革命、流通业革命、服务业革命、教育革命等。可以说，互联网参与当前所有价值创造过程，也改变所有价值传递的过程。互联网的成功不仅在于技术层面，更在于对人的影响。

互联网带来不可逆转的管理变革与文化变革，促进世界各国企业文化的交流，形成很多共同趋势。互联网对企业文化的革命性影响在于以下几点。

第一，企业整体价值至高无上，压抑个性、限制自我价值的文化受到空前挑战。过去个体离开企业不能获得资源，现在个人离开企业也能获得资源。因此，企业文化表层"去中心化"，以人为中心，以个体和团队为中心，崇尚自由、张扬个性、实现自我的文化受到推崇。

第二，人人都是文化创造、创新主体，人人都是文化消费、享受主体。企业文化管理中的民主意识空前高涨，追求平等、互动、互利、共赢的文化成为不可逆转的趋势。

第三，企业文化中的情感因素在下降，理性因素在上升。传统企业价值观和道德标准面临重塑与再造。

第四，企业文化的社会化程度大幅提高，企业因此改变相对封闭的状态，与社会文化交流沟通更加紧密，受到社会文化的影响更大。企业处于动态竞争状态，文化也处于不断的动态调整中；企业经营开始跨界，文化也在跨界。社会先进文化的标准逐渐成为企业文化的评价标准，企业社会责任感与员工社会责任感，逐渐由"外加"文化演变为"内生"文化。

第五，传统企业文化建设目的受到质疑。单纯把建设企业文化作为管理员工的手段，作为激发员工积极性、提高企业效率与效益的工具，这种单纯的"企业利益观"已不能适应新时期企业文化发展的需要。提高员工道德素质，满足员工的精神需要，成为企业文化建设的重要目的。

二、互联网推动企业文化新的探索

面对互联网的冲击，不少企业在进行脱胎换骨的变革。如海尔的文化贵在创新与变革：从组织形态上看，海尔实现了由传统的正三角到倒三角，再到网络经济背景下的利益共同体平台"小微"形态的转变，形成平台型组织构架和新的企业生态圈，真正做到以小微用户为中心，人单合一，实现企业与用户的无缝对接。这种组织变革本质上是基于"互联网+企业文化"的思维，是"去中心化"和发挥个人创新主体作用的有益尝试。在阿里巴巴、淘宝、支付宝和天猫等明星产品的背后，最有价值的是有创意的人，尤其是马云和他的18个联合创始人。

面对互联网冲击，企业文化建设面临一些新的探索。

第一，打破单一自上而下的企业文化建设架构路径，建立上下互通、互动文化发展机制。适应企业组织扁平化的变革趋势，为个体文化、小群体文化成长留下充足的空间。

第二，改变企业文化管理单一的工具属性，建设精神家园式的体验型文化。设计既有吸引力又能使人们乐在其中、既触动情感又回味无穷的企业文化现场礼仪、活动；把现实体验活动与健康的网络体验活动结合起来，虚实互动，推动体验性文化的创新，全方位满足员工体验性精神需要。

第三，在发展企业利益共同体的基础上，建设员工价值共同体。创造更多平台和机会，有效发挥个体价值，并善于找到个体价值的契合点，以此为基础建立企业价值体系和价值共同体。

第四，推动管理方式由传统的金字塔式组织结构和自上而下的集中式管理与生产方式向扁平化组织结构和柔性生产方式改变，改变层级结构和部门分割的状况，以使更多的实体贴近广泛的市场，更加敏捷、灵活地满足市场快速多变、个性化的需求。同时，改变传统的层级管理和制度管理等刚性管理模式，建立起适应知识型员工参与管理、参与创新的柔性管理模式。

随着互联网对生产流程的颠覆和消费者主体地位的提高，企业应改变关起门来建设企业文化的做法，将传统企业文化建设的物理空间延伸至整个供应链、价值链的各个环节，吸收用户、供应商乃至社会参与企业文化建设，并直接分享企业文化成果。互联网推动企业文化全球化，是一个需要企业界和学界共同探讨的全新课题。可以预见的是，它的影响将会越来越大，不亚于资本的全球化流动对跨文化的影响力；它的破解，将世界各国企业文化以及全球化背景下的跨文化管理推向一个全新的境界。

华为组织变革落地9步法①

无论多么宏伟的蓝图，多么正确的决策，多么严谨的计划，如果没有得到高效的执行，最终的结果都是纸上谈兵。推行是一件艰难的事，要在思想上高度重视它，在过程中也要讲究科学的方法。"我们精心打造的流程，最后却还是束之高阁""我们花了很长的时间来设计流程，但是却没有执行到位。"这是很多企业存在的普遍现象和

---

① 根据企业文化管理网资料整理（作者：蒋伟良）。

老大难问题。的确，即使前期再精心地把流程设计完毕，如果不执行到位，那一切也都等于零。

美国咨询大师拉姆·查兰教授曾经讲过，执行是一门科学，执行是一门学问，执行是一门体系。华为创始人任正非曾经讲过，企业最大的病是幼稚病。它有两种表现：一种是不懂装懂，还有一种更可怕的，懂了不执行。很多人认为，解决之道就是在设计流程以外增加监督、考核、惩罚。其实这也是错误的。真正的解决之道就是要从思想、行动上来根治，其中，理念的共识和执行步骤的到位是重中之重。

一、两大理念

1. 先僵化再优化、后固化

华为"先僵化再优化、后固化"的著名管理观点，是华为20世纪90年代请IBM做咨询的时候提出来的。在管理改革的初期，任正非首先要让华为员工全面接受改革的制度。华为内部聚集了近万名优秀人才，他们脑子灵活，对新事物接收很快，但也非常有怀疑精神，纷纷问这种方式是否适合华为。对于华为内部员工的质疑，任正非不为所动，1999年11月他明确表示"要先僵化再优化、后固化"。他还说道："变革流程关系到公司未来的生存与发展，各级组织、各级部门都要充分认识其重要性。只有用'削足适履'来穿好'美国鞋'，换来的才会是系统顺畅运行的喜悦。"

在改革最初的两三年里，华为人主要做到理解消化。在僵化阶段，任正非要求，在真正理解之前，不能擅自改动引进的管理体系。在员工们接受并适应新的管理系统后，再对这套管理系统进行优化调整，然后根据华为公司自己的情况，做出一套为华为量身打造的管理模式，这就是任正非最终想看到的结果。2003年，几十位IBM专家从华为撤离，华为的管理改革创新项目也算是暂时告了一个阶段。通过一个艰难的改革过程，华为打造了一个合适的管理体制。之后，随着华为公司规模的扩大，变革的管理系统也逐渐显示出其优越性和重要性。

2. 没有推行就没有执行

很多公司苦恼于上层精心设计的流程和制度并没有落地，员工离开会议室后就好像什么都不记得了，又回到原点了。一个人在没有外力的情况下，很有可能按旧有惯性工作。只有外力推着，他才会重新燃起与惯性做斗争的决心。

换句话说，没有推行，所有的执行就是空谈。我们不仅要意识到推行是一件艰难的事，在思想上高度重视它，而且也要在过程中讲究科学的方法。

二、九大步骤

第一步：确定流程Owner是否到位。

流程Owner指的是在流程的推行中，要选择一名高级别的管理干部，由他来全权负责流程的推行。历史上的改革几乎没有一个是畅通无阻的，因此流程Owner须具备领袖气质，面对质疑时敢于不放弃，面对困难时敢于不低头。

流程Owner是流程外对流程进行管理的人，他横向跨越部门进行管理，以保证职责到位。流程Owner肩负三大重要职责：流程的推行、流程的培训及流程的持续优化和改善。的确，这位重要人选是否到位有"牵一发而动全身"的影响力，是行动指南最重要的第一环。比如说，研发流程的Owner可以推选公司的研发副总裁，营销流程的Owner可推选首席营销官。无论是哪位Owner，他必定要是一名高级的管理者，拥有资源和管理的权力，这样才能彻底地推动变革流程的落地。

第二步：确立推行的组织、目标、计划。

由流程Owner为首，开始建立推行的组织，确定推行的目标，制订推行的计划，从人、目标、计划上保障推行到位。推行的组织势必比一般设计的组织更庞大，让更多的员工加入进来，参与推行。推行的目标设计，宜秉持推行和设计融为一体的理念，形成端到端的方案。因此变革的目标设定至少改善50%，甚至100%。推行的计划要细化到以周为单位，确保整个推行的稳步前进。

第三步：进行培训、宣贯、沟通、考试。

新流程诞生之后，很多员工持不理解、不了解的态度，有满脑子的疑问。这时就非常需要进行系统性、全面性的培训宣贯了。

一方面，从沟通宣贯的角度来说，要形成态势，比如在公司内部，利用各个宣传媒体渠道，无论是墙上挂的横幅，还是内部杂志发表的文章，包括企业大老板会议的发言，都要全方位地对新流程不遗余力地进行培训、宣贯，大张旗鼓地告诉所有员工，新流程推行势在必行，流程推行必须成功，流程推行必须执行。另一方面，进行规范的培训和考试。培训和考试的内容围绕大家对新流程的理解、新旧流程的区别及自己在其中担负的职责等来设计。只有这样，才能加深和统一每一个员工对新流程的认识。

第四步：试运行，快速取得收益。

试运行是整个流程推行中非常重要的环节，不管哪个制度，在全面推行之前都要进行试运行。企业可以选择局部市场、局部客户、局部产品、局部部门来进行流程的试运行。这个阶段强调不折不扣、认真推行，争取在局部领域快速获得短期收益，以便于用事实告诉那些反推行者，推行已经取得局部成功，同时鼓舞那些积极的推行者。

总之，试运行锤炼了队伍，组织了资源，验证了流程。在这个过程中，还培养出了一些优秀的干部。可以试运行几个模板，沉淀和形成一些好的经验。同时，还要保障流程的试运行时间。小公司三个月即可，大公司可能要半年，先从局部切入，再进行全面推广。

第五步：正式发文，强调新流程。

正式发文是指以文件的形式固化新流程，强调新流程是执行的规矩，体现其严肃性、规范性和统一性。

第六步：全面推行。

企业要确定一个推行切换日，从那一天起进行全面推行。全面推行之前，要检查试运行工作是否到位,推行的宣贯是否到位,各方面的资源准备是否到位,全面推行是否具有可能性。企业在全面推行的过程中,一边要勇敢果断推行,另一边也应适当控制风险。在流程推行的过程中,可以先推行50%,再一点点增加,最后全面推行。

第七步:流程的日常管理。

流程的日常管理指的是在全面推行的过程中,要进行跟踪、辅导、培训、审计、评估、考核、激励等工作。这些是具体、辛苦且容易被忽视的工作,目的就是要确保整个推行组织保障到位,流程动作执行到位,且团队充满活力。在流程推行的过程中,流程Owner要不断激发整个组织的活力,宣贯流程推行好的地方,加大成果的推广。

第八步:半年后再优化。

当企业推行变革流程半年,已经取得了较好的效果之后,可能会发现有些流程存在问题,此时就可以进行改善及优化工作。优化工作包括修正模板和调整活动,比如有些活动可以往前走一点,有些活动可以在局部加以优化。在持续改进流程的过程中,切记不要有完美主义。流程推行的宗旨是抓主要矛盾,要允许局部失败。

第九步:固化到行为。

在持续的改善和优化后,最后一步为固化到行为。固化到行为产生了绩效,公司的信息化全面跟进,信息化也落地,并成为固定的流程。

绩效、IT、流程固化,最后形成了新文化。这时,员工们会意识到,企业文化价值观不是空洞的,而是实实在在落地的、有反应的。

这九个步骤的行动指南非常重要,必须严格执行,缺一不可。如果一步一步坚定执行,流程推行成功的概率很高;但是如果不坚持这九大步骤,想投机取巧,那大概率会失败。

讨论分析:

1. 此案例对其他企业进行文化变革有哪些启示?
2. 为什么选择企业理念为突破口?
3. 分析与评价华为组织变革落地九步法。

本章小结

1. 企业文化变革,也可以称为企业文化重塑,是指企业为了适应环境和战略的变化,对原有的企业文化所进行的整体性(大范围)的革新,有渐进性变革和突发性变革之分。

2. 企业文化变革的根源在于企业生存和发展的客观条件发生了根本性的变化。企业文化变革是外部环境变化与企业自身发展这一对矛盾所引起的,通常可分为外部环境的变化和内部环境的变化两大动因。外部环境的变化包括政策法律环境的变化、经济环境的变化、技术环境的变化、人口环境的变化、商业生态系统的变化，内部环境的变化包括企业面临经营危机、企业战略的转型、企业领导人的更替、企业出现病态文化等。

3. 企业文化变革主要包括企业价值观的变革、企业制度和行为的变革、企业物质层面的变革。企业文化变革的核心是理念层面的变革，制度层面、行为层面和物质层面的变化是支撑配合理念层的改变的，是理念层面变革的外在表现。

4. 进行企业文化变革需要遵循的原则有审慎原则、持续原则、系统原则。只有企业的高层领导者才有改变企业价值观和深层结构的权力，他们必须以身作则，积极通过言行举止传达新的文化。

5. 企业文化变革的一般模式是解冻、变革、再冻结，包括需求评估、解冻、变革、评价、冻结五个过程。新文化的强化可通过制定相应的制度以及相应的措施将变革的成果固化。企业文化变革是一个长期、动态的过程，要不断地进行诊断与监视，保持其与内外部环境的适应与平衡。企业文化实施的方法均可用于对新文化的强化，除此之外，企业还可以通过设立奖惩制度，给予员工一定的压力，提醒和督促员工遵循企业文化。

6. 企业文化能否与不同生命周期阶段的特点相匹配，关系到企业的健康成长和发展。与经营策略和经营环境相匹配的企业文化，对企业取得良好的经营业绩具有巨大促进作用；与企业生命周期不相配的企业文化，将不利于企业的发展。

7. 在创业初期，企业文化并不是构成企业发展的重要变量，但仍然起作用。成长期的企业需要构建与其特点相适应的发展式文化（强调创新），是企业文化积累和发展的关键时期，在企业发展壮大的过程中逐步形成对企业持续发展有利的、被广大员工所认同的核心价值观。在成熟期，企业文化建设面临的最大问题是如何让企业文化从理念转变为让每个员工都遵从的信念，从而约束员工的行为；企业文化应重视规范的、结构化的工作场所以及程序化的工作方式，企业领导在其中扮演协调者的角色，重视企业的和谐运作。在衰退期，企业的领导者应该秉承企业文化的信念和精神，增强员工的凝聚力，号召大家渡过难关，寻找"二次飞跃"的契机，建立一种能让企业蜕变的企业文化，即权变式文化。

8. 企业文化在企业的不同发展阶段呈现出不同的导向，企业文化的发展都遵循着一种螺旋式上升的路径：创新导向—目标导向—规则导向—支持导向—高层次的创新导向，以此来进行企业文化的不断演进，推动企业管理一步一步地迈向更高层次，并形成螺旋式上升态势。

9. 推进企业文化变革，首先要进行思想发动，其次要善于强化行动。进行思想发动可能通过做好变革规划、让变革成为公开话题、开展有效的变革训练、实施强有力的领导、打破旧习惯等，使员工对未来的企业文化形成共同的认识。为了强化行为，必须要有具体指导，及时奖赏与激励，以及有支持变革的组织与制度等。

思考题

1. 什么是企业文化变革?
2. 企业进行文化变革的原因主要有哪些?
3. 简述企业文化变革的过程。
4. 如何有效推进企业文化变革?
5. 如何正确理解企业文化变革的原则?
6. 试从企业生命周期的角度分析企业文化变革的趋势和方向。
7. 结合你的经历,谈谈企业文化变革过程中有哪些困难,以及如何克服。

真传一句话，假传万卷书

There are two different types of ignorance, shallow ignorance occurs before necessary conditions, and learned ignorance follows knowledge.

——Michel de Montaigne

存在着两种不同类型的无知，粗浅的无知存在于必要条件出现之前，而博学的无知则跟随在知识之后。

——米歇尔·德·蒙田

> 米歇尔·德·蒙田（1533—1592），文艺复兴时期法国思想家、作家、怀疑论者；阅历广博，思路开阔，行文无拘无束，其散文对弗兰西斯·培根、莎士比亚等影响颇大；所著《随笔集》名列世界文学经典，被人们视为写随笔的巨匠。蒙田与莎士比亚、苏格拉底、米开朗琪罗一样是不朽的人物，他的随笔如他自己所说的那样，是"世上同类题材中绝无仅有的"。

第七章 跨文化管理

学习目标

1. 掌握跨文化管理的内涵。
2. 理解文化差异的含义及维度。
3. 了解产生跨文化冲突的原因。
4. 掌握跨文化整合的含义、内容与方法。
5. 了解跨文化培训的方法。
6. 掌握跨文化管理的一般模式。
7. 领会跨文化管理的策略。

先导案例

中国企业走出去跨文化发展模式研究——以中联重科跨国并购实践为例

一、背景及现状分析

在国家推进"一带一路"倡议的背景下，中国企业"走出去"是企业战略，更是国家战略。跨国并购成为"走出去"快速获取海外优质资产、扩大国际产能合作的重要手段，但是这是一项高风险的经营活动。据商务部统计，2015年中国对外非金融类直接投资创下1 180.2亿美元的历史最高值，中国海外并购成功率不足40%，主要问题有：身处全新的环境，却以惯性的中国式思维去行国际化的事情，实的股权交易、虚的文化融合，以及强势的收购、弱势的整合。

如何破解文化并购整合难题，探索有效的跨国经营整合模式是当务之急。因此，基于中联重科股份有限公司（简称"中联重科"）跨国并购及国际化实践经验，以及实地调研联想集团、广西柳工集团、中国化工集团等企业跨文化整合情况，我们研究发现：不同企业根据自身并购战略选择合适的并购交易及整合方式对成功实施海外并购有重要影响，而在整合过程中，战略协同、文化融合以及并购后管理运营整合，是决定并购成败最为关键的要素。

二、对策思路和措施

中联重科"走出去"的实践,一方面让产品走出去,业务辐射100多个国家和地区;另一方面主要通过跨国并购,收购英国、意大利、荷兰、印度等国家的一些公司,让资本、文化、管理、产能等全面地走出去。随着中联重科正式入驻中白工业园,并与白俄罗斯MAZ共建合资公司,开辟了"一带一路"倡议背景下国际经贸合作和产能协同的新模式。

(一)战略协同

注重企业战略和整合方式的匹配性,并大胆创新联合各方私募基金共同投资并购,缓冲地域环境及文化差异,积极探索中国企业稳健"走出去"的问题。

中联重科的跨国并购基本上属于基于行业整合的战略性并购,而非简单的财务性并购,在并购战略类型上,整体上属于横向兼并战略,并购对象属于同行业各自所属细分领域的领先企业,但体量相对小于中联重科,因此在整合方式上采取的是既相对独立又不失全局掌控力的"渗透方式"。而联想集团并购IBM的PC业务时,因实力和规模悬殊较大,先采取"隔离方式"后逐渐过渡到"深度融合方式"。广西柳工收购波兰HSW公司时采取"以我为主"的相对较强势的"移植方式",将文化价值观、管理理念进行移植和输出。中国化工集团在战略资产整合上推行"以我为主",在业务和制度整合上采取"以他为主"。

当中联重科决定收购意大利CIFA时,境内外多家行业巨头有意竞购,但最终CIFA选择了出价相对较低的中联重科,这与企业核心竞争力有关,还与完整的并购整合规划有关。早在谈判初期,中联重科就提出了"保持CIFA管理团队和员工队伍的稳定、双产品品牌战略下CIFA自主经营、全球资源共享"的战略构想,获得了CIFA原股东和管理团队的高度认可,最终达成交易。

同时,中联重科收购CIFA在并购方案设计上不同于以往中国企业的海外并购,引入了具有国际视野的中国本土基金弘毅投资、具有全球投资管理经验的纯国际化基金高盛、了解中国国情的意大利本土团队曼达林基金三个共同投资者。这种交易安排不仅充分借鉴了金融资本的专业经验提升国际化经营的能力,又可以分散企业的财务负担和风险,更重要的是组成了有效的"文化缓冲地带",保证并购整合的顺利进行,目前已成为中国企业海外并购的主流方式。

(二)文化融合

注重在基本价值观上求同存异,构建融合东西方共有价值观的跨国并购五项基本原则,促进并购双方互利互信,可有效解决中国企业"走进去"难的问题。

跨文化整合的基础和前提是文化共同性。在准备收购CIFA前,首先不是找文化差异,而是找两家企业的文化共同点,并总结出两家企业至少有四点共性,即规范、创新、透明开放和坚持。通过首先寻求共性,增强了收购的信心,为顺利推进并购谈判及后期整合奠定了心理基础。

中联重科跨国并购五项基本原则(包容、共享、责任、规则、共舞)是融合中西方文化共有价值的成果。包容,就是用尊重、理解和主动适应达成文化的融合。共享,就是成果、风险共担,打造利益共同体。责任,就是用负责的行为,赢得当地的尊敬。规则,就是现代市场经济的契约精神,通过认同规则、遵守规则、敬畏规则,达成管理一体化。共舞,就是定好角色,定好流程,各就各位,各施所长。

在这一理念框架下,一方面遵守当地法律法规,做一个好的企业公民,对员工负责。面对金融危机,中联重科承诺不裁员,但被并购企业却主动裁员,管理团队主动减薪,甚至自筹资金为公司增资;面对企业内部矛盾,自行妥善处理,不让总部担忧;同时通过对管理团队进行股权激励,在绑定利益的同时,共建企业愿景凝聚人心;通过成立全球事业部、设立中国区"厂中厂"、跨国团队合署办公、互派员工培训交流、参加双方庆典和文化活动等实现深度的工作和生活交融,促进文化的交流与渗透。

(三) 管理运营整合

按照"中国企业国际化就是当地化"的理念,具体推行"一二三四"的并购整合方针,注重对接国际化思维和标准,可提升中国企业"走上去"国民素质和竞争力不够的问题。

"一"是指一个家庭,组建一个跨越两国的大家庭。"二"是指保留两个企业的产品品牌。"三"是指三项原则,在管理经营上将遵循"保持管理团队稳定、独立自主经营、共享全球资源"的原则;"四"是指四个共同,为了有效发挥协同效应,打造一个共同的管理体系、一个共同的研发平台、一个共同的销售体系和一个共同的生产体系。

具体来说,在管理、制度及组织人事整合中实行本土化运作,相对独立但不失全局掌控;总部至今没有委派一个中国人去管理这些公司,基本上保留原有的经营团队,可是被并购企业却在严格按照中联重科的制度体系运行着。同时,从审计、财务、法务等保障支持维度实现运营治理的监控和管理。在品牌及销售、市场业务整合中保留两个企业的产品品牌,注重优势互补,对海外营销和服务网络进行全球资源整合和共享。在技术、生产、供应链整合中注重对标国际化标准和理念,进行全面协同融合。通过建立统一的研发平台,引进消化先进技术,成功联合开发一系列高端产品。CIFA 中国基地建立后,移植 CIFA 在欧洲的全套生产工艺,沿用整套 CIFA 工厂管理模式,实现 CIFA 零部件的中国化制造和供应商数据库的共享与整合,有效降低全球采购与运营成本,提升产品全球竞争力,通过对标德国 M-TEC、意大利 LA-DURNER 等项目运营管理经验,增强了跨国团队和企业国际化运营能力。

中联重科跨文化整合模式可以总结为"3+5"全过程控制模式:"3"是指在跨文化并购全过程中,注重战略协同、文化融合、管理运营整合三环关键层面的控制;"5"是指在跨文化具体整合过程中,推行相对独立但不失全局掌控的"一二三四五"并购整合方针和原则。"中联并购模式"为中国企业"走出去"探索了一条可资借鉴的国际化并购之路,获得了意大利国家的莱昂纳多国际奖并入选哈佛商学院案例库,国家软实力以企业为载体进一步传播和输出。

(资料来源:詹纯新,《中国企业走出去跨文化发展模式研究》,湖南智库网)

> 企业文化

随着企业全球化浪潮的推进，跨文化管理逐步得到企业的重视。所谓跨文化管理（Trans-culture Management），又称交叉文化管理（Cross Culture Management），是通过克服不同异质文化之间的差异，重新塑造企业的独特文化，最终打造卓有绩效的管理行为。跨文化管理指与企业（组织）有关的不同文化群体在交互作用过程中出现矛盾（差异和冲突）时，在管理各项职能中加入对应的文化整合措施，有效地解决这种矛盾，从而有效地管理企业的过程。简言之，跨文化管理是指对不同文化背景的人、物、事进行管理。

基础性知识

第一节　文化差异与冲突

一、跨文化管理的发展

跨文化管理并不是一个新的事物，它起源于古老的国际间的商贸往来。早在古代，古埃及人、腓尼基人、古希腊人就开始进行海外贸易，并懂得了如何与不同文化背景下的人做生意。到了文艺复兴时期，丹麦人、英国人以及其他一些欧洲国家的商人更是建立起了世界范围的商业企业集团。当他们与自己文化环境以外的人进行贸易时，他们就会对在与他们不同的文化背景下产生的语言、信仰以及习惯保持敏感，以避免发生冲突并顺利实现交易。这些事实上就是在从事跨文化的经营与管理活动。不过这时候的跨文化管理活动完全取决于从事贸易活动的商人的个人经验，有关文化及文化差异与相似的研究也仅仅是人类学家的事。公司与企业还很少注意对文化及其差异的研究，跨文化管理也还没有成为一门独立的科学。

跨文化管理真正作为一门科学，是在20世纪70年代后期的美国逐步形成和发展起来的。跨文化管理研究的是在跨文化条件下如何克服异质文化的冲突，进行卓有成效的管理，其目的在于在不同形态的文化氛围中设计出切实可行的组织结构和管理机制，最合理地配置企业资源，特别是最大限度地挖掘和利用企业人力资源的潜力和价值，从而最大化地提高企业的综合效益。

兴起这一研究的直接原因是第二次世界大战后美国跨国公司进行跨国经营时屡屡受挫。美国管理学界一致认为，是他们将管理理论进行了系统化的整理和总结，是他们最先提出了科学管理的思想，也是他们最先将这一思想应用于管理实践并实现了劳动生产率的大幅提高，因此，他们的管理理论和管理实践应该是普遍适用的。然而，第二次世界大战后，美国跨国公司的跨国经营实践却使这种看法受到了有力的挑战。实践证明，美国的跨国公司在跨国经营过程中照搬美国本土的管理理论与方法到其他国家很难取得成功，而许多案例也证明，对异国文化差异的迟钝以及缺乏文化背景知识是导致美国跨国公司在新文化环境中失败的主要原因，因此，美国人也不得不去研究别国的管理经验，从文化差异的角度来探讨失败的原因，从而产生了跨文化管理这个新的研究领域。

除此以外，20世纪60年代末和70年代初，日本企业管理的成功也是导致跨文化管理研究兴起的重要原因。在这一时期，日本的跨国公司和合资企业的管理日益明显显示出对美国和欧洲公司的优越性，在这种情况下，美国也明显感觉到了日本的压力，产生了研究和学习日本的要求。

美国人对日本的研究大体上有两种方式：一种是专门介绍日本，从中总结出好的经验；另一种是联系美国来研究日本，进行对比。经过研究，美国人发现，美、日管理的根本差异并不在于表面的一些具体做法，而在于对管理因素的认识。例如，美国过分强调诸如技术、设备、方法、规章、组织机构、财务分析等硬的因素，而日本则比较注重诸如目标、宗旨、信念、人和价值准则等软的因素；美国人偏重于从经济学的角度去考虑管理问题，而日本则更偏重于从社会学的角度去对待管理问题；美国人在管理中注重的是科学因素，而日本人在管理中更注重哲学因素等。

研究结果清楚地表明，日本人并没有仿造美国的管理系统进行管理，而是建立了更适合其民族文化和环境的管理系统，这个系统远比美国已有的管理系统成功。这一研究结果的发现使对文化以及不同文化下管理行为的研究变得更加风行。

二、文化差异

文化差异是指因地区差异，各地区的人所特有的文化间的差异。荷兰学者霍夫斯泰德在搜集了60多个国家的包括工人、博士和高层管理人员等在内的11万多个问卷调查数据的基础上，从态度和价值观方面撰写了著名的《文化的结局》一书。他认为，文化是在一个环境中的人共同的心理程序，不是一种个体特征，而是具有相同的教育和生活经验的许多人所共有的心理程序，不同的群体、区域或国家的这种程序互有差异。这种文化差异可分为五个维度：权力距离、不确定性避免、个人主义与集体主义、男性主义与女性主义、长期取向与短期取向。

（一）权力距离（Power Distance）

权力距离，即在一个组织中，权力的集中程度和领导的独裁程度，以及一个社会在多大的程度上可以接受组织中这种权力分配的不平等；在企业中可以理解为员工和管理者之间的社会距离。一种文化究竟是大的权力距离还是小的权力距离，必然会从该社会内权力大小不等的成员的价值观中反映出来。因此，研究社会成员的价值观，就可以判定一个社会对权力距离的接受程度。

例如，美国是权力距离相对较小的国家，美国员工倾向于不接受管理特权的观念，下级通常认为上级是"和我一样的人"。所以在美国，员工与管理者之间更平等，关系更融洽，员工也更善于学习、进步和超越自我，实现个人价值。相对而言，中国是权力距离较

> 企业文化

大的国家，地位象征非常重要，上级拥有特权被认为是理所应当的，这种特权有助于上级对下属权力的实施。这些特点显然不利于员工与管理者之间和谐关系的创造和员工在企业中不断地学习和进步。因而要在中国的企业中实施"构建员工与管理者之间和谐的关系"以及"为员工在工作当中提供学习的机会，使他们不断进步"这两项人本主义政策，管理者有必要在实践中有意识地减小企业内部权力之间的距离，这样才会更好地实现管理目标。

（二）不确定性避免（Uncertainty Avoidance）

在任何一个社会中，人们对于不确定的、含糊的、前途未卜的情境，都会感到威胁，从而总是试图加以防止。防止的方法很多，例如提供更大的职业稳定性，订立更多的正规条令，不允许出现越轨的思想和行为，追求绝对真实的东西，努力获得专门的知识等。不同民族、国家或地区，防止不确定性的迫切程度是不一样的。相对而言，在不确定性避免程度低的社会中，人们普遍有一种安全感，倾向于放松的生活态度和鼓励冒险的倾向。而在不确定性避免程度高的社会中，人们则普遍有一种高度的紧迫感和进取心，因而易形成一种努力工作的内心冲动。

日本是不确定性避免程度较高的社会，因而在日本，"全面质量管理"这一员工广泛参与的管理形式取得了极大的成功，"终身雇佣制"也得到了很好的推行。相反，美国是不确定性避免程度低的社会，同样的人本主义政策在美国企业中则不一定行得通，比如在日本推行良好的"全面质量管理"，在美国却几乎没有成效。中国与日本相似，也属于不确定性避免程度较高的社会，因而在中国推行员工参与管理和增加职业稳定性的人本主义政策，应该是适合并且有效的。此外，在不确定性避免程度低的社会，人们较容易接受生活中固有的不确定性，能够接受更多的意见，上级对下属的授权被执行得更为彻底，员工倾向于自主管理和独立工作。而在不确定性避免程度高的社会，上级倾向于对下属进行严格的控制和清晰的指示。

（三）个人主义与集体主义（Individualism and Collectivism）

个人主义是指一种结合松散的社会组织结构，其中每个人重视自身的价值与需要，依靠个人的努力来为自己谋取利益。集体主义则指一种结合紧密的社会组织，其中的人往往以"在群体之内"和"在群体之外"来区分，他们期望得到"群体之内"的人员的照顾，但同时也将对该群体保持绝对的忠诚作为回报。美国是崇尚个人主义的社会，强调个性自由及个人的成就，因而开展员工之间的个人竞争，并对个人表现进行奖励，是有效的人本主义激励政策。中国和日本都是崇尚集体主义的社会，员工对组织有一种感情依赖，应该容易构建员工和管理者之间和谐的关系。

（四）男性主义与女性主义（Masculine and Femininity）

男性主义与女性主义即社会上居于统治地位的价值标准。对于男性社会而言，居于统治地位的是男性气概，如自信武断，进取好胜，对于金钱的索取，执着而坦然；而女性社会则完全与之相反。有趣的是，一个社会对男子气概的评价越高，其男子与女子之间的价值观差异也就越大。美国是男性度较高的国家，企业当中重大决策通常由高层做出，员工由于频繁地变换工作，对企业缺乏认同感，因而通常不会积极地参与管理。中国是一个女性度较高的社会，注重和谐和道德伦理，崇尚积极入世的精神。从这一角度讲，在我国推行让员工积极参与管理的人本主义政策是可行的。

通过对上述文化四维度调查数据的分析，霍夫斯泰德证实了不同民族的文化之间确实存在着很大的差异性，而且这种差异性是根植在人们的头脑中的，很难改变。文化差异是由各国的历史传统以及不同的社会发展进程产生的，表现在社会文化的各个方面。从霍夫斯泰德的各文化维度指标值中可得出，东西方的文化差异是十分明显的，就是在同为东方文化圈的中国、日本、新加坡等，文化差异也是较明显的。就如中日两国文化都是一种集体主义导向，但两种集体主义却有较大的不同。除了民族、地域文化差异之外，不可否认，还有投资合作伙伴"公司文化"的风格差异。可以说，公司内文化差距越大，产生文化冲突与困惑的可能性与强度就会越大。

实例探析：不同保险公司的决策案例比较分析

当然，文化差异的指标不会只有四个。但即使只考虑这四个文化差异指标，且认为每个指标只有两种情况，按照排列组合来分析，也可能有 68 种不同的民族文化类型。霍夫斯泰德的研究方法，和企业文化类型的多样性相兼容。

（五）长期取向与短期取向（Long or Short Term Orientation）

20 世纪 80 年代后期，霍夫斯泰德与对中国文化研究造诣颇深的加拿大学者邦德合作，对亚洲文化和中国文化进行了研究，发现了一个与中国儒家伦理有关的维度——长期取向与短期取向。这个维度表明了一个民族对长远利益和近期利益的考虑与权衡。具有长期取向文化的社会主要面向未来，注重对未来的考虑，愿意为将来投资，接受缓慢的结果；人们注重节约、节俭和储备，做任何事情均留有余地；这种社会常想到人们现在的行为将会如何影响后代。具有短期取向文化的社会则面向过去与现在，注重眼前利益；人们注重负担社会责任，最重要的是此时此地。在组织管理方面，长期取向和短期取向影响了企业目标的制定以及考核的时间。

需要注意的是，企业管理人员要辩证地对待文化差异，在看到其不利一面的同时还应看到其有利的一面，并恰当、充分地利用不同文化所表现出的差异，为企业的经营发展创造契机。如广州本田汽车公司一位总经理所说："我们企业内部的矛盾颇多，但这也有好的一面。我们在中国选择合作伙伴时，总是喜欢挑选一些与我们想法不同的合作者，这使我们经常发生意见的碰撞，这样，不同思想的碰撞就会产生新的想法，从而创造出本田新的企业文化。"只要能正确对待不同文化的矛盾和冲突，文化差异不仅不会成为企业经营的障碍，反而会成为企业发展的动力和创新的源泉。

三、跨文化问题

许多不同国籍、不同民族的成员聚集于同一家企业共同工作，文化的冲突无疑会导致

企业文化

企业文化管理的错综复杂。文化具有移动性、传递性和变迁性。文化移动导致文化交遇。当两种或更多的文化交遇时，相交文化间会呈现一种独特的文化现象和状态，这种现象和状态即为跨文化。跨文化暗含了不同文化交织和混合的寓意，其涵盖面是全方位的，既涉及跨国界的不同文化交遇时的状态和现象，又涵盖了同一国度不同民族文化交遇时的状态和现象。一般而言，跨文化是指不同国家的文化交遇时的状态和现象，是跨国界的文化。

当相异文化处于交遇状态时，文化差异便会集中地表现出来。例如，在德国，除非获得允许，否则什么事情都不准做；在英国，除非受到禁止，否则什么事都准做。试想：如果一个遵纪守法的德国人来到英国（反之亦然），两种文化会出现怎样的碰撞？再假设，英国人、德国人同时进入中国，几种文化交遇又会出现怎样的局面和结果？这个例子说明的就是跨文化问题。当两种或多种不同文化交遇时，各国不同的政治体制、不同的经济发展现况和不同文化的总和所引起的文化偏差和排斥，被称为跨文化问题。

跨文化问题通常呈现两个特点：一是跨文化问题在两种或多种文化交遇时才会产生；**二是**跨文化问题必须有文化参照方。当人们以主国文化为准绳对客国文化进行要求时，跨文化问题便暴露无遗。不同文化交遇时，文化的个人载体会面对各种相异的、陌生的价值观、社会规范、行为准则、生活方式等，群体则会面对因不同文化结构造成的来自另一种群体的压力和差距。文化作用的结果使主客国文化特质中可融的部分相互吸收和融合，不相融部分产生相互排斥和碰撞，由此产生跨文化问题。

美国联合航空公司在亚洲开展业务时，就曾遇到与东方文化的冲突。白色花朵在西方是圣洁的象征，在中国却被用来悼念死者。可以想象，当美国联合航空公司航班在香港首航时，乘坐该航班的中国贵宾在看到机上空姐胸前佩戴的白色康乃馨时的恐惧和不祥之感，也可想到美国联合航空公司由于其文化失误遭受经济损失的情形。

四、跨文化冲突

跨文化冲突（Cross Cultural Conflict），是指不同形态的文化或者文化要素之间相互对立、相互排斥的过程，既指跨国企业在他国经营时与东道国的文化观念不同而产生的冲突，又包含在一个企业内部由于员工分属不同文化背景而产生的冲突。

（一）跨文化冲突的原因

跨文化对企业管理的影响是多方面的。它常常在无形中起作用，当人们还没意识到时，后果已经形成。很多公司在经营管理过程中忽视了文化因素的影响和作用，导致管理困难，甚至经营失败。跨文化冲突就是不同的文化、亚文化、文化的不同成分在相互接触时产生矛盾、对立、排斥甚至对抗的状态。跨文化冲突既包括企业主体文化与本土文化的冲突，也包括企业内部不同文化背景员工之间的冲突。跨文化冲突可能会导致员工沟通终止、非理性反应、怀恨在心。文化的多国要素和多层次的差别，使跨文化冲突不可避免，通常表现为以下几方面。

实例探析：
回答的方式

1. 民族个性差异

不同的民族文化孕育了不同的民族心理和精神气质。处于不同民族之中的群体及成员有着特定的价值取向，遵循着特定的风俗习惯和文化规范。人们往往习惯于"自我参照（Self-reference）"，根据自身文化的个性和价值观念去解释或判断其他一切群体的行为，因而产生了对异文化的偏见，导致文化冲突。

忽视文化传统所塑造的不同民族性格会直接导致跨文化冲突。传统文化是民族文化的深层积淀，它融入民族性格之中，使各民族表现出不同的个性。民族的责任、个性与人性的冲突，往往导致跨文化沟通的困难。民族性格是各民族文化态度不同的根源，不了解一个民族的性格，要和这个民族进行沟通必然障碍重重。

2. 思维方式差异

在思维方式上，一般认为中国与西方人士也存在着明显的差异。在逻辑特征方面，一般认为西方人士有就事论事的象棋逻辑，中国人则具有顾虑全局的围棋逻辑。围棋逻辑重在构筑包围圈，尽可能多地扩展地盘；象棋逻辑则重在挑战主帅，"将军"制胜。此外，一般认为西方人士在思维方式上是团队取向，侧重事或物的方面，忠诚于原则和注重个人；中国人则注重等级，侧重人的方面，因时因地制宜和注重整体。

不同民族的不同思维方式是导致跨文化冲突的重要原因。思维方式是民族文化的具体表征。美国人的实证主义思维模式与中国人的演绎式思维模式，常常是企业在跨文化沟通中造成冲突的原因。思维方式的不同，造成了企业运作方式的差异，也造成了经营中的跨文化冲突。沟通是人际或群体之间交流信息的过程。不同的文化模式有不同的沟通方式，如果沟通双方有不同的文化背景，便会存在沟通障碍。例如，人们对于时间、空间事物、友谊、风俗习惯、价值观等的不同认识，决定了沟通的程度，有时会导致沟通误会，甚至演变为文化冲突。

3. 处理问题的行为模式不同

民族文化形成的处理问题的不同行为模式使跨文化冲突时有发生。行为模式是民族文化的外显形式。它以固定的结构，在相同或相似的场合为人们长期固定采用，成为群体表达认同的直接沟通方式。不同民族文化造成不同的行为模式，在相同的环境中，这种不同的行为模式会表现出很大的冲突。充分认识不同民族的行为模式，有助于调和并避免跨文化的矛盾。

4. 信息理解的差异

符号是人的意义世界的一部分，具有功能性的价值。不同的文化采用不同的符号表达不同的意义；或者符号虽然相同，表达的意义却迥然不同。例如，"麻婆豆腐"，中国人一想到它，就联系到又麻又烫又嫩的豆腐，使人产生食欲；英国人则把它译成"麻脸的老祖母做的豆腐"，或者干脆译为 Maps Tofu，使人一想到它就大倒胃口。这便是对符号意义的理解不同所造成的文化冲突。在跨文化中，意义符号没有感情和信息，但是我们最终依赖

企业文化

的信息是他人头脑中创造的信息,而不是我们传递的信息。如何解决跨文化中的意义共享乃是一个大问题。

不同国家的语言不同、文化背景不同,对同一信息的翻译、理解会产生差异,甚至会得出截然不同的结论。前些年,日本有一则英文广告 We love v.d 在美国"出尽了风头",连车站、码头的广告画都全部被揭走。这则广告中的 v.d 本来是录像设备的英文缩写,但 v.d 还可以是 venereal disease(性病)的省略语。

5. 对语境的理解不同

对语境的不同理解会造成跨文化沟通障碍。不仅文化意义符号会成为跨文化沟通中的障碍,作为文化意义符号一部分的语境也会成为障碍,从而引起企业跨文化管理中的种种冲突。语境即语言环境,包括语言因素,也包括非语言因素。语境是意义符号所包含的信息的一部分,它使意义符号被赋予同一语境而加以理解。企业在跨文化的沟通中,采用同样的语言指令,不同国别和民族的员工会把它放到不同的语境中去理解,从而对不同国别和民族的员工产生不同的效果,给企业管理带来不少麻烦。

6. 政治文化的导向不同

政治文化的不同导向使跨文化冲突变得十分复杂。各个国家的政治体系有其特殊性质,信奉特殊的价值观。企业产品优势会无意中冒犯某种政治价值观而受到抨击和抵制。例如,欧洲的某软饮料公司,在制作商标时将六角形图案作为外形,这图案与以色列国旗图案相似,大大激怒了一部分阿拉伯消费者。最后这家公司不得不收回所有产品,重新制造包装。可见,跨文化中政治文化的导向不同是引起跨文化冲突的一个原因。

7. 宗教信仰不同

不同的宗教信仰经常成为跨文化冲突发生的重要原因。东印度公司在 18 世纪时,把涂有猪油和牛油混合成的润滑油的子弹发给印度士兵,而发射这些子弹前必须先咬掉子弹上的包装。印度士兵大多数是印度教徒和伊斯兰教徒,由于印度教视牛为神灵,忌食牛肉,而伊斯兰教禁食猪肉,他们认为英国政府发这种子弹给他们是对他们宗教的严重侮辱,因而奋起反抗,拉开了印度独立斗争的序幕。

8. 文化环境的制约

特定的环境文化也制约着跨文化的沟通。例如,美国人的交际方式放在美国环境中会如鱼得水,但放在英国环境中就不可理解、很不适用。在通常情况下,文化环境以环境条件而不是以内容的方式参与跨文化的沟通,这样的情况在企业进行跨文化活动时也会屡屡遇到。

9. 对关系重要性的理解不同

对关系重要性的不同理解会导致跨文化冲突。对于亚洲人来说,建立和维护关系是非常重要的。亚洲人会把建立关系放在商业目的之前,认为有了关系才能达到商业的目的;西方大多数企业则认为关系和人员是次要的,公司的商业目的和完成商业的计划才是主要的。

10. 对待生活的态度不同

中国人曾长期生活得很艰苦，因而特别钟情于喜庆；生活中沉重的时候很多，因而特别向往欢笑。喜庆、欢笑被中国人视为吉祥、开心。相声之所以受到欢迎，就是因为它能逗笑，这是中国人对待生活的态度。电视连续剧《济公传》曾经风靡全国，就是因为济公是一个搞笑的好手，这部电视剧拿到德国去交流，人家却把它放在儿童节目频道中放映。其实，这是生活方式不同所导致的文化冲突。德国人生活方式严谨，做事理性，讲求规律，对不合规律的乱开玩笑不感兴趣。

11. 管理风格不同

管理，对世界上大多数人来说，是一种艺术，而并非一种教条。一个精明的跨国公司管理者不仅要具备在本土经营和管理公司的能力，更应具备在不同文化环境中从事综合管理的能力。如果片面以自我为中心进行管理，死守教条，不知变通，势必导致管理上的失败。在中国企业管理协会的一项研究中，曾将企业管理风格分为专断型、民主型、混合型三种。专断型表示管理者很少征求下属意见，采取个人专断的领导方式。民主型表示管理者通过民主协商征求下级意见并取得一致的管理风格。混合型则介于上述两种风格之间，是管理者在一定范围内进行咨询和说服，然后做出决策。实践证明，具有专制管理特征的专断型管理风格，在中国要受到具有民主倾向和要求的职工的抵制；混合型的领导风格缩小了双方的文化差异，相对容易被职工接受。

（二）跨文化冲突的影响

跨文化冲突对企业的影响是多方面的，往往会产生以下后果。

一是极度保守。 文化冲突影响了跨国公司与当地员工之间的和谐关系，使得经理人按照规章制度来控制企业的运行而对员工更加疏远；而与此同时，员工在工作上则会变得更加不思进取，经理的行动计划实施起来也会更加艰难。结果是双方都不可能有所作为，他们之间的社会距离也会进一步加大。

二是沟通中断。 与职工的社会距离加大，自然会影响彼此间的沟通。当这个距离大到一定的程度时，自上而下的沟通就会中断。

三是非理性反应。 经理人员如果不能正确看待不同的文化存在的差异，就可能会对来自不同的文化背景的职工采取情绪化或非理性的态度。这种非理性的态度很容易招致员工的非理性报复，结果是误会越来越多，矛盾越来越深，对立与冲突更趋剧烈。

四是怀恨心理。 对于发生的冲突结果，冲突双方如不耐心地从彼此的文化背景中寻求文化共享，而一味地抱怨对方的鲁莽或保守，只会造成普遍的怀恨心理。

（三）战略对策

跨文化冲突不可避免，公司可以采取以下几种战略避免冲突，确保公司的发展。

第一，文化支配。 当一个组织相比其他组织占据极大的优势时，这个强势组织就会起

> 企业文化

支配、控制作用，并且通常情况下继续按他们在本土文化背景中的规矩行事。这意味着，在企业中，某一方国家的文化居于统治地位，组织内的决策及行为均受这种文化支配，这种策略的前提是：不能影响企业的生产效率。

第二，文化顺应。这种方式与文化支配策略相反。经理试图运用这种方式效仿东道主的文化，并试图把二者融为一体。在跨国经营的企业中表现文化顺应的例子有管理者学习当地的语言甚至说得很流利，在订立合同时，采用对方国家的货币形式。

第三，文化妥协。这是两个很强的团队组合时使用的策略，即双方在某些问题上都做出让步以更为有效地工作。常常实力强的一方让步少一些，但是双方必须都做出让步。

第四，文化回避。亚洲的经理经常使用这种方式。他们在工作和管理中似乎没有文化冲突的存在。这种方式强调要给人留面子，使脸面更加突出。当尚待解决的问题并没有当时情况或谈判的最终结果那么重要时，这种方式被使用得最为频繁。

第五，文化协作。在跨文化商务环境中，这种选择方式发展了一种全新的解决途径。它尊重所有的文化，同时也增加了对有效工作的选择。

提高性知识

第二节　跨文化整合

一、跨文化整合的内涵

企业文化不是各种文化特质的简单堆积，在同一文化共同体内，各种文化特质是趋于整合和统一的。企业并购后的文化整合，就是要以原有的优势文化为基础，通过两种异质文化之间的相互接触、交流、吸收、渗透及对其过程的管理，既吸收异质文化中的某些优质成分，同时又去掉自身和异质文化中的一些落后的特质，从而建立一种更加具有生命力和市场竞争力的新文化体系。整合不是联合，更不是混合，而是摒弃自己文化的弱点，汲取其他文化的优点。对并购整合而言，文化整合相对于其他方面的整合更软性化，能否成功直接关系着企业并购能否成功和今后的发展是否顺利。

实例探析：联想对IBM的文化整合

所谓跨文化整合，就是在两个文化背景完全不同的企业之间进行文化整合。除了企业的个性特色，跨文化整合往往要触动不同文化在地区、民族和国别层面上的内容，这些往往是企业核心价值观的根基，因此，面对价值观的巨大差异时进行跨文化整合是不可避免的。跨文化整合的重点在于通过文化整合过程，建立双方相互信任、相互尊重的关系，拓展并购双方经理人能接受不同思维方式，使其具有能和不同文化背景下的人共事的跨文化能力，使双方能在未来企业的价值观、管理模式、制度等方面达成共识，以帮助并购企业更好地实现其他方面的整合，为同一目标而努力。比如，联想对 IBM 的文化整合，TCL 对汤姆逊的文化整合，都属于典型的跨文化整合。

美国人类学家爱德华·赫尔把文化分为<u>正式规范、非正式规范和技术规范</u>三个层次。他认为，企业文化在不同结构层次上引起的冲突大小、强弱及易变程度不同，即不同层次的文化规范引起的文化冲突强弱不同。正式规范是人的基本价值观和判断是非的标准，它能抵抗来自外部企图改变它的强制力量，因此，正式规范引起的文化冲突不易改变。非正式规范主要是人们的风俗习惯，所引起的文化冲突可以通过较长时间的文化沟通和交流加以克服。技术规范可以通过技术知识的学习获得，其所引起的文化冲突容易解决。

二、跨文化整合的内容

<u>一是理念文化的整合</u>。企业价值观是企业文化的核心，也是企业在长期而独特的经营过程中形成的对生产经营行为的选择标准、判别标准和评价标准，属于正式规范层。把原来不同文化背景下的员工的不同价值取向、处世哲理统一在一个价值观念体系中，并给员工以心理上的约束和行为上的规范，是企业跨文化整合的最难点。

<u>二是制度文化的整合</u>。企业的制度规范，是一种约束企业及员工行为的规范性文化，包括领导体制、组织结构、企业管理制度等方面。它属于文化的非正式规范，是企业文化的介质层，相对较易改变。在企业整合中，针对原来各自的经营管理制度和规范，需要根据新企业的特点进行调整或重新制定，形成新的制度文化。

<u>三是行为文化的整合</u>。行为文化是指企业员工在生产经营、宣传教育、学习娱乐中产生的活动文化。它是企业精神、企业价值观的动态反映，是企业文化的外显层，所引发的冲突比较容易改变。行为文化所包括的诸如员工的着装打扮和言谈举止、习俗、工作风格和工作技巧等都是可以通过学习、教育、训练改变的。

<u>四是物质文化的整合</u>。它是由企业员工所创造的产品和各种物质设施等构成的器物文化，处于企业文化的最表层，是企业文化最直接的外在体现，能引起的冲突内容较少，也比较容易协调和整合。

三、跨文化整合过程中的困难

企业并购整合的目的是实现协同效益的最大化。而协同效应的实现往往会面临一系列的困难及问题，如管理方式的差异、薪酬体系的差异、员工对组织变革的反对，以及员工对并购另一方文化及行为的不适应等。企业如果不能在尽量短的时间内成功地解决这些问题，会导致效率的下降、人员的流失，乃至整个并购的失败。

传统对并购中文化整合的分析往往侧重于对企业文化层面文化差异的研究，以及企业如何在整合过程中应对这样的差异。企业文化的冲突会给企业的并购带来多方面的影响。首先，文化的冲突会使被并购方在与并购方合作时产生不信任感及对前途的不确定性。这会导致其对个人事务的关注程度大大提高，从而降低工作效率甚至到竞争企业中去工作。

企业文化

其次，文化的冲突也会直接导致员工对企业缺乏认同感和敬业精神。在与并购方进行合作时，在帮助并购方解决问题、信息提供及共同工作方面，员工的合作程度也会大大降低。在经济全球化及跨国并购大幅度增长的前提下，对企业层面文化冲突的分析已经不能为企业带来更多的指导意义，许多企业层面文化冲突的分析在跨国界的情况下并不适用。因为在一个国家内的企业文化是受国家文化的影响的。

本节主要针对中国企业并购发达国家企业的文化整合进行分析。

（一）中国企业与发达国家企业明显的文化差异加大了整合难度

与国内企业并购不同的是，跨国企业的并购在文化整合上面临更大的挑战：并购方在并购时面临的不只是企业层面的文化差异及冲突，还包括国家文化的差异及冲突。一般来看，国家文化的差异主要体现在个人主义与集体主义、与权力的距离、对不确定性的接受程度等方面。企业层面的文化差异往往是国家文化在这三个纬度上差异的不同体现。

与美国文化相比，欧洲文化更强调集体主义和团队协作。而美国企业相对注重个人主义。这种国家文化的差异在企业文化中体现在对高管人员的薪酬体制上。因此，在美国企业与欧洲企业的并购案例中，薪酬往往是整合的焦点及不和谐声音的根源。又如，在欧洲，员工们不喜欢不确定性，他们需要知道并购对企业和个人带来什么样的影响。国家的劳动法对解雇员工的严格规定及对员工的保护是对确定性的需求的体现。

而从中国企业的文化特征来看，一方面中国人对风险的接受程度高，另一方面又倾向于远离权力中心，这就导致了中国企业的成败往往取决于企业最高领导。他们在组织职能并不完善的情况下，通过对下级的直接干预来管理企业，而下级更多的是服从领导的安排。显然，如果通过这种方式来管理其他发达国家的企业，不一定行得通。因为在这些国家的企业中，企业中层往往扮演着非常重要的角色。此外，在跨国并购过程中，企业高层管理人员通常把自己定位于民族文化的代表精英，不愿意在文化整合上做出有损于民族文化的决策。同样，如果中国企业在短期内就照搬发达国家的管理模式，由于人才能力和文化方面的原因，这种做法也无法真正获得成功。这就使实施海外并购后的企业必然处于一种多元文化并存的状态，加大了文化整合的难度。

（二）海外被并购企业对中国企业文化的认同度低

面对企业文化和国家文化的两层差异，并购双方对彼此文化的认同和接受程度就成了文化整合的关键因素。根据被并购企业对保留自身文化的认同程度及并购企业文化吸引力的不同，文化整合的模式主要有四种。在整合的情况下，被并购方对自身文化和对方的文化都有很高的认同感，企业文化整合的结果是双方基本保持文化上的相对独立。当然，这样的独立必须是并购企业所允许的。在组织及业务上，双方的整合是完全的。在同化的情况下，被并购企业放弃自身的文化，完全接受了并购企业的文化。这样的文化整合往往是因为被并购企业的文化相对不成熟或不利于企业发展。例如，许多墨西哥企业在被美国企业收购后，放弃其以往的文化，接受了美国的企业文化。在迷茫的情况下，被并购企业的员工对自身文化认同度低，但又不希望融入新的文化中。虽然被并购企业的文化会迅速解体，但新文化的建立是一个十分漫长的过程。在独立的情况下，被并购方有着文化优越感，对并购方的文化认同度低。因此，双方在整合上是十分困难的，被并购方不愿意以任何形式与并购方进行整合。

四、跨文化整合的方法

（一）收集目标企业的文化信息

收集目标企业的各种标志、工作环境、规章制度、工作程序、会议文件及礼节、员工日常行为等，在此基础上挖掘隐藏在其背后的组织哲学、价值观、组织风气、不成文的行为准则等隐性文化。除此之外，还要注意收集目标企业所在国的主导文化。

（二）进行定性和定量分析，确定冲突、风险的大小

当得到目标企业有关文化信息后，要对其做进一步调查，挖掘其有价值的内容，由高层主管、律师、财务分析师、文化小组进行多角度、全方位的评价分析。要结合两个企业所在国的文化，注重对两家企业领导者和中高层主管的价值观、管理风格及员工的行为准则进行对比，发掘可能发生的显性冲突与潜在冲突。

（三）制订有效的文化整合计划

当对目标企业及其所在国的文化做了详尽分析后，应着手研究如何把两种不同的企业文化结合起来，从而成功克服并购双方的文化与非文化冲突。要制订有效的文化整合计划，成立负责整合的团队，向新的经理介绍公司的文化和规则，让高层管理人员一起参与。两个公司的员工过去可能是竞争对手，但今后要在一起工作，需要进行广泛深入的了解、沟通与交流。因此，公司高层、整合团队应和新经理一起制订整合计划和沟通计划，包括时间表和具体操作方案，并建立工作项目，让两家公司的员工一起实现新的目标。

（四）慎重对待对方管理者

由于并购行为对于被并购方来说是一场大变动，绝大多数人会有一种危机感。要想实现文化统一，高层管理者的支持是必不可少的。如果不能很好安排企业的高层，中层管理者就有可能集体离职。这将加剧员工的抵触情绪，导致工作效率进一步降低。

（五）主动吸收国外企业先进文化

目前，中国企业实施海外并购的对象大多数是西方的成熟企业。从文化冲突分析中可以看出，这些企业对中国企业文化的认同度较低，而对自己的企业文化有很高的认同度并希望保持自身的文化。因此，中国企业从事海外并购时，一定要注意吸收国外企业文化中的先进因素。

（六）制定过渡政策

许多并购成功的公司往往运用标准化的评估技术对目标企业进行全面评价，并在成交后的很长一段时期内处理它与目标企业的差异，成立由优势企业和目标企业关键人物组成

的协调小组，协调双方企业文化的冲突，逐步实现经营理念、管理方式的统一。因此，跨文化整合宜戒急用忍，稳健行事。

（七）加强跨文化培训

执行整合计划，要利用有效的培训、推行管理人员对换项目等方式来加快整合速度。培训是实现跨文化整合的基本手段。伦纳德·南德勒很早就提出，跨文化培训应当是人力资源发展的重心所在。许多跨国公司普遍认为，中国经理有较强的分析能力，能迅速地接受和掌握新的技术，但却不一定懂得公司为什么要以一定的方式运作。因此，应把解决问题、领导技巧、人际沟通、创造性思维及谈判技巧等列为经理人需要的技能。同

实例探析：一些公司跨文化沟通能力的培养

时，并购企业对彼此之间的国家文化和企业文化有所了解并形成正确的认识，对于双方建立相互理解和信任、推动新企业的文化整合十分重要。跨文化培训是实现跨文化管理的有效手段，主要有对文化的认识、文化的敏感性训练、语言学习、跨文化沟通及冲突处理、地区环境模拟等课程。

五、跨文化培训

来自不同国家、民族的员工具有不同的文化背景，价值观、需要、态度、行为等具有相当的差异，企业内部存在的这种文化上的差异必然会引起文化冲突。在企业日常运作和对外交往中，如果员工缺乏跨文化交流的知识和技巧，文化之间的差异就会产生误解和不必要的摩擦，从而影响工作效率，降低企业的竞争力。管理是受文化制约的，要想进行成功的跨文化管理，就必须进行跨文化培训。跨文化培训是解决人力资源管理中文化差异问题的基本方法。对员工尤其是管理人员进行跨文化培训是解决文化差异、做好跨文化管理最基本、最有效的手段。

（一）跨文化培训的目的及意义

跨文化培训的目的是使员工了解各国不同的文化，并学会尊重各自的文化，化解日常工作中由文化差异而引发的危机。对一般员工和管理者进行跨文化培训最终是要让他们能够不带成见地观察和描述文化差异，并理解差异的必然性和合理性。

跨文化培训可以加强人们对不同文化环境的反应和适应能力，促进不同文化背景的人之间的沟通和理解；将企业共同的文化传递给员工，形成企业强大的文化感召力和文化凝聚力。由于世界上每一种文化都有自己的精华，来自不同文化背景的员工会用不同的视角来看待同一问题，进行跨文化培训可以促进不同文化背景的员工交流与沟通，取长补短。

（二）跨文化培训的内容与方法

跨文化培训的主要内容是对全球经济和世界文化的理解、合作的技巧等内容。跨文化培训一般分为岗前培训和在职培训，岗前培训的主要作用是使新员工具有一定的文化适应性。在新员工进入企业之后，可采用外派出国学习、国内跨文化团队训练、语言文化学校

培训等方式,向他们传授跨国公司先进的管理经验,培养他们的团队合作精神,向他们灌输以公司共同价值观为核心的企业文化。

以取得跨文化管理技能为目的的跨文化培训,一般采用在职培训和岗前培训相结合的办法,可以通过出国留学、国内文化熏陶等手段增进对异域文化的了解,然后通过跨文化团队建设的方式,训练在多元文化团队中实施管理的技巧。

跨文化培训的主要方法就是对全体员工,尤其是非本地员工,进行文化敏感性训练。敏感性训练,也称"T小组训练法",是美国心理学家勒温于1964年创建的一种改善人际关系和消除文化障碍的方法。敏感性训练可以使员工学会有效地交流,细心地倾听,以了解自己和别人的情感,从而加强人们的自我认知能力和对不同文化环境的适应能力,并促使来自不同文化背景的员工之间进行有效的沟通和理解。敏感性训练的一般方法是把10~15名员工集中到实验室或远离企业的地方,由心理学家对他们进行训练,为期1~2周。在培训过程中,受训员工没有任何任务和负担地相互坦诚地交谈,内容也只限于他们之间当时发生的事情。通过这种方式,受训者能够发现自己原来没有注意到的文化差异,打破心中的文化障碍,加强不同文化间的合作意识和联系。敏感性训练可以明显减少跨文化企业的员工的文化偏见,增加相互间的信任感和内部控制倾向,提高员工对不同文化的鉴别和适应能力。

文化敏感性训练将具有不同文化背景的员工集中在一起进行专门的培训,打破他们心中的文化障碍和角色束缚,增强他们对不同文化环境的反应和适应能力。文化敏感性训练可采用多种方式,主要有以下几种。

1. 文化教育

请专家以授课的方式介绍东道国文化的内涵与特征,指导员工阅读有关东道国文化的书籍和资料,让他们做好在新的文化环境中工作和生活的思想准备。

2. 环境模拟

通过各种手段从不同侧面模拟东道国的文化环境。将在不同文化环境中工作和生活可能遇到的情况和困难展现在员工面前,让员工学会处理这些情况和困难的方法,并有意识地按东道国文化的特点思考和行动,提高自己的适应能力。

3. 跨文化研究

通过学术研究和文化交流的形式,组织员工探讨东道国文化的精髓及其对管理人员的思维过程、管理风格和决策方式的影响。这种培训方式可以促使员工积极探讨东道国文化,提高他们诊断和处理不同文化交融中疑难问题的能力。

4. 语言培训

语言是文化的一个非常重要的组成部分,语言交流与沟通是提高对不同文化适应能力的最有效的途径。语言培训不仅可使员工掌握语言知识,还能使他们熟悉东道国文化中特有的表达和交流方式,如手势、符号、礼节和习俗等。可组织各种社交活动,让员工与来自东道国的人员有更多接触和交流的机会。

(三) 跨文化培训中应注意的问题

1. 要注意语言差异对培训效果的影响

跨国公司在对中国员工进行培训时，有时使用的是原版教材，因为这些资料尚无译成中文的版本。但由于不同语言之间的概念、表述、意境的差异，培训教师翻译过程中的文化信息损失和失真难以避免，加之人们对外语的天然隔膜，中国员工对原版教材的理解程度相比中文教材来说要大打折扣，培训的效果自然难以保证。因此在培训中，在语言的表述上应尽量使用中文，如果不加分析、处理就直接应用于培训，会造成受训员工的"水土不服"。培训材料和方法必须考虑中国人的学习习惯，并在中西方文化之间达成平衡。

2. 要注意文化差异在培训中对员工的影响

有时由于价值观的不同，来自不同文化背景的员工会对相同的内容产生不同乃至相反的理解和反应。在企业培训人员的使用上，要注意与企业发展战略的结合。根据企业的发展战略，确定适合企业不同发展阶段的培训需求，对培训人员的职位制定中长期的计划以及完成计划所需的技能和潜力。

扩充性知识

第三节 跨文化管理的模式

跨国并购的文化整合必须根据跨国并购双方的不同文化特征，选择相应的文化整合模式。在文化整合模式的选择过程中，不仅要考虑文化差异的影响和并购企业的管理能力，还要考虑并购双方企业文化的类型、优劣、强弱程度、文化引力及母公司对多元文化的容忍度等因素。文化整合是每个并购企业都要面对的课题，在充分借鉴西方理论中四种文化整合模式的基础上，当今跨国并购企业根据自身情况分别选取了自己的文化整合模式。可采取的模式主要有以下几种。

实例探析：国际化背景下的潍柴集团跨文化管理模式

一、移植模式

移植模式是将并购企业文化体系的主体移植到被并购的企业中去，而较少考虑被并购企业所在地的本土文化和原有的组织文化，也称文化替代模式。这种策略适用于社会文化背景差异较小的跨国并购。如果并购企业文化是强势文化，而被并购企业的地域文化或原有组织文化是弱势文化，并购企业就可以通过适当的方式和手段，将本企业的理念文化、制度文化等导入目标企业，使被并购企业的弱文化受到优势文化的冲击而被替代。

这种文化整合模式的优点是整合过程中有一个强力型的核心文化起主导和推动作用，整合速度较快，效果明显。思科、可口可乐和通用公司在跨国并购文化整合中，一般采用这种模式。但由于此模式是一种自上而下的文化整合，常常带有强制性，容易受到被并购企业员工的抵制，愤怒、敌对、失望的情绪会导致很多问题的出现，有一定的文化风险。例如，松下公司为了发挥技术优势进入娱乐行业，就收购了 MCA 公司。在整合时，松下公司想把 MCA 公司注重娱乐而又无拘无束的好莱坞式文化观念归化为其本身沉稳庄重、强调实际的日本式文化观念，两者发生了强烈的文化冲突。后来，松下公司只好把 MCA 公司卖给了西格拉姆公司。在选择这种整合模式时需要慎重，尤其是在强强联合及并购双方的民族文化差异很大时，要尽量避免完全的强制式的移植模式。

二、隔离模式

随着跨国并购越来越普遍，文化冲突也随之增加了一个层次，并进一步凸显出沟通和尊重彼此文化的重要性。采取这种模式，第一种情况是双方文化背景和企业文化风格迥然不同，甚至相互排斥或对立，在文化整合上的难度和代价较大的情况下，如果能保持彼此的文化独立，避免冲突，反而更有利于企业发展。如美国通用电气公司控股日本五十铃公司时，由于两国文化及双方企业文化都有很大的差异，通用公司并没有向五十铃公司输入自己的文化模式，而是采用了文化隔离的方式。第二种情况是一般并购方和被并购方不是同一行业，并购只是母公司多元化战略的行为。这样的并购，一般不需要做任何的整合。例如美国 USX 钢铁公司并购 Marathon 石油公司，并购后两家公司没有做任何文化上的整合。

这种整合方式从短期来看，可以避免文化冲突所带来的风险。但从长期来看，很多情况下是行不通的。从被并购企业角度讲，由于总是受制于并购企业，如果两家企业文化迥然相异，被并购企业的管理层尤其是中高层管理者肯定会产生抵触感、危机感，所以他们一旦找到合适的发展机会就会离开公司，造成人才的流失。此外，从并购企业来看，在并购的过程中肯定会产生一定的剩余人力资源，对于这些人员的安置与对待，两种企业文化很可能会产生矛盾。而且，并购是为了带来规模经济，如果存在文化差异，文化冲突便会抵消一部分规模经济，甚至会产生"规模负经济"的效果。

三、引进模式

在跨国并购中，并购企业虽然在经营权和所有权上具有优势地位，但其企业文化可能只处于低级阶段。相反，被并购企业虽然在经营权和所有权的争夺中处于下风，但其文化可能已处于高级阶段。在这种情况下，根据利益最大化的经济原则，并购企业就应当弃"王者"思想和"家长"作风，从整个企业的大局着眼，对被并购企业的优势资源予以充分的肯定与尊重，予以足够的重视，力争把握其文化的精髓。此外，还要对这些从被并购企业文化中抽象出来的精华部分进行雕琢，使之系统化、理论化，然后再将其纳入自己的文化体系，使之成为并购企业的文化金字塔中一个不可或缺的组成部分。通过这种方式，并购企业可以充分利用被并购企业先进的文化资源，成功实现两种企业资源的优势互补，为企业的全面整合乃至并购动机的实现迈出坚实的一步。这种整合方式的特点是虽然并购企业在并购大战中取得了决定性的胜利，但它非常尊重对方，能够放下架子"不耻下问"，虚心向对方学习其文化的合理内核。这种做法必然会赢得被并购企业员工普遍的尊重与好感，为企业文化的全面整合奠定坚实的情感基础。这种整合方式的最大优点是不仅能博采两家之所长，实现并购企业的并购目标，其挑起的文化冲突与纠纷也最小，从而使企业文化的整合实现软着陆。当然，这种整合模式也存在不足，若被并购文化的精华部分虽然在被并购企业中能发挥出色的作用，但不适应并购企业的文化，反而会阻碍并购企业的文化发展，造成优势资源的极大浪费。这种文化整合模式在以弱胜强型并购中较为常见。

四、反向整合模式

如果当并购方在行业内或某领域的地位不如被并购方，或者被并购方对并购方的战略文化调整有促进作用时，需要采取这种文化整合模式。这种模式的主要特点是并购方不整合被并购方，而是让被并购方的文化影响并购方的文化。

五、融合模式

企业跨国并购组成新企业后，平等地进行交流，选择各自精华的部分紧密融合；成员企业有目的地吸纳对方企业的优良文化成果或文化经验，达成文化共识。在此基础上构造新企业的文化体系。融合式文化整合模式的优点在于，以求同存异为原则进行文化互补，容易得到并购双方的认同与欢迎，可减少文化整合的阻力，降低文化风险，形成兼容性强的文化合力。例如，上海贝尔公司是由中国邮电工业总公司、比利时阿尔卡特公司和比利时王国政府基金会合资建立的。在公司建立之初，各方就本着互惠互利的原则，加强沟通，精诚团结，逐步形成了全新的"团结、奋进、为大家"的贝尔文化。

六、创新模式

创新模式是一种新型的管理文化模式，是指在企业团体共同利益的基础上，在并购双方共同经营管理的过程中，经过双方相互了解、协调而达成共识的管理文化模式。并购双方在对企业文化差异的相互了解和理解的基础上重建一个对企业团体的生存、发展有利的崭新文化。它超越了个别成员的文化模式，产生于并购双方为达到共同目标而联合努力的过程中。当并购双方都比较优秀，又属于同一个行业时，这种战略模式有助于新企业真正整合双方最好的方面而形成新文化。

第四节 跨文化管理的策略

一、本土化策略

本土化策略即根据"思维全球化和行动当地化"的原则来进行跨文化的管理。全球化经营企业在国外需要雇佣相当一部分当地员工,因为当地员工熟悉当地的风俗习惯、市场动态以及政府的各项法规,并且与当地的消费者容易达成共识。雇佣当地员工不仅可以节省部分开支,更有利于其在当地拓展市场、站稳脚跟。

二、文化相容策略

根据不同文化相容的程度,可分为以下两种策略。

一是文化的平行相容策略。这是文化相容的最高形式,习惯上称为"文化互补",即在国外的子公司不以母国的文化为主体文化。这样,母国文化和东道国文化之间虽然存在着巨大的文化差异,但并不互相排斥,反而互为补充,同时运行于公司的经营管理活动中,可以充分发挥跨文化的优势。

二是隐去两者主体文化的和平相容策略。管理者在经营活动中刻意模糊文化差异,隐去两者文化中最容易导致冲突的主体文化,保存两者文化中比较平淡和微不足道的部分。这种策略使不同文化背景的人均可在同一企业中和睦共处,即使产生意见分歧,也容易通过双方的努力得到妥协和协调。

三、文化创新策略

文化创新策略即将母公司的企业文化与国外分公司当地的文化进行有效的整合,通过各种渠道促进不同的文化相互了解、适应、融合,从而在母公司文化和当地文化的基础上构建一种新型的企业文化,并将这种新型文化作为国外分公司的管理基础。这种新型文化既保留着母公司企业文化的特点,又与当地的文化环境相适应,既不同于母公司的企业文化,又不同于当地的文化,而是两种文化的有机结合。这样不仅使全球化经营企业能适应不同国家的文化环境,而且能大大增强竞争优势。

四、文化规避策略

当母国的文化与东道国的文化之间存在巨大的不同,母国的文化虽然在整个公司的运作中占主体地位,但无法忽视或冷落东道国文化的存在时,由母公司派到子公司的管理人员就应特别注意在双方文化的重大不同之处进行规避,不要在这些"敏感地带"造成彼此文化的冲突。特别在宗教势力强大的国家,更要特别注意尊重当地的信仰。

企业文化

五、文化渗透策略

文化渗透是个需要长时间观察和培育的过程。跨国公司派往东道国工作的管理人员，基于其母国文化和东道国文化的巨大不同，并不试图在短时间内迫使当地员工服从母国的人力资源管理模式，而是凭借母国强大的经济实力所形成的文化优势，对公司的当地员工逐步进行文化渗透，使母国文化在不知不觉中深入人心，使东道国员工逐渐适应这种母国文化，并慢慢地成为该文化的执行者和维护者。

六、借助第三方文化策略

跨国公司在其他的国家和地区进行全球化经营时，由于母国文化和东道国文化之间存在着巨大的不同，跨国公司无法在短时间内完全适应东道国的经营环境，其所采用的管理策略通常是借助比较中性的、与母国的文化已达成一定程度共识的第三方文化，对设在东道国的子公司进行控制管理。用这种策略可以避免母国文化与东道国文化发生直接的冲突。这种借助第三国文化对母国管理人员所不了解的东道国子公司进行管理的策略可以避免资金和时间的无谓浪费，使子公司在东道国的经营活动迅速有效地取得成果。

七、占领式策略

占领式策略是一种比较偏激的跨文化管理策略，是指全球营销企业在进行国外直接投资时，直接将母公司的企业文化强行注入国外分公司，对国外分公司的当地文化进行消灭，国外分公司只保留母公司的企业文化。这种方式一般适用于强弱文化对比悬殊，并且当地消费者能对母公司的文化完全接受的情况。但从实际情况来看，这种模式采用得非常少。

总之，全球化经营企业在进行跨文化管理时，应在充分了解本企业文化和国外文化的基础上，选择自己的跨文化管理策略，使不同的文化得到最佳结合，从而形成自己的核心竞争力。

工行并购阿根廷标准银行的跨文化整合[①]

全球化时代，并购已成为跨国企业谋求技术和市场领先优势的利器。随着中国经济的发展，越来越多的中国企业加入跨国并购的洪流，试图以最低的成本和最快的速度赢得抢占优质资源的竞赛。2012年11月，经过近15个月的筹备，中国工商银行（简称"工行"）正式收购阿根廷标准银行（简称"标行"）80%的股份。这也是工行在拉美地区并购的第一家金融机构。全新的政治经济环境、迥异的文化背景、高

[①] 根据中国财经网报道资料整理。

素质的人才队伍，对工行的国际化经营提出了新的挑战。

成功交割一年后，记者再次走进位于马德罗港区的工行阿根廷子行总部——一座顶部挂有巨型工行红色标识的大楼，了解这场中资银行在拉美地区最大规模金融并购案的最新进展。

相爱简单相处太难，企业并购亦如此。书面并购报告列举的协同效应很诱人，但在实践中，文化管理模式差异就会显露出来。据科尔尼咨询公司的一项研究表明，从全球范围看，约61%的并购以失败告终，在导致失败的决定性因素中，企业文化冲突居首位。"文化背景迥异，管理模式不同，是我们并购以后面临的主要挑战。""如何在交接过程中保持团队和业务的稳定，同时保证工行的有效控制，是交割以后管理层优先考虑的事情。"一名全程参与并购的工行阿根廷子行中方负责人告诉新华社记者。

有近百年历史的阿根廷标准银行，内部管理规范、先进、严谨，风险控制严格，屡次经历并购，却都保持企业文化的相对独立性。过渡期间，工行并未强势改造标准银行企业文化，而是采取了融入东道国文化的态度，尽可能保留或吸收标行企业管理中的先进成分，构建沟通渠道让员工相互了解、彼此信任，继而达成对未来目标的共识。据介绍，交割后工行大体保持了标行原有的运行模式、组织结构，原有六大业务板块保持不变，在人力安排上也没有用中方员工代替原有业务人员和管理层，六大业务板块高管全部保留。一年来无高管跳槽，本土员工队伍保持稳定。

保持良好沟通是化解跨国并购文化冲突的有效方法，因此构建高效的沟通机制成为工行工作组进驻初期首先考虑的问题。工作组在交割前与阿方构建了高层、中层、具体事务三个层次的沟通对接机制。通过该机制，双方达到了充分沟通、相互尊重的目的。交易产品服务及公司投行部高管马里亚诺·佩雷尔在原标行工作了23年，对该行过去两次并购非常熟悉。他说："这次并购同过去两次并购最大的区别，是中方在并购早期就派驻了工作组，同我们进行了全方位的沟通与合作，这在过去两次并购中是没有的。结果证明，这种沟通为过去一年的整合奠定了良好的基础。"在工行阿根廷子行总部28层多功能平面，记者看到了一个有趣的设计：在中方主要负责人办公室和董事公共办公室之间设置了一个中式的小茶室。采访中记者了解到，一些外方董事来此办公，经常会顺道约中方负责人在茶室坐坐，这种空间设计方便了沟通，也拉近了公司决策层的距离。为了促进员工间的沟通交流，工行还开办了中西文语言培训班，中国员工主动学习西班牙语，外方员工则积极学习中文，这一项目受到员工的普遍欢迎。记者在金融市场部见到了布宜诺斯艾利斯大学毕业的马里亚纳，她已经可以用中文进行简单的交流。

此外，为增进阿方员工对工行文化的认同，工行在并购之初邀请其高管层7名成员到中国访问，到总行实地参观，与总行领导层进行座谈交流，亲身感受工行的管理模式和中国文化。此外，还输送本土员工到中国进行培训交流，或者在总行进行两到三个月的短期交流任职。

"融合企业文化，是个逐步引入、协调和融合的过程，双方不存在谁更强势的问

> 企业文化

> 题,融合过程更不是简单地用工行管理要求替代原有管理体系,而是在充分尊重原有管理制度、监管法律、企业文化和各项管理规范的基础上,逐步引入和提出新的要求。"工行阿根廷子行中方负责人说。
>
> **讨论分析:**
> 1. 案例中提到的跨文化整合模式属于哪一种?
> 2. 在实施全球化战略时应该注意哪些问题?
> 3. 工行的做法,对我国其他企业成功走出国门有哪些启示?

本章小结

1. 跨文化管理又称交叉文化管理,指与企业(组织)有关的不同文化群体在交互作用过程中出现矛盾(差异和冲突)时,在管理各项职能中加入对应的文化整合措施,有效地解决这种矛盾,从而有效地管理企业的过程。

2. 跨文化管理研究的是在跨文化条件下如何克服异质文化的冲突,进行卓有成效的管理,其目的在于在不同形态的文化氛围中设计出切实可行的组织结构和管理机制,最合理地配置企业资源,特别是最大限度地挖掘和利用企业人力资源的潜力和价值,从而最大化地提高企业的综合效益。

3. 文化差异是指因地区差异,各地区的人所特有的文化间的差异。文化差异分为五个维度:权力距离、不确定性避免、个人主义与集体主义、男性主义与女性主义、长期取向与短期取向。

4. 产生跨文化冲突的原因有:民族个性差异、思维方式差异、处理问题的行为模式不同、信息理解的差异、对语境的理解不同、政治文化的导向不同、宗教信仰不同、文化环境的制约、对关系重要性的理解不同、对待生活的态度不同以及管理风格不同等。

5. 跨文化整合,就是在两个文化背景完全不同的企业之间进行文化整合。跨文化整合的内容包括理念文化的整合、制度文化的整合、行为文化的整合、物质文化的整合。进行跨文化整合,首先要收集目标企业的文化信息;进而进行定性和定量分析,确定冲突、风险的大小;之后,制订有效的文化整合计划,其中要慎重对待对方管理者、主动吸收国外企业先进文化、制定过渡政策、加强跨文化培训。

6. 跨文化培训的主要内容是对全球经济和世界文化的理解、合作的技巧等。跨文化培训一般采用在职培训和岗前培训相结合的办法。跨文化培训中要注意语言差异对培训效果的影响,以及文化差异在培训中对员工的影响。

7. 对员工尤其是管理人员进行跨文化培训是解决文化差异、做好跨文化管理最基本、最有效的手段。跨文化培训的主要方法是对全体员工,尤其是非本地员工,进行文化敏感性训练。文化敏感性训练的方式包括文化教育、环境模拟、跨文化研究、语言培训等。

8. 跨国并购文化整合必须根据跨国并购双方的不同文化特征，选择相应的文化整合模式。主要模式有移植模式、隔离模式、引进模式、反向整合模式、融合模式、创新模式。

9. 跨文化管理的策略有本土化策略、文化相容策略、文化创新策略、文化规避策略、文化渗透策略、借助第三方文化策略、占领式策略。

1. 举例说明什么是跨文化问题。
2. 谈谈文化冲突的含义，并简述文化冲突对企业经营管理的影响。
3. 跨文化冲突的原因有哪些？
4. 简述怎样进行跨文化整合。
5. 怎样开展跨文化培训工作？
6. 跨文化管理的模式有哪些？分别适用于什么情况？

真传一句话，假传万卷书

Management is, above all, a practice where art, science, and craft meet.

——Henry Mintzberg

归根结底，管理是一种汇合了艺术、科学和手艺的实践。

——亨利·明茨伯格

> 亨利·明茨伯格（1939年至今），全球管理界享有盛誉的管理学大师，经理角色学派的主要代表人物。他是最具原创性的管理大师，在管理领域常提出打破传统及偶像迷信的独到见解。他的第一本著作《管理工作的本质》曾经遭到15家出版社的拒绝，但是，现在已是管理领域的经典作品。

第八章 企业文化管理

学习目标

1. 理解企业文化管理的内涵。
2. 领会领导者在企业文化管理中的作用。
3. 了解企业文化创新的含义。
4. 掌握企业文化创新的思路。
5. 了解企业文化创新的趋势。

先导案例

沂蒙山区何以长出"中国民企百强"？看鲁南制药"文化胜利法"[①]

我们很难解释，在缺乏资金、缺乏资源、缺乏人才的沂蒙山区何以诞生一个中国大企业集团竞争力500强企业、国家重点高新技术企业？但鲁南人告诉我们，他们从一无所有起步，用实干、硬干加巧干赢得了今天。动作的背后是人，是思想支配下的行动。这种思想，便是企业文化的一部分。鲁南制药是中国企业群体中较早诞生企业文化的公司。

一、没有知识分子的情怀，便没有鲁南制药

1968年，在临沂郯南社会主义劳动大学下放的知识分子在简陋的牛棚里成立了郯南劳动大学制药厂，也是现鲁南制药的前身。知识分子担任骨干的厂子不一样，文化是他们的向心力和凝聚力所在。这是鲁南制药讲究情怀和精神境界的肇始。

中国企业对现代企业文化的理解，是从改革开放开始的。国门的打开，外资企业的涌入，让土生土长的企业家们顿悟了企业的文化核心。随后，市场经济逐步被推向深入，企业文化概念首次被写进十四大报告。由此，文化成为企业做大做强的必经之

---

① 根据凤凰网（山东频道）报道资料整理。

企业文化

路。从鲁南制药的崛起中,我们理解了这句话的内涵:"小企业以人管人,中企业靠制度管人,大企业用文化管人。"

"账面上净资产只有19万元,流动资金一分也没有,生产原料只能维持3天。"对于1987年的窘况,很多鲁南人记忆犹新。为解决资金问题,赵志全马不停蹄,多方奔走,遭拒多次后,终于争取到2万元的贷款,加上七借八凑的1.8万元,仅有的3.8万元成为鲁南制药启动生产的原始资金。这里面的细节在于,明明没有流动资金,缺乏原料,赵志全还是顶着压力签下"军令状",他的大胆、魄力、担当让人肃然起敬。鲁南制药党委书记、董事长、总经理张贵民将之总结为"鲁南精神"的重要内核,也就是"不怕困难、挑战困难、战胜困难"。

二、将不可能化为可能,体现着张贵民的改革精神

1969年出生的张贵民,是鲁南领导班子里最年轻的接班人。在很多鲁南人看来,他的接棒,既在意料之外,又在意料之中。25年前,从福州大学毕业的张贵民进入鲁南制药工作,一干就是20多年。从最基层的技术员干起,他一步一个脚印,历任技术员、车间主任、科研部部长、副总经理,直至成为今天的董事长、总经理。张贵民的主攻方向是科技研发,说话坦率、思路严谨、逻辑性强、视野宽阔是贴在他身上的标签。

赵志全的眼光独到,选择张贵民保证了鲁南制药相对长期的稳定发展,得到了董事会的高度认可,也经得住各方的考验。传承和创新,是张贵民带领着领导班子干的两件事。比如,"以改革为动力,以市场为中心,以科技为先导",是鲁南制药之前的发展战略;面对着新的市场形势,富有改革精神的张贵民提出"创新引领,服务推动",作为鲁南制药工作指导方针的新内容,这是内涵丰富的八个字。

在张贵民看来,面对经济新常态,鲁南制药要坚持自主创新、重点跨越、支撑发展、引领未来的方针,大力加强以企业为主体的自主创新能力建设,以科技创新为核心,全方位推进以企业机制创新、营销创新、管理创新、文化创新为基础的全面创新,以改革释放企业创新活力,实现提质增效升级,为企业健康可持续发展提供新动力。四年来,张贵民带领15 000名员工以每年20%以上的增长速度发展企业,营业收入跨越百亿元,连续多年位居临沂财政贡献排行榜榜首,上榜中国医药工业研发能力最佳工业企业名单,荣获山东省省长质量奖,入选2017年中国企业创新能力百强榜、国际化供应商百强榜。

2018年8月29日,全国工商联公布的2018年中国民营企业制造业500强榜单中,鲁南制药集团列461位;此前公布的2017年中国医药工业百强排行榜中,鲁南制药集团跻身30强,列28位。2014年11月,人们曾提出"'后赵志全时代'鲁南制药还能走多远"的质疑。今天,张贵民用事实让质疑烟消云散——掌舵企业以后,他继承和发扬鲁南制药的优良传统,各项事业健康、持续、快速发展,企业规模、经济效益、社会贡献稳定增长。

三、鲁南文化如何支撑千亿目标、百年企业

持续创新,让鲁南制药在实验室里大获成功,他们将最新首创级成果拿到按照最高标准设计的无菌车间里,利用现代信息技术和机器人技术进行转化,最终推向全国乃至全球各地。不断钻研的精神、精益求精的态度、严格恪守的制度,让鲁南制药的每一盒产品都写上了"良心"两字。在中国,优秀企业很多,最值得尊敬的是把国家和百姓放在心上的企业,鲁南制药正是这样的企业。

为了脉管炎患者能够用上药,鲁南制药不顾原料价格暴涨,一直坚持脉络舒通的生产供应。十几年来,脉络舒通没有停产,而公司付出的代价是脉络舒通这一药品每年7 500万元的亏损;在集团下属新时代药业建设之初,秉持"宁让企业亏,不让温河浑"的环保理念,鲁南制药专门引进环保人才,建立了污染控制与资源化研究中心,投入重金,保证排放的污水达到国家A级标准;非典时期,鲁南制药加紧生产非典急需药品,筹集价值100万元的中药材,专车驰援北京……

2018年国庆节,44对新人在鲁南制药举办了第17届国庆集体婚礼。实际上,不仅仅是集体婚礼,住房养老、子女教育、供暖供气、职业进修发展、文体活动等生活事宜,鲁南制药都会为员工考虑到。对鲁南管理者来说,造福社会,为员工创造美好生活,是义不容辞的;员工是家人,企业给予员工温暖,员工必定以火热回报。

半个世纪里,鲁南人始终没有忘记自己的情怀,为百姓让利、给社会谋福的事情,鲁南制药没少干——为400多名下岗职工提供再就业岗位,捐助1 000多名贫困大学新生,积极参与为贫困山区打井修路、抗震救灾、扶贫济困等公益事业,先后投入200万元与中国医师协会共同建立了"鲁南制药用爱解冻"专项基金,为ALS(肌萎缩侧索硬化症)患者免费提供药品……

不忘初心,方得始终。历经50多年,鲁南人不等、不靠、不哭穷、不伸手,自力更生、艰苦创业,让沂蒙山区长出"中国民企百强"。

这是鲁南制药企业文化的胜利,也将激励鲁南走向下一个千亿目标。

人的本质是人的自然属性、社会属性和思维属性的辩证统一,而且统一在人的实践活动中。将以人为中心作为理论假设前提,以人为中心进行管理,把人作为管理工作的出发点和归宿,是文化管理区别于其他管理学说和理论流派的根本标志。文化管理学说的以人为中心,是以现实的人为出发点。另外,文化管理坚持以人为中心,就要树立科学的企业发展观,把实现人的自由而全面的发展作为企业发展的内在动力。

第一节 企业文化管理概述

一、文化管理的产生与内容

文化管理（Culture Management）一词，最早出现在美国管理学家特伦斯·迪尔和阿伦·肯尼迪于 1982 年合著的《企业文化——企业生存的习俗和礼仪》一书，是与组织文化或企业文化既有联系又有区别的概念。文化管理是一种以人为本的管理模式，以人的全面发展为目标，通过共同价值观的培育，在系统内部营造一种健康和谐的文化氛围，使全体成员的身心能够融入系统中来，变被动管理为自我约束，在实现社会价值最大化的同时，实现个人价值的最大化。文化管理是人本管理的最高层次，它通过企业文化的培育来实现文化管理模式的提升，使员工形成共同的价值观和共同的行为规范，进而成为"企业人"。

（一）文化管理产生的社会背景

20 世纪 70 年代末 80 年代初，美国人从日本第二次世界大战后经济飞速发展的奥秘中发现企业文化对企业发展的巨大推动作用后，开始研究文化管理理论和管理方法。文化管理的产生迎合了社会生活的多元化、个性化需求，是人们对管理个性的需求，同时也是从"机会"市场走向"能力"市场的产物。激烈的国际竞争必须在文化阶段形成新的竞争态势。

文化管理不是无源之水、无本之木，它是管理理论发展到一定阶段的产物。迄今为止，管理理论的发展经历了三个阶段。

1. 经验管理——人治、经济人

经验管理（Experience Management）指凭借个人经验，以分析成功的管理案例为主的方法来进行的管理。从资本主义企业管理发展的历史来看，经验管理大致从 18 世纪末到 20 世纪初，经历了 100 多年时间。经验管理没有成型的管理规律、成文的管理制度可以遵循，企业完全按照经营者自己的设想，跟着感觉，凭经验、直觉去管理。所以，在经验管理条件下，企业的兴衰完全取决于经营者的个人素质高低，包括决策能力、指挥能力、凝聚人的个人魅力、感觉和直觉。

1769 年，英国诞生了第一家现代意义上的企业，成为人类走向工业社会的标志。在此后的漫漫岁月中，与这种小规模家族式的企业相伴随的是幼稚的市场和低水平的科学技

术，这使管理者从实践中积累的经验不但完全可以满足对企业管理的需要，而且在一定程度上成为企业发展的积极推动力。然而，随着生产力的发展、企业规模的不断扩大及社会化大生产的形成，经验管理逐步成为企业发展的桎梏。

经验管理阶段的主要特点是：企业的管理者一般就是企业的资本所有者；管理和生产工作主要凭借个人的经验，工人主要凭自己的经验进行操作，没有统一的标准；管理人员主要凭自己的经验来进行管理，没有统一的管理办法；工人的培训主要是采用师傅带徒弟、传授个人经验的办法来进行。总之，这一时期的管理还没有摆脱小生产的影响，因而人们又把这一阶段的管理称为传统管理。到了 19 世纪末 20 世纪初，这种管理已经不能适应资本主义生产力发展的需要，管理理论开始逐步过渡到科学管理阶段。

2. 科学管理——法治、机械人

科学管理（Scientific Management）由"科学管理之父"弗雷德里克·温斯洛·泰勒在他的主要著作《科学管理原理》（1911 年）中提出。泰勒的科学管理，是针对传统的经验管理而提出的，其中心问题是提高劳动生产率。最高的工作效率是雇主和雇员达到共同富裕的基础，达到最高的工作效率的重要手段是用科学化的、标准化的管理方法代替经验管理。1911 年，泰勒使企业管理由漫长的经验管理阶段迈进了划时代的科学管理阶段，使依法治厂、依法治企成为可能，使企业管理从经验上升为科学。在此后长达半个多世纪的岁月里，科学管理极大地推动了生产效率的提高。

福特汽车公司之所以能取得今天的巨大成就，与福特汽车公司创始人亨利·福特推行科学管理是分不开的。1910 年，福特开始在高地公园新厂进行工厂自动化实验。他率领一群高效率的专家，检讨装配线上的每一个环节，试验各种方法，以求提高生产力。而他最重要的突破就是利用甘特图表进行计划控制。福特创造了世界上第一条汽车装配流水线，实现了机械化的大工业，大幅度提高了劳动生产率，出现了高效率、低成本、高工资和高利润的局面。1914 年，福特宣布 8 小时日工资为 5 美元（取代了 9 小时 2.34 美元的工资标准），这个报酬是当时技术工人正常工资的两倍。消息一公布，数万人涌到福特申请工作。亨利·福特开创了一个新时代，他独特的汽车生产线和为大众服务的经营理念一方面给自己带来了丰厚的利润，另一方面也改变了美国人的消费观念。从此，美国成了汽车的王国。

泰勒对科学管理作了这样的定义，"诸种要素——不是个别要素的结合，构成了科学管理，它可以概括如下：科学，不是单凭经验的方法；协调，不是不和别人合作，不是个人主义；最高的产量，取代有限的产量；发挥每个人最高的效率，实现最大的富裕"。这个定义，既阐明了科学管理的真正内涵，又综合反映了泰勒的科学管理思想。但泰勒的科学管理重物轻人，仅仅把员工当作工具，对员工采取"胡萝卜加大棒"式的管理思想和管理方式，随着经济和技术的发展，越来越显现出消极的一面。

3. 文化管理——文治、价值人

文化管理充分发挥文化覆盖人的心理与生理、现实与历史的特点，把以人为中心的管

> 企业文化

理思想全面地显示出来。文化是一整套由一定的集体共享的理想、价值观和行为准则形成的，被集体所接受的共同标准、规范、模式的整合。文化管理的基本特征有：①从"以物为中心"到"以人为中心"；②从理性的制度管理和灌输式的思想教育，到以企业价值观为导向，由员工来营造积极和谐的文化氛围，来规范和统一企业整体的行为，形成自我约束和自我激励的力量；③传统的企业管理方式实际上是将企业作为封闭系统，侧重于调节企业内部运作机制，而企业文化管理则将企业视为开放系统，强化企业与社会的政治、经济和文化的联系与调适；④是以人为目的的管理。

流行于20世纪六七十年代的行为科学，虽然未能补充科学管理的不足，但为文化管理提供了重要的理论基础。行为科学将人的需要划分为生存、安全、社交、自尊、自我实现五个层次，人的需求从低到高不断攀升。正是从这一理论出发，人们认识到随着生产力的发展和人们生活水平的提高，企业管理从重物不重人的科学管理向强调"以人为本"，关心人、理解人、尊重人、培养人，在满足人的必要物质需要的基础上，尽量满足人的精神价值需要的文化管理发展，是企业管理的必然趋势。

清华大学张德教授认为，文化管理是以人为中心的管理思想和管理理念，是以文化竞争力为核心竞争力的系统的组织管理学说和理论，是把组织文化建设作为管理中心工作的管理模式。随着温饱问题的解决与"经济人"假设困境的出现，以及脑力劳动比重的增加，文化管理有着超越科学管理的必然趋势。

综上所述，企业管理发展的三个阶段如表8.1所示。

表8.1 企业管理发展的三个阶段

模式/特征	企业管理的阶段		
	经验管理	科学管理	文化管理
年代	1769—1910	1911—1980	1981年以来
特点	人治	法治	文治
组织	直线式	职能式	学习型
控制	外部控制	外部控制	自我控制
领导	师傅型	指挥型	育才型
管理中心	物	物	人
人性假设	经济人	机械人	价值人
激励方式	外激为主	外激为主	内激为主
管理重点	行为	行为	思想
管理性质	非理性	纯理性	非理性与理性相结合

需要说明的是，无论是人治、法治还是文治，都有其优点和不足。选用何种管理模式，和企业发展的阶段有关。人治、法治、文治是相对来说的，而不是绝对的，其发展过程也将相互交叉，甚至某一时期三种管理模式同时存在，而非单独存在。从人治到法治，再从法治到文治，是一个组织发展的必然趋势，也是一个组织从诞生、成长到成熟所经历

的三个阶段，只是在不同的企业，管理模式所经历的时间长短不一，有些模式的过渡甚至需要很长时间。靠人管人是管理的原始形态，靠规章制度管理是管理的初级阶段，文化约束才是管理的高级阶段。因此，开展企业文化建设，要紧密结合本企业的特点，认真挖掘与总结本企业发展形成的文化积淀，不断学习国内外成功企业开展企业文化建设的经验，博采众长，努力建设具有鲜明特色的企业文化。

（二）科学管理与文化管理的本质区别与联系

科学管理的实质是以资本为核心，文化管理的实质是以人为本；科学管理的目标是追求资本效益的最大化，文化管理的目标是促进人的全面发展，在实现社会价值最大化的同时，实现个人价值的最大化。

文化管理是建立在科学管理基础上的一种管理方式，是通过对科学管理的肯定和否定建立起来的一种管理模式。文化管理包含了科学管理的合理内容，比如科学的决策机制、严格的制度管理、追求最大的工作效率等。

从管理发展的总体趋势看，文化管理是对科学管理的新发展，是管理适应现代社会经济发展大趋势的必然选择，管理实践应当充分体现文化管理的基本精神。文化管理就是从文化的高度来管理企业，以文化为基础，强调人的能动作用，强调团队精神和情感管理，管理的重点在于人的思想和观念。文化管理是以人为中心的管理思想和管理理念。它既不同于此前以物为中心的管理思想，也有别于西方的人本管理思想。文化管理是以文化竞争力为核心竞争力的系统的组织管理学说和理论。它针对科学管理学说的缺陷和不足，又立足在科学管理的理论和实践成就之上；它强调组织文化建设，重视发挥文化竞争力的作用，但是并不同于组织文化理论。文化管理是把组织文化建设作为管理中心工作的管理模式，即文化管理思想学说和理论在现代组织的管理实践方式。

（三）文化管理的内容

文化管理是目前正在探索和实践的管理目标，其内涵是不断丰富、发展的，主要包括如下内容。

第一，把企业看成有机的"人的组织"，是培养人性的学校。传统的观念把企业看成生产产品的地方，充满机床等物化的东西；而从文化的角度看，企业家在市场经济中面临两种使命，即赚取利润和培养人性，更重要的使命是培养员工的文化素质，增加其对企业价值观的认同。

第二，"文化人"假设。从人性假设来看，企业把员工看成有血有肉、有自我价值实现目标的"文化人"。每一个人的人生经历都是不可替代的，企业家是这样，每个员工也是这样。

第三，"外圆内方"式管理。"外圆"指通过文化来实行好的管理，"内方"指制度的内化，慢慢把制度演变为一种习俗。文化管理很好地诠释了制度与文化的关系。文化管理寻找的是一种中性的智慧，一种中性的管理理念。文化是制度的润滑剂，再好的制度，如果没有文化的润滑也难以成为自觉的人格行为，难以内化为习俗。制度和文化之间是相互塑造的关系。

第四，重视感情和价值在管理中的运用。 以前强调要什么、不要什么，人是一种很被动的存在；文化管理则通过感情、价值观的渗透，变被动为主动

二、企业文化管理的内涵

企业文化管理是指通过文化建设，形成一套适应企业发展战略的文化体系，并使广大员工认同企业所倡导的文化体系，达成共识，从而有效发挥文化的导向、激励、凝聚、约束等作用，以最大程度实现多层面自主管理的一种现代管理方式。企业文化管理主张尽可能通过文化来对企业的生产经营活动进行管理，从过去强调命令和服从的传统企业管理，上升到注重企业文化的驱动性、影响性和激励性的现代企业管理。企业文化管理是一种行之有效的人本管理模式，它把人放在企业文化的背景中，在尊重人的自主意识的前提下，强调只有当企业员工认同企业所倡导的价值理念时，才能更多地依靠员工的自我指导、自我控制，并通过员工的自律行为来发挥人力资本的最大作用，从而降低企业内部不必要的管理成本。

企业文化管理旨在建立一套适应企业发展战略的文化体系，以这套具有适应性的文化体系贯穿、整理、提升和完善企业的管理制度和行为规范，使之体现出这种适应性文化的要求。同时，必须用这种文化塑造员工的思想，使他们为这种文化所指引，深刻认同这种文化，成为这种文化的自觉执行者和推动者，从而使企业的市场行为一致化、自觉化，企业内部管理行为有机化，从整体上提高企业的竞争力。

知识经济时代，企业文化管理势在必行。知识经济将成为 21 世纪的主导型经济形态，知识经济的发展依赖于智力资源潜能的发挥。知识经济所依赖的知识和智慧不同于传统经济所依赖的土地、劳工与资本等资源，它们是深藏在人们头脑中的资源。知识和智慧的分享都是无法捉摸的，上级无法监督、无法强迫，只有员工自愿合作，他们才会贡献知识和智慧。优秀企业文化的重要特点是重视人的价值，正确认识员工在企业中的地位和作用，激发员工的整体意识，从根本上调动员工的积极性和创造性。通过文化建设所营造的积极向上的思想观念及行为准则，形成强烈的使命感和持久的驱动力。因此，企业文化管理能够充分挖掘智力资源的潜能。

大规模的公司和服务行业更需要文化管理。 金字塔式的垂直管理是 20 世纪大部分公司管理的主要方法，它解决了公司的控制问题。近 30 年来，由于垂直管理对大规模公司的失效，出现了扁平化管理的趋势，但是控制力却随之相应减弱，这表明传统的管理方法已经不能适应大规模公司的管理要求。若依靠垂直管理系统进行控制性管理，控制的目的达到了，但是员工的积极性、主动性、创造性得不到充分发挥，公司对市场的灵活应变能力也会逐渐丧失；采用扁平化管理，又显得管理幅度过大，运营效率降低。日本松下公司前总裁松下幸之助管理企业的方略为：员工百人，我身先士卒；员工千人，我督察管理；员工万人，我唯有祈祷。事实上，松下幸之助是用文化来实施管理的，他制定了文化规则，并结合各种管理力量促使广大员工将这些规则变为内在的自觉，这样，庞大的公司就

被有效地管理起来了。

文化管理不仅可以运用于规模大、员工多的企业，还可以满足服务行业所面临的空间广大、流动性高、以单体服务为主（员工与客户往往一对一服务）等独特的要求。第一，文化规则提供了一整套价值观念系统，弥补了公司制度管理很难完备的不足；第二，文化的导入和形成过程就是员工对文化规则变不自觉为自觉的过程。通过文化建设，员工清楚地知道了工作的价值和意义，知道了自己的使命，知道了应该追求什么和以什么为满足。广大员工不仅明白了为什么这么干、怎么干，还愿意干和乐意好好干，这就有效解决了服务业分散作业难以监督控制的问题。

三、企业文化管理与企业文化建设的差异

由于泛文化和形式主义的影响，很多企业长期热衷于企业文化的"面子"工作，加上管理学界还没有真正重视以组织变革为核心的文化管理的实证研究，很多企业把企业文化管理与企业文化建设混淆，给企业文化的有效管理造成了很大的阻碍。为了使企业文化给企业带来真正的价值，就必然要用企业文化管理涵盖和替代企业文化建设。可以说，从重视企业文化的一般表现和贯彻，转移到文化变革的深植，最终实现企业价值的持续提升，是中国企业文化发展的必然方向。

下面，重点从企业文化建设和企业文化管理二者的关注点、过程和方法两方面的差异分析，厘清二者的概念，从而解读从建设到管理转变的必要性。

（一）关注点不同

1. 关注的范围差异

企业文化建设主要涉及文化传统、文化实态、文化策划设计、文化体系、文化理念、企业精神、行为规范、文化发展纲要、文化灌输、文化传播、文化认同、文化落地。无论是初始的企业文艺、企业文字和企业文学，还是更高级的文化策划、文化征集、文化提炼、文化研讨、文化体系化、文化宣贯、文化落地等，企业文化建设基本有自己的运作套路，这些套路延续了企业形象识别系统策划基本思路，并借鉴和采用了思想政治建设的一些模式。所以，一般企业文化建设的语言比较空泛，管理的语言较少。

企业文化管理牵系管理的所有层面，不仅仅关联到战略、组织、人力、流程、营销等职能序列，也关联到企业上至最高决策层、下至普通员工的管理等级序列，还涉及企业各地分支机构的地域序列和产业序列等，不仅仅要看整体的同一性和统一性，还要考察每个序列的复杂性和差异性，并通过有效的指导协助各个序列提升各自的价值，从而实现整体价值的协同提升。

2. 关注的深度差异

企业文化建设对于企业管理的探究深度有限，包括文化征集、文化理念用语的头脑风暴或者一些演讲等文化活动，还可以有一系列的入心活动。通过企业文化建设也可取得文化认知率和文化认同率，但由于很难与管理融合，员工的实际工作行为变化不一定很大，

> 企业文化

尤其是管理者。

企业文化管理本身就是管理，是更高层次的核心管理和系统管理。所以其管理的深度体现在：一是深究本源，探求企业的发展基因，探求企业发展现有动力，探求企业的未来发展动因，最后全面探究企业的本源；二是提升管理者的变革适应性和管理胜任能力，提升企业解决关键问题的能力和效率；三是不仅仅关注企业的管理问题，更关注管理问题背后的问题并致力解决。

3. 关注的强度差异

企业文化建设一般会关注认知度和认同度的考评，如上级组织发文强调企业文化的重要性、组织到位和经费到位检查、纳入精神文明单位评比指标、申报上级文化奖项，但由于不能涉及整个企业的系统调整，不会由所有管理者共同提倡并高调力行，所以无法引领企业的系统变革，整个建设与企业管理提升的关联性不强。

企业文化管理清晰地确立组织运行的价值核心，强烈传达新的文化信号，直接从企业最关键的问题着手，展开架构、人力、流程等各个关键环节的调整，强化动力，消弭阻力，纲举目张地引动组织的系统变革，如 GE 的"换铁轨"（变革企业的软件以带动硬件的整合）、IBM 的"让大象跳舞"，不仅旗帜鲜明，而且对每个员工的影响深刻并深远。

（二）过程和方法不同

1. 前期动因

企业文化建设的前期动因如下。

（1）宣传推广：利用企业先进文化，对企业进行宣传。

（2）跟风："人家有企业文化我们也要有"。

（3）完成任务：为了完成上级安排的任务。

（4）整理理念：自己已经有了企业文化理念的基本词语和结构，想整合一下。

（5）统一形象：统一标识和品牌，或者统一礼仪规范。

而管理者从企业生存和发展的高度，推动企业文化管理，主要动因如下。

第一，战略转型和变革需要。外部环境和企业内部发生重大变化，原有的管理认识和信念体系已经不能支撑新的战略转型，必须对组织和成员的整体思想和行为进行深度变革。

第二，寻找核心力量。企业积累了很多独特的管理认知，必须进行梳理提炼，形成企业的核心认识，指导企业所有的组织行为。

第三，系统解决问题。针对企业的管理问题，需要洞悉问题实质，有的放矢地进行系统解决。

第四，文化的传承和清晰。解决企业快速增长所带来的优秀文化传统被稀释、被异化的问题。

第五，文化提升。已经进行了企业文化建设，但总是感到和管理结合得不够，价值不大，需要重新审视企业文化的核心，并深入到企业管理行为中去，把文化建设提升为文化管理。

2. 中期的方法、内容

（1）调研的方法不同。

企业文化建设的调研方法：①一般围绕"企业文化的文字表现应该是什么"的主题展开；②不涉及企业深层次的管理问题；③一般主要针对企业高层的喜好，而关注对文字和语言表述的认同；④不对整体文化与亚群体文化之间、亚文化之间的文化差异进行对比分析；⑤不涉及管理与文化的相互匹配问题，不涉及组织气氛和员工敬业度问题。

企业文化管理的调研方法：①围绕"我们的组织是什么、为什么、怎么办"的主题展开；②直接从管理入手，由表及里，抽丝剥茧，寻找企业的根本和核心；③更重视各种文化倡导在企业的具体落实情况；④强调文化与战略、组织流程、人力资源、品牌信仰等方面的匹配度，并充分考察企业及其内部各群体的团队氛围，以及领导胜任能力；⑤直面企业问题并探究问题背后的问题；⑥充分掌握对企业员工的深层次期望，并分析期望与现实的差异和原因；⑦全面掌握组织变革或者提升的动向、趋势和关键点，为以后的战略转型、文化定位和系统变革提供强有力的支撑。

（2）分析和报告的方式。

企业文化建设的调研报告是为企业文化的体系作铺垫的，以说服企业领导为目的，让企业领导感觉不错就可以了。浅显点的调研报告是基于CIS的，深一些的文化建设涉及领导力、文化模型、管理问题等内容，但一般不做深层次的研究，点到为止，几乎不对"问题背后的问题"进行研究，更不会对下属企业或者各个部门单位的亚文化进行对比分析。企业文化建设的调研报告一般文字不多，分析量不大，对以后的文化执行作用有限。

企业文化管理的调研报告不仅仅是文化体系的前提，更是文化深植和系统变革的前提。好的企业文化管理调研报告直面管理问题，既能说服企业领导，又能获得企业员工的普遍认同。它客观公正、条分缕析、数据翔实、定位准确，能够清晰地解析企业的个性基因、关键成功要素、主要问题及其背后的成因、战略的需求、期望、发展方向和企业变革的关键点，并全面分析企业部门、分公司等所有群体的亚文化状态，既高屋建瓴又具体实际，既鼓舞士气又振聋发聩。

3. 后期落实的方式

（1）规划不同。

企业文化建设一般不注重后期文化工作的执行规划，比如企业文化发展纲要等一般内容较空洞，针对性和个性较差。纲要一旦经企业通过，就可能被束之高阁。

企业文化管理特别重视文化体系形成后的后期文化管理落实，对文化管理工作的规划和计划安排要求较高。不仅仅要规划发展的方向和重点，更多的是安排好具体的执行计划和步骤，明确：主题是什么？针对什么问题？转变什么、如何转变、谁来转变？高层、中层、基层怎么做？各个管理模块和管理条线如何联动？如何组织并控制过程？如何评估和改进？这样的深植规划，牵系着企业生存命脉，连接着企业的各个环节，致力持续解决企

企业文化

业的核心问题，是每个管理者都可以参照的。如果说调研报告是企业管理者的行动情报数据库，企业文化手册是企业管理者的行动纲领，那么深植规划则是企业管理者的行动路线图。

（2）执行不同。

企业文化建设在执行过程中是基于传播学方法论的，着重于文化本身的宣传贯彻，包括策划多样化的文化活动。执行的主体是企业文化部门。由于企业没有认识到企业文化是公司整体的事情，所以常会出现"认认真真搞形式、扎扎实实走过场"的文化落实现象。

企业文化管理在执行过程中是基于组织行为学和企业变革理论的，紧紧围绕着提升企业价值和提高管理的有效性等管理命题，紧守核心价值，着手文化深植，切中问题要害，鼎力推进系统变革和提升。从上到下，从各个管理模块和业务条线，脚踏实地、有条不紊地全面推进，整个执行过程宣贯、对照、转变行为、解决问题，都由企业高层带头，层层展开，文化管理部门组织、协调、辅导和督促，企业的每个单元和员工都能感知到文化管理的直接影响，且与自己团队和个人的发展休戚相关，会自觉投入系统变革中去。

提高性知识

第二节　领导者与企业文化

领导者是指居于某一领导职位拥有一定领导职权、承担一定领导责任、实施一定领导职能的人。领导者是领导活动的主体，在领导活动中起主导作用，居于中心地位。领导者在领导活动中具有发动、引导、率领、指挥、协调、监督、教育等基本职能。领导者在企业文化管理过程中扮演着多重且至关重要的角色，如图 8.1 所示。

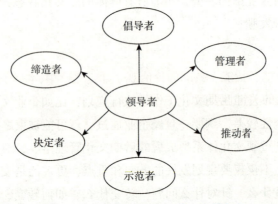

图 8.1　领导者在企业文化管理中的角色

一、领导者是企业文化的缔造者、倡导者和管理者

美国著名学者埃德加·沙因在《企业文化与领导》一书中指出:"领导者所要做的唯一重要的事情就是创造和管理文化,最重要的才能就是影响文化的能力。"企业家在企业中所处的地位特殊,对企业承担了更多的责任,相应地,对企业的经营哲学、企业精神、企业价值观等也都能产生较大的影响。奥利拉在诺基亚这个跨国公司的文化建设中,特别注意文化差异,注重以人为本,尊重当地公司员工原有文化习惯及价值观,使其成为公司文化中的一部分。

企业家对企业文化的管理,贯穿企业发展的全过程,他所做的一切,就是为了在企业中形成预期的文化。为此,他要使员工明白企业提倡什么、反对什么,要及时处理推行新文化的过程中产生的矛盾和问题,必要时,还要对企业文化进行修正和补充。

本杰明·施奈德建构了一个"吸引—选择—自然减员"模型。该模型认为,创始人在为其新企业招聘员工时,首先看重并录用的是与自己有着相似个性的那些人,这些人也可能踏踏实实在这个组织中工作。与创始人个人特征不同的人也可能被录用,但他们不太可能在这家企业长期干下去。由于吸引、选择和自然减员过程周而复始地进行,久而久之,一家组织的成员趋向于差不多相同的个性。除了管理者的个性外,他们的价值观、态度、心境和情绪,还有智力等也都对组织文化形成起决定性作用。

可以看出,公司创始人往往是组织文化真正意义上的创造者。新组织的创始人和管理者在创建和维护组织文化的过程中起主要的作用。一个组织的创始人及其价值观和信念,会对该组织内部长期发展起来的价值观、规范、行为标准等产生实质性的影响。创始人选择那些在组织的目标愿景和如何实现该愿景上与自己看法一致的管理者,新的管理者会迅速从创始人那里得知哪些价值观和规范对该组织是适合的,由此也可知创始人对自己有什么期望。下属仿效创始人的作风,并进而将他的价值观和规范传递给自己的下属。随着时间的推移,创始人的价值观和规范就逐渐渗透到整个组织。

二、领导者的价值观决定了企业文化的基调

在价值观与企业文化的关系上,国内外管理学界和企业界形成了比较一致的看法:企业价值观是企业文化的核心。《战略家的头脑——日本企业的管理艺术》指出,在结构、战略、制度、人员、风格、技能、共同的价值观7个"S"中,共同的价值观处于中心地位,成为决定企业命运的关键性要素。

优秀企业的核心价值观不尽相同,所谓"唯一正确"的核心价值观是不存在的。威廉·大内在《Z理论——美国企业界如何迎接日本的挑战》中指出:"传统和气氛构成一个企业的文化,同时,文化意味着一个企业的价值观,如进取、保守或灵活,这些价值观成为企业员工活动、建议和行为的规范。"由于不同公司有着不同的企业文化,因此,其核心价值观也必然不尽相同。

在塑造企业核心价值观的过程中,企业家始终居于领导地位。因此,企业家本人的价

值取向、理想追求、文化品位对企业价值观的影响是决定性的。事实上，企业主要领导者的价值观可以决定企业文化的基调。小沃森对于 IBM，韦尔奇对于 GE，张瑞敏对于海尔，柳传志对于联想，都证明了这一点。

三、领导者的示范作用关系企业文化建设的成败

人的行为大半是通过模仿学来的，要想让员工表现出企业预期的行为，领导者的示范作用自然少不了。儒家强调人性关怀，所谓"己所不欲，勿施于人"，如果领导者不以实际行动带头履行企业文化准则，员工就会产生抵触情绪，再好的企业文化设计也要搁浅。

企业家在企业文化建设中要起示范和表率作用。比如，衡电公司之所以能形成优秀的企业文化，一个重要的原因就是总经理的带头作用。新的企业文化的形成是一个学习的过程，在这一过程中，企业家的一言一行都将为职工群众有意或无意地效仿，这时，其言行就不再只是个人的言行，而具有了示范性、引导性。

四、领导者的观念创新推动企业文化的更新

由于企业的内外部环境在不断变化，企业文化也不是静止的、永恒不变的，在必要的时候，也需要对企业文化进行变革，以适应新的形势。这种变革必须依靠企业家自上而下地进行，离开了企业家的领导，企业文化的发展势必会陷入一种混乱、无序的状态，新的良性的企业文化就不可能形成。

企业家只有不断提升自己的观念，才能创造适合企业发展的企业文化。一个思想僵化和闭塞的企业家是无法缔造优秀企业文化的。张瑞敏曾在分析海尔经验时说："海尔过去的成功是观念和思维方式的成功。企业发展的灵魂是企业文化，而企业文化最核心的内容应该是价值观。"

五、领导者素质的不断完善促进优秀企业文化的形成

在企业文化建设中，企业家要缔造出优秀的、高品位的文化，要发挥好示范、表率作用，就需要具备企业家的优秀素质，包括完善而先进的价值观、高尚的道德品质、创新精神、管理才能、决策水平、技术业务能力、人际关系能力等，尤其是要有良好的道德品质和深厚的文化底蕴。只有如此，企业家才会自觉地以身作则，才会真正信任、尊重职工，而不是凌驾于职工之上，把职工看成自己的工具；职工也才会敬重和支持企业家，心甘情愿地接受企业家的领导，并且自觉地以企业家为榜样，大家齐心协力，共同建设企业文化。

第三节 企业文化创新

美国兰德公司、麦肯锡公司的专家通过对全球优秀企业的研究，得出的结论是：世界500强企业胜出其他公司的根本原因，就在于这些公司善于给它们的企业文化注入活力，它们最注重四点，一是团队协作精神，二是以客户为中心，三是平等对待员工，四是激励与创新。

一、企业文化创新的含义

企业作为一种以人与人的组合为基础的经营活动主体，其经营行为最终都要人格化。也就是说，企业是人格化的企业，企业的所有活动最终都要靠人来执行。正是因为如此，企业制度的创新，企业经营战略的创新，最终都必然会体现在人的价值理念中，也就是以企业文化的形式表现出来。这里所讲的企业文化，就其形式来讲，属于人的思想范畴，是指人的价值理念；而就其内容来讲，则是企业制度和企业经营战略等与企业相关的活动在人的理念上的反映。因此，企业文化也是企业高效发展的一个极其重要的问题。

企业文化创新（Innovation of Enterprise Culture）是指为了使企业的发展与环境相匹配，根据企业本身的性质和特点形成体现企业共同价值观的企业文化，并不断创新和发展的活动过程。企业文化创新的实质是在企业文化建设中突破与企业经营管理实际脱节的僵化的文化理念和观点的束缚，实现向贯穿全部创新过程的新型经营管理方式的转变。面对日益激烈的国内外市场竞争，越来越多的企业不仅从思想上认识到创新是企业文化建设的灵魂，是不断提高企业竞争力的关键，而且逐步深入地把创新贯彻到企业文化建设的各个层面，落实到企业经营管理的实践中。

二、企业文化创新的价值

（一）21世纪企业竞争的核心在于企业文化

在高度发达的今天，企业硬件的较量已经开始逐渐淡化，20世纪60年代竞争的核心内容在于技术，70年代在于管理，80年代在于营销，90年代在于品牌。继技术竞争、管理竞争、营销竞争、品牌竞争之后，21世纪企业竞争的核心在于企业文化。企业文化能使企业保持长久的竞争力。企业文化创新由一种全新的文化理念，转变为对提高企业竞争力有决定性作用的新型经营管理模式。企业文化有助于增强企业的凝聚力，增强产品的竞争力。企业文化的核心是其思想观念，决定着企业成员的思维方式和行为方式，能够鼓舞员工的士气，充分发掘企业的潜能。好的企业文化氛围所带来的是群体的智慧、协作的精神、新鲜的活力，这就相当于在企业核心上装上了一台大功率的发动机，可为企业的创新

企业文化

和发展提供源源不断的精神动力。

（二）企业文化创新是企业可持续发展的重要依托

创新企业文化是企业制度下的一个重要指标和鲜明特征。它与以往在企业内部广泛开展的企业文化活动的一个明显区别是，现代企业文化更紧密地把企业文化活动与企业的实际收益联系在一起，或者说直接挂钩。因此，它在企业的地位就愈加重要和突出。当企业内外条件发生变化时，对企业文化也应相应地进行调整、更新、丰富、发展。成功的企业不仅需要认识环境状态，还要了解其发展方向，并能够有意识地加以调整，选择合适的企业文化适应挑战，只有这样才能在激烈的市场竞争中依靠文化带动生产力，从而提高竞争力。因此，坚持企业文化创新对企业发展具有极其重要的作用，它可以摒弃原有的不合理的思维和行为，以一种前所未有的新思维来创造新的成果。企业文化创新会直接作用于人的观念意识、思维方式，进而影响人的行为。一个企业无论实力多么雄厚，它的企业文化建设一旦停步不前，失去了创新的动力，这个企业必将成为强弩之末。

三、企业文化创新的思路

企业文化的创新与发展是一项大课题，需要逐步探索、逐步深入，要企业下很大的功夫才能实现质的突破，才能在现代企业制度的环境下，实现真正意义上的企业文化创新与发展。企业文化创新要以对传统企业文化的批判为前提，对构成企业文化的诸要素，包括经营理念、企业宗旨、管理制度、经营流程、仪式、语言等进行全方位系统性的弘扬、重建或重新表述，使之与企业的发展步伐和外部环境变化相适应。

（一）企业领导者加强自身修养，担当企业文化创新的领头人

从某种意义上说，企业文化是企业家的文化，是企业家的人格化，是其事业心和责任感、人生追求、价值取向、创新精神等的综合反映。他们必须通过自己的行动向全体成员灌输企业的价值观念。企业文化创新的前提是企业经营管理者观念的转变。因此，要进行企业文化创新，企业经营管理者必须转变观念，提高素质。

实例探析：领导者通过改变经营理念和战略来改变企业文化

首先，要对企业文化的内涵有更全面、更深层次的理解。 要彻底从过去那种认为企业文化管理就是组织唱歌、跳舞、举办书法、摄影比赛等的思维定式中走出来，真正将企业文化的概念定位在企业经营理念、企业价值观、企业精神和企业形象上。

其次，要积极进行思想观念的转变。 要从原来的自我封闭、行政命令、平均主义和粗放经营中走出来，牢固树立适应市场要求的全新的发展观念、改革观念、市场化经营观念、竞争观念、效益观念等。

再次，积极吸收国外优秀的管理经验。 要认真掌握现代化的管理知识和技能，同时积极吸收国外优秀的管理经验，用于企业发展，并且在文化上积极融入世界，为企业走国际化道路做好准备。

最后，要有强烈的创新精神。 思维活动和心理状态要保持一种非凡的活力，紧盯国

际、国内相关信息，紧盯市场需求，能及时地将外界的信息重新组合构造出新的创新决策。

（二）企业文化创新与人力资源开发相结合

人力资源开发在企业文化的推广中起着不可替代的作用。全员培训是推动企业文化变革的根本手段。要让企业文化实现对企业的推动作用，关键在于全体员工的理解、认同与身体力行。为此，在企业文化变革的过程中，必须注重培训计划的设计和实施，督促全体员工接受培训、学习。通过专门培训，增进员工对企业文化的认识和理解，增强员工的参与积极性，使新的企业文化在员工接受的基础上顺利推进。采取诱致性变迁的方式，进行基于员工自愿支持的观念更新与行为模式的转变。除了正式或非正式的培训活动外，还可以利用会议以及其他各种舆论工具，如企业内部刊物、标语、板报等大力宣传企业的价值观，使员工时刻处于充满企业价值观的氛围之中。

相应的激励和约束机制是企业文化创新的不竭动力。强制性制度往往会在下级组织产生变相的扭曲或其他阻力。价值观的形成是个性心理的累积过程，不仅需要很长的时间，而且需要不断地强化。因而新的企业文化的建立和运行过程必须通过相应的激励和约束机制予以强化和保障，使之形成习惯。比如，分配机制的变革就可以作为一个切入点，因为分配机制体现了激励和约束机制的有机结合。另外，也要注意精神激励的重要性。按照马斯洛的需求层次理论，在物质的满足达到一定程度后，对自我实现的评价将压倒其他因素。企业应该增强管理过程的透明度，公正对待员工。

现代企业间的竞争主要是人才的竞争，也是企业凝聚力的较量，而归根结底是以人为本的企业文化的竞争。顽强的企业团队精神，是企业获得巨大成功的基础条件。要把成千上万名员工凝聚起来，企业必须具备共同的价值观、目标和信念。对共同价值的认同会使员工产生归属感，从而吸引和留住人才。事实证明，企业只有形成了优秀的企业文化，才能打造一支战无不胜的员工队伍。

（三）建立学习型组织

学习型组织（Learning Organization）的观念由美国学者彼得·圣吉在《第五项修炼》一书中提出，即企业应建立学习型组织，其含义为面临变化剧烈的外在环境，组织应力求精简、扁平化、终生学习、不断自我组织再造，以维持竞争力。学习型组织是指通过培养弥漫于整个组织的学习气氛、充分发挥员工的创造性思维能力而建立起来的一种有机的、高度柔性的、符合人性的、能持续发展的组织。这正是知识型组织的理想状态，是知识型组织的实践目标，这种组织具有持续学习的能力，具有高于个人绩效总和的综合绩效。知识管理是建设学习型组织最重要的手段之一。

实例探析：某钢集团打造"系统超越"的学习型企业文化

企业间的竞争是人才的竞争，实际上应该是学习能力的竞争。如果说企业文化是核心竞争力，那么其中的关键就是企业的学习能力。建立学习型组织和业务流程再造，是当今前沿的管理理念。为了在知识经济条件下增强企业的竞争力，在世界排名前100的企业中，已有40%的企业以学习型组织为样本，进行脱胎换骨的改造。知识经济时代，知识资本成为企业成长的关键性资源，企业文化作为企业的核心竞争力的根基将受到前所未有的重视。成功的企业将是学习型组织，学习越来越成为企业生命力的源泉。企业要生存与发展，提高企业的核心竞争力，就必须强化知识管理，从根本上提高企业综合素质。

学习型企业文化与学习型企业相互依存、相互融合、相互作用，是学习型企业的本质特征。学习型企业是学习型企业文化的根基，不积极创建学习型企业就没有学习型企业文化可谈；学习型企业文化是学习型企业的灵魂，不自觉创建学习型企业文化并把它作为统领和支撑，创建学习型企业就只能是一句空谈。

学习型企业文化，就是在企业文化发展过程中导入学习型组织理论，以此来引导企业成长为学习型企业的一种组织文化。学习型企业文化高度重视人的因素，特别是个人素质的全面提高，注重企业和员工的协调发展，是人本管理最高层次的体现。学习型企业文化是一种鼓励个人学习和自我超越的企业文化，是一种形成共同价值观、改善心智模式、培养系统思考能力的企业文化，是一种以学习能力提升创新能力进而增强企业和员工的竞争力的企业文化。

四、企业文化创新的趋势

随着以数字和网络化为特征的信息技术的迅猛发展，知识已成为社会发展和进步的决定性因素。在这种新经济浪潮的冲击下，企业所面对的竞争环境、管理对象、市场需求以及企业自身的经营方式、管理方式等都发生了根本性的变化，从而使企业文化管理在企业经营管理实践中凸显出来。纵观中外成功企业的发展不难看出，它们的背后都有优秀的企业文化作为支撑。如美国通用电气公司、日本松下电气公司、中国海尔集团等，其经营绩效长盛不衰的主要原因就是有优秀的企业文化。实践表明，企业文化已经成为企业之间沟通、交流和合作的通用话语和基础。新经济一方面为企业文化增加新的内容，另一方面也赋予企业文化新的形式，使其呈现新的演变趋势。

（一）人本文化趋势，更突出人的中心地位

新经济时代强化了企业文化的"人本性"。一方面，人们对知识的掌握和驾驭以及由此而带来的创新使人在经济活动中的地位和作用更加突出，要求企业具有强烈的人才意识，并运用各种手段激发人才的积极性和创造力。我们知道，不断创新是新经济的特点和要求，而创新的源泉来自人的能动性和创造力，这就要求企业把开发人的潜能、调动人的积极性、激发创造力和想象力作为企业的中心和主题。另一方面，人的思维方式、价值观念也发生了巨大的变化，人的自主性、个性化、自我价值实现的愿望等都将得到充分的尊重和鼓励，这些都促使企业在管理之中把对人的关注、人的个性和能力的释放放在首要位置，人的积极性的调动被推到了中心地位。可见，新经济时代的企业不是片面地发掘人的体力，更重要的是挖掘人的智力资源，发挥人的创造性。这一时代的企业文化的本质特征就是倡导以人为中心的人性管理，主张将培育进步的企业文化和发挥人的主体作用作为企

业管理的主导环节，而与此相适应的企业文化发展战略也必将更加重视以人为本的思想。

换句话说，企业文化将从商业氛围中升华，更重视人的因素。商业化管理的本质特征是以物为中心，以全面追求利润最大化为目标，忽视人的因素，在管理上注重铁的纪律、绝对服从和至高无上的权威。这里，劳资之间变成了纯粹的雇佣与被雇佣关系。著名学者杨振宁说："21世纪企业的竞争是人才与科技的竞争，是中国超越发达国家的主战场。"企业文化理论的本质特征是倡导以人为中心的人本管理哲学，反对"见物不见人"的理性管理思想，主张将培育进步的企业文化和发挥人的主体作用作为企业管理的主导环节。所以，企业不能再受商业化的束缚，在企业文化建设中，要把精力投向人，大力加强人的建设。

实例探析：星巴克为员工父母买保险，用意何在？

（二）学习文化趋势，注重学习氛围的培养

近年来，人类的知识大约是以每年一倍的速度向上增长，老知识很快过时，知识更新频繁使企业持续运行的期限和生命周期受到严重的挑战。在这种情况下，学习势必成为企业生存的生命之源。因此，提高企业学习能力、创建学习型组织是增强企业核心竞争力的必然选择，是企业文化管理的一项重要战略目标。企业要成为具有学习能力的有机体，将个人和团队的学习纳入管理的轨道。

20世纪末最成功的企业都是学习型组织，它不仅仅业绩最佳、竞争力最强、生命力最强、最具活力，更重要的是员工在学习的过程中，逐渐在心灵上潜移默化、升华生命的意义。随着知识经济的发展，企业组织形式向扁平式的灵活方向发展，随着其管理的核心为发挥人的主观能动性，实现从线性思维到系统思维和创造性思维的转变，对个人及企业的知识水平提出了更高的要求。彼得·圣吉在《第五项修炼》中强调"系统思维和创造性思维根源于知识及知识的灵活运用和潜能及智慧的开发"。可见，学习对组织的持续发展至关重要，新经济环境下最成功的企业会是学习型组织，学习型组织在企业文化建设中将进一步受到关注。但是要注意学习过程中的个人和团体搭配问题，搭配的状况不同，就会对企业产生不同的结果：个人及团体都不断学习及搭配良好，会对企业产生一股强大的发展动力，从而推动企业的迅猛发展；个人及团体都不断学习但是搭配不好，个性太强，反而不利于企业的发展。

（三）生态文化趋势，履行企业的社会责任

新经济时代，环保运动的兴起向企业提出了必须与环境协同、必须重视周边的生态环境的要求。如果企业在企业文化建设过程中只重视人的价值，忽视对周边环境的影响，肯定会为恶化的环境及末端治理付出沉重的代价。另外，未来的消费群体更青睐于绿色产品，企业通过"绿色浪潮"来提高产品的生态含量也是一个发展趋势。企业要实现可持续发展，生态化是其必由之路，生态文化融入企业文化后不仅可扩大企业文化的外延，而且有利于企业树立良好形象。

生态文化是一种新型的管理理论，它包括生态环境、生态伦理和生态道德，是人对于

> 企业文化

解决人与自然关系问题的思想观点和心理的总和。生态文化属于生态科学，主要研究人与自然的关系，体现的是生态精神。而企业文化属于管理科学，主要研究人与人的关系，体现的是人文精神，但是二者本质上都属于发展观，都运用系统观点和系统思维方法，从整体出发进行研究；都强调科学精神，即实事求是，努力认真地探索；从狭义角度来看，都是观念形态文化、心理文化，而且都以文化为引导手段，以持续发展为目标。

（四）信用文化趋势，树立良好的企业形象

企业的诚信作为一种无形资产，反映了企业的信用、实力和形象，是企业安身立命之本，也是经济发展之本。没有内外高度一致的、以诚信为核心的价值观体系、期望和行为，企业将失去竞争力并被逐出舞台。一个企业最大的危机就是诚信危机，它将危及企业的生存与发展。因此，积极倡导企业诚信经营，推广诚信文化建设，是企业文化建设的当务之急。

企业形象与企业的兴衰、优劣相关，企业的知名度与美誉度有机结合，构成了企业在公众中的形象。良好的知名度与美誉度，是企业一笔巨大的无形资产。如果声誉卓著，企业就能招揽到更多的优秀人才和顾客，能吸引到更多的投资，能得到周围邻里的支持和帮助。经济全球化使竞争更为激烈，企业要脱颖而出，形象尤为重要，它是企业在市场经济中运作的实力、地位的体现。21世纪，企业间除了进行人才与科技的竞争以外，谁先发现蓝海市场，并以良好的形象占据消费者的心，谁就能占据市场，不断扩大经营效益。

（五）融合文化趋势，提高协作竞争的能力

在新经济时代，企业文化发展呈在各民族文化的冲突、嫁接中逐渐融合的历史趋势。各国跨国公司在地域上的相互交叉与渗透，跨国界、跨地区的企业战略联盟，生产销售合作、合资企业，跨国兼并企业等合作形式使不同文化交流、开放的进程日益加快。企业要融入世界，实施跨国经营战略，面临在交往过程中如何缩小文化差异；如何学习、吸收外来高新技术，提高创新能力；如何应对西方文化的渗透，吸取国外先进的企业管理文化要素，并有效地抵制其腐朽文化的侵蚀等亟待解决的企业文化战略新课题。即使是同一国家内的企业，也面临发挥各自优势、重新整合资源、创造更大发展空间等重大问题，这些都给企业文化建设提出了新的要求。

"协作竞争、结盟取胜、双赢模式"是美国著名的麦肯锡咨询公司提出的21世纪企业发展的新战略。这是一种适应新经济需要的网络型的战略，其特点是优势企业抱成一团，目的是获取更大的竞争优势，或者使对手实力受创。虽然其责权关系是宽约束，但从本质上讲，它是企业界组织制度和经营机制的一种创新。自20世纪80年代以来，这种战略从形式到内容都发生了巨大变化，结盟、兼并、接管的事例层出不穷，这是经济全球化的必然结果，给企业文化发展提出了新的难题，即企业重组后企业文化怎样融合的问题。因为企业在联合、兼并的过程中，不能只从经济和财力方面考虑问题，更重要的是要注重文化方面的差异。一般来说，各个企业都有各自的文化特征，创业历史、发展目标、经营理念、所处环境、队伍素质等各有不同，所形成的企业文化也必然各具特色、互有差异。如

果没有企业文化的融合，就会出现"貌合神离，形连心不连"的现象。所以，只有做到取长补短、扬优避劣、达成共识，形成"结盟取胜、双赢模式"型的企业文化，企业才更具生命力、凝聚力和竞争力。要做到这一点，必须注意以下两个方面：首先，要遵循从实际出发的原则，根据联合兼并企业的不同情况区别对待；其次，双方都应注意克服自大心理，加强相互的了解与交流，吸纳对方文化的精华，经过融合后发展成为更优秀的企业文化。

（六）品牌文化趋势，提升产品的文化含量

品牌服务是未来企业发展的最终目标，有优秀品牌就意味着有市场竞争力、有实力、有利润。因为企业的品牌形象表征着市场对企业产品、服务、价值观、信誉、企业家形象等文化因素的认同和接受。一方面，消费者的消费观念经过以价格为主到以质量为主的消费阶段，现在开始重视产品的文化含量和服务品牌。当产品价格、质量接近的时候，那些服务周到、文化含量高、美誉度好的产品便成了消费者的首选。未来企业，其企业文化的重点无疑会围绕创建品牌进行，这种企业文化建设既强调提高内在的凝聚力、向心力和吸引力，更注重提高企业外在的知名度、美誉度和顾客忠诚度。另一方面，企业文化将不再是企业制度的衍生物或副产品，它会和生产、服务连成一体，实现企业赢利。生产出好的产品，还必须有与之配套的优质服务才能获得消费者的称赞与青睐，才能提高消费者对产品的忠诚度。面对消费者这种心理，促使企业加强品牌意识、职业道德和文明礼仪的教育，在生产、服务上不断注入科技、文化和情感含量，便成为未来企业文化建设的主要方向。

扩充性知识

第四节 企业文化战略

一、企业文化战略的概念

企业文化战略是指在正确理解和把握企业现有文化的基础上，结合企业任务和总体战略，分析现有企业文化的优劣势，提出并建立企业文化的目标模式，可以从三个方面加以界定。

第一，**企业文化战略是一个从属性的战略**。企业管理作为一种手段，从管理性能上看，可以分为"软"与"硬"两个系统；若从管理战略上看，可以分为"软战略"与"硬战略"两个系统。企业文化战略属于"软战略"的范畴，它的制度与实施从属于企业

整体的发展战略。

第二，企业文化战略是一种目标模式。它规定了在某一中长期阶段内，企业应该构筑一种什么样的文化形象，这种文化形象对企业的发展起到什么样的作用等。

第三，企业文化战略包含"策略"的成分，即为营造或改变企业文化所采取的步骤、手段以及其他配套的系统工作，如评估评价等。如何使企业的战略与文化协调一致，是企业要解决的一个重要问题。一般说来，可用两种方式进行协调：①企业目前的文化仍能适应企业的经营要求，且已根深蒂固，在这种情况下，企业应对战略做相应的调整，以适应现存的文化；②调整企业文化适应战略，这比改变战略去适应公司现存的文化更为有效。

二、企业文化战略的特点

从企业文化战略的概念可以看出，企业文化战略具有以下特点。

第一，柔中带刚性。相对于企业的设备和产品等具有刚性的特点，企业文化具有柔中带刚性的特点。柔中带刚性只是形式上的，它具有无形的力量，使人们内心感到紧迫感、柔性压力感。尤其是在企业文化初创阶段，企业文化战略更具有强制性和自觉性的两重性、柔性与刚性的两重性。

第二，循序渐进性。企业文化的创立和发展是一个过程，是经过多年的培育而逐渐形成的，不是一蹴而就的。

第三，潜移默化性。企业文化一旦形成，便会在日常的经营活动中通过各种形式无声无息地渗透到员工的思想中，逐步形成企业的共同价值观。企业文化会在漫长的发展进程中不断激励广大企业员工，潜移默化地促使员工朝同一目标不断前进。

第四，一脉相传性。一脉相传性也可叫继承性，好的企业文化一旦产生，便会世代相传，特别是企业创始人的价值观、创业精神，极大地影响着企业文化。企业创始人所创立的企业文化会绵延发展，其内容会在实践中不断丰富。

三、企业文化战略的地位

20世纪80年代，美国企业在研究企业文化过程中把企业文化战略作为企业整体发展战略的重要组成部分来认识和实施，使企业扭转败局，从而得到快速发展。

（一）企业文化战略是企业经营战略的基础

企业发展战略是关于企业发展的整体战略，是以某一阶段的效益为衡量标准的。企业的发展目标一旦确定，就需要去实施。在实施过程中，会遇到各种困难和问题，如技术问题、管理问题等。要解决这些问题，仅靠物质刺激和惩罚手段是不够的，还需要一种动力、一种精神、一种文化，这就是企业文化战略。一种优良的文化一旦确立，就会逐渐成为企业的优良传统，成为企业实现长期发展战略的保证。

（二）企业文化战略是建立良好企业文化的前提

一个企业要想建立自己的企业文化，必须要有一个目标，即企业文化战略。这是因为企业文化是随企业的产生而产生的，但初始时仅仅是企业自发产生的一种文化现象，还不是现代管理学意义上的企业文化。它只是管理过程中的一种副产品，是一种良好的风气。而现代管理学意义上的企业文化是一种管理理论，是在原有企业文化的基础上建立起来的。

四、企业文化战略的制定

企业文化战略的制定是企业文化战略的重要环节和关键步骤，也是战略决策的主要内容，一般而言，企业文化战略制定包括以下几个相互衔接的环节。

（一）树立正确的企业文化战略思想

由于企业文化体现了企业的共同价值准则和精神观念，对企业职工有强烈的内聚力、向心力和持久力，具有无形的导向、凝聚和约束功能，因此，正确、健康、向上的企业文化战略思想对于创建优秀的企业文化具有重要的指导作用。尤其是对于当前我国的企业来说，弘扬时代精神，振奋民族意识，坚持集体主义价值标准，将是企业文化战略思想的主旋律。

（二）确定企业文化战略模式

由于各种企业所面临的环境不同，企业发展的阶段有所差别，企业职工的文化素质参差不齐，企业文化的战略模式也各有千秋。一般而言，企业文化战略模式包括以下几种。

（1）先导型：全力以赴追求企业文化的先进性和领导性，如抢先型、改革型、风险型的战略模式。

（2）探索型：敢于开拓，敢于创新，敢于独树一帜、与众不同。

（3）稳定型：按照自己的运行规律步步为营，稳打稳扎。

（4）追随型：并不抢先实施企业文化战略，而是当出现成功的经验时立即进行模仿或加以改进。

（5）惰性型：奉行稳妥主义，不愿冒风险，安于现状。

（6）多元型：没有一成不变的战略模式，坚持实用态度，或综合进行，或任其发展，哪种有用就采用哪种模式。

（三）划分企业文化战略阶段

由于不同的企业发展具有不平衡性，企业文化的进程有先有后，就是同一个企业也有不同发展阶段，企业文化战略的实施也有快有慢，因此，应当实事求是地认真分析企业所处的战略阶段，以利于企业文化战略的持续进行。一般而言，企业文化战略阶段包括初创阶段、上升阶段、成熟阶段、衰退阶段、变革阶段。

（四）制订企业文化战略方案

为了达到企业文化战略的目标，应当依据对企业内部和外部条件的分析与预测，制订科学、合理的企业文化战略方案。方案的制订可以根据企业不同时期的不同重点，划分为总体战略方案和各部门、各单位、各下属的分体战略，或者是全领域战略和局部领域战略。制订方案时要贯彻可行性准则，既要把握方案的时机是否成熟，又要注意该方案在实践中能否行得通，同时还要兼顾必要的应变方案。最后通过一定的评估方案，选出理想的最佳方案或理想的综合方案。

（五）明确企业文化战略重点

企业文化战略重点是指那些对实现战略目标具有关键作用而又有发展优势或者自身发展薄弱而需要着重加强的方面、环节和部分。对于不同的企业来说，战略重点有所不同，有的战略重点在于培养企业精神、企业意识、企业道德，有的战略重点在于塑造企业形象、规范企业制度，有的战略重点在于树立厂风厂貌、端正经营风尚、提高企业素质，等等。因此，抓准战略重点，不仅有助于企业文化战略的重点突破，也有助于找到企业走上振兴之路的关键。

（六）选择卓有成效的企业文化战略策略

企业文化战略策略是实现企业文化战略指导思想和战略目标而采取的重要措施、手段和技巧。企业应当根据战略环境的不同，选择合适的战略策略，以达成战略目标和推行战略行动。一般而言，企业文化战略策略所遵循的原则包括：①针对性，必须针对实现战略指导思想和战略目标的需要；②灵活性，要因时因事因地随机应变，以适应内外环境变化多端的特征；③适当性，要讲求实效，恰到好处，不过分追新和夸张或搞形式；④多元性，各种策略技巧相互配套，有机结合，谋求最佳配合和整体优势。

五、企业文化战略的实施

企业在选择了正确的企业文化战略之后，就应当转入有效的战略实施，以保证战略的成功和实效。一般而言，企业文化战略实施包括以下几种措施。

第一，建立战略实施的计划体系。即通过把战略方案的长期目标分解为各种短期计划、行动方案和操作程序，使各级管理人员和职工明确各自的责任体系和任务网络，以保证各种实施活动与企业文化战略指导思想和战略重点的一致性。

第二，通过一定的组织机构实施。企业文化战略的实施，要求建立一个高效率的组织机构，通过相互协调、相互信任和合理授权来保证企业文化战略的顺利实施。

第三，提供必要的物质条件、硬件设施和财务支持。这既是塑造企业形象的内在要求，也是企业文化战略实施的物质基础。

第四，努力创造有利于实施企业文化战略的文化氛围和环境。通过一定的教育和灌输方式，大力宣传企业文化战略的具体内容和要求，使之家喻户晓，使全体职工深刻理解企业文化战略的实质。

案例分析

电建建筑：构建文化内核，彰显传统建企活力[①]

2018年是中电建建筑集团有限公司（以下简称"电建建筑"）企业文化践行第四年。在四年时间里，电建建筑形成了符合自己实际的企业文化管理模式和方法，发生了翻天覆地的变化，团队有着极强的集体荣誉感，公司员工真正具有一种使命感，整个企业充满了正能量，这个传统的建筑企业彰显出新的生机与活力。

一、回顾往昔，关键选择，坚定前行

2014年，电建建筑展现的是另一番景象。公司新的领导班子已上任近一年时间，基本摸清企业家底，目标远大（力争用3~4年时间使营收翻番、跨入百亿元企业行列），但是基础薄弱，困难重重。至今，电建建筑很多职工还记得这一段话："企业最重要的就是文化、制度和人。整个企业要养成按制度办事的习惯，这要靠文化。人，也要有一个好的文化、一个融洽的团队。再加上效益好、待遇高，能人才愿意来、留得住。"

基于这样深刻的认识，公司领导班子初步达成一致，决定将重塑电建建筑公司企业文化作为首要任务，找到公司的灵魂，从而通过更好的文化管理，打造良性的、充满正能量的组织氛围，使整个电建建筑人更好地追寻未来。

二、初具共识，凝聚核心，立发展之魂

2015年，在公司内部全员范围内开展企业文化大讨论，摸清领导班子、广大干部职工的所思所想；公司展开了多场青年员工的企业文化群体共识座谈会，启发员工对企业的优秀文化基因、关键驱动要素以及现状管理问题进行思考，让全体员工参与企业文化建设，在公司上下发起了文化变革的信号。此外，为了全方位地了解公司所处状态，从多个视角更客观地认知企业，公司邀请了上级单位领导、部分战略合作方、分包方、客户和供应商等进行深度沟通交流，为公司的文化变革收集了诸多的宝贵意见。

公司深度挖掘问题及其背后的问题，形成共识，并明确"市场意识、客户服务、绩效意识、人才为本、执行力"的文化导向，确立了文化引领企业变革的总体基调和思路。公司通过对文化核心内容的整合与提升、研讨与共识，用自己的"语言"说出自己的文化，最终形成独具特色的企业文化体系——《筑梦之路》。

《筑梦之路》既是电建建筑多年来生存和发展的经验总结，也是直面现实问题的解决之道，更是电建建筑未来可持续发展的方向指引。它是电建建筑人取得广泛共识后形成的企业"宪章"，是每位电建建筑人的行为准绳和指路明灯。

三、宣贯深植，领导示范，互动学习

2016年，公司在总部、分公司层面组织开展了多场次、多形式的企业文化落地深

[①] 根据中国企业论管理网资料整理（作者：黄超、刘庆）。

植活动，覆盖全部的中高层管理者，让电建建筑人融入文化氛围中，在不知不觉中改变整个电建建筑的文化氛围。

领导讲话、文章必须与企业文化保持一致。自从"筑梦之路"企业文化体系确立以来，公司领导的"我的一堂企业文化课"活动持续进行，在公司各种工作会、表彰会、大型培训中穿插进行。通过分享文化感悟，促进企业文化在公司持续传播。公司每一位领导都结合实际工作，从自身角度分享了对"筑梦之路"的理解、对价值观的解读以及身边的企业文化故事，更好地在员工中形成共鸣。

"变"从领导者的身体力行开始。领导们认识到，现在要做的就是"同思、共识、共筑"，深入思考标杆企业的经验和自身特质，从公司的使命和愿景出发，共同识别出企业目前需要做的最重要、最紧迫的事项，并订立行动计划。

至今一直在坚持推进的年度企业文化高层退思会、"以人为镜"价值观互评活动等，以他人视角认识自己，并对照四条核心价值观找出自己的不足，管理者填写并分享《价值观践行承诺》，为自我转变和革命打下了很好的基础。

价值观评价不是一件容易的事，自身全情地参与和认真地互动就是一种转变，真正让每一位参与者"红红脸、出出汗、照镜子、正衣冠"成为常态，让管理者在未来的文化变革中更加开放、更加坦陈地沟通和交流。

四、全员参与，共同践行，纵深传播

企业文化从来不仅仅是高层管理者的事，更多地需要广大员工的参与，真正让全员参与到企业文化深植的过程中来，形成浓厚的企业所提倡的价值氛围，达成全员在战略上和行动上的共识，促进企业高效、快速运转。

2017年，公司在各分公司、项目部组织了多场文化深植路演，深度覆盖项目的核心成员和骨干员工，加深中基层管理者和员工对"筑梦之路"的认知，营造出符合电建建筑倡导的价值氛围，将企业文化在分公司、项目部基层更好地深植和践行。为了让参加者主动、积极地参与进来，企业文化深植路演活动以游戏互动方式，让全员理解企业价值观，增加高层、基层的互动感。

此外，在文化共识基础上的管理技能提升环节同样取得了良好效果：让中基层管理者或即将走向管理岗位的员工对领导角色有更加深刻的认知；通过价值观管理自评系统对骨干员工管理技能进行测评，让其认清自己在管理岗位所需的管理技能；最后再发动职工进行头脑风暴，为自己制订管理技能提升计划，互相学习、借鉴、监督，共同提高自身能力和技能。

"请进来"和"走出去"同时进行，开拓员工视野，关注外部环境变化和挑战。电建建筑将外部资源请到公司，从企业经营管理提升、当前建筑业发展形势及对策建议、标杆企业文化管理经验等不同角度打开电建建筑职工视野与思路；通过与优秀企业项目经理的沟通交流、行业专家对当前形势的讲授，让职工全面了解当前建筑业所面临的问题与挑战，避免在未来发展的过程中多走弯路。让分公司、项目班子和骨干员工一次次地走向优秀公司的项目现场，更直观地感受同行在项目上的管理、工艺、技术等，每次参观都进行深度交流，让员工视野更加开阔，更加深刻地理解"向外看"的内涵。

五、植入管理，优化机制，固化模式

"同一个故事"与电建建筑在项目管理中、平时工作中遇到的种种问题非常相似，每一个角色都能在日常工作中找到原型。参会者通过案例的学习，总结并分享现实工作中应该与不应该的地方，深化对价值观的体会和理解。

"狼峡谷事件"案例的复盘研讨，通过角色带入，让不同岗位的员工深刻认识到"如果不这么做"的问题严重性，从而发现当前管理中遇到的各类问题和应有的解决方式，便于未来更好地进行项目管理、安全管理，提高全体员工的执行力。

常满祥董事长在文化入制上说道："制度流程建设的时候偷懒，以后执行的操作性就没有了。制度流程的内核是不是和筑梦之路的要求一致？制度流程不能基于部门边界来做，制度流程的目的是打破部门边界和岗位边界，将它们串起来去共同创造价值。傻瓜化、友好是制度流程管理的基本要求。"

"筑梦之路"确立了电建建筑的核心经营管理思想和理念，对个人及组织行为提出了更高和更具体的要求。文化深植在不断改变员工行为的同时也改变着企业的组织行为，真正使企业的机制、制度流程所体现的理念与文化保持高度的一致性。

在2017—2018年，相关部门全面梳理每条制度，确保制度与文化相匹配。发现不符合或者矛盾的情况，就进行修订或者重新设计，对无效制度进行删除，根据核心理念进行制度的设计与创新。在文化入制的过程中，公司进一步强化"要做能用的制度流程，要具有可操作性"的理念，确保文化和制度流程以及制度流程背后的机制之间的一致性，为公司的"按制度办事"，也为制度流程固化文化核心理念奠定了坚实的基础。

文化转型是缓慢而艰难的，过程是痛苦的，但结果是值得的。自2015年以来，公司年均复合增长率保持在30%以上，人均产值超过500万元，处于中国电建系统和行业领先水平；2017年中标金额创历史新高，较2016年增长153.62%。公司经营正在由传统的施工总承包单一化模式逐步向工程项目总承包多样化模式转变；投资业务持续快速发展，有效地拉动了施工总承包业务；内部管理逐步理顺，各项工作稳步推进，确保了企业的高速度、高质量增长。

四年的文化管理取得了令人鼓舞的成果。电建建筑人真正感觉到公司正朝着正确的方向前进，不同部门之间的合作多了起来。"筑梦之路"深植过程中的很多故事、案例在全体员工中口口相传，文化理念在组织行为及员工个体行为中得以体现。

最为重要的是，公司有一种真正的使命感，整个企业充满了正能量、生机和活力，彰显出一个传统建筑企业的"年轻"活力。

讨论分析：

1. 结合案例分析当今企业实施文化管理的必要性。
2. 电建建筑的企业文化有哪些创新之处？

本章小结

1. 管理理论的发展经历了经验管理、科学管理和文化管理三个阶段，文化管理是管理理论发展到一定阶段的产物，是企业管理的必然趋势。文化管理是对科学管理的新发展，是管理适应现代社会经济发展大趋势的必然选择，管理实践应当充分体现文化管理的基本精神（以人为中心）。

2. 为了使企业文化给企业带来真正的价值，就必然要用企业文化管理涵盖和替代企业文化建设。从重视企业文化的一般表现和贯彻，转移到文化变革的深植，最终实现企业价值的持续提升，是中国企业文化发展的必然方向。

3. 企业文化管理是指通过文化建设，形成一套适应企业发展战略的文化体系，并使广大员工认同企业所倡导的文化体系，达成共识，从而有效发挥文化的导向、激励、凝聚、约束等功能，以最大程度实现多层面自主管理的一种现代管理方式。

4. 领导者在企业文化管理过程中扮演着多重且至关重要的角色：领导者是企业文化的缔造者、倡导者和管理者，领导者的价值观决定了企业文化的基调，领导者的示范作用关系企业文化建设的成败，领导者的观念创新推动企业文化的更新，领导者素质的不断完善促进优秀企业文化的形成。

5. 企业文化创新是指为了使企业的发展与环境相匹配，根据本身的性质和特点形成体现企业共同价值观的企业文化，并不断创新和发展的活动过程。企业文化的创新与发展是一个逐步探索、逐步深入的过程，需要转变经营管理者的观念，将企业文化创新与人力资源开发相结合，建立学习型组织。

6. 随着时代的进步，企业文化已处于不断发展、完善中，现阶段企业文化的发展渐渐出现六种发展趋势：人本文化趋势，更突出人的中心地位；学习文化趋势，注重学习氛围的培养；生态文化趋势，履行企业的社会责任；信用文化趋势，树立良好的企业形象；融合文化趋势，提高协作竞争的能力；品牌文化趋势，提升产品的文化含量。

7. 企业文化战略是指在正确理解和把握企业现有文化的基础上，结合企业任务和总体战略，分析现有企业文化的优劣势，提出并建立企业文化的目标模式。

思考题

1. 如何理解企业文化管理的内涵？请举例说明。
2. 领导者在企业文化管理中的重要角色有哪些？
3. 领导者如何推动企业文化管理工作？
4. 当前企业文化创新的趋势有哪些？

参考文献

[1] 苏万益. 现代企业文化与职业道德 [M]. 北京：高等教育出版社，2015.

[2] 王涛. 企业文化 [M]. 2版. 北京：高等教育出版社，2014.

[3] 王成荣，周建波. 企业文化学 [M]. 北京：经济管理出版社，2007.

[4] 张德，潘全君. 企业文化 [M]. 2版. 北京：清华大学出版社，2013.

[5] 徐艳华，张晓艳. 企业文化 [M]. 长沙：湖南师范大学出版社，2016.

[6] 王超逸，李庆善. 企业文化学原理 [M]. 北京：高等教育出版社，2010.

[7] 吴国华. 战略管理 [M]. 北京：经济科学出版社，2010.

[8] 张国梁. 企业文化管理 [M]. 2版. 北京：清华大学出版社，2014.

[9] 丁雯. 企业文化基础 [M]. 3版. 沈阳：东北财经大学出版社，2018.

[10] 胡海升. 从企业文化走向企业文明 [M]. 北京：群言出版社，2018.

[11] 时勘. 组织文化对企业变革的影响机制研究 [M]. 北京：北京师范大学出版社，2018.

[12] 黄文锋. 企业家精神：商业与社会变革的核能 [M]. 北京：中国人民大学出版社，2018.

[13] 张桂平，张杰，林锋. 中国企业家精神录 [M]. 北京：光明日报出版社，2018.

[14] 马永强. 轻松落地企业文化 [M]. 北京：北京时代华文书局，2016.

[15] 欧阳国忠. 企业文化高效落地活动案例 [M]. 北京：清华大学出版社，2014.

[16] 李亚. 中国民营企业文化建设发展报告 [M]. 北京：中国经济出版社，2015.

[17] 邢小丽. 情绪管理是企业文化建设的"心"视角 [J]. 人民论坛，2018（2）：88-89.

[18] 陈胜军，王宇迪，郑清萍. 团队薪酬差距与工作绩效的关系研究——以企业文化为调节变量 [J]. 经济与管理研究，2017，38（10）：54-60.

[19] 孙怀平，杨东涛，汉森. 双元领导风格对组织创新影响研究——企业文化的调节作用 [J]. 软科学，2017，31（11）：62-65+70.

[20] 赵春妮，寇小萱. 企业文化对企业竞争力影响的实证分析 [J]. 统计与决策，2018，34（6）：181-184.

[21] 艾亮. 企业文化建设研究 [D]. 天津：天津大学，2012.

[22] 许彦华. 企业诚信文化基因研究 [D]. 哈尔滨：哈尔滨工程大学，2013.

[23] 李敏园. XS 烟草企业文化建设研究［D］. 长春：吉林大学，2017.

[24] Mohamad Asurl Mustapha, Zainuddin Abdul Manan. Sustainable Green Management System（SGMS）—An integrated approach towards organizational sustainability［J］. Journal of Cleaner Production，2017（33）：158-172.

[25] Mousumi Roy, Debabrata Khastagir. Exploring role of Green Management in enhancing organizational efficiency in Petra-Chemical industry in India［J］. Journal of Cleaner Production，2016（39）：109-115.

[26] John Lickona. Mobilishing behavioral change through community initiatives：lessons for climate change［J］. HMSO，London，Availability，2012（11）.

[27] Maria Plakhotnik, Tonette Rocco. Connection, value, and growth：how employees with different national identities experience egocentric organizational culture of a global corporation［J］. Human Resource Development International，2015，18（1）：39-57.

[28] Arezoo Aghaei Chadegani, Azam Jari. Corporate ethical culture：review of literature and introducing PP model［J］. Proceeds Economics and Finance，2016（5）：51-61.

[29] 张志烈，伍厚恺. 中西文化概论［M］. 北京：高等教育出版社，2009.